해커스노무사

局⁽국⁾ 노동경제학
한권완성 이론+기출문제

해커스 법아카데미
law.Hackers.com

PREFACE

노동경제학은 노무사 2차 시험에서 수험생의 이해력과 논리적 서술 능력을 본격적으로 검증하는 과목이다. 최근 출제 경향을 살펴보면, 문제의 물음이 세분화되고, 답안 작성에서 구체적인 수치와 논리 전개가 요구되는 특징이 뚜렷하다. 이는 단순 암기식 답안이 아닌, 계산과 개념을 정확히 연결할 수 있는 실력을 평가하려는 의도로 볼 수 있다.

본 교재는 시험 준비에 최적화된 구성을 목표로 하였다. 먼저 맵핑과정을 통해 노동경제학에 관한 전반적인 밑그림을 그려보고, 이어서 노동경제학의 기본 이론과 주요 모형을 체계적으로 정리하며, 이를 기반으로 기출문제를 통해 출제 경향을 파악할 수 있도록 하였다. 특히 논술형 답안 작성에 필요한 핵심 포인트와 서술 방법을 별도로 제시하여, 수험생들이 짧은 시간 안에 명확하고 논리적인 답안을 구성할 수 있도록 했다. 이를 위해 별도의 변수총정리와 핵심총정리를 부록으로 수록하였다.

노무사 2차 시험은 철저한 준비와 반복 학습을 필요로 한다. 본 교재가 수험생 여러분께서 출제자의 의도를 정확히 파악하고, 제한된 시간 안에 완성도 높은 답안을 작성하는 데 실질적인 도움이 되기를 바란다.

2025년 가을

김종국

목차

PART 1 | 맵핑

Chapter 01	노동시장	14
Chapter 02	노동공급1	16
Chapter 03	노동공급2	18
Chapter 04	노동수요1	20
Chapter 05	노동수요2	22
Chapter 06	노동시장 균형1	24
Chapter 07	노동시장 균형2	26
Chapter 08	보상적 임금격차	28
Chapter 09	교육	30
Chapter 10	임금분포와 노동이동	32
Chapter 11	차별과 노동조합1	34
Chapter 12	차별과 노동조합2	36
Chapter 13	유인급여	38
Chapter 14	실업	42

PART 2 | 이론과 적용

Chapter 01 노동시장 기본
point 001	노동시장 기본(이론)	46
point 002	노동시장 기본(적용)	48

Chapter 02 경제활동인구 측정
point 003	경제활동인구 측정(이론)	50
point 004	경제활동인구 측정(적용)	51

Chapter 03 효용극대화
point 005	효용극대화(이론)	52
point 006	효용극대화(적용)	54

Chapter 04 근로시간 결정
point 007	근로시간 결정(이론)	56
point 008	근로시간 결정(적용)	58

Chapter 05 노동시장 진입 결정
point 009	노동시장 진입 결정(이론)	60
point 010	노동시간 진입 결정(적용)	62

Chapter 06 노동공급곡선
point 011	노동공급곡선(이론)	64
point 012	노동공급곡선(적용)	66

노무사 합격을 위한
해커스 법아카데미 합격 시스템

해커스 법아카데미 인강

취약 부분 즉시 해결!
질문 게시판 운영

무제한 수강 가능+
모바일 다운로드 수강

합격을 만드는
필수 학습자료 제공

* 인강 시스템 중 무제한 수강 혜택은 일부 종합반/패스/환급반 상품에 한함

해커스 법아카데미 학원

학습상담&스터디
교수님 직접관리

교수님
대면 첨삭·피드백

매일 꾸준한
학습 밀착 출결/성적 관리

* 학원 시스템은 모집 시기별로 변경 가능성 있음

노무사시험 한 번에 합격! 해커스 법아카데미 law.Hackers.com

Chapter 07　노동공급탄력성

| point 013 | 노동공급탄력성(이론) | 68 |
| point 014 | 노동공급탄력성(적용) | 69 |

Chapter 08　가구생산

| point 015 | 가구생산(이론) | 70 |
| point 016 | 가족이주(적용) | 72 |

Chapter 09　복지급여와 근로장려세제

| point 017 | 복지급여와 근로장려세제(이론) | 74 |
| point 018 | 복지급여와 근로장려세제(적용) | 76 |

Chapter 10　생애주기에 따른 노동공급

| point 019 | 생애주기에 따른 노동공급(이론) | 78 |
| point 020 | 생애주기에 따른 노동공급(적용) | 80 |

Chapter 11　기업의 생산함수

| point 021 | 기업의 생산함수(이론) | 82 |
| point 022 | 기업의 생산함수(적용) | 84 |

Chapter 12　단기 고용결정과 노동수요곡선

| point 023 | 단기 고용결정과 노동수요곡선(이론) | 86 |
| point 024 | 단기 고용결정과 노동수요곡선(적용) | 88 |

Chapter 13　장기 고용 결정과 노동수요곡선

| point 025 | 장기 고용결정과 노동수요곡선(이론) | 90 |
| point 026 | 장기 고용결정과 노동수요곡선(적용) | 92 |

Chapter 14　대체탄력성

| point 027 | 대체탄력성(이론) | 94 |
| point 028 | 대체탄력성(적용) | 96 |

Chapter 15　노동수요를 탄력적으로 만드는 요인

| point 029 | 노동수요를 탄력적으로 만드는 요인(이론) | 98 |
| point 030 | 노동수요를 탄력적으로 만드는 요인(적용) | 99 |

Chapter 16　숙련·미숙련 노동수요

| point 031 | 숙련·미숙련 노동수요(이론) | 100 |
| point 032 | 숙련·미숙련 노동수요(적용) | 102 |

Chapter 17　최저임금

| point 033 | 최저임금(이론) | 104 |
| point 034 | 최저임금(적용) | 106 |

Chapter 18　노동시장 균형

| point 035 | 노동시장 균형(이론) | 108 |
| point 036 | 노동시장 균형(적용) | 110 |

Chapter 19　급여세와 보조금

| point 037 | 급여세와 보조금(이론) | 112 |
| point 038 | 급여세와 보조금(적용) | 114 |

Chapter 20　이민자의 영향

| point 039 | 이민자의 영향(이론) | 116 |
| point 040 | 이민자의 영향(적용) | 118 |

목차

Chapter 21 　거미집 이론
point 041　거미집 이론(이론)　　　　120
point 042　거미집 이론(적용)　　　　122

Chapter 22 　수요독점
point 043　수요독점(이론)　　　　124
point 044　수요독점(적용)　　　　126

Chapter 23 　위험한 노동시장
point 045　위험한 노동시장(이론)　　　　128
point 046　위험한 노동시장(적용)　　　　130

Chapter 24 　헤도닉 임금함수
point 047　헤도닉 임금함수(이론)　　　　132
point 048　헤도닉 임금함수(적용)　　　　134

Chapter 25 　보상적 격차와 근로조건
point 049　보상적 격차와 근로조건(이론)　　　　136
point 050　보상적 격차와 근로조건(적용)　　　　138

Chapter 26 　학력선택모형
point 051　학력선택모형(이론)　　　　140
point 052　학력선택모형(적용)　　　　142

Chapter 27 　교육과 소득
point 053　교육과 소득(이론)　　　　144
point 054　교육과 소득(적용)　　　　146

Chapter 28 　신호모형
point 055　신호모형(이론)　　　　148
point 056　신호모형(적용)　　　　151

Chapter 29 　사내훈련
point 057　사내훈련(이론)　　　　152
point 058　사내훈련(적용)　　　　154

Chapter 30 　연령-소득곡선
point 059　연령-소득곡선(이론)　　　　156
point 060　연령-소득곡선(적용)　　　　158

Chapter 31 　소득분배지표
point 061　소득분배지표(이론)　　　　160
point 062　소득분배지표(적용)　　　　162

Chapter 32 　임금 불평등 요인
point 063　임금 불평등 요인(이론)　　　　164
point 064　임금 불평등 요인(적용)　　　　166

Chapter 33 　세대 간 상관관계
point 065　세대 간 상관관계(이론)　　　　168
point 066　세대 간 상관관계(적용)　　　　170

Chapter 34 　이주 결정
point 067　이주 결정(이론)　　　　172
point 068　이주 결정(적용)　　　　174

Chapter 35 가족 이주
point 069	가족 이주(이론)	176
point 070	가족 이주(적용)	178

Chapter 36 로이 모형
point 071	로이 모형(이론)	180
point 072	로이 모형(적용)	182

Chapter 37 직장 이동과 연령-소득곡선
point 073	직장 이동과 연령-소득곡선(이론)	184
point 074	직장 이동과 연령-소득곡선(적용)	186

Chapter 38 기호적 차별
point 075	기호적 차별(이론)	188
point 076	기호적 차별(적용)	190

Chapter 39 통계적 차별
point 077	통계적 차별(이론)	192
point 078	통계적 차별(적용)	194

Chapter 40 차별의 측정
point 079	차별의 측정(이론)	196
point 080	차별의 측정(적용)	198

Chapter 41 성별 간 임금격차
point 081	성별 간 임금격차(이론)	200
point 082	성별 간 임금격차(적용)	202

Chapter 42 노조 가입 결정
point 083	노조 가입 결정(이론)	204
point 084	노조 가입 결정(적용)	206

Chapter 43 독점적 노조
point 085	독점적 노조(이론)	208
point 086	독점적 노조(적용)	210

Chapter 44 효율성 상실
point 087	효율성 상실(이론)	212
point 088	효율성 상실(적용)	214

Chapter 45 효율적 계약과 계약곡선
point 089	효율적 계약과 계약곡선(이론)	216
point 090	효율적 계약과 계약곡선(적용)	218

Chapter 46 파업
point 091	파업(이론)	220
point 092	파업(적용)	222

Chapter 47 노조 임금효과
point 093	노조 임금효과(이론)	224
point 094	노조 임금효과(적용)	226

Chapter 48 개수급과 시간급
point 095	개수급과 시간급(이론)	228
point 096	개수급과 시간급(적용)	230

목차

Chapter 49 토너먼트
point 097 토너먼트(이론)   232
point 098 토너먼트(적용)   234

Chapter 50 업무 유인
point 099 업무 유인(이론)   236
point 100 업무 유인(적용)   238

Chapter 51 실업의 유형
point 101 실업의 유형(이론)   240
point 102 실업의 유형(적용)   242

Chapter 52 자연실업률
point 103 자연실업률(이론)   244
point 104 자연실업률(적용)   246

Chapter 53 실업의 원인
point 105 실업의 원인(이론)   248
point 106 실업의 원인(적용)   250

Chapter 54 필립스 곡선
point 107 필립스 곡선(이론)   252
point 108 필립스 곡선(적용)   254

PART 3 | 기출

2024년 노무사 기출   258
2023년 노무사 기출   268
2022년 노무사 기출   278
2021년 노무사 기출   288
2020년 노무사 기출   298
2019년 노무사 기출   306
2018년 노무사 기출   312
2017년 노무사 기출   320
2016년 노무사 기출   330
2015년 노무사 기출   340
2014년 노무사 기출   348
2013년 노무사 기출   358
2012년 노무사 기출   366
2011년 노무사 기출   376

부록 1 | 변수총정리

01	노동공급과 노동수요(w, E)	388
02	무차별곡선과 예산선(C, L)	389
03	소득효과와 대체효과(C, L)	392
04	가구생산함수(시장재화, 가구생산)	394
05	복지급여 영향(C, L)	395
06	근로장려세제-$EITC(C, L)$	396
07	연령-소득곡선$(w, 연령)$	398
08	총생산곡선, 한계생산곡선, 평균생산곡선(Q, E)	399
09	기업의 이윤극대화(P, Q)	400
10	등량곡선과 등비용곡선(K, E)	401
11	임금하락이 이윤극대화기업 생산량에 미치는 영향(P, Q)	402
12	임금하락이 이윤극대화기업 고용수준에 미치는 영향(K, E)	403
13	대체효과와 규모효과(K, E)	404
14	최저임금 영향(w, E)	405
15	2개 노동시장의 경쟁균형(w, E)	406
16	기업(근로자)에게의 급여세(w, E)	407
17	기업에게의 고용보조금(w, E)	408
18	법정부가혜택의 영향(w, E)	409
19	이민의 단기 영향(w, E)	410
20	이민의 장기 영향(w, E)	411
21	이민 잉여(w, E)	412
22	수요독점기업(w, E)	413
23	임금과 부상 확률 간 무차별곡선(임금, 부상확률)	414
24	보상적 격차의 결정(임금격차, 위험한 일을 하는 근로자 수)	415
25	위험한 일을 선호하는 근로자가 일부 존재하는 경우 시장 균형(임금격차, 위험한 일을 하는 근로자 수)	416
26	헤도닉 임금함수(임금, 부상확률)	417
27	계절적 직장의 보상적 격차(소득, 여가시간)	418
28	건강보험 혜택과 의료적 격차(임금, 의료보험 혜택)	419
29	임금-학력곡선(임금, 교육연수)	420
30	학력의 결정(할인율/이자율, 교육연수)	421
31	분리균형(임금, 학교교육 연수)	422
32	생애주기에 따른 인적자본 취득(가격, 능률단위)	423
33	능력의 차이에 따른 왜도가 양수인 임금분포(이자율, 인적자본)	424
34	로렌츠곡선과 지니계수(소득누적비율, 인구누적비율)	425

목차

35 상대적 수요곡선(숙련 근로자의 상대적 임금, 숙련 근로자의 상대적 고용) 426

36 가족 이주 결정(남편의 사적 이득, 아내의 사적 이득) 427

37 모국의 숙련분포(도수, 숙련) 428

38 로이모형에 따른 이민자의 자기선택(임금, 숙련) 429

39 차별을 하지 않는 기업의 임금과 고용량 결정 (w, E) 430

40 차별하는 기업의 임금과 고용량 결정(w, E) 431

41 이윤과 차별계수(이윤, 차별계수) 432

42 통계적 차별(임금, 시험점수) 433

43 오하카-블라인더 분해법(임금, 교육연수) 434

44 노조 가입 결정(소득, 여가시간) 435

45 독점적 노조(임금, 고용) 436

46 노동조합 비효율성(임금, 고용) 437

47 효율적 계약곡선(임금, 고용) 438

48 파업의 최적 지속기간(임금, 고용) 439

49 개수급 근로자들의 생산량 결정(가격, 생산물) 440

50 토너먼트에서의 노력 배분(가격, 노력) 441

51 효율임금의 결정(생산량, 임금) 442

52 요구임금의 결정(가격, 현재 보유한 임금 제안) 443

53 비태만 경계곡선(임금, 고용) 444

54 필립스 곡선(인플레이션율, 실업률) 445

부록 2 | 핵심총정리

Chapter 01	노동시장	448
Chapter 02	노동공급1	449
Chapter 03	노동공급2	450
Chapter 04	노동수요1	451
Chapter 05	노동수요2	452
Chapter 06	노동시장 균형1	453
Chapter 07	노동시장 균형2	454
Chapter 08	보상적 임금격차	455
Chapter 09	교육	456
Chapter 10	임금분포와 노동이동	457
Chapter 11	차별과 노동조합1	458
Chapter 12	차별과 노동조합2	459
Chapter 13	유인급여와 실업	460
Chapter 14	노동시장 기본	461

해커스 법아카데미
law.Hackers.com

해커스노무사 局노동경제학 한권완성

PART 1
맵핑

Chapter 01 노동시장

序 노동시장의 작동

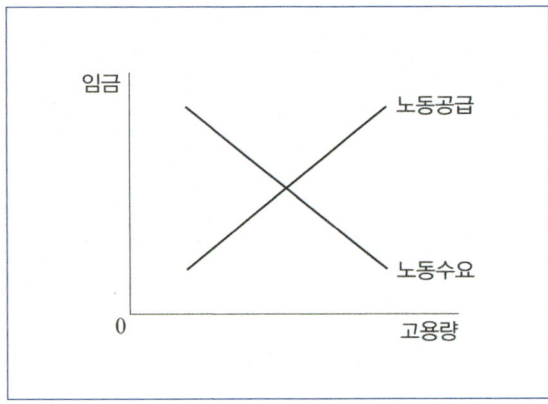

- 노동시장에는 근로자, 기업, 정부가 존재하고 각 경제주체의 결정은 최적화(합리적 선택)를 통해 이루어진다.
- 근로자는 노동을 공급하고, 기업은 노동을 수요한다. 임금-고용량 평면에서 노동공급곡선은 우상향하고 노동수요곡선은 우하향하며, 공급과 수요가 일치하는 지점을 노동시장의 균형이라 한다.
- 기업의 노동수요는 고객의 재화수요로부터 파생되는 파생수요이다.

本

1. 노동시장의 고용지표

- 취업률 = $\dfrac{\text{취업자수}}{\text{경제활동인구}} \times 100$
- 실업률 = $\dfrac{\text{실업자수}}{\text{경제활동인구}} \times 100$
- 경제활동참가율 = $\dfrac{\text{경제활동인구}}{15\uparrow} \times 100$
- 고용률 = $\dfrac{\text{취업자수}}{15\uparrow} \times 100 = \dfrac{\text{취업자수}}{\text{취업자} + \text{실업자} + \text{비경제활동인구}} \times 100$
- 고용률 × 100 = $\left(\dfrac{\text{취업자수}}{\text{경제활동인구}} \times 100\right) \times \left(\dfrac{\text{경제활동인구}}{15\uparrow} \times 100\right)$ = 취업률 × 경제활동참가율
- 경제활동참가율 − 고용률 = $\dfrac{\text{경제활동인구}}{15\uparrow} \times 100 - \dfrac{\text{취업자수}}{15\uparrow} \times 100 = \dfrac{\text{취업자수}}{15\uparrow} \times 100$

- 15세 이상 인구를 생산활동인구라 하고, 이는 비경제활동인구와 경제활동인구로 구분된다.
- 경제활동인구는 취업자와 실업자로 구분된다.
- 지난 1주일 간 수입을 위해 노동한 사람 혹은 무급 가족 종사자로서 18시간 이상 노동한 사람은 취업자에, 지난 4주간 일자리를 탐색한 사람은 실업자에 해당한다.
- 따라서 경제활동참가율과 비경제활동참가율을 합하면 1, 취업률과 실업률을 합하면 1이다.

2. 소비여가모형(무차별곡선)

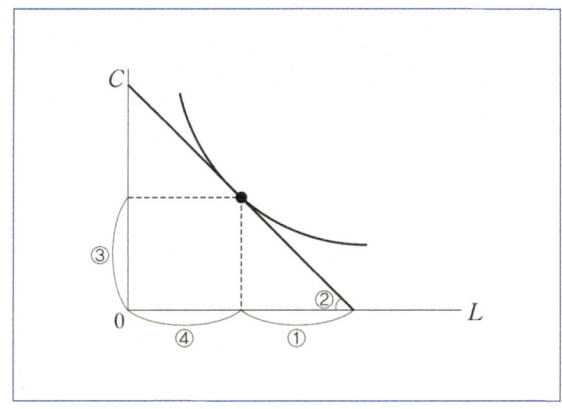

(*①: 노동, ②: 시간당임금, ③: 소득 → 소비, ④: 여가)

- 무차별곡선(등효용곡선)은 볼록한 형태의 우하향하는 곡선으로, 원점에서 멀어질수록 효용이 증가하고 교차하지 않는다는 특성을 갖는다. 무차별곡선이 가파른 기울기를 갖는 X축 재화를 더 선호한다.
- 한계대체율은 무차별곡선의 접선의 기울기로 MRS_{XY}로 쓰고, 체감하는 특성을 갖는다.
- 예산선은 소비=소득을 통해 다음과 같이 쓸 수 있다.
  $C = wh + V(T = h + L)$,
  $C = w(T - L) + V = wT + V - wL$
  (C: 소비, w: 시간당 임금, h: 근로시간, V: 비근로소득, T: 총가용시간, L: 여가)
- 근로자가 효용을 극대화하는 균형은 한계대체율과 예산선의 기울기가 일치할 때($MRS_{LC} = w$) 달성되고, 이를 통해 근로자의 최적 노동시간을 구할 수 있다.

3. 소비여가모형(변동)

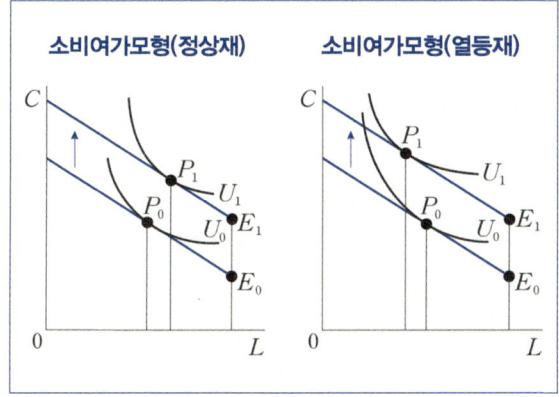

- 정상재는 소득과 소비가 같은 방향으로, 열등재는 소득과 소비가 반대 방향으로 움직인다.
- 가격효과는 가격이 변화했을 때 소비량이 변화하는 효과로, 실질소득이 일정할 때 상대가격(기회비용) 변화의 영향을 나타내는 대체효과[가격↑→상대가격↑→소비↓]와 상대가격이 일정할 때 실질소득 변화의 영향을 나타내는 소득효과[가격↑→실질소득↓→소비 변동]로 구분할 수 있다.
- 임금이 변동하는 경우, 대체효과와 소득효과가 모두 발생한다.
- 비근로소득이 변동하는 경우, 소득효과만 발생한다.
- 비근로소득이 증가했을 때 근로자가 여가시간을 늘리고 노동시간을 줄인다면 여가는 정상재이고, 여가시간을 줄이고 노동시간을 늘린다면 여가는 열등재이다.

結 개인은 무차별곡선이 가파른 기울기를 갖는 쪽인 X축 재화를 더 선호한다.

Chapter 02 노동공급1

序 대체효과와 소득효과

- 가격효과는 가격이 변화했을 때 소비량이 변화하는 효과로, 실질소득이 일정할 때, 즉 등효용일 때의 상대가격(기회비용) 변화의 영향을 나타내는 대체효과와 상대가격이 일정할 때 실질소득 변화의 영향을 나타내는 소득효과로 구분할 수 있다.
- 근로자는 가용한 시간을 노동 또는 여가에 소비할 수 있으므로, 노동의 대가인 임금은 여가의 기회비용이다.
- 따라서 임금이 상승할 경우, 대체효과에 의해 여가시간은 감소하고 근로시간은 증가하며, 소득효과에 의해 여가시간(정상재)이 증가하고 근로시간이 감소한다.

本

1. 소비-여가 모형

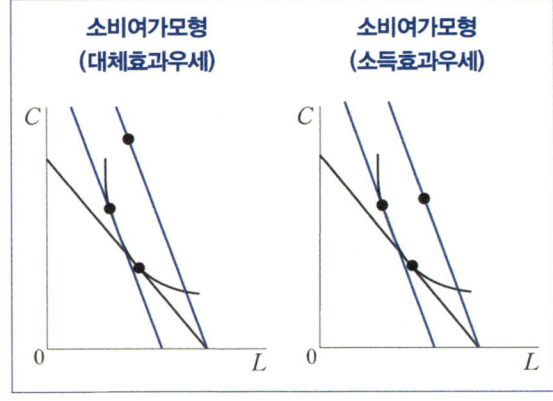

- 재화와 여가를 소비하여 효용을 극대화하고자 하는 개인은 여가가 정상재이고 임금이 상승할 때, 대체효과가 소득효과보다 크면 근로시간을 증가시키고, 소득효과가 대체효과보다 크면 근로시간을 감소시킨다.
- 근로자는 원당 한계효용 균등의 법칙에 따라 ($\frac{MU_{여가}}{P_{여가}} = \frac{MU_{소비}}{P_{소비}}$) 근로시간과 여가시간을 결정한다.
- 유보임금은 근로자가 노동을 공급하기 위한 최소한의 임금 수준으로, 근로자의 무차별곡선의 접선의 기울기인 MRS이다. 예산선의 기울기인 시장임금이 유보임금보다 작으면 근로자는 노동하지 않고, 시장임금이 유보임금보다 클 경우 노동을 제공한다.
- 유보임금의 시작/중단점은 초기부존점에서의 MRS로, 비근로소득이 증가하는 경우 유보임금도 증가한다.

2. 노동공급곡선

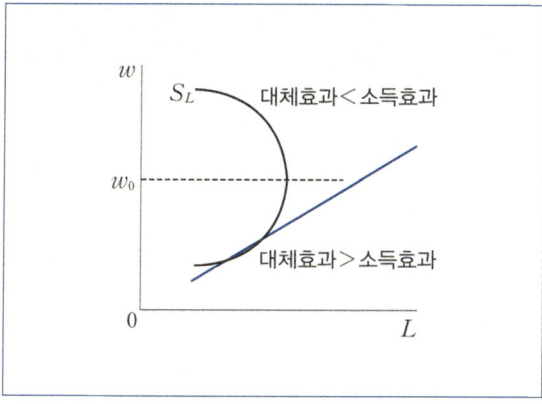

- 여가가 정상재일 때 노동공급곡선은 초반 대체효과[여가 기회비용↑ → 여가↓ → 근로↑] 소득효과[실질소득↑ → (정상재)여가↑ → 근로↓]인 구간에서 우상향하다가 소득효과가 대체효과를 압도하는 구간부터 후방굴절하여 좌상향한다.
- 여가가 열등재일 때 노동공급곡선은 계속해서 우상향하는 형태를 갖는데, 이는 여가가 열등재이면 대체효과[여가 기회비용↑ → 여가↓ → 근로↑]와 소득효과[실질소득↑ → (열등재)여가↓ → 근로↑]가 같은 방향으로 작용하기 때문이다.
- 개별 근로자의 노동공급곡선을 수평으로 합하면 시장수요곡선을 도출할 수 있는데, 이 시장수요곡선은 개별 수요곡선보다 완만하다.
- 노동공급의 임금탄력성은 다음과 같이 구한다.

$$\frac{h변화율}{w변화율} = \frac{\Delta h \cdot w}{\Delta w \cdot h}$$

3. 가구생산

- 가구생산함수하, 두 구성원이 시간을 투입하여 가사 또는 시장재화 상품을 생산한다.
- 부부 모두가 가구생산과 노동시장생산 모두를 담당할 수도 있지만, 각각이 특화된 생산에 완전전문화하여 임금률 또는 가구 생산성의 상승을 꾀할 수 있다.

結 임금이 상승하는 경우, 대체효과에 의해 여가시간은 감소하고 근로시간은 증가하며, 소득효과에 의해 여가시간(정상재)이 증가하고 근로시간이 감소한다.

Chapter 03 노동공급2

序 현금보조

- 일반적인 현금보조제도는 일자리가 없는 실직자에게 보조금을 지급하고, 복지 대상이 노동시장에 진입하면 보조금 지급을 중단하기에 근로유인을 악화시킨다.

本

1. 부의 소득세

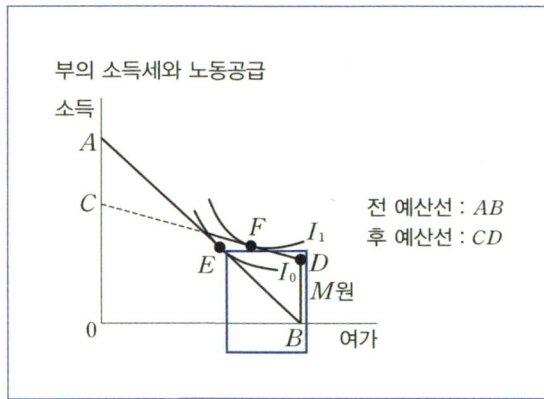

부의 소득세와 노동공급
전 예산선: AB
후 예산선: CD

- 부의 소득세는 일자리 유무와 관계없이 소득구간에 따라 조세를 환급하기에 근로자 후생에 도움이 되나 근로의욕을 저해한다. 소득이 증가할수록 보조금 액수가 감소하기에 근로자는 이를 임금 감소와 비슷하게 간주하고, 결국 대체효과 및 소득효과(여가 정상재) 모두에 따라 여가시간이 증가하고 노동시간이 감소한다.

2. 근로장려세제(EITC)

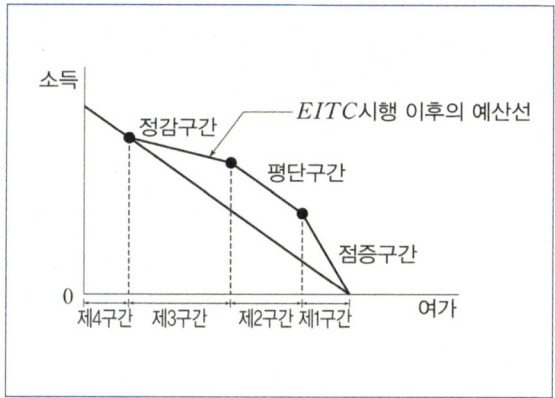

점증: 대체효과: EITC → P여가↑ → 여가소비↓ → 노동공급↑
　　　소득효과: EITC → 실질소득↑ → 여가소비↑ → 노동공급↓
평탄: 대체효과: EITC → P여가 → 여가소비 → 노동공급
　　　소득효과: EITC → 실질소득↑ → 여가소비↑ → 노동공급↓
점감: 대체효과: EITC → P여가↓ → 여가소비↑ → 노동공급↓
　　　소득효과: EITC → 실질소득↑ → 여가소비↑ → 노동공급↓

- 근로장려세제는 예산선을 이동시켜 정책대상 그룹의 경제활동 참가율을 증가시키는 생산적 복지이다. 노동을 제공하는 근로자들에게만 보조금을 지급하기에 노동시장에의 진입을 유도하지만, 대체효과와 소득효과의 크기에 따라 기존에 일하고 있던 근로자들의 노동시간을 감소시킬 수 있다.
- 근로자의 근로소득에 따라 한계세율이 음(−)의 값을 갖는 점증구간, 한계세율이 0이 되는 평탄구간, 한계세율이 양(+)의 값을 갖는 점감구간으로 구분할 수 있으며 점증구간에서는 보조금이 지속적으로 증가하고 평탄구간에서는 보조금 지급이 불변이며 점감구간에서는 보조금이 지속적으로 감소한다.
- 점증구간에서 대체효과[여가 기회비용↑→여가↓→근로↑]는 노동공급을 증가시키고 소득효과[실질소득↑→(정상재)여가↑→근로↓]는 노동공급을 감소시켜 각 효과의 크기에 따라 노동시간이 증가하거나 감소할 수 있다. 그러나 평탄구간과 점감구간에서는 노동시간의 감소가 나타난다.
- 근로장려세제는 노동 여부에 관계없이 보조금을 지급하는 부의 소득세제와는 달리 근로소득에만 보조금을 지급하기에 저소득층 근로유인효과가 더 크게 나타난다.

3. 생애주기가설과 노동공급

- 사람들이 생애주기에 따라 여가가격이 변화하는 것을 활용하여 시간을 배분한다는 예측을 기간 간 대체가설이라 한다.
- 한 기간 모형에서는 임금의 증가에 따라 소득효과가 나타나지만, 생애주기모형에서는 예측과 감안이 이루어지기 때문에 점진적인 임금변화가 전체의 생애소득(예산집합)에 영향을 미치지 않고 소득효과도 나타나지 않는다.
- 부가근로자 효과: 경제침체시기에 가구소득이 하락하면 이차적 근로자들이 경기순환에 역행적으로 경제활동에 참여하는 현상이다.
- 실망근로자 효과: 다수의 실업자가 경제침체시기에 구직이 불가능함을 깨닫고 구직을 아예 포기하는 현상으로, 경기변동에 순행적으로 나타난다.

結 근로장려세제는 부의 소득세제와는 달리 근로소득에만 보조금을 지급하기에 저소득층 근로유인효과가 더 크게 나타난다.

Chapter 04 노동수요1

序 생산함수

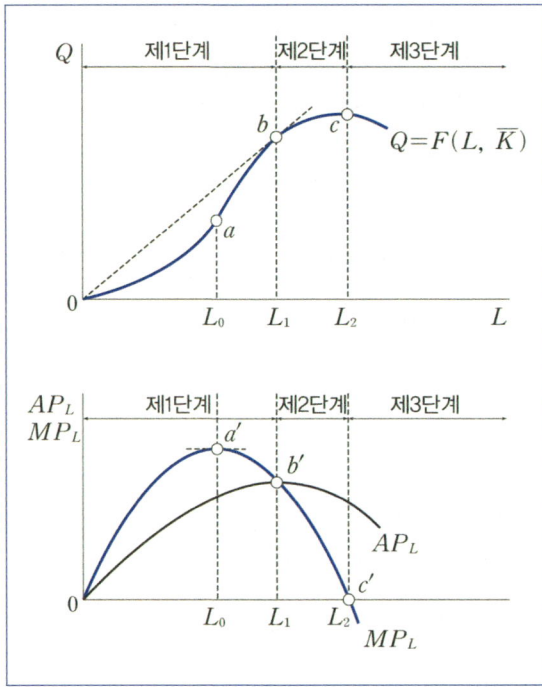

- $q = f(E, K)$로 나타나는 총생산함수의 한계생산량과 평균생산량은 MP_E, AP_E와 같이 표기하고, 각각 접선 기울기와 원점 기울기를 통해 얻을 수 있다. 수확체감의 법칙으로 한계생산물이 점감하면서 총생산함수는 전체적으로 초반에 가파르게 우상향하다가 극점 이후로 완만하게 하향하는 형태를 갖는다.
- 평균이 극값을 가질 때, 평균과 한계가 일치한다.
  ($\frac{dAP_E}{dE} = 0 \rightarrow AP_E = MP_E$)
- 기업의 이윤은 총수입에서 총비용을 제해 다음과 같이 구할 수 있다.
  $\pi = TR - TC = (p \cdot q) - (w \cdot E + r \cdot K)$

本

1. 단기 노동수요

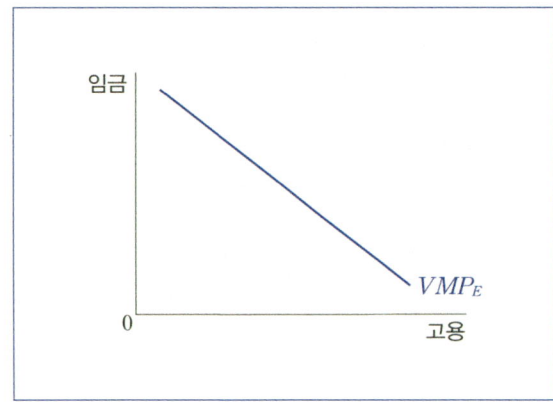

- 단기에는 자본이 고정($\overline{K}$)되어 있고, 단기에 이윤극대화를 추구하는 기업은 $VMP_E = w$에 따라 고용한다. 따라서 기업의 단기 노동수요는 한계생산가치($VMP_E = P \cdot MP_E$)이다.

2. 산업 노동수요

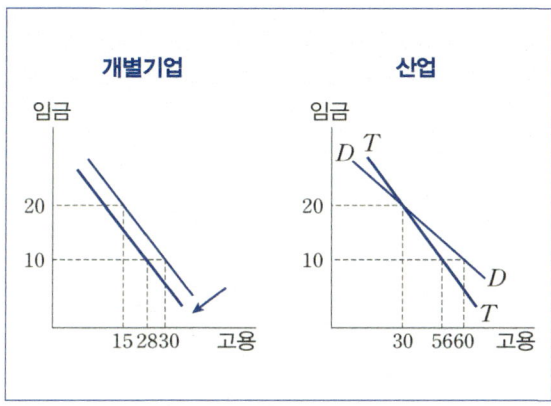

- 산업의 단기 노동수요곡선은 이 개별기업의 단기 노동수요곡선을 수평합하여 구하는데, 단순하게 수평합한 결과보다 더 급경사로 나타난다.($E\uparrow$, $q\uparrow$, $P\downarrow$)

3. 장기 노동수요

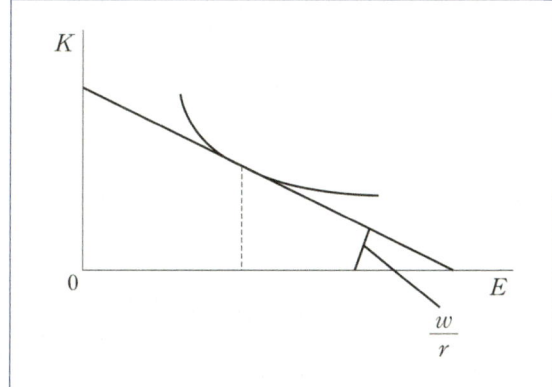

- 동일 생산량을 산출하는 자본-노동량 조합의 궤적인 등량곡선은 우하향하고 원점에 대해 볼록한 형태이며, 원점에서 멀어질수록 더 높은 산출량을 의미한다. 또한 이 등량곡선은 서로 교차하지 않는다.
- 한계기술대체율은 등량곡선의 접선의 기울기로 $MRTS_{EK}$로 쓰고, 체감하는 특성을 갖는다.
- 비용제약선(등비용선)은 소비=소득을 통해, $C = P_E \cdot E + P_K \cdot K = wE + rK$라고 쓸수 있고, 등비용선의 기울기의 절댓값은 $\frac{w}{r}$이다.

- 장기에 기업은 등량곡선의 접선의 기울기와 비용제약선의 기울기를 일치시켜($MRTS_{EK} = \frac{MP_E}{MP_K} = \frac{w}{r}$= 비용제약선 기울기), 이윤극대화와 비용최소화를 동시에 달성할 수 있다.
- 자본이 대체가능한 장기 노동수요곡선은 대체효과 및 규모효과로 단기에 비해 완만하게 나타난다.
- 규모효과는 일정한 상대요소가격하, 산출량변동으로 인한 영향[$w\downarrow \to C\downarrow \to$ 산출량$\uparrow$, (E, K정상재)E, $K\uparrow$]을 나타내고, 대체효과는 일정한 산출량하, 상대요소가격 변동으로 인한 영향 [$w\downarrow \to (\frac{w}{r})\downarrow \to E\uparrow$, $K\downarrow$]을 나타낸다. 즉, 임금 하락시 규모 효과와 대체효과에 따라 노동 고용량은 크게 증가한다.

結 기업은 단기에 $VMP_E = w$, 장기에 $\frac{MP_E}{MP_K} = \frac{w}{r}$를 통해 이윤극대화를 달성한다.

Chapter 05 노동수요2

序 노동공급곡선과 노동수요곡선

1. 노동공급곡선

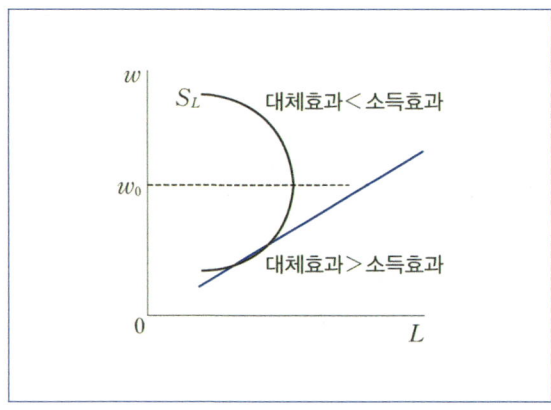

- 여가가 정상재일 때 노동공급곡선은 대체효과>소득효과인 구간에서 우상향하다가 소득효과가 대체효과를 압도하는 구간부터 후방굴절하여 좌상향한다.
- 여가가 열등재일 때 노동공급곡선은 계속해서 우상향하는 형태를 갖는다.
- 개별 근로자의 노동공급곡선을 수평으로 합하면 시장수요곡선을 도출할 수 있는데, 이 시장수요곡선은 개별수요곡선보다 완만하다.

2. 노동수요곡선

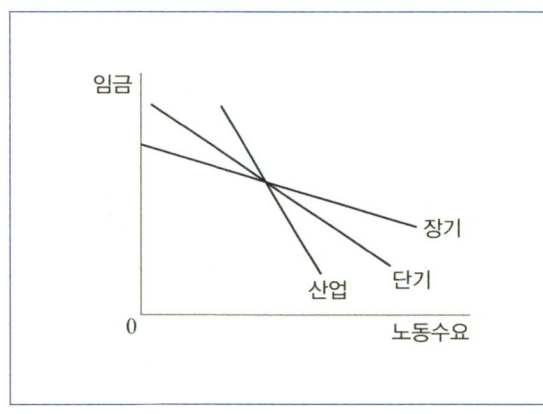

- 자본이 일정($\overline{K}$)한 단기에, VMP_E 중, $V(=P)$에 의해 노동수요, 즉 파생수요가 결정되고, 노동의 한계생산량(MP_E)은 수확체감의 법칙을 따라 우하향한다.
- 산업의 노동수요는 기업의 노동수요곡선을 수평으로 합하여 구하는데, 생산량이 증가하면 가격이 감소하면서 VMP_E가 좌측으로 이동하기에, 단순한 수평합보다 급경사 형태로 나타난다.
- 자본이 대체가능한 장기 노동수요곡선은 대체효과 및 규모효과로 완만한 형태를 갖기에 단기에 비해 탄력적이다.

本

1. 가격탄력성

- 노동수요의 가격탄력도는 다음과 같이 구할 수 있다. $\dfrac{E^d \text{변화율}}{w \text{변화율}} = -\left(\dfrac{\Delta E^D}{\Delta w} \cdot \dfrac{w}{E^D}\right)$

- 마셜의 파생수요법칙에 따르면 대체탄력성의 크기가 클수록, 최종생산물에 대한 수요의 탄력성이 높을수록, 총생산비용에서 노동비용이 차지하는 비율이 높을수록, 다른 생산요소의 공급탄력성이 클수록(자본공급곡선이 탄력적일수록) 노동수요는 더 탄력적이다.

- 노동조합은 임금 인상을 요구하는 동시에 노동시간 감소를 최소화해야 하기에, 기술진보에 저항하여 대체탄력성을 낮추거나 경쟁기업의 시장접근성을 제한하는 방식, 총생산비용에서 노동비용이 차지하는 비용을 낮추는 방식, 또는 다른 생산요소의 공급탄력성을 낮추어(비노조원의 임금인상 요구) 노동수요가 비탄력적으로 만들고자 한다.

2. 대체탄력성

- 고정된 생산량 하, 노동의 자본에 대한 상대가격이 1% 변할 때 자본/노동 비율의 변화율을 대체탄력성이라 하고 다음과 같이 측정할 수 있다. $\dfrac{\left(\dfrac{K}{E}\right)\text{변화율}}{\left(\dfrac{w}{r}\right)\text{변화율}} = \dfrac{\Delta \dfrac{K}{E}}{\Delta \dfrac{w}{r}} \cdot \dfrac{\dfrac{w}{r}}{\dfrac{K}{E}}$

- 선형, 1차 $C-D$형, 그리고 레온티에프형의 대체탄력성은 다음과 같다.

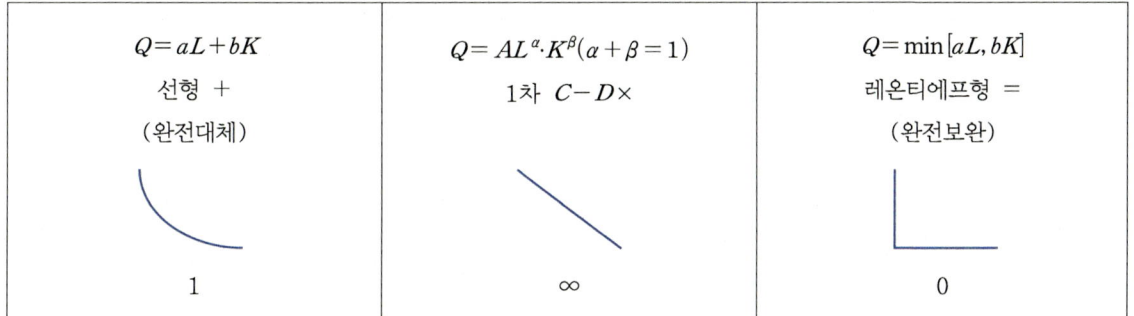

- 등량곡선이 직각의 형태를 가질 경우 대체탄력성은 0, 직선의 형태를 가지면 대체탄력성은 무한대이다.

3. 교차탄력성

- 다수의 생산요소가 존재하는 경우, 다른 생산요소 가격이 1% 변할 때 특정 생산요소 수요의 변화율을 요소수요의 교차탄력성이라 한다.
- 교차탄력성이 양(+)의 값을 갖는 경우, 두 생산요소는 대체요소 관계이고, 음(−)의 값을 갖는 경우, 두 생산요소는 보완요소 관계이다.
- 자본−숙련 보완가설에 따르면, 미숙련 근로자−자본은 대체요소 관계이고 숙련 근로자−자본은 보완요소 관계이다. 따라서 자본 가격이 하락하면 미숙련 근로자에 대한 수요는 감소하고 숙련 근로자에 대한 수요는 증가한다.

結 우상향의 노동공급곡선과 우하향의 노동수요곡선이 만날 때 노동시장은 균형을 달성한다.

Chapter 06 노동시장 균형1

序 노동시장 균형

- 단일 노동시장에서의 균형을 기준으로 기업의 잉여와 근로자의 잉여를 구할 수 있다. 경쟁노동시장은 교역으로부터의 이득, 즉 기업의 잉여와 근로자의 잉여의 합을 극대화한다. 이때 사회적 잉여가 극대화되면서 효율적 자원 배분이 가능해진다.
- 능력이 동일하고 이동이 자유로운 근로자들과 여러 노동시장이 존재하는 경우 근로자의 이주를 통해 국가경제에 귀속되는 총이득을 증가시킬 수 있다.

本

1. 최저임금

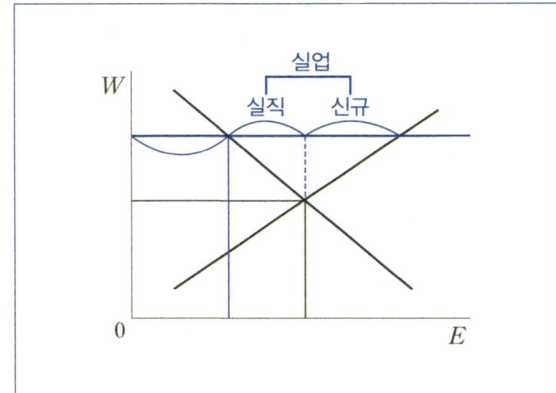

- 최저가격제는 가격이 일정선 이하로 떨어지지 않게 해 생산자를 보호하기 위한 제도로, 최저임금제는 노동을 공급하는 근로자가 일정 이상의 임금을 받도록 해 그의 생계를 보장한다.
- 최저임금액은 균형시장가격보다 높게 형성되기에 비자발적 실업을 발생시킨다. 비자발적 실업에는 최저임금액을 보고 새롭게 노동시장에 진입한 신규자들, 기존 시장에서 일자리를 잃은 실직자들을 포함한다. 이때 실업률은 실업률 = $\dfrac{\text{실업자}}{\text{경제활동인구}} \times 100$로 구하는데, 경제활동인구 증가분보다 실업자 증가분이 더 크기에 최저임금제로 인해 실업률은 상승하게 된다.
- 최저임금 적용 분야의 근로자들과 최저임금 비적용분야의 근로자들은 두 분야의 기대임금(확실임금)이 같아지는 수준까지 서로의 분야로 이동할 수 있다.
- 실업률에 영향을 줄 수 있는 요인으로는 노동수요 탄력성, 노동공급 탄력성, 최저 임금 수준이 있고, 고용크기에 영향을 줄 수 있는 요인으로는 노동수요 탄력성이 있다.

2. 조세와 보조금 (*판세보구)

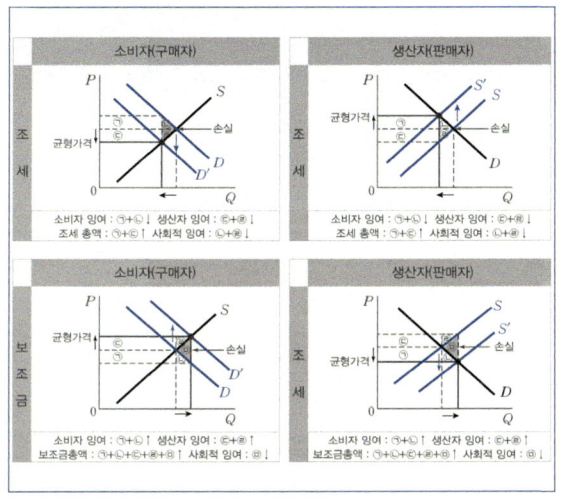

- 고용주에게 급여세를 부과하는 경우 노동수요곡선이 하방 이동하고, 근로자의 실제(세후) 수령 임금이 하락하며 고용주의 근로자 고용 비용이 증가한다. 이때 노동시장은 근로자의 임금을 하락시키는 방식으로 급여세의 일부를 근로자에게 전가한다.
- 고용주에게 보조금을 지급하는 경우 노동수요곡선이 상방 이동하고, 근로자의 실제 수령 임금이 증가하며 고용주의 근로자 고용 비용이 감소한다. 이때 노동시장은 근로자의 임금을 인상하는 방식으로 보조금의 일부를 근로자에게 귀속시킨다.
- 급여세나 보조금은 교역의 이득(사회적 잉여)을 감소시키는데, 이를 사중손실 또는 초과부담이라 한다. 사중손실은 다음과 같이 구할 수 있다. 사중손실 $= \frac{1}{2} \times$ (거래량 변화분) × (고용주 지불 임금 − 근로자 세후 임금)

- 고용주에게 부과된 급여세가 근로자에게 모두 전가되는 경우로는 노동공급곡선이 수직선으로 완전비탄력적인 상황을 들 수 있다. 이때 급여세만큼 근로자의 임금이 감소하고, 사중손실은 발생하지 않는다.
- 급여세나 고용 보조금은 일방에게 부과/지급되더라도 양자에게 귀착되기에 부과/지급 대상이 누구인지에 상관없이 균형임금과 균형고용량에 동일한 영향을 미친다.
- 급여세나 고용 보조금으로 인한 사중손실은 거래량 변화분에 비례한다.

3. 법정부가혜택

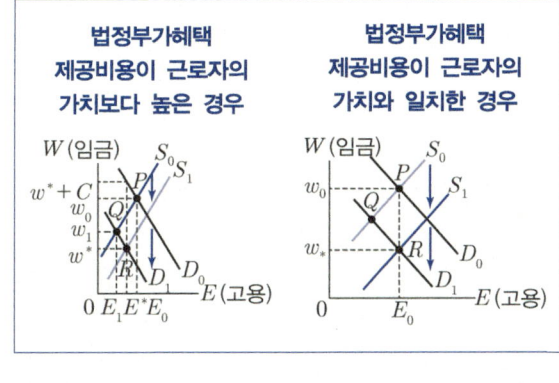

- 식대 또는 4대보험 의무화와 같이 정부가 기업으로 하여금 근로자에게 특정한 혜택을 제공하도록 강제할 수 있는데 이렇게 근로자가 받는 혜택을 법정부가혜택이라 한다.
- 고용주는 급여세나 법정부가혜택 모두 동일하게 비용으로 간주하기에 법정부가혜택이 존재할 경우 노동수요곡선이 하방 이동한다.
- 법정부가혜택의 제공비용이 근로자가 느끼는 가치보다 큰 경우, 노동공급곡선이 노동수요곡선보다 더 적게 하방 이동한다. 따라서 고용수준은 급여세<법정부가혜택<급여세가 없는 경우 순서가 된다.

- 법정부가혜택의 제공비용이 근로자가 느끼는 가치와 같은 경우, 노동공급곡선과 노동수요곡선이 같은 정도로 하방 이동한다. 따라서 고용수준은 급여세<법정부가혜택=급여세가 없는 경우가 된다. 이때 고용비용, 근로자의 실질임금 역시도 급여세가 없는 경우와 차이가 없다.

結 급여세나 고용 보조금은 일방에게 부과, 지급되더라도 양자에게 귀착되기에 부과 대상이 누구인지에 상관없이 균형임금과 균형고용량에 동일한 영향을 미친다.

Chapter 07 노동시장 균형2

序 단기·장기 이민과 규모수익

- 단기에 이민자와 원주민이 완전대체요소인 경우, 즉 이민자와 원주민이 같은 노동시장에서 경쟁하는 경우, 노동공급곡선이 우측으로 이동하기에 임금이 하락하고 원주민 노동자 수는 감소하여 총고용은 증가한다.
- 단기에 이민자와 원주민이 보완요소인 경우, 즉, 이민자와 원주민이 같은 노동시장에서 경쟁하지 않는 경우, 이민자가 원주민 근로자의 생산성을 향상시키기에 자본이 고정된 단기에도 노동수요곡선이 우측 이동하여 임금과 원주민 노동자 수 및 총고용이 모두 증가한다.
- 장기에 총생산함수가 규모수익불변의 특성을 갖는다면 이민자와 원주민이 완전대체관계이더라도 임금과 원주민 고용 수준은 이민자 유입 이전과 동일하게 복귀한다. 이는 임금이 떨어지면 저렴해진 비용의 이점을 누리고자 자본을 확장한 고용주들에 의해 노동의 한계생산성이 증가하여 노동수요가 증가하기 때문이다.
- 모든 생산요소(E, K)의 투입을 t배 늘렸을 때 산출량이 t배 초과 증가하면 규모수익체증, t배만큼 증가하면 규모수익불변, t배 미만 증가하면 규모수익체감이라 한다. 1차 $C-D$ 함수는 $q = AE^{\alpha}K^{1-\alpha}$로 표현되고, 규모수익불변의 성질을 갖는다.

本

1. 이민잉여

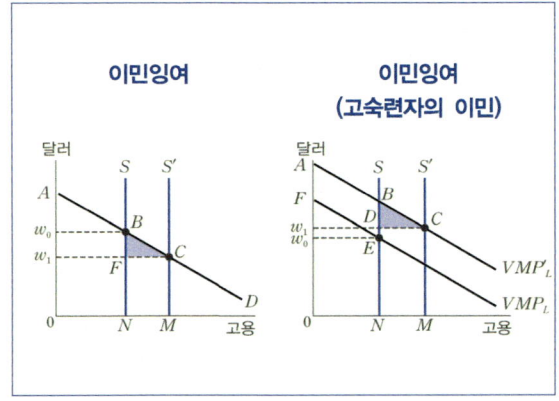

- 이민자가 생산하여 원주민에게 귀속되는 국민소득의 증가분을 이민잉여라 한다.
- 이민자와 원주민이 대체관계일 때, 노동공급곡선이 우측 이동한다. 이때 이민잉여는 다음과 같이 구할 수 있다. $\frac{1}{2} \times$ (임금하락분) $\times$ (노동자증가분)
- 이민자가 고숙련자이기 때문에 이민자와 원주민이 보완관계가 될 때, 양의 외부효과(인적자본의 외부효과)가 발생하여 노동수요곡선이 우측 이동하고 이때 이민잉여는 좌측 그림의 평행사변형 $ABEF$와 삼각형 BCD의 면적 합이 된다.

2. 거미집 모형

- 공급곡선 기울기의 절댓값이 수요곡선 기울기의 절댓값보다 크면 균형으로 수렴한다는 것이 거미집 이론이다. 농산물은 현재가격에 의해 수요량이 결정되지만 공급량은 전기가격을 기준으로 결정되는 것과 같이 공급량이 시차를 두고 반응하는 사례를 설명한다.
- 거미집 모형은 인재양성에 시간이 소요되기에 노동공급이 단기에 완전히 비탄력적이고, 예비 노동 공급자들이 매우 근시안적이라고 가정한다. 따라서 증가된 노동수요를 조정하는 과정에서 거미집이 발생한다.

3. 수요독점

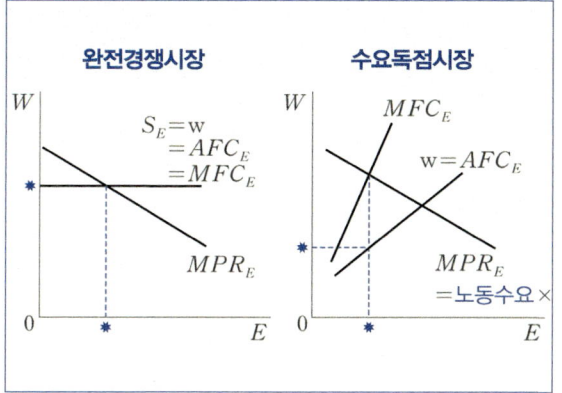

- 생산물시장의 이윤은 $MR=MC$를 통해 극대화할 수 있고, 생산요소시장은 $MR=MC$ 양변에 MP_E를 곱한 $MRP_E=MFC_E$를 통해 이윤을 극대화한다. 이때 MRP_E는 노동수요곡선 역할을 한다.
- 생산물시장이 완전경쟁적인 경우 $P=MR$이 성립하기에 $MRP_E=VMP_E$이고, 생산요소시장이 완전경쟁적인 경우 개별기업은 주어진 임금 하 원하는 만큼 고용하기에 $MFC_E=w$이다.

- 생산물시장과 생산요소시장이 모두 완전경쟁적인 경우 $VMP_E=w$에서 균형고용량이 결정되고 균형임금을 구할 수 있다.
- 생산물시장이 독점인 경우 $VMP_E > MRP_E$이고, 생산요소시장이 수요독점인 경우 $MFC_E > w$이다.
- 수요독점 생산요소시장에서는 $MRP_E=MFC_E$인 지점에서 고용량이 결정되고 그 고용량을 임금 산식($w=AFC_E$)에 대입하여 지급 임금을 구할 수 있다.
- 완전경쟁시장에서는 효율적 자원배분이 이뤄지나 수요독점시장에서는 비효율적 자원배분이 이루어진다.
- 완전경쟁적인 시장에서 개별기업이 직면하는 노동공급곡선은 수평 형태이고, 수요독점적 시장에서 개별기업이 직면하는 노동공급곡선은 우상향하는 곡선 형태이다.

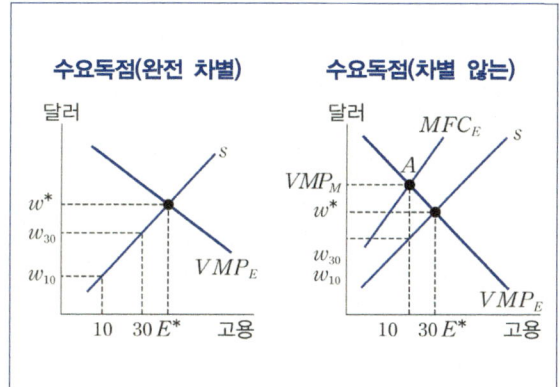

- 완전차별하는 수요독점기업은 노동자의 한계가치생산(VMP_E)이 노동의 한계비용(MFC_E)과 같아지는 순간까지 고용한다. 이 기업은 근로자 별로 각각의 유보임금에 해당하는 상이한 임금을 지급하나, 총 고용량은 노동시장이 경쟁시장일 때와 동일하다.
- 차별하지 않는 수요독점기업은 근로자 모두에게 동일한 임금을 지급하지만 노동공급곡선은 더 이상 고용의 한계비용(MFC_E)을 의미하지 않는다. 따라서 이들은 경쟁적 노동시장의 경우보다 적은, $MFC_E=VMP_E$에 해당하는 만큼의 근로자만을 고용하기에 불완전고용현상이 발생한다. 또한 이때의 임금은 경쟁임금이나 근로자의 한계생산가치보다도 낮게 책정되기에 근로자가 부당하게 착취당한다고 볼 여지가 있다.
- 차별하지 않는 수요독점시장에 최저임금제를 시행할 경우 임금과 고용 모두를 증가시킬 수 있다.

結 생산물시장, 생산요소시장이 모두 독점인 경우 $VMP_E > MRP_E = MFC_E > w$가 성립한다.

Chapter 08 보상적 임금격차

序 재화와 비재화

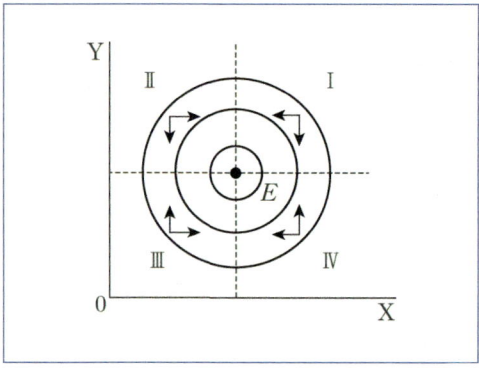

- 한계효용이 양의 값($MU>0$)을 갖는 재화를 재화라 하고, 재화는 소비할수록 총효용을 증대시킨다.
- 한계효용이 음의 값($MU<0$)을 갖는 재화를 비재화라 하고, 비재화는 소비할수록 총효용을 감소시킨다.
- 영역 Ⅰ은 두 재화가 모두 비재화인 경우를, 영역 Ⅱ는 X재가 재화이고 Y재가 비재화인 경우를, 영역 Ⅲ는 두 재화가 모두 재화인 경우를, 영역 Ⅳ는 X재가 비재화이고 Y재가 재화인 경우를 나타낸다.

本

1. 보상적 임금격차

- 임금 외 직업 특성에 대한 보상으로서 보상적 임금격차가 발생할 수 있다.
- 근로자 개개인마다 위험한 일을 승낙하도록 유인할 수 있는 액수, 즉 유보임금이 상이하다.

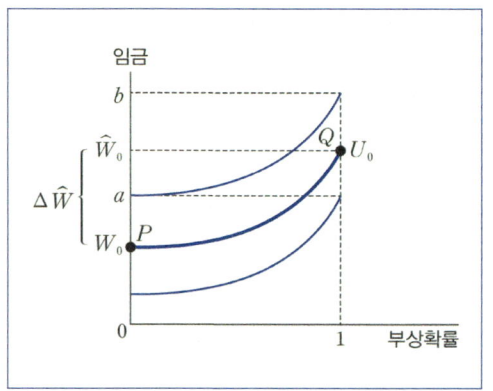

- 근로자가 일의 위험에 대해 완전히 알고, 안전한 일자리와 위험한 일자리 중 후자에 노동공급을 한다고 가정했을 때, 효용함수는 임금(w)과 위험(부상확률 $0 \leq p \leq 1$)의 평면 위에 도해할 수 있다. 이때 임금은 재화이고 위험은 비재화이기에 근로자의 무차별곡선은 우상향한다.
  이때 근로자의 유보임금은 $\triangle \hat{w} = \hat{w_0} - w_0$이다.

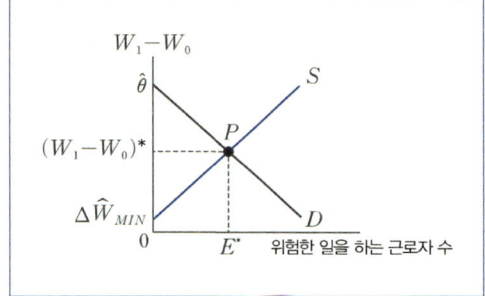

- 임금이 오를수록 더 많은 근로자들의 유보임금을 충족시키기에, 위험한 일자리에 대한 노동공급곡선은 우상향한다.
- 위험한 근로 환경의 대가로 제공해야 하는 임금이 높을수록 기업은 차라리 안전한 일자리로의 전환을 위한 비용을 지불할 것이기에 위험한 일자리의 노동수요곡선은 우하향한다.

- a_0가 안전한 작업환경에서의 노동의 한계생산물이고, a_1이 위험한 작업환경에서의 노동의 한계생산물이라고 가정하면, 안전한 환경을 제공할 때 기업이 얻는 이윤은 $\pi_0 = \rho a_0 E^* - w_0 E^*$이고, 위험한 환경을 제공할 때의 이윤은 $\pi_1 = \rho a_1 E^* - w_1 E^*$이다. 이때 위험한 환경으로 전환할 때의 기업 수입의 증가분은 $\theta = \rho a_1 - \rho a_0$이고, 기업은 $w_1 - w_0 > \theta$이면 안전한 작업 환경을, $w_1 - w_0 < \theta$이면 위험한 작업 환경을 제공한다.
- 시장에서 결정되는 보상적 임금격차는 위험한 일자리에 대한 수요 및 공급을 일치시키고, 위험한 작업환경을 제공하는 기업에 고용되는 마지막 근로자, 즉 한계근로자를 유인하는 데 필요한 보상과 동일하다. 따라서 시장은 한계근로자를 제외한 모든 근로자에게 초과 보상한다.

2. 헤도닉 임금함수

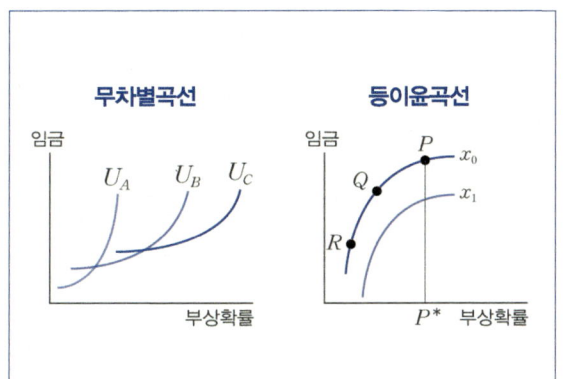

- 무차별곡선이 가파를수록 위험을 민감하게 받아들여 위험에 대한 유보가격이 높아지고, 무차별곡선이 완만할수록 임금을 민감하게 받아들여 위험에 대한 유보가격이 낮아진다.
- 등이윤곡선은 임금(w)과 위험(부상확률 $0 \leq \rho \leq 1$)의 평면 상 동일한 이윤을 연결한 궤적이다. 등이윤곡선은 우상향하는 오목한 곡선 형태이며, 상방에 있을수록 이윤이 낮아진다.

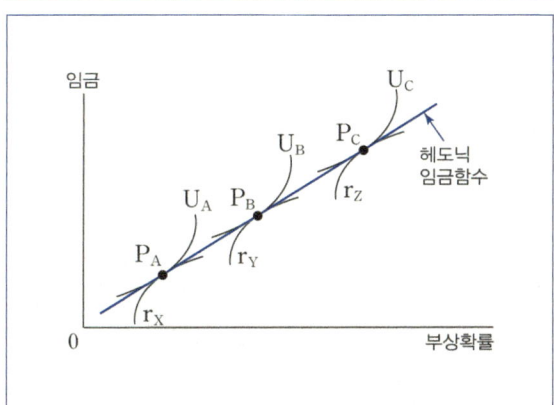

- 보상적 격차 모형에서는 이해가 일치하는 근로자와 기업끼리 매칭된다. 따라서 가파른 무차별곡선과 완만한 등이윤곡선이 만나 낮은 위험-임금 패키지를 거래하고, 완만한 무차별곡선과 가파른 등이윤곡선이 만나 높은 위험-임금 패키지를 거래한다.
- 근로자의 무차별곡선과 기업의 등이윤곡선이 접하는 점들의 궤적을 헤도닉 임금함수라 한다. 근로자는 더 위험한 일에 더 큰 유보임금을 요구하기에 헤도닉 임금함수는 우상향한다.

3. 실업보험과 건강보험

- 노동시장은 보상적 임금격차를 통해 비정규직 또는 계절적 실업과 같은 고용의 불안정성에 보상하거나, 실업급여를 통해 고용의 안정성에 따른 보상적 임금격차를 제거할 수 있다.
- 건강보험은 근로자에게 재화이기에 임금-의료보험 혜택 평면상 무차별곡선은 볼록하고 우하향하는 형태이다. 그러나 현실 데이터에 의하면 임금과 건강보험 혜택 간 교환관계는 알 수 없었고 근로자의 능력에 따라 임금과 보조혜택 간 양의 상관관계가 나타났다.

結 가파른 무차별곡선과 완만한 등이윤곡선이 만나 낮은 위험-임금 패키지를 거래하고, 완만한 무차별곡선과 가파른 등이윤곡선이 만나 높은 위험-임금 패키지를 거래하면서 헤도닉 임금곡선을 형성한다.

Chapter 09 교육

序 현재가치와 기회비용

- 미래에 얻게 될 확실한 수익을 현재의 가치로 환산한 것을 현재가치(PV)라 하며, t년 후 y의 현재가치는 다음과 같이 계산할 수 있다. $PV = \dfrac{y}{(1+r)^t}$ (단, r은 할인율)
- 기회비용은 하나의 대안을 선택했을 때 그로 인해 포기한 대안들 중 가장 큰 가치이다. 기회비용은 명시적 비용과 묵시적 비용의 합으로, 명시적 비용(직접적 비용)은 경제 활동을 수행하며 실제 지출된 금액을, 묵시적 비용(간접적 비용)은 현재의 선택과 다른 선택을 했을 때 얻을 수 있었던 가치를 뜻한다.

本

1. 학력선택모형

- t년간 노동하는 고졸자 소득흐름의 현재가치는 다음과 같다. $PV_{HS} = w_{HS} + \dfrac{w_{HS}}{(1+r)} + \dfrac{w_{HS}}{(1+r)^2} + \cdots + \dfrac{w_{HS}}{(1+r)^t}$
- t년 중 4년은 대학교육을 이수하고 이후 노동하는 대졸자 소득흐름의 현재가치는 다음과 같다. (단, H는 대학교육비용)
  $PV_{UNI} = -H - \dfrac{H}{(1+r)} - \dfrac{H}{(1+r)^2} - \dfrac{H}{(1+r)^3} + \dfrac{w_{UNI}}{(1+r)^4} + \cdots + \dfrac{w_{UNI}}{(1+r)^t}$
- 결국 개인이 대학에 진학할 조건은 $PV_{UNI} > PV_{HS}$이다. (UNI: 대학졸업, HS: 고등학교 졸업)
- 할인율은 다음과 같이 개인의 시간 선호도에 의존한다. ⓐ 할인율↑-미래가치↓-학교조금-현재지향-저소득층, ⓑ 할인율↓-미래가치↑-학교길게-미래지향-고소득층

2. 임금-학력곡선

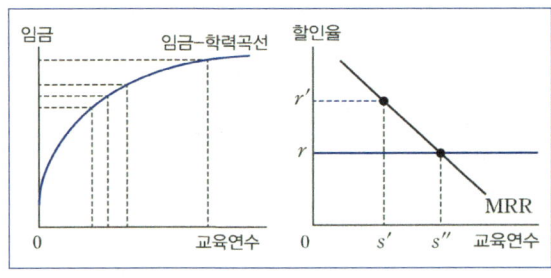

- 임금-학력곡선은 특정 근로자가 특정 학력에서 버는 소득을 나타내는데, 기본적으로 우상향하며 X축에 대해 오목한 형태를 갖는다. 이때 임금-학력곡선의 기울기는 교육의 한계수익률과 같다.
- 교육의 한계수익률은 학교를 1년 더 다니는 데 따른 소득의 변화율을 의미한다. 한계수익률은 고학력일수록 감소한다. 즉, 한계수익률 곡선(MRR 곡선)은 학력의 감소함수이다.

- 개인은 한계수익률이 할인율(이자율)과 같도록 함으로써 평생 소득의 현재가치를 극대화한다.

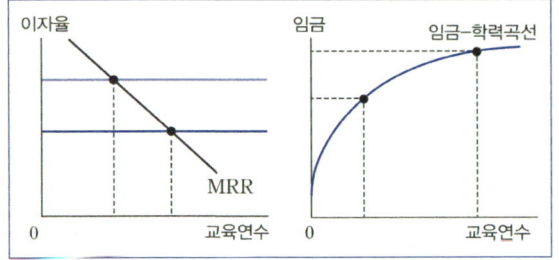

- 의무교육은 근로자를 관찰된 임금-학력곡선을 따라 이동시킨다. 근로자들이 할인율에서만 차이가 있을 경우 의무교육으로 인해 근로자의 소득이 얼마나 증가할지 정확히 예측할 수 있지만, 근로자 간 능력의 차이가 존재하는 경우 의무교육으로 인해 근로자의 소득이 얼마나 증가할지는 측정할 수 없다.

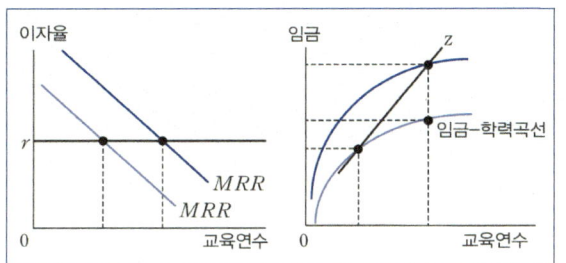

- 근로자 간 할인율이 동일하더라도 능력이 상이한 경우 근로자 간 임금-학력곡선은 서로 다르다. 뛰어난 능력은 임금-학력곡선을 상방 이동시키며, 더 가파른 기울기를 갖게 한다. 동시에 교육의 추가 비용이 높을수록 MRR 곡선은 좌측 이동하고, 근로자의 능력이 우수해 임금-학력곡선의 기울기가 가파를수록 MRR 곡선이 우측 이동한다.
- 능력이 상이한 두 근로자의 임금격차는 학력 차이뿐 아니라 능력 차이에 의해서도 발생하며 그렇기 때문에 이 경우 근로자 간 임금격차는 교육의 한계수익률 추정에 사용될 수 없다.

3. 신호모형

- 노동시장에는 정보의 비대칭성이 존재한다. 이는 고용주, 피고용인 양측 중 한쪽이 계약에 대한 조건을 더 많이 알고 있는 현상을 뜻하는데, 채용에 있어서는 통상적으로 고용주가 피고용인이 고생산성 근로자인지 저생산성 근로자인지 구분하기 힘들다.
- 학력선택모형은 교육이 근로자의 생산성 향상에 기여하고 이로 인해 임금이 인상된다($VMP_E = w$)고 주장한다. 이 때의 고용주는 모든 근로자들을 모두 동일하게 취급하는 통합균형을 통해 평균 급여를 산정하는데, 이는 각 근로자 집단의 비중을 가중치로 한 근로자 생산성의 가중 평균값이다.
- 대학 졸업장, 자격증 등 근로자를 정확한 생산성 집단으로 분류하는 데 사용되는, 믿을만한 정보를 신호라 한다.
- 신호모형에 따르면 저생산성 근로자는 신호를 취득하는 비용이 더 크기에 신호를 취득하기를 포기하고, 고생산성 근로자들은 신호를 통해 자신들을 저생산성 근로자들과 분리시키려 한다. 이때 기업은 가장 낮은 수준의 신호 기준점을 통해 분리균형을 얻으며, 이로 인해 근로자의 생산성에 따라 차등 임금을 지급한다.
- 학력선택모형은 인적자본 투자를 통해 근로자의 생산성을 향상시킬 수 있다고 주장하며 의무교육 제도의 근거로 작용하지만, 신호모형은 인적자본 투자, 즉 학력이 단순 신호의 역할을 할 뿐이며 타고난 생산성에 영향을 미칠 수 없다고 주장한다.
- 신호모형은 근로자를 각 생산성에 따라 적재적소에 배치하기에 교육이 근로자의 인적자본을 향상시키지 않더라도 교육의 사회적 수익률은 0보다 클 수 있다. 이때 근로자는 신호를 취득함으로써 이득을 얻기에 교육의 사적 수익률 역시 0보다 크다.

4. 훈련

- 일반훈련은 모든 기업에서의 생산성을 동일하게 높이는 훈련으로, 비용은 한계생산물 가치보다 낮은 초기 급여의 형태로 모두 근로자에게 전가되고($w_{초기} = VMP - $ 훈련비용) 기업 내 일반훈련만 받은 근로자들만 존재할 경우 불황 시 신규 근로자 순으로 해고된다.
- 특수훈련은 특정 기업에서의 생산성만 높이는 훈련으로, 비용은 근로자의 이직가능성과 해고가능성을 고려하여 기업과 근로자 양측이 분담하고(대안임금 $< w_{특수훈련} < VMP$) 불황 상황에서 해고된 특수훈련 근로자들은 재고용될 때까지 기다리기에 이들의 해고는 대부분 일시해고의 형태를 갖는다.

結 할인율은 다음과 같이 개인의 시간 선호도에 의존한다. ⓐ 할인율↑-미래가치↓-학교조금-현재지향-저소득층, ⓑ 할인율↓-미래가치↑-학교길게-미래지향-고소득층

Chapter 10 임금분포와 노동이동

序 소득 불평등 측정

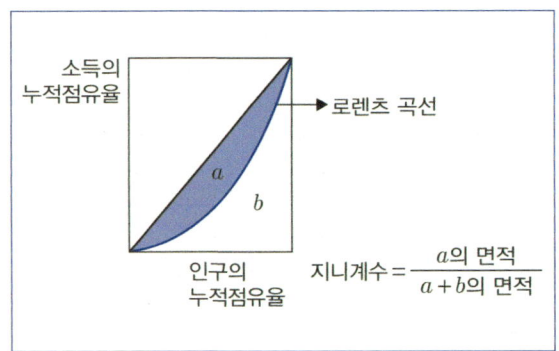

- 로렌츠 곡선은 인구의 누적점유율과 소득의 누적점유율 간 관계를 보여주는 곡선으로, 각도가 45도인 대각선에 가까울수록 소득분배가 균등함을 의미한다. 소득분배가 완전 불균등한 경우 로렌츠 곡선은 L이 좌우반전된 형태를 갖는다. 곡선이 서로 교차될 경우 소득 분배 상태에 대한 판단이 어렵다.
- 지니계수는 로렌츠 곡선이 이루는 면적을 대각선 아래의 삼각형 면적으로 나눈 값으로, 로렌츠 곡선이 나타내는 소득분배상태를 0과 1 사이 숫자로 표현하며, 그 값이 작을수록 소득분배가 균등함을 뜻한다.

本

1. 임금불평등의 요인
- 노동시장에 미숙련 근로자와 숙련 근로자만이 존재하고 기업은 대체탄력성이 일정한 생산함수(CES)를 가질 때, (숙련 근로자에 대한) 상대적 수요곡선은 우하향한다.
- 무역 효과에 의하면 숙련 근로자가 생산하는 재화에 대한 해외 수요가 증가하면서 숙련 근로자에 대한 수요가 증가하는 동시에 수입품에 대한 국내 수요가 증가하면서 미숙련 근로자에 대한 국내 수요가 감소하여 상대적 노동수요곡선이 바깥쪽으로 이동한다.
- 숙련편향적 기술변화에 의하면 자본이 미숙련 근로자와 대체관계이고 숙련 근로자와 보완관계일 때, 숙련 근로자에 대한 수요가 증가하는 동시에 미숙련 근로자에 대한 수요가 감소하기에 상대적 노동수요곡선이 바깥쪽으로 이동할 수 있다.
- 노동조합의 교섭능력 약화는 숙련 근로자에 대한 상대적 노동수요곡선의 바깥쪽 이동이라고 해석할 수 있다.

2. 세대 간 임금불평등
- 자녀 소득-부모 소득 평면에서 회귀선의 기울기가 1인 경우 임금 격차는 다음 세대까지 전부 지속되고 평균회귀는 존재하지 않으며, 기울기가 0인 경우 자녀의 임금은 부모의 임금과 무관하고 평균회귀한다.

3. 노동이동
- 전통적인 노동이동은 임금과 취업기회 차이로 일어났다고 보지만, 현대에 들어서는 노동이동이 인적자본투자처럼 여러 기회가 제공하는 평생소득의 현재가치를 비교하여 이루어진다고 본다.
- 즉, 근로자는 (이주 후 임금의 현재가치)>(이동비용+현재임금의 현재가치)일 때 노동 이동한다.
- 근로자가 개인 단위가 아니라 가족 단위일 경우, 가족의 순수익이 양인 경우($\Delta PV_H + \Delta PV_H > 0$)에 노동 이동한다. 이때 이주를 통해 개인적으로는 이득을 얻으나 가족 단위로는 손해라 노동 이동하지 않는 근로자를 부속된 체류자라 하고, 반대로 노동 이동하여 가족 단위로는 이득을 얻으나 개인적으로는 손해를 보는 근로자를 부속된 이주자라 한다.

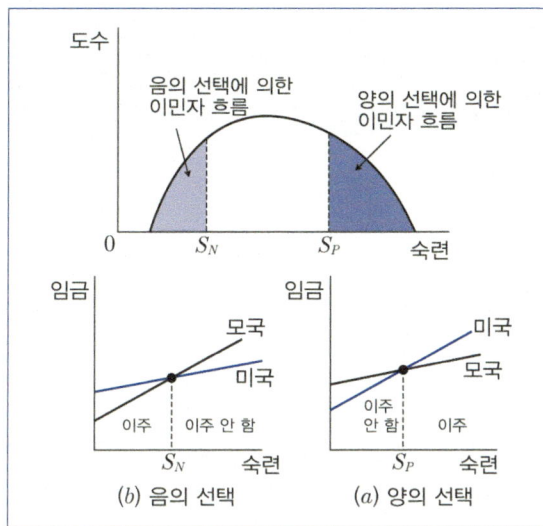

- 로이 모형은 나라 간 숙련에 대한 상대적 보상이 이민자 흐름의 숙련 조합을 결정함을 시사한다. 이민자가 고숙련자라면 이민자 흐름은 양의 선택에 의해, 이민자가 저숙련자라면 이민자 흐름은 음의 선택에 의해 일어난다. 외국에서의 숙련의 수익률이 자국보다 높다면(임금-숙련선이 미국에서 더 가파른 경우), 고숙련자의 이민, 즉 양의 선택이 발생하고 외국에서의 숙련의 수익률이 자국보다 낮으면, 저숙련자의 이민, 즉, 음의 선택이 발생한다.
- 직장 매치는 기업과 근로자 간 특정한 짝짓기로, 직장이동을 통해 서로 더 좋은 근로자와 기업을 찾아 매치 오류를 수정함으로써 자원이 더 효율적으로 배분되게끔 할 수 있다. 이러한 직장 이동을 효율적 이동이라 한다.

4. 차별

- 기호적 차별은 고용주에 의한, 동료에 의한, 고객에 의한 차별로 나눌 수 있다. d는 양수로 차별계수라 한다.
- 백인과 흑인 근로자가 완전대체인 경우, 차별하지 않는 고용주는 둘 중 임금이 더 낮은 근로자만을 고용하고, 이때의 흑인 근로자 임금은 그들의 한계생산물의 가치와 같다.($w_B = VMP_E$) 그러나 차별하는 고용주의 경우 흑인 근로자의 임금을 실제 w_B가 아닌 $w_B(1+d)$로 여기기에 $w_B(1+d) > w_W$이면 백인만을, $w_B(1+d) < w_W$이면 흑인만을 고용한다. 즉, 기업의 노동력 구성은 인종별로 분리되고, 차별이 심할수록 더 큰 비용을 지불하기에 이윤이 감소하여 궁극적으로는 차별하지 않는 기업들만 생존하게 된다. 이때 인종이 다른 근로자 간 임금격차가 발생한다.
- 차별하는 백인 동료는 흑인 동료와 같이 일할 때 스스로의 임금을 w_W가 아닌 $w(1-d)$로 여기기에 고용주는 이러한 비효용에 보상해야 한다. 따라서 동료에 의한 차별이 존재하는 경우 노동력은 분리되나 임금격차나 이윤감소는 발생하지 않는다.
- 차별하는 고객은 흑인 점원에게 응대받을 때 스스로가 지불하는 재화 가격을 $P_B = P(1+d)$로 여기기에 흑인 근로자에 대한 노동수요가 감소하여 흑인 근로자의 임금 하락을 초래한다.
- 통계적 차별은 편견이 존재하지 않는 상황에서도 특정 집단에 속하는 것이 해당 근로자의 숙련수준 또는 생산성에 대한 정보를 담고 있는 경우의 차이를 의미한다. 이는 고용주와 피고용인 간 정보의 비대칭성으로 인해 고용주가 피고용인의 생산성을 불완전하게 예측하기에 발생하며, 이를 보완하기 위해 고용주는 집단의 평균적 성과에 대한 통계치를 사용한다.

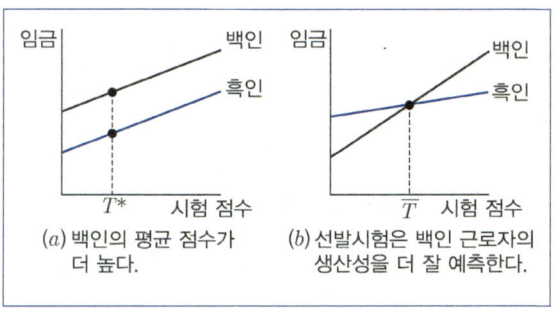

- 통계적 차별에 의해 특정 집단에 속한 지원자의 임금은 다음과 같이 정해진다. $w = (1-\alpha)\overline{T} + \alpha T$, 이때 선발시험의 예측력이 높을수록 모수 α값이 커진다.
- 문화적 편향에 의해 선발시험이 특정 집단의 생산성을 더 잘 예측할 수 있다. 선발시험이 백인의 생산성을 잘 예측하고 흑인의 생산성을 잘 예측하지 못하는 경우, 흑인 근로자의 임금-시험 점수 평면상 선분은 비교적 더 평평해진다. 따라서 낮은 점수를 받은 흑인 근로자는 낮은 점수를 받은 백인 근로자보다 더 높은 임금을 받고, 높은 점수를 받은 흑인 근로자는 높은 점수를 받은 백인 근로자보다 더 낮은 임금을 받는다.

結 무역 효과, 숙련편향적 기술변화, 노동조합의 교섭능력 약화는 숙련 근로자에 대한 상대적 노동수요곡선의 바깥쪽 이동이라고 해석할 수 있다.

Chapter 11 차별과 노동조합

序 남녀 임금격차의 원인

- 여성 노동공급의 불연속성: ① 통상적으로 여성이 가사와 육아를 전담하며 노동시장 참가에 단절을 겪기에, 여성은 남성보다 인적자본 투자에 대한 보상기간이 짧다. 이렇듯 인적자본 투자에 대한 보상의 감소가 예상되기에 여성은 남성에 비해 더 적은 인적자본을 획득하고자 한다. ② 여성이 육아를 하는 기간 동안 여성이 가진 숙련가치가 감소하는 경향이 있다.
- 직종별 군집: 가사 및 육아를 수행해야 하는 여성들이 숙련의 감가상각 가능성이 낮은 일부 직종에 군집함으로써 성별별로 직종이 분리되어 임금격차가 발생할 수 있다.

本

1. 차별의 측정(오하카-블라인더 분해법)

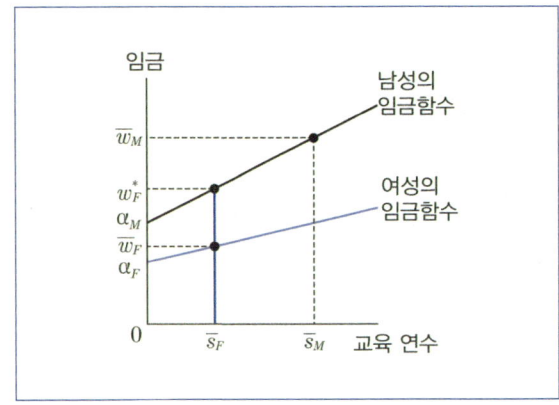

- 숙련 외 차이로 인한 임금 격차는 차별로 해석할 수 있지만, 숙련 차로 생기는 임금 격차는 차별이 아니다.
- s(학력=교육연수)만이 임금에 영향을 주고, α는 집단의 임금함수의 절편이며, β는 학교교육을 1년 더 받을 때 임금의 상승분에 영향을 준다고 가정한다. 이때 남성의 임금함수는 $w_M = \alpha_M + \beta_M \bar{s}_M$, 여성의 임금함수는 $w_F = \alpha_F + \beta_F \bar{s}_F$라면 회귀모형에 의해 원 임금의 격차를 다음과 같이 쓸 수 있다.
$\Delta \bar{w} = \bar{w}_M - \bar{w}_F = \alpha_M + \beta_M \bar{s}_M - \alpha_F - \beta_F \bar{s}_F$
(단, $\bar{s}$는 평균 교육연수)
- 위 식의 우변에 $(\beta_M \times \bar{s}_F)$를 더하고 빼서 원 임금의 격차를 다음과 같이 쓸 수 있다.
$\Delta \bar{w} = [(\alpha_M - \alpha_F) + (\beta_M - \beta_F)\bar{s}_F] + \beta_M(\bar{s}_M - \bar{s}_F)$,
이때 $[(\alpha_M - \alpha_F) + (\beta_M - \beta_F)\bar{s}_F]$는 차별에 기인한 부분, $(\beta_M(\bar{s}_M - \bar{s}_F))$는 숙련에 기인한 부분이다.
- 평균적인 여성의 교육연수와 임금이 $\bar{s}_F$, $\bar{w}_F$이고 평균적인 남성의 것은 $\bar{s}_M$, $\bar{w}_M$이라면 평균적인 여성이 남성의 임금을 받을 경우 그녀는 w_F^*만큼의 임금을 받기에, 이때 차별의 척도는 $(w_F^* - \bar{w}_F)$이다.

2. 노조 가입

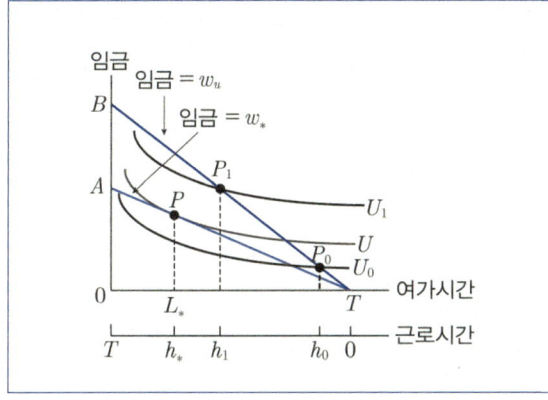

- 노조가 무노조 고용주가 제공하는 임금-고용 패키지보다 더 나은 패키지를 제안할 때 근로자는 노조에 가입한다.
- 노조가 임금을 인상시킬 때 비용이 수반되기에 고용주는 고용을 감축한다. 근로자가 기존에 P점에 위치해 U만큼의 효용을 누릴 때, 노동수요가 탄력적이라면(임금인상 시 대폭 해고) P_0로 이동해 U_0로 효용이 감소하기에 노조에 가입하지 않고, 노동수요가 비탄력적이라면(임금인상에도 소폭 해고) P_1으로 이동해 U_1으로 효용이 증가하기에 노조에 가입할 것이다.

3. 독점적 노조

- 독점적 노동조합은 노동력을 기업에 공급함에 있어 실질적인 독점력을 가진다.
- 독점적 노조는 수요곡선 상 점들 중 노조의 무차별곡선과 접하는 점을 선택함으로써 효용을 극대화한다. 이때 노조가 임금 인상을 선제적으로 요구하면 기업은 고용을 감소시켜 대응한다. 이때 노동수요가 비탄력적일수록 노조는 더 높은 임금을 요구하면서 더 높은 효용을 유지한다.

結 노동수요가 비탄력적일수록 노조는 더 높은 임금을 요구하면서도 더 적은 고용량 손실만을 감수하기에 더 높은 효용을 누릴 수 있다. 따라서 노조는 노동수요를 비탄력적으로 유지하려 한다.

Chapter 12 차별과 노동조합2

序 독점적 노조의 비효율성

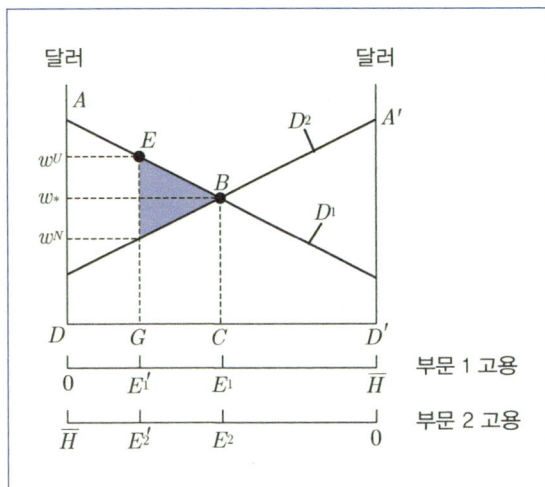

- 노조가 존재하지 않는 경우 임금은 w^*이고 국민소득은 $\square ABCD + \square A'BCD'$이다.
- 노조가 존재하는 경우 부문 1의 임금이 w_U로 증가하고 여기서 해고된 근로자들이 부문 2로 이동하면서 무노조 부문에 노동공급이 증가하여 무노조 부문의 임금이 w_N까지 감소한다.
- 이때 $\triangle EDF$의 면적이 효율성 손실의 크기가 된다.
- 이를 계산하면 다음과 같다.
$$\triangle EDF = \frac{1}{2} \times (w_U - w_N) \times (E_1 - E'_1)$$
- 즉, 독점적 노조가 제공하는 임금-고용 패키지는 비효율을 초래한다.

本

1. 효율적 계약과 계약곡선

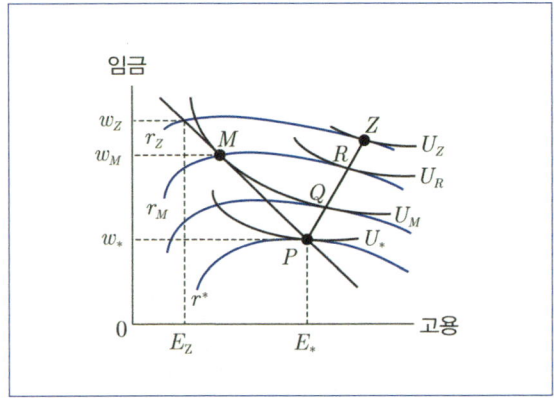

- 기업의 등이윤곡선은 동일한 이윤을 산출하는 여러 임금-고용 조합의 궤적으로, 역 U자형 형태를 가지며 하방에 위치할수록 더 높은 이윤을 의미한다. 등이윤곡선은 노동수요곡선과 교차할 때 극댓값을 가진다.
- 노조와 기업이 최초 M점에 있다. $M \to Q$에 있어 노조는 무차별하지만 기업은 더 높은 이윤을 누리게 되고, $M \to R$에 있어 기업은 무차별하지만 노조는 더 높은 효용을 누리게 된다. 이렇듯 기존 선택지보다 파레토 효율적인 협상 선택지를 연결한 궤적 PZ를 계약곡선이라 한다.

- 노조와 기업이 계약곡선 상 임금-고용 조합에 동의하여 도출되는 계약을 효율적 계약이라 한다. 그러나 효율적 계약은 과잉고용을 수반하기에 사회적으로 비효율을 야기한다.
- 계약곡선 PZ가 수직인 경우, 즉 기업이 노조 존재 여부와 무관하게 동일한 수의 근로자(경쟁시장 수준의 근로자)를 고용하는 경우, 노사 간 타결된 계약을 강하게 효율적인 계약이라 한다. 이때 계약곡선의 상방(점 Z)에 가깝게 계약을 맺을수록 노조가 더 많은 지대를 갖고, 하방(점 P)에 가깝게 계약을 맺을수록 고용주가 더 많은 지대를 갖는다.

- 강하게 효율적인 계약은 노사 간 협상 가능한 모든 협상 기회들을 포괄하며, 기업이 경쟁시장 수준의 근로자들을 고용하기에 노조가 노동의 배분을 왜곡하지 않고 국가 경제에 사중손실을 야기하지 않아 효율적이다.

2. 파업

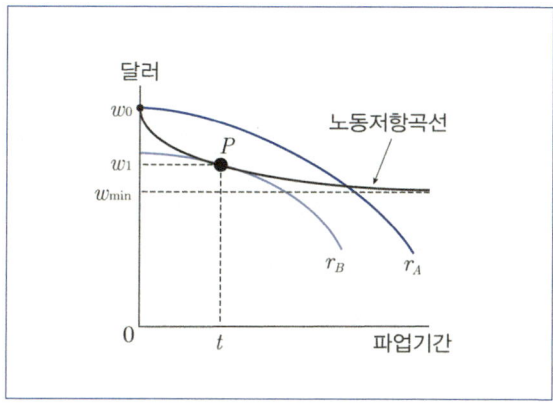

- 파업은 노사 양측 모두에 비용을 유발한다. 기업의 제안, 노조의 제안을 서로 받아들이려 하지 않기에 파업이 발생하고 장기화되어 둘은 파업이전 가능했던 선택지보다 적은 점에서 합의하게 되기 때문이다.
- 힉스 패러독스는 이와 같이 파업이 가진 비합리성을 뜻한다.
- 기업은 노조 및 근로자들보다 전체 파이의 크기에 대해 더 잘 알기에 정보의 비대칭성이 발생한다.
- 파업의 지속은 노조에게 기업의 재정상태가 예상만큼 좋지 않다는 신호를 주고, 계속해서 비용을 초래하므로 파업이 장기화될수록 노조의 요구임금은 하락하여 임금-파업기간 평면 상 노조저항곡선은 우하향한다.
- 기업은 이윤의 현재가치를 극대화시키는 파업기간을 선택한다. 이는 노조저항곡선의 점 중 가장 아래쪽에 위치한 등이윤곡선에 해당하는 지점(점 P)이다.

3. 노조의 임금효과

- 노조 임금상승분은 노동시장에 존재하는 k명의 근로자들이 각자 노조에 가입했을 때의 임금 상승분의 평균 값으로 정의할 수 있다.

$$노조임금상승분 = \frac{\Delta_1 + \Delta_2 + \cdots + \Delta_k}{k}$$

- 노조 임금격차는 유노조 일자리와 무노조 일자리 간 퍼센트 임금격차로 표시된다.

$$노조임금격차 = \frac{\overline{w}_U - \overline{w}_N}{\overline{w}_N} (단, \overline{w}_U는 유노조평균임금, \overline{w}_N은 무노조평균임금)$$

- 노조 임금격차는 노조 임금상승분의 척도로서 해석될 수 없다. 유노조 일자리의 전형적 근로자는 무노조 일자리의 근로자보다 더 생산성이 높기에 노조 임금격차는 노조 임금상승분을 과대 추정한다.
- 는 노조에 위협을 느끼는 고용주들이 근로자들이 노조에 가입하지 못하도록 초과 지대의 일부를 기꺼이 나누는 현상을 일컫는다. 즉, 노조는 단지 존재만으로 무노조 임금에 긍정적 영향을 미침을 알 수 있다. 이때 유노조 일자리와 무노조 일자리 간 임금격차는 노조가 임금에 미치는 효과를 과소 추정한다.
- 는 유노조 부문에서 일자리를 잃은 근로자들이 무노조 부문으로 대거 옮겨오면서 무노조 부문의 노동공급을 증가시켜 무노조 부문의 경쟁임금을 하락시키는 현상이다. 이때 유노조 일자리와 무노조 일자리 간 임금격차는 노조가 임금에 미치는 효과를 과대 추정한다.

結 위협효과는 고용주들이 근로자들이 노조에 가입하지 못하도록 초과 지대의 일부를 기꺼이 나누는 현상을 일컫는다. 파급효과는 무노조 부문의 노동공급을 증가시켜 무노조 부문의 경쟁임금을 하락시키는 현상이다.

Chapter 13 유인급여

序 개수급과 시간급

- 개수급은 근로자 생산량의 일정한 척도에 근거해 보수를 지급하는 보수 체계이고, 개수급 체계 하 기업은 근로자의 정확한 생산량을 알 수 없기에 감시비용을 지출하게 된다.
- 시간급은 근로자가 업무에 투입한 시간에 근거해 보수를 지급하는 보수 체계로, 따로 감시비용이 수반되지 않는다.
- 완전경쟁기업은 두 보수체계 중 더 큰 이윤을 산출하는 임금체계를 선택하는데, 통상적으로 생산량이 쉽게 관측되는 경우 개수급을, 생산량을 관측하기 어려운 경우 시간급을 선택한다.
- 개수급 근로자는 한계수익과 한계비용이 일치하는 지점($MR = MC$)에서 생산량을 결정한다. 이때 고생산 근로자들은 더 쉽게 생산하기에 이들의 한계비용 곡선은 더 하방에 위치하고 더 많은 생산물을 생산한다.
- 시간급 근로자는 기업이 감시하기 용이한 최소 수준의 산출량만을 생산하고 그 이상은 생산하지 않는다.
- 개수급 체계 하 근로자의 효용은 근로자의 능력에 따라 달라지고 시간급 체계 하 근로자의 효용은 그의 능력과 무관하게 모두가 동일하다. 따라서 일정 이상의 능력을 가진 근로자는 개수급 임금체계를 갖춘 일자리를, 그보다 적은 능력을 가진 근로자는 시간급 임금체계를 갖춘 일자리를 선택하는데, 이를 기업 간 군집현상이라 한다.
- 개수급 유인급여의 장점으로는 능력자의 유인, 근로자의 노력 유인, 보상-성과 연계, 차별과 정실주의 최소화, 생산성 증진이 존재한다. 단점으로는 팀의 성과를 기반으로 할 때 개수급 체계 적용이 곤란하다는 점, 무임승차 문제, 품질 문제, 급여의 변동성으로 인한 근로자들의 기피, 톱니효과, 근로자들의 비효용 보상 비용과 감시비용으로 인한 개수급 기업 자체의 감소 등이 있다.

本

1. 토너먼트

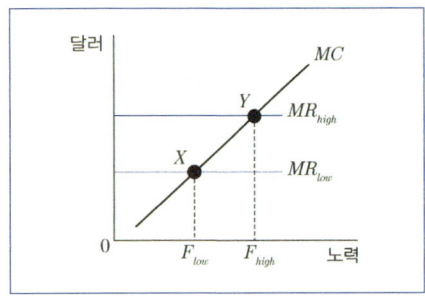

- 일반적인 경우 근로자들은 직무 성과의 절대적 척도에 따라 보상받지만 CEO 승진 경쟁과 같은 경우 상대적 척도에 따라 보상받는다. 이때 기업들은 토너먼트를 통해 생산성에 따라 근로자들의 순위를 매긴다. 보수는 순위에 따라 분배되고 승자가 패자보다 훨씬 많은 보상을 얻도록 설계된다.
- 토너먼트의 장점으로는 절대적 생산성을 측정하기 곤란한 경우, 적절한 노력을 이끌어내야 하는 경우 사용될 수 있다는 점이 존재한다. 문제점으로는 참여자끼리 담합하여 노력을 유인하기 어려울 수 있고, 과당경쟁으로 인해 서로를 방해할 수 있다는 점이 존재한다.
- 경쟁에 노력을 투입할 경우 참여자는 고통을 겪기에 한계비용(MC) 곡선은 우상향하고, 승자와 패자의 보상 차가 매우 크기에 각 보상은 MR_{high}, MR_{low}로 표현된다. 따라서 참여자는 큰 한계수익을 얻기 위해 토너먼트에 큰 노력을 배분하게 된다.

2. 이연보상

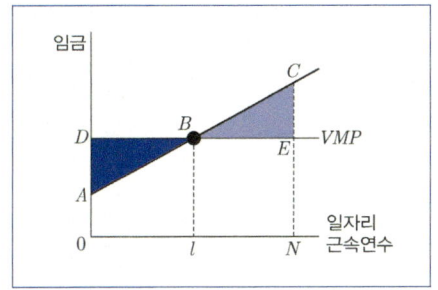

- 이연보상은 우상향하는 연령-임금 곡선이 근로자들의 태만을 방지할 수 있다는 발상을 기초로 한다. 즉, 기업이 근로자들에게 초반에는 한계생산물의 가치보다 낮은 임금을 지급하다가 후기에 한계생산물의 가치보다 높은 임금을 지급하는 경우, 근로자는 이러한 이연보상계약과 매기 한계생산물의 가치만큼 지급하는 계약을 무차별하게 여기고, 태만으로 해고당하는 손실을 방지하고자 자발적으로 한계생산물의 가치만큼을 생산한다.

- 기업은 한계생산물가치보다 더 높은 보상을 받는 근로자들이 나가길 원하고, 근로자들은 현재 보상을 지급하는 일자리를 유지하려고 하면서 둘의 이익이 상충된다. 따라서 이연보상계약은 정년제도의 유래를 설명한다.
- 기업이 근로자를 착취한다고 알려지면 기업의 신규 채용이 곤란해지는 평판 효과로 인해 기업은 한계생산물의 가치 이상을 받는 근로자들을 함부로 해고하지 않는다. 또한 이연보상계약은 후기에 근로자에게 큰 보상을 상환해야 하기에 도산할 위험이 매우 낮은 기업, 즉, 대기업에서 주로 사용한다.

3. 효율임금

- 고전 계열에 의하면 한계생산성이 실질임금을 결정($MP_E \to \frac{w}{p}$)하고, 케인즈 계열에 의하면 실질임금이 한계생산성을 결정($\frac{w}{p} \to MP_E$)한다.

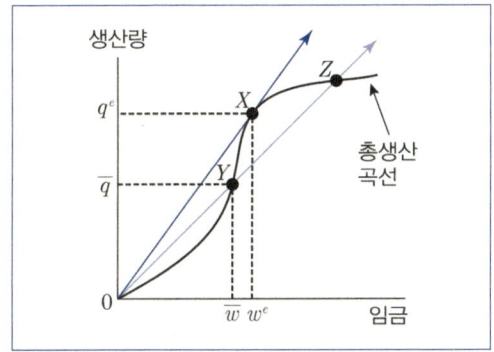

- 효율임금은 근로자들의 근로 의욕을 최대로 만들어 기업의 이윤을 극대화하는 임금으로, 통상적으로 경쟁임금보다 높기에 비자발적 실업을 초래한다.
- 효율임금은 임금의 한계생산성과 임금의 평균생산성이 일치할 때($MP_w = AP_w$) 도출된다.

- 즉, $\frac{\Delta q}{\Delta w} = \frac{q}{w}$, $\frac{\Delta q}{\Delta w} = \frac{\Delta q}{\Delta w}$, $\frac{\frac{\Delta q}{q}(생산량변화율)}{\frac{\Delta w}{w}(임금변화율)} = 1$

이기에 생산의 임금탄력성이 1이다.

- 이때 기업의 이윤이 극대화된다.
- 효율임금이 도출되는 지점(총생산곡선의 접선의 기울기와 원점의 기울기가 같은 지점)의 하방은 탄력적이기에 임금이 인상되고 상방은 비탄력적이기에 임금이 인하된다.
- 효율임금은 근무자들의 근무 태만을 방지하고 의욕을 고취시키며 이직률을 낮춘다. 또, 효율임금을 지급하는 기업들은 유보임금이 높은 고능력 근로자들을 유인하여 생산성과 이윤을 증가시킬 수 있다.

4. 실업

- 실업의 유형으로 경기침체에 의해 발생하는 경기적 실업, 숙련 불일치로 발생하는 구조적 실업, 정보 부족에 의한 이직 등으로 발생하는 마찰적 실업, 일시 해고로 발생하는 계절적 실업 등이 있다.
- 실직할 확률을 l, 구직할 확률을 h라 하면 정상상태의 실업률, 즉 자연실업률은 다음과 같이 구할 수 있다.
- 자연실업률 = $\frac{l}{l+h}$

5. 일자리 탐색과 요구임금

- 요구임금은 실업상태의 근로자가 제안받은 일자리를 수락하기 위한 최소한의 임금이다. 요구임금이 낮은 근로자들은 실업기간이 짧고 요구임금이 높은 근로자들은 실업기간이 길다.
- 근로자가 현재 보유한 임금 제안액이 높을수록 추가 탐색 이득이 감소하기에 한계수익(MR) 곡선은 우하향한다.
- 탐색비용에는 직접적인 탐색비용과 간접적인 탐색비용(기회비용)이 존재하는데, 현재 보유한 임금 제안액이 높을수록 추가적인 탐색에 드는 기회비용이 크기에 한계비용(MC) 곡선은 우상향한다.
- 근로자는 한계수익곡선과 한계비용곡선이 일치하는 지점($MR = MC$)에서 요구임금을 결정한다.
- 현재지향적인 근로자는 할인율이 높고 추가적 탐색으로부터 얻는 이득이 작기에 한계수익이 감소하여(한계수익곡선이 하방 이동하여) 자신의 요구임금을 감소시키고, 이 때문에 실업기간도 짧다.
- 실업보험 급여는 일자리 탐색의 한계비용을 감소시켜(한계비용곡선을 상방 이동시켜) 요구임금을 증가시키기 때문에 개인의 실업을 장기화하고 실업률을 증가시킨다.

結 효율임금은 임금의 한계생산성과 임금의 평균생산성이 일치할 때($MP_w = AP_w$), 즉 생산의 임금탄력성이 1일 때 도출된다.

局 정리

Chapter 14 실업

序 일시해고와 불완전 경험요율

- 일시해고는 해고 이후 근로자를 재고용하는 현상이다.
- 실업보험 제도는 재원조달방식으로 인해 고용주들로 하여금 일시해고를 과다 사용하도록 유도한다.
- 실업보험은 고용주들에게 급여세를 부과해 재원을 조성하는데, 이때 세율은 불완전 경험요율에 의해 결정된다. 정부는 과거 더 많은 해고를 한 기업일수록 더 높은 세율을 적용하는데, 이 세율에는 상한선 및 하한선이 존재하기에 가장 많이 해고한 기업은 오히려 다른 기업들로부터 보조금을 받고, 일정 이하로 해고한 기업은 과도하게 납세하게 된다. 따라서 기업은 경제적으로 어려운 시기 동안 근로자를 대거 해고하여 인건비 일부를 납세자들에게 전가한다.

本

1. 실업 이론

- 시점 간 대체 가설은 실질임금이 경기 순행적이고 노동공급은 실질임금의 변화에 반응한다고 가정한다. 이에 따르면, 근로자는 생애 중 임금이 높은 시기에 노동을 공급하고 임금이 낮은 시기에 여가를 소비하려는 유인을 가져 경기순환에 따라 시간을 다르게 배분한다. 즉, 불경기에도 자발적으로 실업할 수 있다.
- 실질임금이 경기 순행적이라면 경기침체 시 임금, 즉 여가의 기회비용이 감소하기에 근로자는 노동공급을 감소시킬 수 있다. 이렇듯 실질임금의 하락을 활용해 여가를 소비하는 근로자들이 존재하기에 불경기에 측정되는 실업 일부는 자발적이다.
- 부문 간 이동 가설에 따르면, 쇠퇴산업(노동수요 감소)의 실업자들이 보유한 숙련과 번성산업(노동수요 증가)의 기업이 원하는 숙련 간 구조적 불균형이 존재하고, 요구되는 숙련을 학습하는 데 시간이 소요되기에 오랜 기간 실업 상태인 근로자 집단이 발생한다. 즉, 부문 간 이동 가설은 구조적 실업을 설명한다.

2. 효율임금과 실업

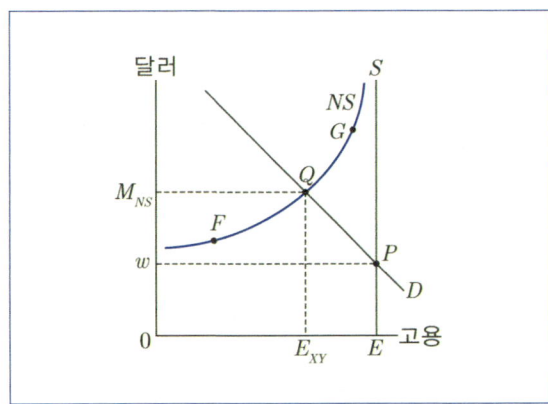

- 효율임금은 근로자들의 태만을 방지하고, 고생산 근로자들을 기업 내에 존속하도록 붙잡아두는 역할을 한다.
- 감시비용이 높은 경우 높은 실업률이 근로자들이 태만하지 않을 유인책으로 작용한다. 따라서 기업은 낮은 실업률 하 근로자들이 태만하지 않도록 아주 높은 임금을 지불하고, 높은 실업률 하 실업률이 이미 그 역할을 하기에 낮은 임금만을 지불한다. 즉, 비태만 근무태도를 유도하기 위해 어느 정도의 실업은 필수적이다.
- 비태만 경계곡선은 각 임금수준에서 기업이 끌어들일 수 있는 비태만 근로자들의 수를 연결한 궤적으로, 우상향하는 기울기를 갖는다.

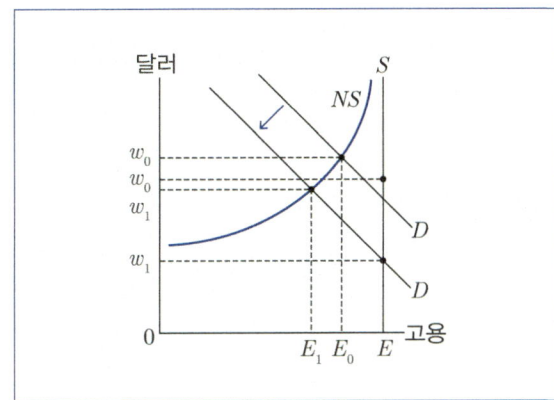

- 효율임금은 비태만 경계곡선과 수요곡선이 교차하는 지점에서 결정된다.
- 임금곡선은 임금수준과 실업 간 음의 상관관계를 표시한다. 즉, 실업률이 높은 지역일수록 임금이 낮고 실업률이 낮은 지역일수록 임금이 높다. 이는 효율임금 모형이 갖는 함의와 일치한다.
- 경기가 수축하여 총수요가 감소하는 경우, 노동수요 곡선은 하방 이동하고 이에 따라 경쟁임금도 하락한다. 이때 기업들이 효율임금을 지급한다면 효율임금의 크기 역시 감소하지만 그 감소폭은 경쟁임금 하락분보다 작다.

3. 필립스곡선과 자연실업률

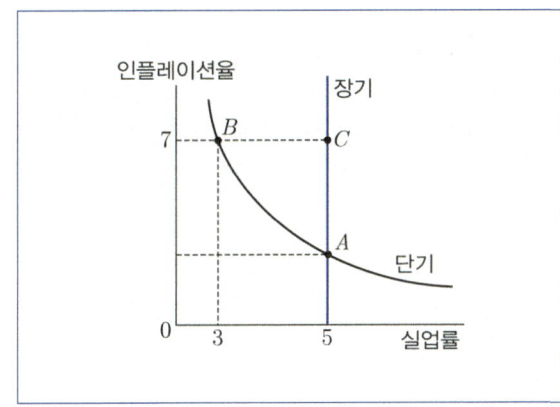

- 필립스곡선은 인플레이션율과 실업률 사이 음의 상관관계가 있음을 시사하는, 우하향하는 곡선이다. 즉, 인플레이션과 실업 사이에는 상충 관계가 존재하기 때문에 인플레이션율을 낮추면서 실업률도 함께 낮출 수는 없다.
- 장기 필립스 곡선은 수직선 형태이기에 장기적으로 인플레이션과 실업 간 상충 관계는 존재하지 않는다. 즉, 인플레이션과 무관한 균형 실업률이 존재하는데, 이를 자연실업률이라 한다.
- 점 A(인플레이션 없음, 실업률 5%)에서 확장통화정책이 시행될 경우 실업자들은 그들의 유보임금을 충족하는 일자리를 찾아 일시적으로 실업이 떨어지면서 점 B(인플레이션율 7%, 실업률 3%)로 옮겨가지만, 곧 인플레이션율이 더 높다는 것을 깨닫고 유보임금을 상방으로 조정하면서 점 C(인플레이션율 7%, 실업률 5%)로 옮겨간다.

結 효율임금은 비태만 경계곡선과 수요곡선이 교차하는 지점에서 결정된다.

해커스 법아카데미
law.Hackers.com

해커스노무사 局노동경제학 한권완성

PART 2
이론과 적용

Chapter 01 노동시장 기본

point 001 노동시장 기본(이론)

序 경제주체
- 노동시장은 효용극대화를 추구하는 노동공급자로서의 근로자와, 이윤극대화를 추구하는 노동수요자로서의 기업, 그리고 사회후생극대화를 추구하는 정부를 경제주체로 한다.

本
- 우상향하는 노동공급곡선과, 우하향하는 노동수요곡선이 만나는 점에서 노동시장의 균형이 이루어진다.
  ① 임금상승시 노동공급량이 증가하기에 통상 노동공급곡선은 우상향으로 도출된다.

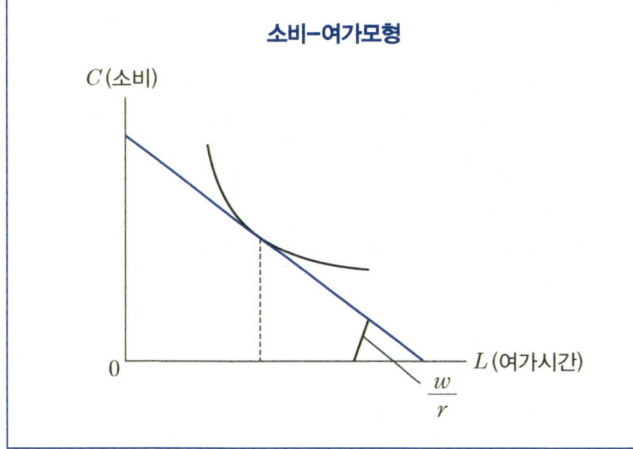

- 효용극대화를 설명하는 소비-여가 모형에서 노동공급곡선을 도출할 수 있다.

  ② 임금상승시 노동수요량이 감소하기에 통상 노동수요곡선은 우하향으로 도출된다. 그런데, 노동수요는 생산물 수요에서 파생되기에 파생수요이다.

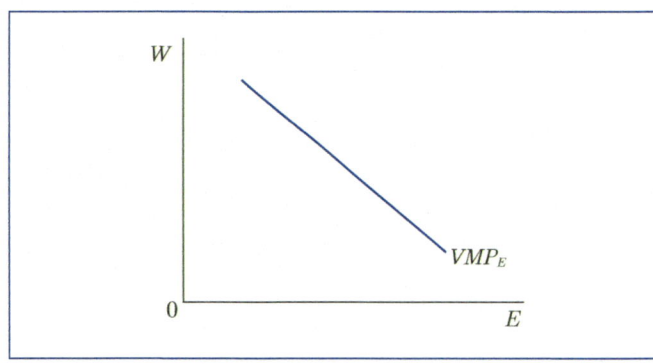

- 이윤극대화 조건인 $VMP_E = W$에서 노동수요곡선을 도출할 수 있다.

結 노동수요는 노동공급과 달리 생산물수요에서 파생된다.

局 정리

point 002 노동시장 기본(적용)

序 균형임금과 고용량

- 노동공급곡선은 $w = 100 + 10L$, 노동수요곡선은 $w = 300 - 10L$이다. 균형임금과 고용량은? (단, w는 임금, L은 고용량)

本

- 노동공급곡선과, 노동수요곡선이 만나는 점에서 노동시장의 균형이 이루어진다.

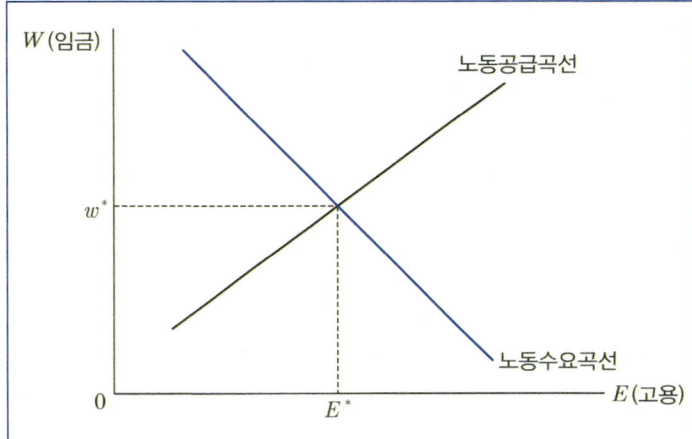

- 즉, $100 + 10L = 300 - 10L$에서 균형고용량은 $L = 10$이다.
- $L = 10$을 노동공급곡선 $w = 100 + 10L$에 대입하면 균형임금은 $w = 200$이다.

結 균형임금은 $w = 200$이고, 균형고용량은 $L = 10$이다.

局 정리

Chapter 02 경제활동인구 측정

point 003 경제활동인구 측정(이론)

序 경제활동인구 분류

- 만 15세 이상 인구를 생산가능인구, 이 중 지난 1주간 수입을 위해 1시간 이상 노동을 한 사람을 취업자, 지난 4주간 일자리를 탐색한 사람을 실업자라 하고, 취업자와 실업자를 합하여 경제활동인구, 경제활동인구 외의 생산가능인구를 비경제활동인구라 한다.
- 이때, 실망실업자는 비경제활동인구로 분류된다.

本

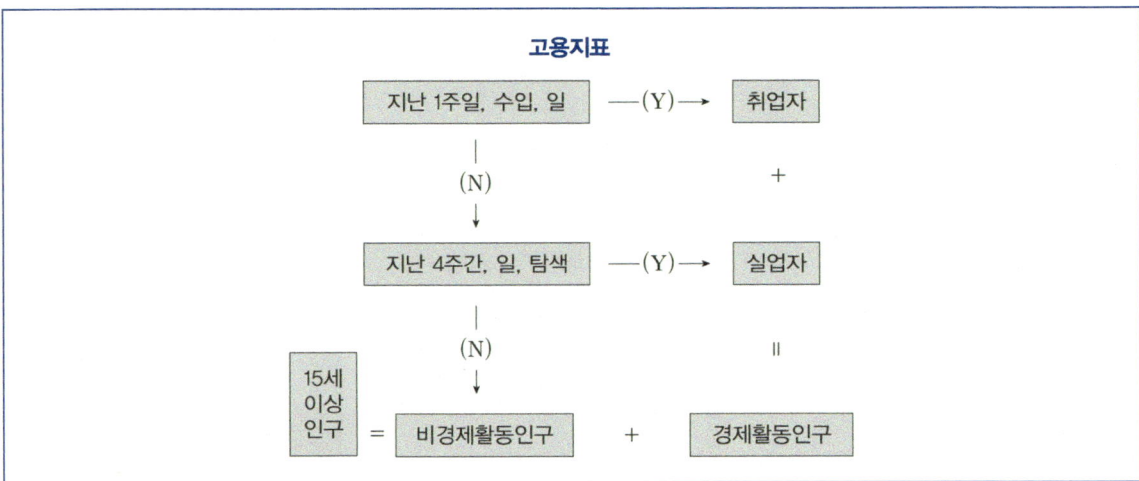

- 취업률 = (취업자 수/경제활동인구) × 100
- 실업률 = (실업자 수/경제활동인구) × 100
- 고용률 = (취업자 수/생산가능인구) × 100
- 경제활동참가율 = (경제활동인구/생산가능인구) × 100

結 취업률과 실업률의 합, 경제활동참가율과 비경제활동참가율의 합은 100%이다.

局 정리

point 004　경제활동인구 측정(적용)

序 경제활동인구 분류

- 생산가능인구가 1,000만 명인 어떤 나라가 있다고 하자. 이 가운데 취업자가 570만 명이고 실업자가 30만 명인 경우에 실업률과 비경제활동인구는?

本

- 실업률은 (실업자 수/경제활동인구)×100으로 구할 수 있다.
- 경제활동인구는 취업자 수와 실업자 수의 합으로, 570만 명 + 30만 명 = 600만 명이다.
- 따라서 실업률은 $\dfrac{\text{실업자 수}}{\text{경제활동인구}} = \dfrac{30\text{만 명}}{600\text{만 명}} = 0.05$로, 5%이다.
- 비경제활동인구는 생산가능인구 − 경제활동인구로 구할 수 있다.
- 경제활동인구가 600만 명이기에, 비경제활동인구는 1,000만 명 − 600만 명 = 400만 명이다.

結 실업률은 5%이고, 비경제활동인구는 400만 명이다.

局 정리

★ [과정] 수리식 문제

→ ① 개념에 따른 식 정의(예 비경제활동인구 = 생산가능인구 − 경제활동인구)
　② 설문에 나온 수치 대입하여 풀이(예 설문에 따르면 생산가능인구가 1,000만 명이고, 경제활동인구가 600만 명이기에 비경제활동인구는 1,000만 − 600만 = 400만 명)

Chapter 03 효용극대화

point 005 효용극대화(이론)

序 무차별곡선과 예산선
- 개인이 재화나 여가를 소비하면서 느끼는 만족을 효용이라 하고, 특정 수준의 효용을 주는 소비-여가의 여러 조합을 연결한 궤적을 무차별곡선이라고 한다.
- 무차별곡선의 기울기의 절댓값은 한계효용의 비율로, 한계대체율(MRS)이라고 부른다.
- 예산선은 근로자의 기회집합의 경계선이다.

本
- 무차별곡선과 예산선이 접하는 점에서 효용이 극대화된다.
  ① **무차별곡선**: 무차별곡선은 우하향한다. 원점으로부터 멀리 떨어진 무차별곡선일수록 더 높은 효용을 의미한다. 무차별곡선은 서로 교차하지 않고, 원점에 대해 볼록하다. 또, 무차별곡선이 비교적 가파를수록 X축 재화에 더 높은 가치를 부여함을 나타낸다.
  ② **예산선**: $C = (wT + V) - wL$로, 기울기가 마이너스 임금률인, 우하향하는 직선의 형태를 가진다. (C는 재화지출비용, w는 시간당 임금률, T는 총시간, V는 비근로소득, L은 여가시간)
  ③ **효용극대화**: 무차별곡선의 접선의 기울기와 예산선의 기울기가 같을 때 달성된다. 수식으로는 $MRS_{LC} = \dfrac{MU_L}{MU_C} = w$와 같이 나타낼 수 있다.

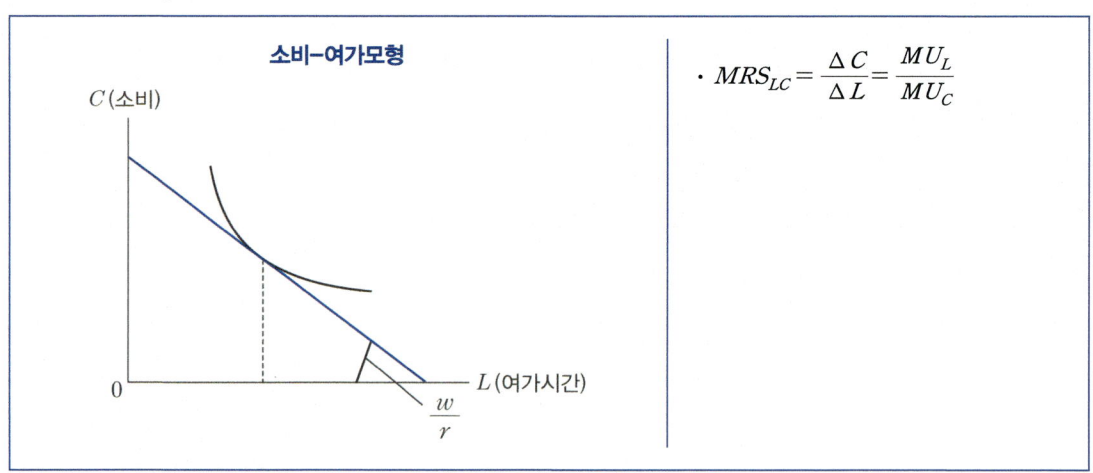

소비-여가모형

$\cdot\ MRS_{LC} = \dfrac{\Delta C}{\Delta L} = \dfrac{MU_L}{MU_C}$

結 소비-여가모형에서, 무차별곡선과 예산선이 접하는 점에서 근로시간과 여가시간이 결정된다.

局 정리

point 006 효용극대화(적용)

序 무차별곡선과 예산제약

- 효용극대화를 추구하는 소비자 A의 효용함수가 $U=4X^{\frac{1}{2}}Y^{\frac{1}{2}}$이고, $P_X=2P_Y$일 때, 최적 소비조합점은? (단, A는 모든 소득을 X재와 Y재의 소비에 지출한다. P_X와 P_Y는 각각 X재와 Y재의 가격, MU_X와 MU_Y는 각각 X재와 Y재의 한계효용이다.)

本

- 소비자의 효용은 무차별곡선과 예산선이 접할 때, 즉, $MRS_{XY}=\dfrac{P_X}{P_Y}$에서 극대화된다.
- 무차별곡선의 기울기는 $MRS_{XY}=\dfrac{MU_X}{MU_Y}=\dfrac{Y}{X}$이고, 예산선의 기울기는 $\dfrac{P_X}{P_Y}=\dfrac{2P_Y}{P_Y}=2$로, $\dfrac{Y}{X}=2$이기에, 최적 소비조합점은 $2X=Y$를 충족한다.

結 최적 소비조합점은 $2X=Y$를 충족한다.

局 정리

Chapter 04 근로시간 결정

point 007 근로시간 결정(이론)

序 노동-여가 선택모형(소비/소득-여가 선택모형)
- 재화의 소비(C)와 여가의 소비(L)로부터 효용을 얻는 개인의 노동공급 행위를 분석하는 모형.
- 근로자는 무차별곡선과 예산선이 접하는 점($\frac{MU_L}{MU_C}=w$)에서 근로시간을 결정해 효용을 극대화한다.

本
① 비근로소득이 달라질 경우 근로시간 변화

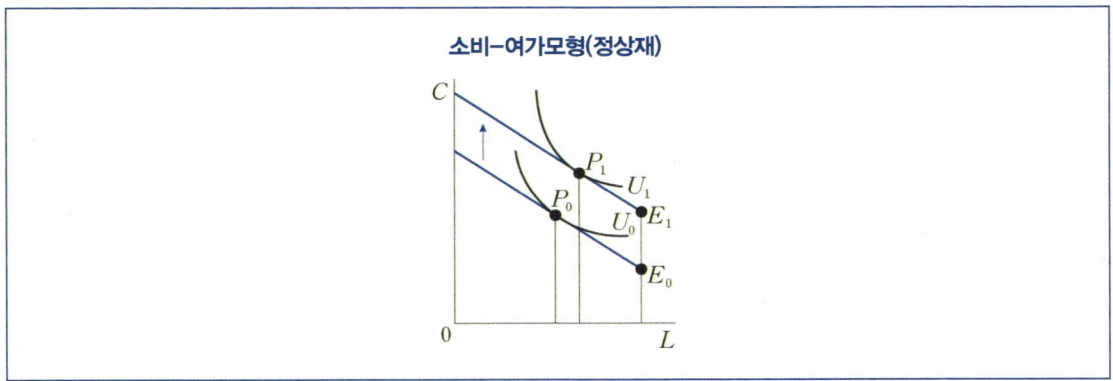

- 이때 임금률은 불변이다.
- 비근로소득이 증가하면 예산선이 평행 이동하여 근로자의 예산 집합이 확장된다.
- 따라서 더 높은 무차별곡선상의 조합을 선택할 수 있기에, 비근로소득의 증가는 반드시 근로자의 효용을 증가시킨다.
- 이때 비근로소득의 증가가 근로시간에 미치는 영향을 소득효과라 한다. 여가가 정상재일 경우, 소득효과는 비근로소득이 증가할 때 근로시간을 감소시킨다.

② 임금률이 달라질 경우 근로시간 변화

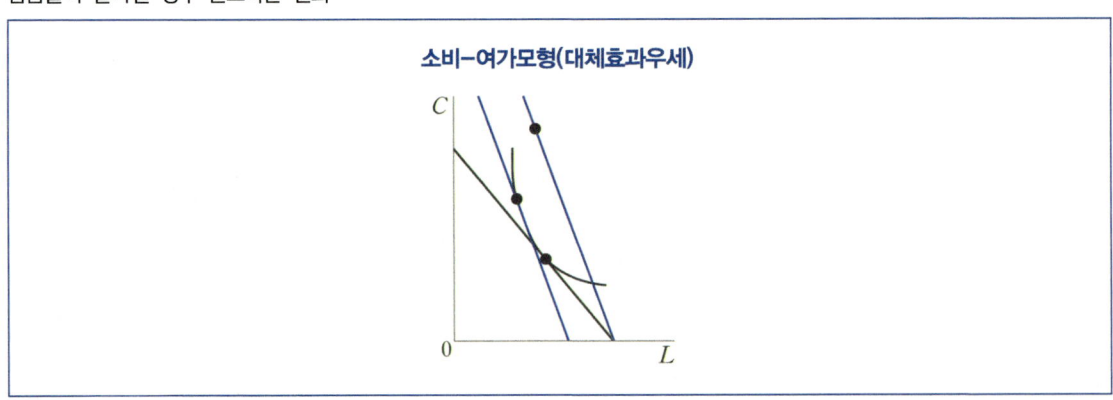

- 이때 비근로소득은 불변이다.
- 임금률의 상승은 예산선을 오른쪽으로 회전시킨다.
- 실질소득이 불변일 때 임금률의 상승이 근로시간에 미치는 영향을 대체효과라 한다. 대체효과는 임금률이 상승할 때 근로시간을 증가시킨다.
- 임금률의 변화는 소득효과와 대체효과를 동시에 가져오는데, 일반적으로 대체효과가 소득효과보다 우세하기 때문에, 근로시간과 임금률이 양(+)의 관계를 갖는다.

結 임금률이 상승했을 때의 근로시간은 대체효과와 소득효과의 크기에 의해 결정된다.

局 정리

★ [암기!]

비근로소득 증가 → 반드시 근로자 효용 증가, 소득효과만 존재

★ [암기!]

임금률 변화 → 대체효과, 소득효과 동시에
대체효과: 임금 상승 시 노동 기회비용이 커져 노동시간 증가
소득효과: 임금 상승 시 실질소득이 높아져 여가(정상재) 소비 증가

point 008 | 근로시간 결정(적용)

序 노동-여가 선택모형(소비/소득-여가 선택모형)

- 소득-여가 선택모형에서 $U = Y + 2L$이고, 총가용시간은 24시간이다. 시간당 임금이 3일 때, A의 여가시간은? (단, U=효용, Y=소득, L=여가시간)

本

- 효용함수가 $U = Y + 2L$이기에 무차별곡선의 기울기는 2이고, 임금률이 3이기에 예산선의 기울기는 3으로, 예산선이 무차별곡선보다 가파르다. 따라서 무차별곡선과 예산선이 Y축 위에서 효용극대화를 이루기에, 여가시간은 0, 노동시간은 24시간이 된다.

結 A가 효용을 극대화하는 여가시간은 0시간이다.

局 정리

Chapter 05 노동시장 진입 결정

point 009 노동시장 진입 결정(이론)

序 유보임금

- 노동을 하거나 하지 않거나 무차별하게 만드는 임금률을 유보임금이라고 한다.

本

- 시장에의 진입 여부를 결정하는 노동자는 시장임금이 MRS보다 작을 경우에는 일하지 않고, 시장임금이 MRS보다 클 경우에 일한다.
- 따라서 무차별곡선의 기울기, 즉 MRS는 유보임금이다.

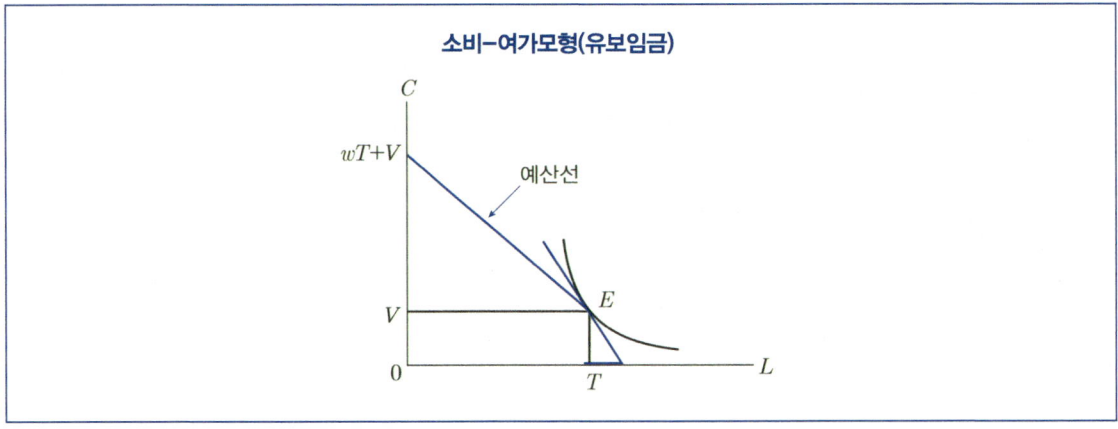

소비-여가모형(유보임금)

- 비근로소득이 증가할수록 유보임금이 상승한다.
- 임금인상으로 인한 소득효과는 이미 일을 하고 있는 사람에게만 나타나기에, 임금률의 인상은 일을 하지 않는 사람의 실질소득에는 영향을 미치지 않는다.

結 임금률과 노동시장 참가확률 사이에는 양의 관계가 성립한다.

局 정리

★ **[암기!] 유보임금 개념**

유보임금: 즉, 노동시장 진입 기준이 되는 임금

point 010 | 노동시간 진입 결정(적용)

序 유보임금

- 근로자 A는 소비(c)와 여가(l)로부터 효용을 얻고 있다. 주어진 일주일 동안에 근로자가 이용 가능한 최대여가 시간은 168시간이다. 그의 효용함수는 다음과 같이 주어져 있다. $U=cl$ 이때 근로자가 몇 시간을 일하는지 상관없이 매주 회사로부터 임금 588달러를 받고 있다. 이때 근로자 A의 유보임금은 얼마인가? (단, 임금은 모두 소비한다.)

本

- 효용함수 $U=cl$은 $U=lc$로 표현할 수 있고, 유보임금은 한계대체율(MRS)로 쓸 수 있다.
- $MRS_{lc} = \dfrac{MU_l}{MU_c} = \dfrac{c}{l} = \dfrac{588}{168} = 3.5$이므로, 근로자 A의 유보임금은 3.5이다.

結 근로자 A의 유보임금은 3.5이다.

局 정리

★ **[과정]** 함수 작성 시 X축 변수 먼저: $U=cl$을 $U=lc$로 바꾸는 스킬

Chapter 06 노동공급곡선

point 011 노동공급곡선(이론)

序 노동공급
근로시간과 임금률 사이의 관계를 노동공급곡선이라고 부른다.

本
① 후방굴절 노동공급곡선

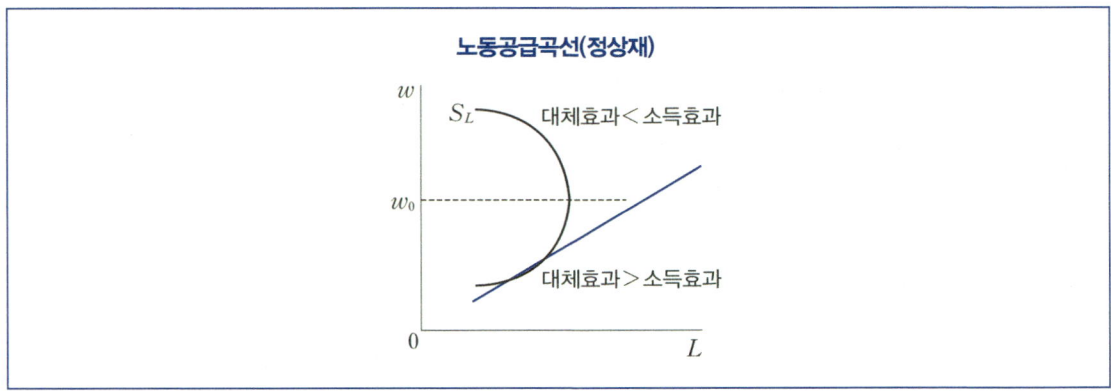

- 초기에는 대체효과가 우세하기에 노동공급곡선이 우상향하는 기울기를 갖는다.
- 임금률이 계속해서 상승하면, 소득효과가 대체효과를 압도하여 노동공급곡선이 음의 기울기를 갖게 된다.
- 이렇게 초기에 우상향하다가 일정 임금률을 기점으로 휘어져서 음의 기울기를 갖는 노동공급곡선을 후방굴절 노동공급곡선이라 부른다.
- 후방굴절 노동공급곡선은 여가가 정상재일 때 나타나며, 여가가 열등재일 경우 노동공급곡선은 계속해서 우상향하는 형태가 된다.

② 시장노동공급곡선

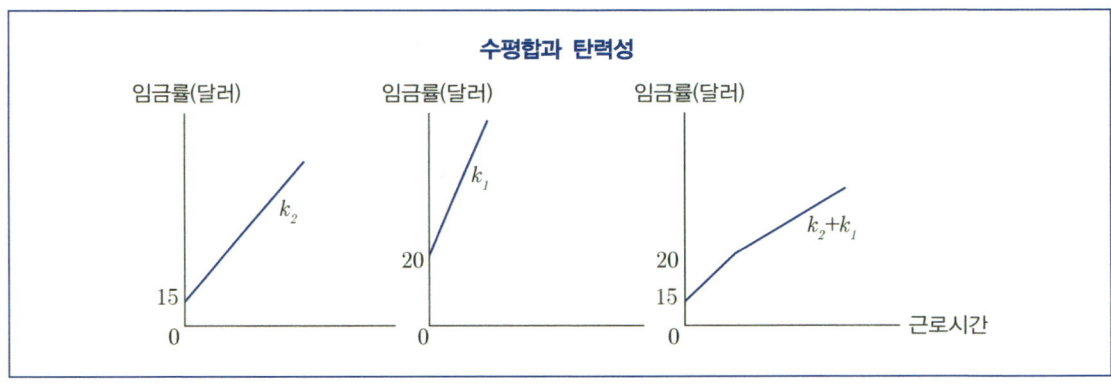

- 모든 근로자들의 노동공급곡선을 수평으로 더하여 시장노동공급곡선을 얻을 수 있다.
- 도출한 시장노동공급곡선은 개별노동공급곡선보다 완만해진다.

結 (여가가 정상재일 때) 대체효과가 소득효과보다 클 때, 노동공급곡선은 우상향하고, 소득효과가 대체효과보다 클 때 노동공급곡선은 좌상향한다.

局 정리

★ [암기!] 후방굴절 노동공급곡선
→ 여가가 정상재, 초기 대체효과가 소득효과보다 우세하여 우상향,
 이후 소득효과가 대체효과를 압도하면 좌상향

point 012 노동공급곡선(적용)

序 노동공급

- X국 노동시장의 근로자는 A와 B만으로 구성되어 있다. 노동에 대한 A의 공급함수는 $E=10+2w$, B의 공급함수는 $E=15+3w$일 때, X국의 시장노동공급함수는?

本

- 시장노동공급곡선은 개별노동공급곡선의 수평 합이다.
- 두 노동공급함수를 E에 대해 더하면, $E=25+5w$이다.

結 X국의 시장노동공급함수는 $E=25+5w$이다.

局 정리

Chapter 07 노동공급탄력성

point 013 노동공급탄력성(이론)

序 노동공급의 임금탄력성
- 노동공급의 임금탄력성은 임금률이 1% 변할 때 근로시간의 변화(%) 정도이다.

本
- 노동공급의 임금탄력성은 $\dfrac{h\text{변화율}}{w\text{변화율}}$로, $\dfrac{\Delta h}{\Delta w} \cdot \dfrac{w}{h}$와 같이 식으로 나타낼 수 있다.
- 노동공급탄력성은 노동공급곡선이 우상향(대체효과>소득효과)하면 양(+)의 부호를, 노동공급곡선이 우하향(소득효과>대체효과)하면 음(-)의 부호를 갖는다.
- 노동공급탄력성 절댓값의 크기가 1보다 작으면 노동공급곡선이 비탄력적이라고 하고, 1보다 크면 노동공급곡선이 탄력적이라 한다.

結 근로시간은 노동공급탄력성의 절댓값이 커질수록 임금률의 변화에 민감하게 반응한다.

局 정리

point 014   노동공급탄력성(적용)

序 노동공급의 임금탄력성

- 노동의 공급함수가 $E=10W-4$이다. $W=2$일 때 노동공급의 임금탄력성은?

本

- 노동공급의 임금탄력성은 $\dfrac{\Delta E}{\Delta W} \cdot \dfrac{W}{E}$로 구할 수 있다.

- 노동공급함수 $E=10W-4$를 W에 대해 미분하면, $\dfrac{dE}{dW}=10$이기에 $10 \times \dfrac{W}{10W-4}$이고, $W=2$이기에 $\dfrac{10 \times 2}{20-4} = \dfrac{20}{16} = 1.25$로, 노동공급의 임금탄력성은 1.25이다.

結 노동공급의 임금탄력성은 1.25이다.

局 정리

Chapter 08 가구생산

point 015 가구생산(이론)

序 가구생산함수
- 가구생산에 시간이 투입되면 얼마나 많은 상품이 생산되는지 표현하는 함수가 가구생산함수이다.
- 가구생산함수에서 개인은 시장재화 또는 가구생산에 시간을 투입할 수 있다.

本
- 효용극대화를 원하는 가구는 가장 효용수준이 높은 무차별곡선이 지나는 점을 선택한다.
- 부부 각각이 한 부문에 완전히 전문화하는 선택을 함으로써 가장 높은 효용을 달성할 수 있다. 이때 상대적으로 시장임금이 낮은 배우자가 가구생산 부문에, 높은 배우자가 재화생산 부문에 전문화한다.

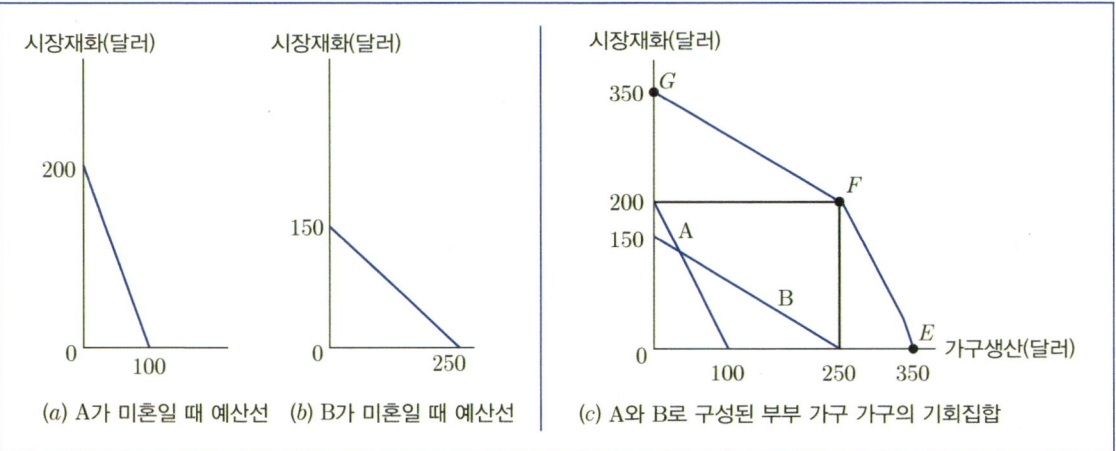

(a) A가 미혼일 때 예산선   (b) B가 미혼일 때 예산선   (c) A와 B로 구성된 부부 가구의 기회집합

- 개인의 생산성이 향상될 경우 가구의 기회집합을 확장시킬 수 있다.

結
부부 각각이 한 부문에 완전히 전문화하는 선택을 함으로써 효용극대화를 달성할 수 있다.

局 정리

point 016   가족이주(적용)

序 부속된 이주자와 부속된 체류자

- PV_H와 PV_W는 각각 남편과 아내가 개별적으로 이주를 결정할 경우의 소득흐름 현재가치로, 각자의 사적수익을 의미한다. 가정이 남편과 아내 두 명으로만 구성되어있다고 가정할 때, 이 가족이 이주결정을 내리게 되는 영역을 모두 고르면?

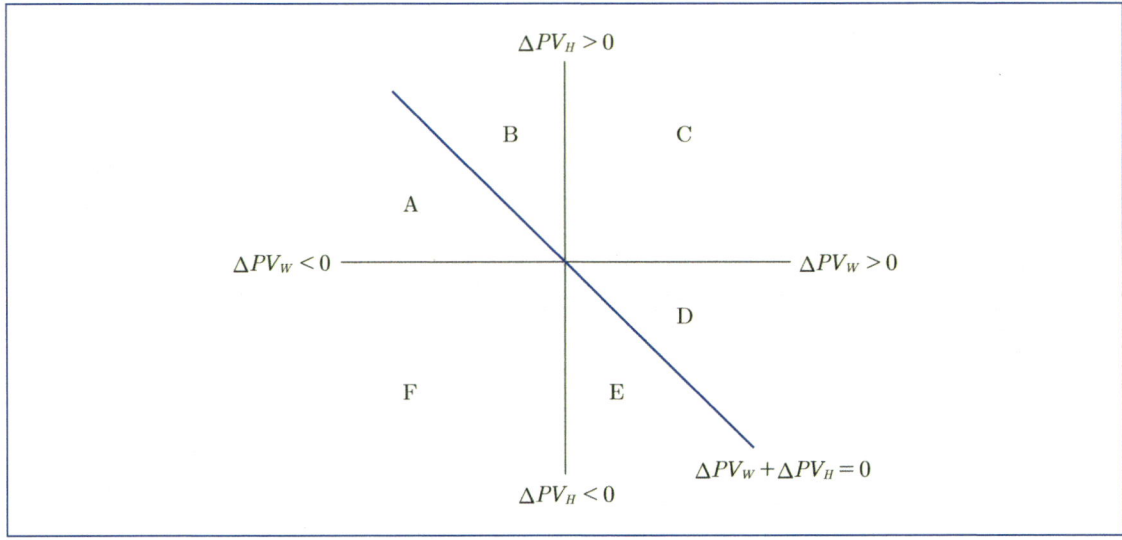

本

- 개인을 기준으로 봤을 때, 남편의 입장에서는 $PV_H > 0$라면 이주하는 것이 낫고, $PV_H < 0$라면 이주하지 않는 것이 낫다. 즉, 평면 상에서 수직 축이 남편의 사적 수익을 나타내기에, 남편 개인은 영역 A, B, C에서 이주 결정을 내린다.
- 가족 전체를 기준으로 봤을 때, 가족 전체가 이주를 하건 하지 않건 무차별한 직선 $\Delta PV_H + \Delta PV_W = 0$의 상방인 B, C, D에서 이주 결정을 내리는 것이 바람직하다.
- (추가)영역 D라면 남편의 입장에서는 이주하지 않겠지만, 가족의 일원으로서는 이주를 하면, 부속된 이주자가 된다. 영역 E라면 아내의 입장에서는 이주하겠지만, 가족의 일원으로서는 이주를 하지 않으며, 부속된 체류자가 된다.

結 이 가족이 이주결정을 내리게 되는 영역은 B, C, D이다.

局 정리

Chapter 09 복지급여와 근로장려세제

point 017 복지급여와 근로장려세제(이론)

序 복지급여
- 수급자격을 갖춘 사람에게 현금이나 현물을 보조하는 것을 복지급여라 한다.

本
① 부의 소득세제
- 노동 여부에 관계없이 보조금을 지급하며, 근로소득이 증가하면 보조금이 지속적으로 감소하기에 대체효과와 소득효과 모두 근로유인을 저해한다.
- 부의 소득세제를 도입하면, 수급자의 노동시장 참여확률은 낮아지고 이미 노동시장에서 일을 하고 있던 근로자는 근로시간이 줄어든다.

② 근로장려세제(EITC)

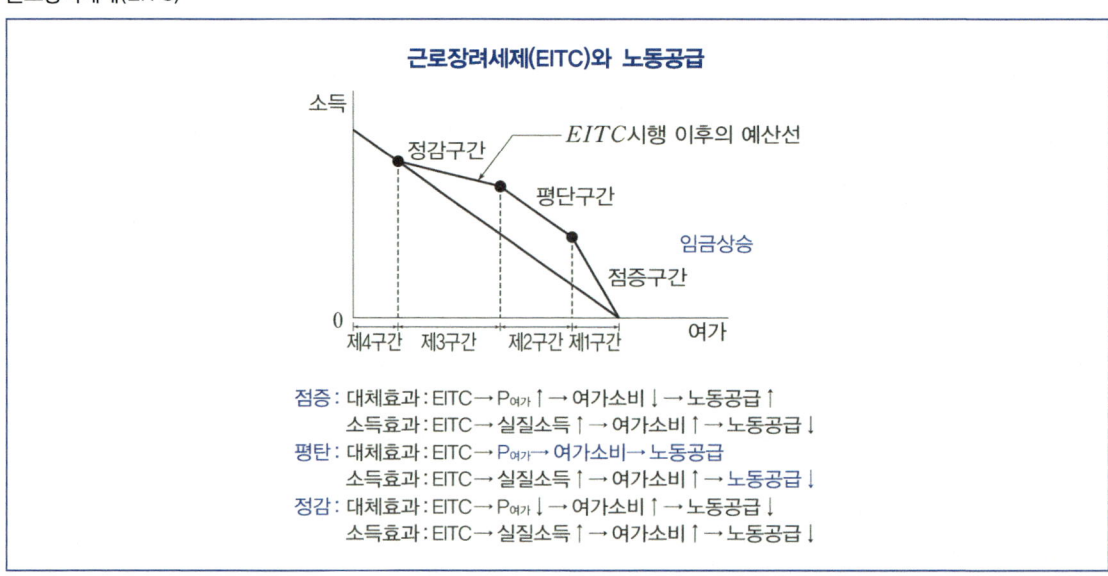

- 근로장려세제는 근로소득에 보조금을 지급하는 것으로, 근로를 제공한 노동자들에게만 적용된다.
- 근로장려세제의 한계세율이 음(−)인 구간은 점증구간으로, 이때는 근로소득이 증가함에 따라 보조금이 지속적으로 증가한다. 한계세율이 0인 구간은 평탄구간으로, 이때는 근로소득이 증가해도 보조금이 불변이다. 한계세율이 양(+)인 구간은 점감구간으로, 이때는 근로소득이 증가해도 보조금이 지속적으로 감소한다.
- 근로장려세제에서 노동공급의 증감여부는 점증구간에서는 대체효과와 소득효과의 상대적인 크기에 의해 결정된다. 평탄구간에서는 소득효과만 나타나고 노동공급이 감소한다. 점감구간에서는 대체효과와 소득효과 모두 노동공급을 감소시킨다. 따라서 이론적으로 전체적인 노동공급의 증감여부는 불분명하다.

結 근로장려세제는 부의 소득세제보다 저소득층 근로유인효과가 더 크다.

局 정리

★ [암기!] 부의 소득세제

→ 대체효과와 소득효과 모두 근로유인 저해

★ [암기!] 근로장려세제

→ 점증구간에서는 대체효과와 소득효과의 상대크기
   평탄구간에서는 소득효과만 나타나고 노동공급감소
   점감구간에서는 대체효과와 소득효과 모두 노동공급감소
   전체적인 노동공급의 증감여부는 불분명

point 018 : 복지급여와 근로장려세제(적용)

序 복지급여

- 주민센터에서 주민들을 상대로 다음과 같은 노동프로그램을 제안하였다.

> 1. 주민이 근로를 제공하지 않더라도 1주에 30만 원의 현금보조(공적부조)를 제공한다.
> 2. 현금보조를 하되 근로를 제공하는 주민에 대하여 20%의 한계세율을 적용하여 30만 원의 공적부조 금액을 점차적으로 감액시킨다. (현재 주민들의 시간당 임금은 1만 원이고 1주 총가용시간은 42시간이라고 한다)

- 노동프로그램을 적용받기 이전의 근로소득과 노동프로그램 적용 이후 주민이 얻는 소득이 일치하는 지점의 소득을 계산하시오.

本

- 노동프로그램이 적용되기 이전 주민들의 근로소득은 다음과 같다. $M = WL$
- 노동프로그램이 적용된 이후 주민들의 소득은 다음과 같다. $M = S + (1-t)WL$
- 둘이 일치할 때의 소득을 구하기에, $WL = S + (1-t)WL$, $WL = \dfrac{S}{t}$ 가 된다.
- 설문의 정보를 위 식에 대입하면, $\dfrac{30만}{0.2} = 150만$이 도출된다.

結
노동프로그램 적용 이전과 노동프로그램 적용 이후 주민이 얻는 소득이 일치하는 지점의 소득은 150만 원이다.

局 정리

★ **[과정]** 현금보조+근로소득 20% 한계세율, 30만 원의 공적부조 금액 점차감액

→ $M = S + (1-t)WL$

Chapter 10 생애주기에 따른 노동공급

point 019 생애주기에 따른 노동공급(이론)

序 기간 간 대체가설

- 사람들이 생애주기에 따라 여가가격이 변화하는 것을 활용하여 시간을 배분한다는 이론적 예측을 기간 간 대체가설이라 한다.
- 개인의 임금은 청년시절에는 비교적 낮다가, 시간에 따라 인적자본을 쌓으며 증가하고, 퇴직연령에 가까워지면 감소하는 경향을 보이는데, 이를 표현하는 것이 연령-소득곡선이다.
- 연령-소득곡선은 근로시간 곡선과 일치한다.

本

① 다른 임금경로를 가진 두 개인이 있을 때, 두 근로자는 모두 임금이 높을 때 근로시간이 가장 많아진다.
- 대체효과가 우세한 경우 임금이 더 높은 사람이 많이 일하고, 소득효과가 우세한 경우 임금이 더 높은 사람이 적게 일한다.

② 부가근로자 효과
- 경기침체시기에 이차적인 근로자까지 노동시장에 참여하는 것을 부가근로자 효과라 한다.
- 부가근로자 효과에 따르면, 경제활동참가율이 경기순환에 역행적이 된다.

③ 실망근로자 효과
- 경기침체시기에 많은 실업자가 구직을 포기하는 것을 실망근로자 효과라 한다.
- 그러나 실업자들은 아예 구직을 포기하는 것이 아니라, 경기침체가 끝나기를 기다리며 시간을 최적배분하는 것이다.
- 실망근로자 효과에 따르면, 경제활동참가율이 경기순환에 순행적이 된다.
- 일반적으로 실망근로자 효과가 부가근로자 효과보다 우세하기에, 경기침체기간 동안 전체 실업률이 과소평가 될 가능성이 있다.

結 한 개인은 연령-소득곡선에 따라 생애 기간에 걸쳐 노동시간을 최적으로 배분한다.

局 정리

★ **[암기!]** 실망근로자 효과가 부가근로자 효과보다 우세

→ 경기침체기간 동안 전체 실업률이 과소평가

point 020   생애주기에 따른 노동공급(적용)

序 기간 간 대체가설

- 주어진 소득과 이자율하에서 효용을 극대화하는 소비자의 효용함수가 다음과 같다.

$$U(C_1, C_2) = \sqrt{C_1} + \sqrt{C_2}$$

- C_1과 C_2는 각각 1기와 2기의 소비를 나타낸다. 이 소비자의 소득은 1기에 0이고 2기에 1,300이다. 만약 이 소비자가 1기에 400까지만 차입할 수 있다면, 이 소비자의 효용은? (단, 이자율은 0이다.)

本

- $MRS_{C_1 C_2} = \dfrac{MU_{C_1}}{MU_{C_2}} = \dfrac{\frac{1}{2\sqrt{C_1}}}{\frac{1}{2\sqrt{C_2}}} = \dfrac{\sqrt{C_2}}{\sqrt{C_1}}$ 이다.

- 소비자균형에서 무차별곡선과 예산선이 서로 접하기에 $MRS_{C_1 C_2} = 1 + r$ 이고, $\sqrt{\dfrac{C_2}{C_1}} = 1$, $C_2 = C_1$ 이다.

- 1기 소득이 0, 2기 소득이 1,300, 이자율이 0이기에 예산제약식은 $0 + \dfrac{1,300}{1+0} = C_1 + \dfrac{C_2}{1+0}$ 이다.

- $C_2 = C_1$이기에 $2C_1 = 1,300$이고 $C_1 = 650$이나, 1기에 400까지만 차입이 가능하기에 1기 소비는 400, 2기 소비는 900이 된다.

- 따라서 이 소비자의 효용은 $U(C_1, C_2) = \sqrt{400} + \sqrt{900} = 20 + 30 = 50$이다.

結 소비자의 효용은 50이다.

局 정리

★ **[과정]** $C_1 = 650$이나, 1기에 400까지만 차입가능

→ 1기 소비는 400, 2기 소비는 900

Chapter 11 기업의 생산함수

point 021 기업의 생산함수(이론)

序 생산함수
- 기업이 재화와 서비스를 생산하기 위해 사용하는 생산기술을 기업의 생산함수라 한다.
- 기업이 고용한 근로자들의 근로시간(E)과 토지 및 기계장치 등으로 구성된 자본(K)이 투입되는 생산함수를 $Q = f(E, K)$로 표현할 수 있다.

本
① 노동의 한계생산
- 한 명의 근로자를 추가 투입했을 때 발생하는 생산량의 변화를 노동의 한계생산(MP_E)이라 한다.
- 이때 노동의 한계생산이 결국에 감소한다는 가정을 수확체감의 법칙이라 한다.
- 평균적인 근로자에 의한 생산량을 노동의 평균생산(AP_E)이라고 정의하며, $AP_E = \dfrac{Q}{E}$로 표현할 수 있다.

② 자본의 한계생산
- 한 단위의 자본을 추가 투입했을 때 발생하는 생산량의 변화를 자본의 한계생산(MP_K)이라 한다.

③ 한계생산곡선과 평균생산곡선의 관계
- 평균이 극값을 가질 때 한계생산곡선과 평균생산곡선이 교차한다. 평균이 증가할 때는 한계곡선이 평균곡선 위에 있고, 평균이 감소할 때는 한계곡선이 평균곡선 아래 있다.

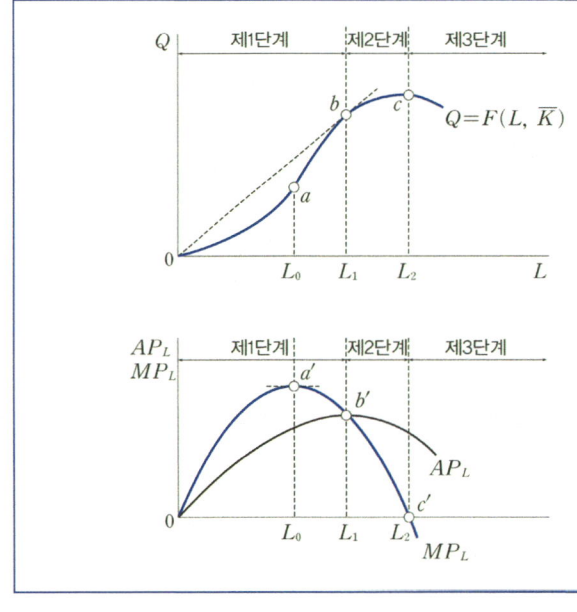

- 생산함수: $q = f(E, K)$
- 한계와 평균: MP_E, AP_E
- 수확체감의 법칙: 한계생산물감소
- 이윤극대화: 이윤 $= pq - wE - rK$

④ 완전경쟁기업
  - 가격에 영향을 줄 수 없어 시장가격 수용자로 행동하는 기업을 완전경쟁기업이라 한다.
  - 기업은 이윤극대화를 목표로 하며, 이윤은 총수입−총비용=$PQ-wE-rK$을 통해 구할 수 있다.

結 평균생산이 극값을 가질 때 한계생산곡선과 평균생산곡선이 교차한다.

局 정리

point 022 기업의 생산함수(적용)

序 생산함수

- A기업의 생산함수는 $Q=12L^{0.5}K^{0.5}$이다. A기업의 노동과 자본의 투입량이 각각 $L=4$, $K=9$일 때, 노동의 한계생산(MP_L)과 평균생산(AP_L)은?

本

- 생산함수를 Q에 대해 미분한 노동의 한계생산성 $MP_L = \dfrac{dQ}{dL} = 6L^{-0.5}K^{0.5} = 6(\dfrac{K}{L})^{0.5} = 6\sqrt{\dfrac{K}{L}}$ 이고, $L=4$, $K=9$이기에, $6 \times \dfrac{3}{2} = 9$, $MP_L = 9$이다.

- 생산함수를 Q로 나눈 노동의 평균생산성 $AP_L = \dfrac{Q}{L} = \dfrac{12L^{0.5}K^{0.5}}{L} = \dfrac{12K^{0.5}}{L^{0.5}} = 12\sqrt{\dfrac{K}{L}}$ 이고, $L=4$, $K=9$이기에, $12 \times \dfrac{3}{2} = 18$, $AP_L = 18$이다.

結 노동의 한계생산은 9, 노동의 평균생산은 18이다.

局 정리

Chapter 12 단기 고용결정과 노동수요곡선

point 023 단기 고용결정과 노동수요곡선(이론)

序 단기
- 기업이 자본 투입을 변화시킬 수 없을 만큼 짧은 시간 범위를 단기라 한다.
- 따라서 단기에 기업의 자본은 고정되어 있다.($\overline{K}$)

本
① 단기 고용
- 이자율이 불변인 상태에서 추가된 근로자가 생산하는 제품의 화폐가치를 노동의 한계생산가치(VMP_E)라 하고, 노동의 한계생산과 제품의 가격을 곱해 구한다.($P \times MP_E$)
- 근로자당 생산물의 화폐가치를 노동의 평균생산가치(VAP_E)라 하고, 노동의 평균생산과 제품의 가격을 곱해 구한다.($P \times AP_E$)
- 이윤극대화를 추구하는 기업은 노동의 한계생산가치가 임금률과 같아지는 지점에서 고용할 근로자 수를 결정한다.($VMP_E = w$) 이때 한계생산가치곡선은 우하향하는 기울기를 갖는다.

② 단기 노동수요곡선
- 단기 노동수요곡선은 한계생산가치곡선(VMP_E)으로 주어진다.
- 산업의 노동수요곡선은 개별 기업의 노동수요곡선을 단순히 수평으로 더하여 구한 곡선보다 가팔라진다.
- 이때 임금의 1% 변화로 인해 발생한 단기 고용의 변화율을 단기 노동수요탄력성이라 하며,

$$\delta_{SR} = \frac{\Delta E_{SR}/E_{SR}}{\Delta w/w} = \frac{\Delta E_{SR}}{\Delta w} \cdot \frac{w}{E_{SR}}$$ 와 같이 계산할 수 있다.

③ 한계생산성조건
- 경쟁시장의 이윤극대화 기업은 한계비용과 한계수익이 같아지는 점까지 생산한다. 즉, $P = MC$에서 생산량을 결정한다.
- 이때 $MC = w \times \dfrac{1}{MP_E}$로, 이를 정리하면 한계생산성 조건인 $w = P \times MP_E$를 얻을 수 있기에, 기업이 얼마나 생산해야 하는지의 조건과 얼마나 고용해야 하는지의 조건이 일치함을 알 수 있다.

結
단기적으로 기업은 $VMP_E = w$에서 고용량을 결정하고, $P = MC$에서 생산량을 결정한다.

局 정리

★ [이해]

산업의 노동수요곡선은 개별 기업의 노동수요곡선을 단순히 수평으로 더하여 구한 곡선보다 가팔라진다.
→ 모든 기업 생산량 확대로 산업의 공급곡선 우측이동하여 가격하락하기에 한계생산가치하락

point 024 단기 고용결정과 노동수요곡선(적용)

序 단기

- 완전경쟁 노동시장에서 A기업의 생산함수는 $Q=4E+100$이다. 생산물시장은 완전경쟁이고 생산물가격은 200이다. 노동공급곡선이 $w=5E$인 경우, 이윤극대화가 달성되는 고용량은?

本

- 생산물시장과 생산요소시장이 모두 완전경쟁시장인 경우, 고용량은 $VMP_E = w$에서 결정된다.
- 생산물가격이 200이고, 생산함수 Q를 E에 대해 미분하면, $MP_E = 4$이기에 한계생산가치는 $VMP_E = 200 \times 4 = 800$이다.
- $w=5E$이기에 $800=5E$, $E=160$이다.

結 이윤극대화가 달성되는 고용량은 160이다.

局 정리

Chapter 13 장기 고용결정과 노동수요곡선

point 025 장기 고용결정과 노동수요곡선(이론)

序 장기
- 기업이 모든 생산요소 투입을 변화시킬 수 있을 만큼 긴 시간 범위를 장기라 한다.
- 따라서 장기에 기업의 자본은 고정되어 있지 않다.

本
① 등량곡선
- 동일한 생산량을 생산하는 노동 및 자본 조합의 궤적을 등량곡선이라 한다.
- 등량곡선은 우하향하는 기울기를 갖고, 원점에 대해 볼록한 형태를 갖는다. 등량곡선은 서로 교차하지 않으며 원점에서 멀리 떨어진 등량곡선일수록 더 많은 생산량과 관련이 있다.
- 등량곡선 기울기의 절댓값을 한계기술대체율($MRTS_{EK}$)이라 하고, $\dfrac{MP_E}{MP_K}$로 구한다.
- 원점에 대해 볼록한 등량곡선은 노동을 증가시킴에 따라 한계기술대체율이 체감한다.

② 등비용선
- 기업의 생산비용은 $C = wE + rK$로 구할 수 있다.
- 기업이 동일한 비용으로 고용하거나 임대할 수 있는 노동과 자본의 조합을 이은 궤적을 등비용선이라 하고, $K = \dfrac{C}{r} - \dfrac{w}{r}E$와 같이 나타낼 수 있다.
- 등비용선의 기울기는 $-w/r$이고, 원점에서 멀리 떨어질수록 더 높은 비용을 의미한다.

③ 비용극소화

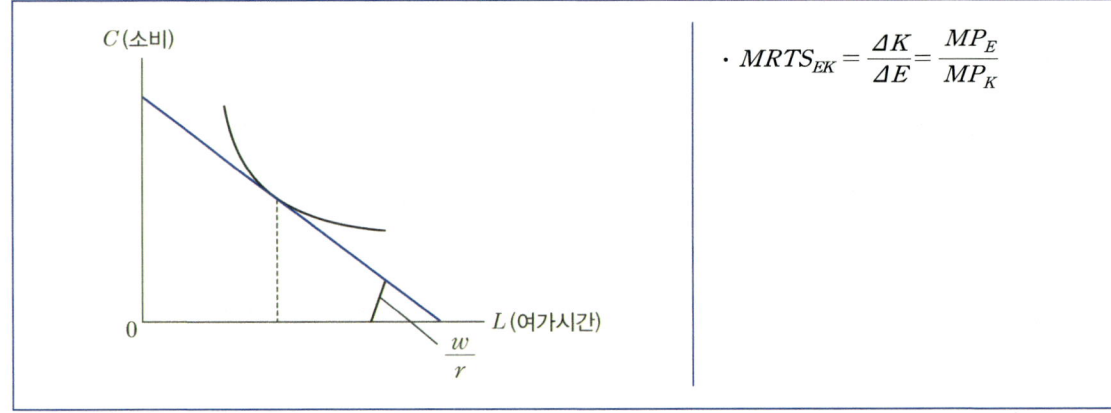

- $MRTS_{EK} = \dfrac{\Delta K}{\Delta E} = \dfrac{MP_E}{MP_K}$

- 기업은 등비용선과 등량곡선의 기울기가 일치하는 $\frac{MP_E}{MP_K} = \frac{w}{r}$에서 비용을 극소화한다.

- $\frac{P \times MP_E}{P \times MP_K} = \frac{VMP_E}{VMP_K} = \frac{w}{r}$이기에 이윤극대화가 비용극소화이다.

④ 장기 노동수요곡선
- 장기 노동수요곡선은 단기 노동수요곡선보다 완만한 형태이기에 탄력적이다.
- 이때 임금의 1% 변화로 인해 발생한 장기 고용의 변화율을 장기 노동수요탄력성이라 하며, $\delta_{LR} = \frac{\Delta E_{LR}/E_{LR}}{\Delta w/w} = \frac{\Delta E_{LR}}{\Delta w} \cdot \frac{w}{E_{LR}}$와 같이 계산할 수 있다.

⑤ 대체효과와 규모효과
- 기업이 투입요소의 가격을 그대로 유지한 채 생산량을 확대하는 과정에서, 자본과 노동의 투입을 모두 증가시키는 것을 규모효과라 한다.
- 생산요소가격이 하락했을 때 기업이 생산량을 그대로 유지하는 과정에서, 저렴해진 생산요소를 집약적으로 사용하는 것을 대체효과라 한다.

結 기업은 $\frac{MP_E}{MP_K} = \frac{w}{r}$에서 비용을 극소화하고, 이는 이윤극대화 조건과 동일하다.

局 정리

★ **[이해]** 장기 노동수요곡선은 완만해진다.

→ 자본증가로 노동의 한계생산성증가로 한계생산가치상승

point 026 장기 고용결정과 노동수요곡선(적용)

序 장기

- 어느 기업의 생산함수는 $Q=\sqrt{E+2K}$ 이다. Q는 생산량, E는 노동투입량, K는 자본투입량이다. 노동과 자본의 단위당 가격이 각각 w와 r이다. 이때 한계기술대체율은?

本

- 한계기술대체율($MRTS_{EK}$)은 등량곡선의 접선의 기울기이다.
- 설문에서 주어진 생산함수를 K에 대해 정리하면, $Q^2=E+2K, 2K=Q^2-E, K=\dfrac{Q^2-E}{2}$ 로 등량곡선의 기울기가 $\dfrac{1}{2}$ 로 일정하기에, 한계기술대체율도 $\dfrac{1}{2}$ 로 일정하다.

結 한계기술대체율은 $\dfrac{1}{2}$ 이다.

局 정리

Chapter 14 대체탄력성

point 027 대체탄력성(이론)

序 완전대체요소와 완전보완요소

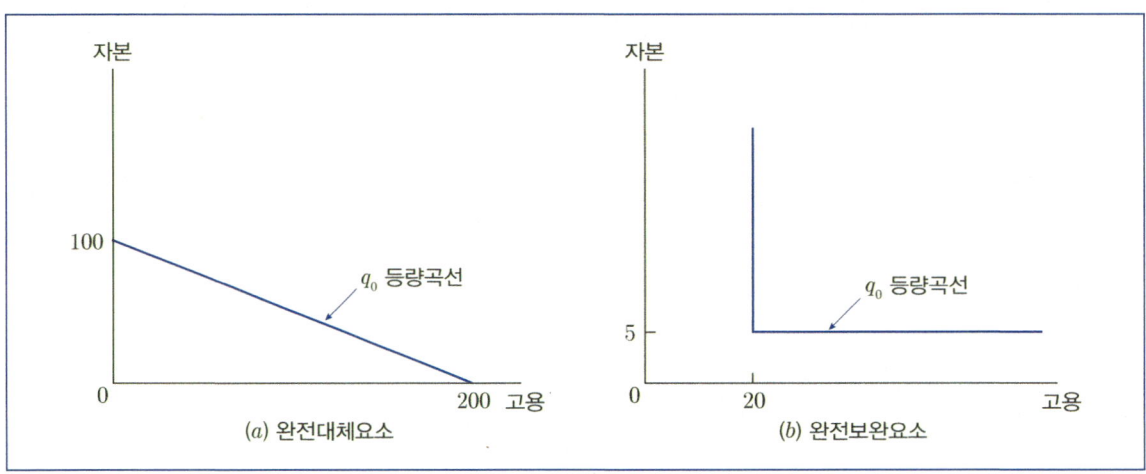

(a) 완전대체요소   (b) 완전보완요소

- 어느 두 생산요소가 일정한 비율로 대체될 수 있다면 이 두 생산요소를 완전대체요소라 하고, 등량곡선이 우하향하는 직선의 형태로 나타난다. 어느 두 생산요소 간의 등량곡선이 L자 형태이면 이 두 생산요소를 완전보완요소라 한다.
- 기업의 대체효과의 크기는 등량곡선이 평평해질수록 커진다.

本
- 대체효과의 크기, 즉 등량곡선의 곡률을 측정하기 위해 대체탄력성을 사용한다.
- 생산량을 고정시킨 상태에서 노동의 자본에 대한 상대가격이 1% 변할 때 자본/노동 비율의 변화를 측정한 수치를 대체탄력성이라 하고, 대체탄력성 $= \dfrac{(K/E)\text{의 변화율}}{(w/r)\text{의 변화율}}$ 과 같이 나타낼 수 있다.
- 완전대체요소의 경우 대체탄력성이 무한대이고, 완전보완요소의 경우 대체탄력성이 0이다. $C-D$형의 등량곡선을 가진 대체가능요소의 경우 대체탄력성이 1이다.

結
완전대체요소의 경우 대체탄력성이 무한대, 완전보완요소의 경우 대체탄력성이 0, 대체가능요소의 경우 대체탄력성이 1이다.

局 정리

point 028 | 대체탄력성(적용)

序 완전대체요소와 완전보완요소
- 두 생산요소 X, Y를 사용하여 재화를 생산하는 기업 A의 생산함수는 $Q = X + 2Y$이다. 대체탄력성은?

本
- 등량곡선이 선형의 형태로 나타나는 완전대체요소는 대체탄력성이 무한대이다.
- 설문에서 주어진 기업 A의 생산함수는 $2Y = Q - X$, $Y = \frac{1}{2}Q - \frac{1}{2}X$로 나타낼 수 있고, 이는 우하향하는 직선 형태로, 대체탄력성이 무한대임을 알 수 있다.

結 기업 A의 대체탄력성은 무한대이다.

局 정리

Chapter 15 노동수요를 탄력적으로 만드는 요인

point 029 노동수요를 탄력적으로 만드는 요인(이론)

序 노동수요의 탄력성
- 임금의 1% 변화로 인해 발생한 고용의 변화율을 노동수요탄력성이라 한다.

本
① 마샬의 파생수요법칙
  - 대체탄력성의 크기가 클수록 노동수요는 더욱 탄력적이다.
  - 최종생산물에 대한 수요의 탄력성이 높을수록 노동수요는 더욱 탄력적이다.
  - 총생산비용에서 노동비용이 차지하는 비율이 높을수록 노동수요는 더욱 탄력적이다.
  - 다른 생산요소(자본)의 공급탄력성이 클수록 노동수요는 더욱 탄력적이다.
② 노동조합
  - 노동조합의 존재는 노동수요를 비탄력적으로 만든다.

結
대체탄력성의 크기가 클수록, 최종생산물에 대한 수요탄력성이 클수록, 총생산비용에서 노동비용이 차지하는 비율이 클수록, 자본의 공급탄력성이 클수록 노동수요는 더욱 탄력적이게 된다.

局 정리
★ [암기!] 구조적 실업
→ 최저임금, 효율임금, 노동조합

point 030 노동수요를 탄력적으로 만드는 요인(적용)

序 노동수요의 탄력성

· 수요곡선이 $E=\dfrac{5}{W}$ 인 경우, 점 $(2, \dfrac{5}{2})$ 에서의 수요의 임금탄력성은?

本

· 설문에서 주어진 수요곡선은 직각쌍곡선 형태로, 수요곡선상 모든 점에서 수요의 임금탄력성이 1로 나타난다.

結 수요의 임금탄력성은 1이다.

局 정리

★ [암기!] 직각쌍곡선

→ 탄력도=1

Chapter 16 숙련·미숙련 노동수요

point 031 숙련·미숙련 노동수요(이론)

序 숙련 노동과 미숙련 노동
- 생산요소인 노동은 숙련 노동, 미숙련 노동으로 구분할 수 있다.

本
① 요소수요의 교차탄력성
   - 다른 생산요소의 가격에 대한 특정 생산요소 수요의 반응 정도를 측정하기 위해 요소수요의 교차탄력성을 사용한다.
   - 생산요소 j의 가격이 1% 변할 때 생산요소 i에 대한 수요의 변화율(%)을 요소수요의 교차탄력성이라 하고, $\delta_{ij} = \dfrac{\%\Delta x_i}{\%\Delta w_j}$ 로 나타낸다.
   - 요소수요의 교차탄력성이 양수일 때 두 생산요소는 대체관계이고, 요소수요의 교차탄력성이 음수일 때 두 생산요소는 보완관계이다.

② 자본-숙련 보완가설
   - 미숙련 근로자와 자본은 대체요소 관계이기에, 자본 가격이 하락하면 기업은 미숙련 근로자의 고용을 줄인다.
   - 숙련 근로자와 자본은 보완요소 관계이기에, 자본 가격이 하락해도 숙련 근로자에 대한 노동수요는 증가한다.

結
자본-숙련 보완가설에 따르면, 미숙련 근로자와 자본은 대체요소 관계, 숙련 근로자와 자본은 보완요소 관계이다.

 정리

★ [암기!] 교차탄력성 음수

→ 보완관계

point 032 　숙련·미숙련 노동수요(적용)

序 숙련 노동과 미숙련 노동

- 미숙련 노동과 숙련 노동만을 사용하는 어느 기업의 생산함수는 $Q=\sqrt{L_U+2L_S}$이다. Q는 생산량, L_S는 숙련 노동투입량, L_U는 미숙련노동투입량이다. 숙련 노동과 미숙련 노동의 단위당 가격은 각각 $w_S=3$, $w_U=1$일 때, 총비용함수는?

本

- 생산함수 $Q=\sqrt{L_U+2L_S}$는 선형함수이다.
- 생산함수의 양변을 제곱한 후 L_S에 대해서 정리하면 등량곡선을 구할 수 있다.
  $Q^2=L_U+2L_S$, $L_S=-\frac{1}{2}L_U+\frac{1}{2}Q^2$으로, 등량곡선의 기울기의 절댓값은 $\frac{1}{2}$이다.
- $w_S=3$이고 $w_U=1$인 경우, $\frac{w_U}{w_S}=\frac{1}{3}$로 등비용선의 기울기가 등량곡선의 기울기보다 작기에, X축, 즉 L_U축에서 만나게 된다. 따라서 미숙련 노동만 투입되기에, $L_S=0$이고, $Q^2=L_U$로, 비용함수는
  $C=w_U\times L_U+w_S\times L_S=(1\times Q^2)+(3\times 0)=Q^2$이다.

結 총비용함수는 $C=Q^2$이다.

局 정리

★ **[이해!]** L_S는 숙련노동투입량, L_U는 미숙련노동투입량, w_S는 숙련임금, w_U는 미숙련임금

→

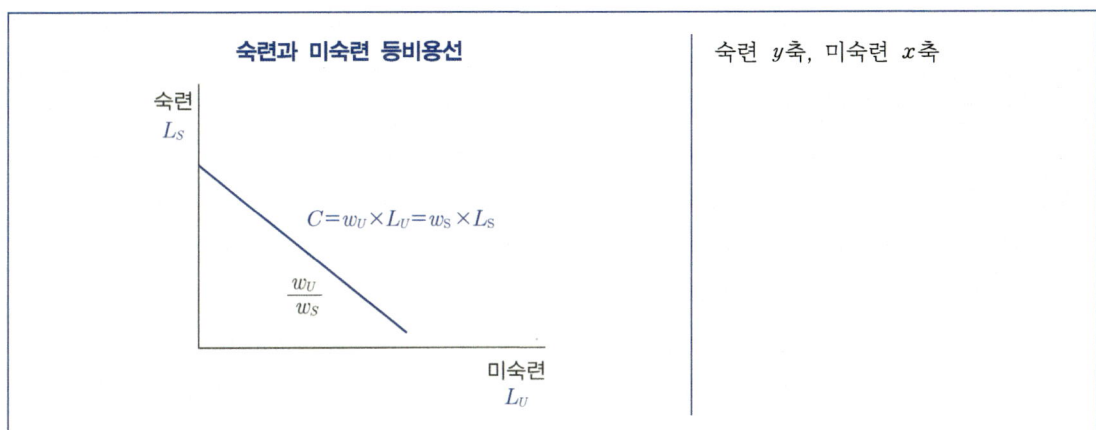

| 숙련과 미숙련 등비용선 | 숙련 y축, 미숙련 x축 |

Chapter 17 최저임금

point 033 최저임금(이론)

序 최저임금제
- 근로자가 최소한의 생활을 유지할 수 있도록 국가가 결정한, 기업이 근로자에게 지급하는 임금의 하한선을 최저임금이라 한다.
- 통상적으로 최저임금은 시장에서 결정된 경쟁임금(균형임금)보다 높게 결정된다.

本

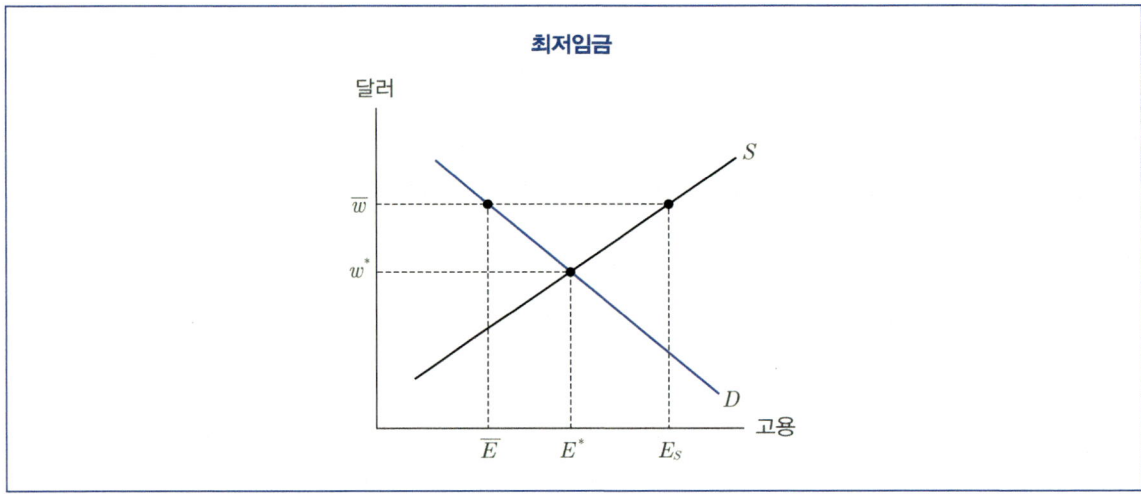

- 정부가 최저임금을 설정하면, 노동수요곡선상 점이 상방으로 이동해 기업의 고용량이 감소하기에, $E^* - \overline{E}$만큼의 기존 근로자가 실직한다(실업).
- 노동공급곡선 상 점이 상방으로 이동해 근로자의 노동시장 진입이 증가하지만, 일자리를 찾지 못해 $E_S - E^*$만큼 새롭게 구직을 못한다(실업).
- 즉, 실업률은 노동공급탄력성, 노동수요탄력성뿐만 아니라 최저임금수준에도 의존한다.
- 고용효과의 크기는 노동수요탄력성에 의존한다. 노동수요탄력성이 낮을수록, 최저임금이 도입되어도 실업이 적게 발생한다.
- 최저임금 적용분야와 비적용분야가 나누어져 있고, 근로자의 분야 이동이 자유로운 경우, 두 분야의 기대임금이 동일해질 때까지 근로자는 임금이 더 높은 분야로 이동한다.

結 최저임금수준이 높아질수록, 노동수요곡선과 노동공급곡선이 탄력적일수록 실업률이 쉽게 올라간다.

> 局 정리

★ **[이해!]** 최저임금하 실업

→ 실직＋추가

point 034 | 최저임금(적용)

序 최저임금제

- 다음은 어느 노동시장의 수요와 공급곡선을 나타낸다. 최저임금제를 실시할 경우 최저임금제를 실시하지 않을 경우에 비하여 노동자가 받는 총임금(total wage)은 얼마나 변화하는가?

> - 노동공급곡선: $L^S = 100 + w$
> - 노동수요곡선: $L^D = 500 - w$
> - 최저임금: 300
>   (단, L^S, L^D, w는 각각 노동공급량, 노동수요량, 임금(wage)을 나타낸다.)

本

- 최저임금제를 실시하지 않는 경우, 노동공급곡선과 노동수요곡선을 일치시켜 균형임금과 균형고용량을 구할 수 있다. $100 + w = 500 - w$, $2w = 400$, $w = 200$이고, $100 + 200 = 300 = L$로, 최저임금제 실시 전 균형임금은 200, 균형고용량은 300이다. 따라서 이때 노동자가 받는 총임금은 $200 \times 300 = 60{,}000$이다.
- 최저임금제를 실시하는 경우, 최저임금이 300이기에 노동공급은 $100 + 300 = 400$, 노동수요는 $500 - 300 = 200$으로, 노동자는 200만큼 고용되고, 임금은 300으로 노동자가 받는 총임금은 $200 \times 300 = 60{,}000$으로 기존과 변화가 없다.

結 (발문의 경우) 최저임금제를 실시할 경우, 최저임금제를 실시하지 않을 경우에 비하여 노동자가 받는 총임금은 변화하지 않는다.

局 정리

Chapter 18 노동시장 균형

point 035 노동시장 균형(이론)

序 균형

- 노동공급곡선과 노동수요곡선이 교차하는 점을 노동시장의 균형이라 하고, 그곳에서 균형임금과 균형고용수준이 결정된다.
- 다른 경제적 충격이 없다면 임금과 고용의 균형수준은 무기한 지속이 가능하다.

本

① 단일 노동시장에서의 균형

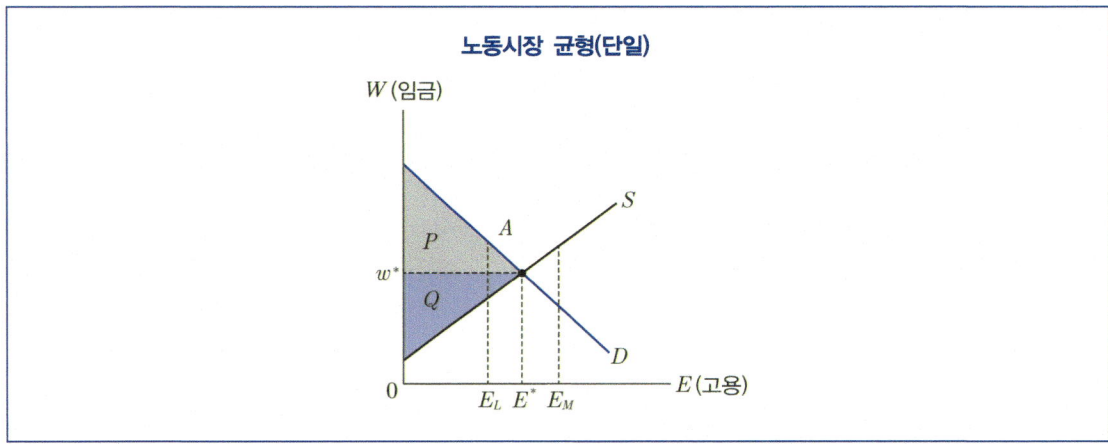

- 일하려는 사람의 수와 기업이 고용하려는 근로자의 수가 일치하기에, 경쟁 노동시장에서는 실업이 존재하지 않는다.
- 균형을 이룬 경쟁시장은 파레토 효율적이며, 교역의 이득(사회적 잉여)을 극대화한다.
- 노동수요곡선이 한계생산가치곡선이기 때문에, 노동수요곡선의 하방 면적이 총생산가치가 된다.
- 노동수요곡선과 균형임금이 이루는 삼각형의 면적을 기업 잉여라 한다.
- 노동공급곡선과 균형임금이 이루는 삼각형의 면적을 근로자 잉여라 한다.
- 근로자와 기업의 교역으로부터 국가경제에 귀속되는 이익을 교역의 이득이라 하고, 기업 잉여와 근로자 잉여를 합해 구할 수 있다.
- 노동시장에서 교역의 이득이 극대화되도록 근로자를 기업에게 배분하는 것을 효율적 배분이라 하고, 경쟁시장에서는 효율적 배분이 이루어진다.

② 다수 노동시장에서의 균형

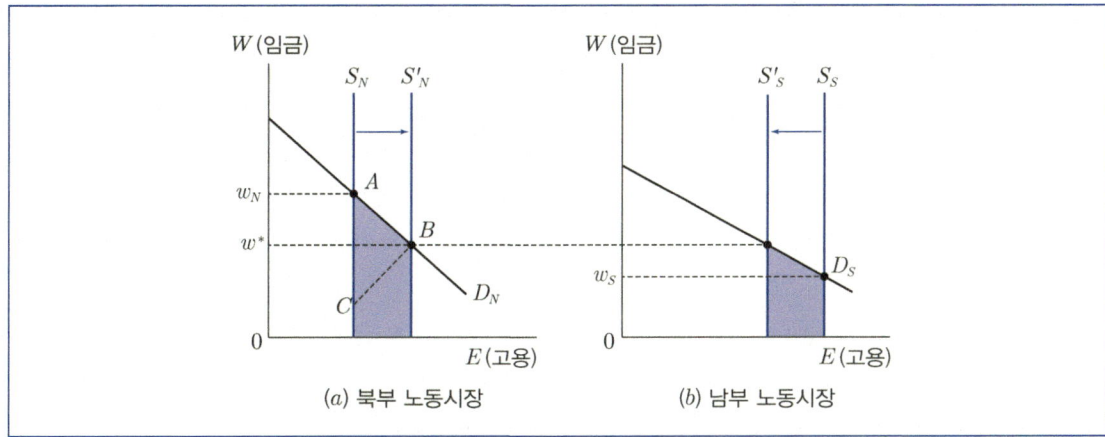

(a) 북부 노동시장   (b) 남부 노동시장

- 두 노동시장 J, K가 존재하고, J 노동시장이 K 노동시장보다 경쟁임금이 높다면, K 노동시장의 근로자는 J 노동시장으로 이주하기에 J 노동시장의 노동공급곡선이 우측으로, K 노동시장의 노동공급곡선이 좌측으로 이동하여 결론적으로 두 노동시장의 임금이 같아진다.
- 근로자의 이주는 결국 교역의 이득을 증가시킨다.

結 경쟁 노동시장이 이루는 균형은 교역의 이득을 극대화시키며, 자원을 효율적으로 배분한다.

局 정리

point 036 노동시장 균형(적용)

序 균형

- 노동수요곡선은 $L_D = 200 - w$ 이고, 노동공급곡선은 $L_S = -40 + w$ 이다. 이때 기업잉여와 근로자잉여는?

本

- 노동수요곡선과 노동공급곡선을 일치시켜 균형고용량과 균형임금을 구할 수 있다. $200 - w = -40 + w$, $240 = 2w$, $120 = w$ 이고, $L = -40 + 120 = 80$ 으로, 균형고용량은 80, 균형임금은 120이다.
- 기업잉여는 균형고용량, 균형임금, 노동수요곡선이 이루는 삼각형의 면적으로 구할 수 있다.
  $\frac{1}{2} \times 80 \times (200 - 120) = \frac{1}{2} \times 80 \times 80 = \frac{6,400}{2} = 3,200$ 으로, 기업잉여는 3,200이다.
- 근로자잉여 역시 균형고용량, 균형임금, 노동공급곡선이 이루는 삼각형의 면적으로 구할 수 있다.
  $\frac{1}{2} \times 80 \times (120 - 40) = \frac{1}{2} \times 80 \times 80 = \frac{6,400}{2} = 3,200$ 으로, 근로자잉여도 3,200이다.

結 기업잉여와 근로자잉여 모두 3,200이다.

局 정리

Chapter 19 급여세와 보조금

point 037 급여세와 보조금(이론)

序 급여세 및 보조금

- 정부는 세수 확보, 고용촉진과 같은 정책목표를 가지고 기업 또는 근로자에게 세금을 납부하게 하거나 보조금을 지원할 수 있다.

本

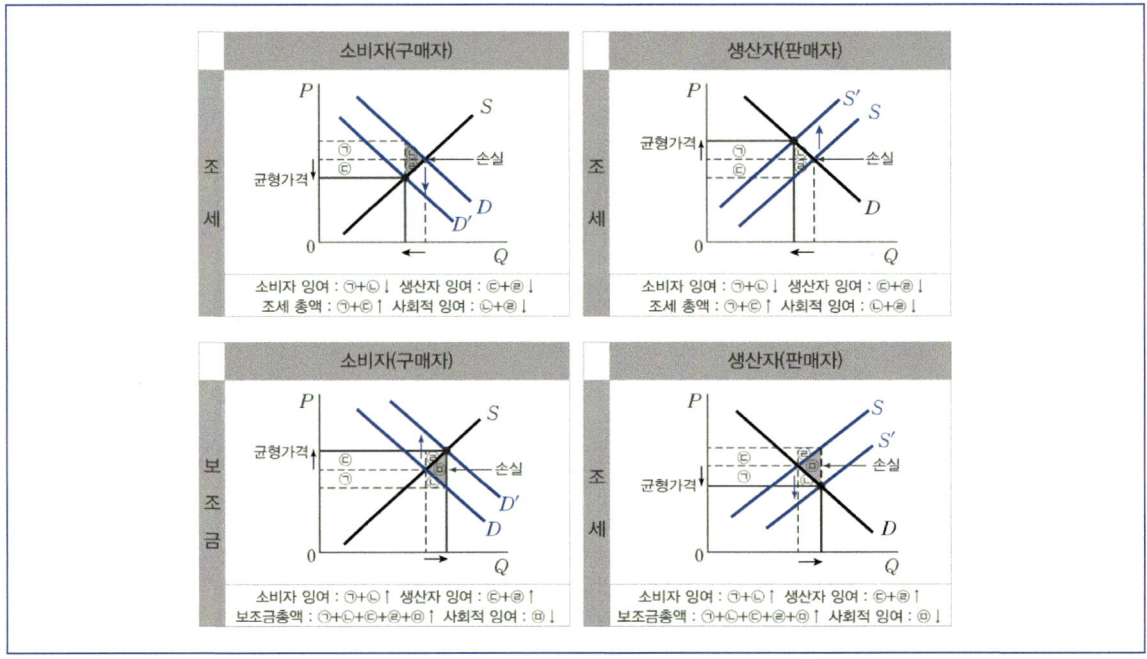

① 세금(급여세)
- 고용주에게 급여세를 부과할 경우, 노동수요곡선은 하방 이동하게 된다. 이때 근로자가 실제로 받는 임금은 하락하고, 고용주가 근로자를 고용하는 비용이 상승하며, 고용이 감소한다.
- 근로자에게 급여세를 부과할 경우, 노동공급곡선은 상방 이동하게 된다. 이때 근로자가 실제로 받는 임금은 하락하고, 고용주가 근로자를 고용하는 비용이 상승하며, 고용이 감소한다.
- 급여세가 부과된 객체가 누구인지와 상관없이, 결과는 동일하게 나타난다. 이는 각 시장주체가 세금의 일부를 서로 전가시키기 때문인데 이를 조세의 귀착이라 한다.
- 그런데 노동공급곡선이 완전비탄력적일 경우, 급여세는 근로자에게 100% 전가된다. 반대로 노동수요곡선이 완전비탄력적인 경우에는 급여세가 고용주에게 100% 전가된다.

② 보조금
- 고용주에게 보조금을 지급할 경우, 노동수요곡선은 상방 이동하게 된다. 이때 근로자가 실제로 받는 임금은 상승하고, 고용주가 근로자를 고용하는 비용이 감소하며, 고용이 증가한다.
- 근로자에게 보조금을 지급할 경우, 노동공급곡선은 하방 이동하게 된다. 이때 근로자가 실제로 받는 임금은 상승하고, 고용주가 근로자를 고용하는 비용이 감소하며, 고용이 증가한다.
- 보조금 역시 양측 모두에게 귀착되기에, 보조금의 객체가 누구인지는 상관없이 결과가 동일하게 나타난다. 이를 보조금의 귀착이라 한다.

③ 사중손실(초과부담)
- 급여세 부과나 보조금 지급은 교역의 이득을 감소시킴으로써 사중손실을 초래한다.
- 사중손실은 기존 수요곡선 및 공급곡선, 이동한 곡선과 바뀐 고용량이 이루는 삼각형의 면적으로 구할 수 있다.
- 사중손실은 거래량 변화분에 비례한다.

④ 법정부가혜택
- 정부가 법적으로 강제하여 기업이 근로자에게 제공하는 특정한 혜택을 법정 부가혜택이라 한다.
- 법정 부가혜택은 비용을 발생시켜 기업의 노동수요곡선이 하방 이동한다.
- 근로자는 법정 부가혜택에 효용을 느끼는데, 이 효용이 비용보다 작은 경우 기존보다 고용수준이 감소하지만, 동일한 수준의 급여세를 부과한 경우보다는 고용수준이 증가한다. 반면 이 효용이 비용과 같은 경우 고용량과 실질임금은 기존과 같게 된다.

結 세금 부과나 보조금의 지급은 귀착으로 인해 객체가 누구인가와 관계없이 결과가 동일하게 나타나며, 사중손실을 초래한다.

局 정리

point 038 급여세와 보조금(적용)

序 급여세 및 보조금

- 노동의 수요곡선은 $E=-2W+100$이고, 공급곡선은 $E=3W-20$이다. 정부가 노동 1단위 당 10의 급여세를 근로자에게 부과하였다면, 노동 공급자가 부담하는 총조세부담액은?

本

- 노동수요곡선과 노동공급곡선을 일치시키면 $-2W+100=3W-20$으로, $120=5W$, $W=24$, $-48+100=52=E$로, 균형고용량은 52, 균형임금은 24이다.
- 단위당 10의 급여세가 근로자에게 부과되면 노동공급곡선이 단위당 10만큼 상방으로 이동하기에 급여세 부과 후의 노동공급곡선은 $E=3[W-(+10)]-20=3W-50$이다.
- 기존 노동수요곡선과 바뀐 노동공급곡선을 일치시키면 $-2W+100=3W-50$으로, $150=5W$, $W=30$으로 바뀐 균형임금은 30이고, $-60+100=40=E$로 바뀐 균형고용량은 40이다.
- 바뀐 균형임금이 30이고, 근로자가 부담해야 하는 단위당 세액이 10이기에, 근로자가 실질적으로 받는 실제임금은 20이다. 이때 기존의 균형임금인 24와 4차이가 나기에, 근로자부담은 4이다.
- 따라서 노동 공급자가 부담하는 총조세액은 바뀐 거래량에 근로자 부담을 곱한 $40 \times 4 = 160$이다.

結 노동 공급자가 부담하는 총조세부담액은 160이다.

局 정리

★ [그래프] 평행이동 스킬(w−)

→ w 대신 $w-$, 그래프 상방 이동일 경우 $+$, 하방 이동일 경우 $-$

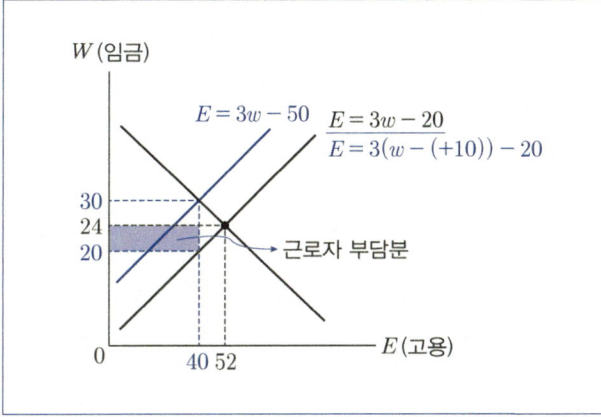

Chapter 20 이민자의 영향

point 039 이민자의 영향(이론)

序 콥-더글라스 함수

- 콥 더글라스 함수는 두 변수의 곱으로 나타낸 함수로, 식으로는 $q = AK^\alpha E^\beta$와 같이 표시할 수 있다.
- $\alpha + \beta = 1$인 콥 더글라스 함수를 1차 콥 더글라스 함수라 하고, 이 함수는 규모수익불변의 특성을 갖는다.
- 노동과 자본을 모두 x배 증가시켰을 때, 생산량도 x배 증가하는 특성을 규모수익불변이라 한다.

本

① 단기

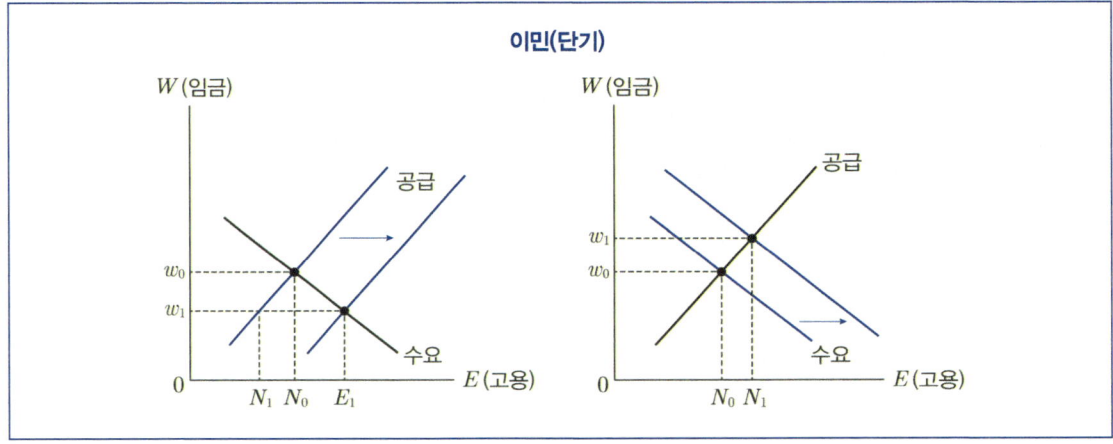

이민(단기)

- 원주민과 이민자가 완전대체요소일 경우, 이민자가 노동시장에 진입하면서 노동공급곡선이 우측 이동하여 총고용이 증가하고 임금이 하락한다. 이때 낮아진 임금 수준에서 원주민 근로자의 고용은 감소한다.
- 원주민과 이민자가 보완요소일 경우, 단기에 자본이 고정되어 있음에도 불구하고 이민자가 원주민의 생산성을 향상시켜 노동수요곡선이 우측 이동하여 원주민 근로자의 고용과 임금이 증가한다.

② 장기

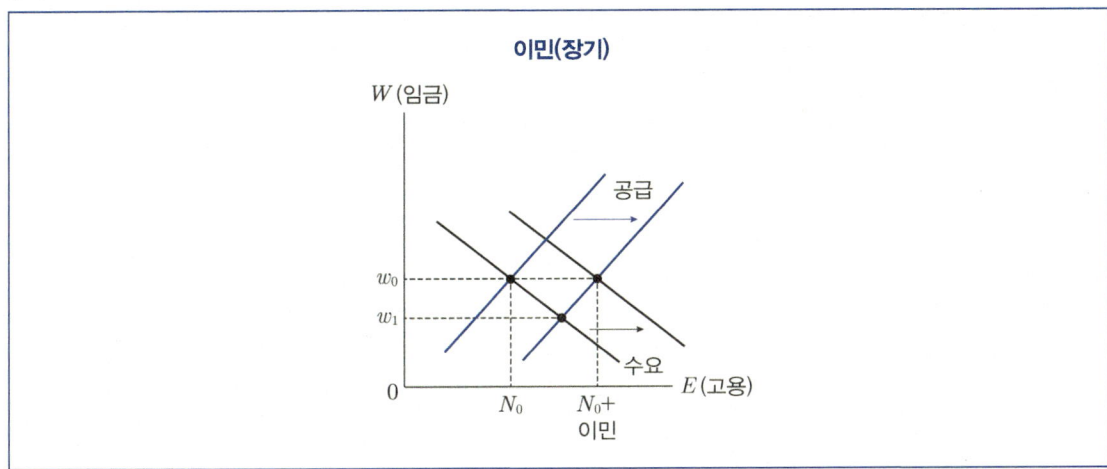

- 자본-노동비율이 장기에 일정하게 유지된다면 임금 또한 장기에 일정한 상태를 유지하게 된다.
- 이민은 초기에 임금을 하락시키는 작용을 하고, 고용주는 낮아진 임금을 통해 자본량을 증가시킨다. 그러나 장기적으로 결국 이민이 없던 기존 상태와 같아지도록 자본량의 조절이 이루어져 기존 자본 수익률과 임금률의 상태로 되돌아간다. 원주민 근로자 수도 마찬가지로 기존과 같아진다.

③ 이민잉여
- 이민자의 유입으로 원주민에게 귀속되는 국민소득의 증가분을 이민잉여라 하고, 이민잉여 = $\frac{GDP}{2}$ × (원거주민 임금률의 %변화) × (고용량의 %변화) × (국민소득 중 노동의 몫)으로 계산할 수 있다.

④ 인적자본의 외부효과
- 이민 온 고숙련 근로자가 원주민 근로자의 생산성에 긍정적인 영향을 미쳐 노동수요곡선을 우측 이동하게 만드는 효과이다. 이때 원주민의 소득이 증가한다.

結 원주민과 이민자가 완전대체요소일 경우, 이민자의 유입이 단기적으로는 원주민의 고용과 임금을 낮추지만, 장기적으로는 기존과 같게 복귀시킨다.

局 정리

point 040 이민자의 영향(적용)

序 콥-더글라스 함수

- 기존 A국 노동시장의 공급함수와 수요함수는 아래와 같다.

  - 노동공급곡선: $w_S = 2E + 40$
  - 노동수요곡선: $w_D = -E + 160$

- B국에서 A국의 원주민과 완전대체관계에 있는 이민자가 유입되어 공급곡선이 $w_S' = 2E + 10$으로 이동하였다. 이때 A국 노동시장에서 일하는 원주민 근로자는 얼마나 감소했는가?

本

- 기존 A국의 노동공급곡선과 노동수요곡선을 일치시키면, $2E + 40 = -E + 160$으로, $3E = 120$, $E = 40$, $w = 80 + 40 = 120$이기에 균형고용량은 40이고 균형임금은 120이다.
- B국에서 이민자가 유입되어 바뀐 노동공급곡선과 기존 노동수요곡선을 일치시키면, $2E + 10 = -E + 160$으로, $3E = 150$, $E = 50$, $w = 100 + 10 = 110$이기에 바뀐 균형고용량은 50이고 바뀐 균형임금은 110이다.
- 이때, 바뀐 균형임금 110을 원주민만 고려한 기존 노동공급곡선에 대입하면, $110 = 2E + 40$, $70 = 2E$로, $E = 35$이다. 기존에 고용량이 40이었는데 35로 줄었기에, 근로자는 5만큼 감소했다.

結 A국 노동시장에서 일하는 원주민 근로자는 5만큼 감소했다.

局 정리

★ **[그래프/수리식]** 이민잉여

→ 이민잉여 $= \frac{1}{2} \times (w_0 - w_1) \times (M - N)$ 변형하여 이민잉여$/GDP = \frac{1}{2} \times \frac{w_0 - w_1}{w_1} \times \frac{M - N}{M} \times \frac{w_1 M}{GDP}$ 로 만드는 스킬 기억!

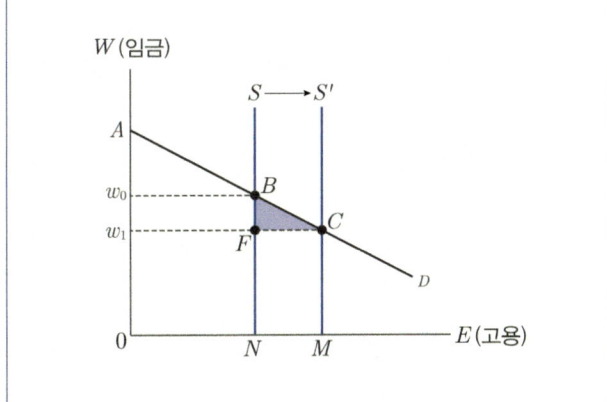

★ **[그래프]** 이민잉여

→ 그림으로 반드시 표시

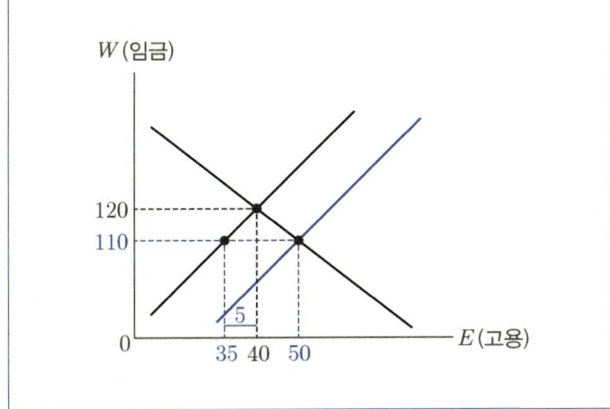

Chapter 21 거미집 이론

point 041 　거미집 이론(이론)

序 현실적인 노동시장의 기본 전제
- 대부분의 현실적인 노동시장은 공급과 수요 충격에 재빨리 반응하지 않는다.
- 특정 직업군의 특정 근로자 양성에 시간이 소요되고, 사람들은 학교에 입학할 때 특정 직업군에의 종사를 결정하기 때문에, 미래 시장상황을 잘못 예측할 수 있다.

本

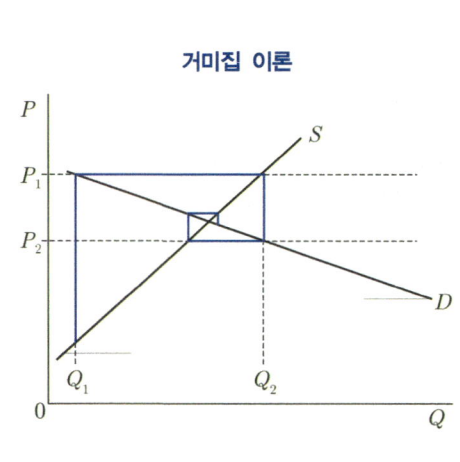

거미집 이론

공급곡선 기울기의 절댓값이 수요곡선 기울기의 절댓값보다 크면 균형으로 수렴한다는 것이 거미집 이론이다.

* 수요곡선과 공급곡선의 상대적인 기울기에 따라 수렴, 발산, 진동 등이 결정된다. 거미집 이론은 농산물 등의 공급량이 시차를 두고 반응하는 경우를 설명한다.

농산물
수요량 – 현재가격
공급량 – 전기가격
= 시차

흉년: $Q_1 \to P_1$
P_1에서 공급자는 Q_2공급
　　　　수요자는 Q_1수요
　　　　재고처리 전전긍긍

Q_2 처리 위해 P_2
다음에는 P_2에서 수렴

- 특정 분야의 노동시장이 초기 노동수요 충격에 조정해 가면서 균형 주위에 거미집을 만드는 현상을 거미집 이론으로 설명할 수 있다.
- 거미집 모형의 가정: ① 특정 분야의 근로자를 양산하는 데 시간이 걸리기에, 즉 시차가 있기에 근로자의 공급이 단기에는 완전비탄력적으로 간주된다. ② 학생들은 미래 노동시장에 대해 잘못된, 즉 근시안적인 예측을 한다.

結 거미집 이론은 공급곡선 기울기의 절댓값이 수요곡선 기울기의 절댓값보다 클 때 나타난다.

局 정리

point 042   거미집 이론(적용)

序 현실적인 노동시장의 기본 전제

- 거미집이론(Cobweb theory)에 따르면 상품의 공급량은 어느 것에 의존하는가?

本

- 거미집이론은 상품 가격과 수요량은 즉각적으로 반응하는데 공급량은 그러지 못해 발생하는 시차로 인한 현상을 설명한다.
- 대표적으로 거미집이론의 영향을 받는 재화의 t기 수요는 t기 가격의 영향을 받는데 반해, 공급은 t-1기 가격에 의해 결정된다.
- 따라서 거미집이론에 따르면 상품의 공급량은 전기의 가격에 의존한다.

結
거미집이론에 따르면 상품의 공급량은 전기의 가격에 의존한다.

局 정리

Chapter 22 수요독점

point 043 수요독점(이론)

序 경쟁시장과 수요독점
- 경쟁시장의 기업은 평행한 노동공급곡선에 직면하기에, 몇 명의 노동자들을 고용하는지와 관계없이 항상 일정한 임금을 지불한다.
- 이와 달리, 우상향하는 노동공급곡선에 직면하고 있는 기업을 수요독점기업이라 한다.

本

① 완전 차별적인 수요독점기업

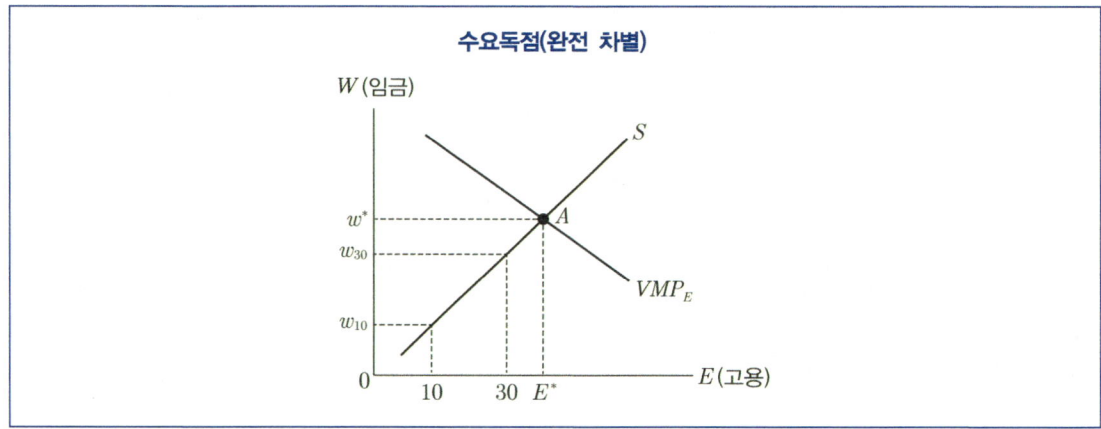

- 이 기업은 근로자마다 상이한 임금을 지불할 수 있다.
- 노동공급곡선은 고용의 한계비용곡선과 같다. 즉, $VMP_E = MC_E = S$에서 이윤을 극대화한다.
- 완전 차별적인 수요독점기업은 경쟁기업과 똑같은 숫자의 근로자를 고용하지만, 각각의 근로자는 유보임금만큼만 지급받는다.

② 차별하지 않는 수요독점기업

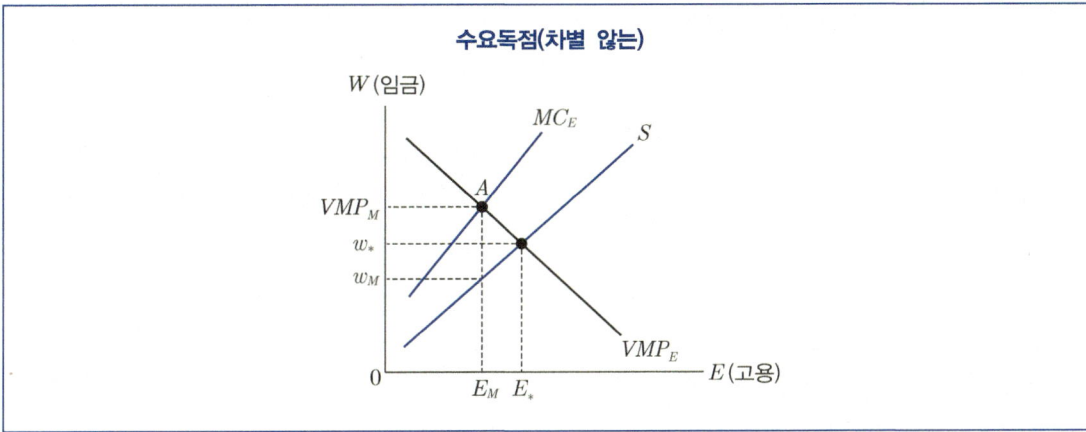

- 이 기업은 모든 근로자에게 동일한 임금을 지급한다.
- 한계비용곡선이 노동공급곡선보다 상방에 위치한다. 즉, $VMP_E = MC_E$에서 이윤을 극대화한다.
- 차별하지 않는 수요독점기업은 경쟁기업보다 적은 수의 근로자를 고용하기에, 불완전고용 현상이 발생한다.
- 차별하지 않는 수요독점기업의 임금은 경쟁임금이나 근로자의 한계생산가치보다 낮다.
- 여기에 최저임금제도를 실행하면 임금과 고용량을 모두 증대시킬 수 있다.

結 (차별하지 않는) 수요독점 상태에서는 경쟁시장보다 적은 수의 근로자가 고용되고, 경쟁시장보다 낮은 임금이 지급된다.

局 정리

point 044 수요독점(적용)

序 경쟁시장과 수요독점

- 물류회사 甲은 A지역 내에서 근로자에 대한 수요독점자이다. 다음과 같은 식이 주어졌을 때 이윤극대화를 추구하는 甲이 책정하는 임금은? (단, 노동공급은 완전경쟁적이며, w는 임금, L은 노동량이다. 생산물시장은 불완전 경쟁이다.)

  - A지역의 노동공급곡선: $w = 800 + 10L$
  - 노동의 한계수입생산: $MRP_L = 2,000 - 10L$

本

- 생산요소시장이 수요독점이면 고용량은 $MRP_L = MC_L$에서 결정되고, 임금은 평균요소비용과 같다.
- 노동공급곡선이 $w = 800 + 10L$이기에 $MC_L = 800 + 20L$이고, $MRP_L = 2,000 - 10L$이기에 둘을 일치시키면 $800 + 20L = 2,000 - 10L$로, $30L = 1,200$, $L = 40$이다.
- $L = 40$을 노동공급곡선에 대입하면 $800 + 10 \times 40 = 800 + 400 = 1,200$이기에, 임금은 $1,200$이다.

結 수요독점기업인 甲이 책정하는 임금은 1,200이다.

局 정리

★ [암기] 수요독점기업

→ MC, MRP 만나는 점에서 고용량 결정되지만 임금은 $w(L^*)$에서 결정됨!

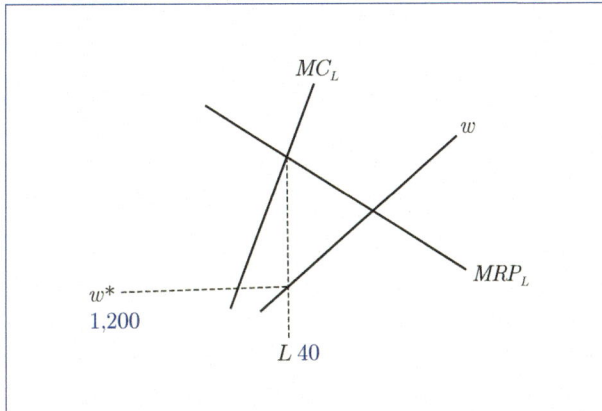

Chapter 23 위험한 노동시장

point 045 위험한 노동시장(이론)

序 보상적 임금격차
- 임금 외 직업 특성에 대한 보상으로서 보상적 임금격차가 발생한다.
- 근로조건이 열악한 직장은 근로자 채용을 위해 나쁜 조건을 보상할 혜택을 지급해야 하고, 근로조건이 훌륭한 직장은 낮은 임금으로도 근로자를 채용할 수 있다.

本

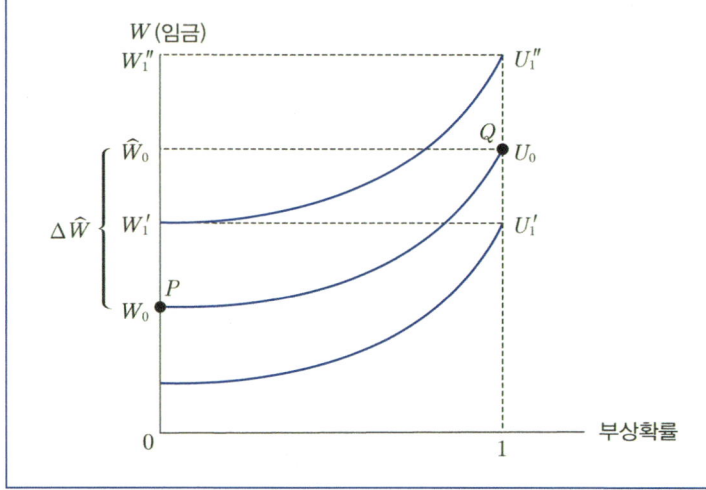

- 위험한 일의 노동시장
  1. 위험한 일의 노동공급
  (1) 가정: 위험과 안전
       위험도 안다
  (2) 효용함수: 효용 $= f(w, p)$
       w 임금: 위험 w_1, 안전 w_0
       p 부상확률: 위험
  (3) 무차별곡선:
       유보가격 → 위험유인가격 상이

① 위험한 일의 노동공급
- 부상당할 위험을 p라고 가정할 때, 근로자의 효용함수는 $u = f(w, p)$와 같이 표시할 수 있다.
- 임금과 부상 위험 간 교환관계를 나타내는 무차별곡선은 부상 위험이 비재화이기에 우상향하는 형태를 갖는다.
- 여기서 근로자가 위험한 일을 하도록 유인할 수 있는 임금이자 위험한 일과 안전한 일의 임금격차를 유보가격이라 한다. 근로자가 위험한 일을 기피할수록 유보가격이 높아진다. 따라서 위험한 일의 노동공급곡선은 우상향한다.

② 위험한 일의 노동수요
- 기업은 안전한 일 혹은 위험한 일 중 기업의 이윤을 극대화하는 작업환경을 제공한다.
- 위험한 일을 제공하는 기업이 근로자를 유인하기 위해 높은 급여를 줘야 하기에 임금격차가 커질수록 위험한 일을 제공하는 기업은 줄어들어, 위험한 일의 노동수요곡선은 우하향한다.
- 추가되는 노동비용이 근로자당 수입 증가분을 초과하면($w_{위험} - w_{안전} > \theta$) 기업은 안전한 환경을 제공한다. 반대의 경우에는 위험한 환경을 제공한다.

- 위험한 일을 제공하는 기업의 노동수요가 매우 작아서 위험한 일을 기꺼이 할 용의가 있는 근로자들만 채용하면 되는 경우, 보상적 임금격차가 음수가 되기에 이 근로자들은 통상적인 일을 하는 경우보다 적은 임금을 받게 된다.

③ 균형
- 근로자가 완전한 정보를 가진 경쟁노동시장에서 근로자는 일의 위험에 대해 충분한 보상을 받는다.

結 위험한 근로환경을 제공하는 기업은 보상적 임금격차를 통해 근로자를 유인, 채용한다.

局 정리

★ [암기] 위험한 일에 대한 노동수요·공급

→ 위험한 일 공급곡선 우상향, 수요곡선 우하향

point 046 위험한 노동시장(적용)

序 보상적 임금격차

- 보상적 임금격차의 의미와 원인 5가지를 쓰시오.

本

- 보상적 임금격차는 경제학자 애덤 스미스가 주장한 이론으로, 어떤 직종에만 존재하는 불리한 측면에 대해 보상 임금을 지불하여 효용을 여타 직종과 동등하게 맞춰주는 과정에서 발생하는 임금격차를 의미한다.
- 보상임금격차의 원인으로는 ①교육 훈련 비용(파일럿과 같이 취업을 위해 필요한 관련 교육 훈련 비용이 과다한 경우), ②직업의 쾌적함 정도(광부와 같이 다른 직업에 비해 열악한 작업환경에 대한 보상), ③책임의 정도(의사와 같이 작업에 막중한 책임이 따르는 경우), ④성공 또는 실패의 가능성 여부(수행하는 직업의 성공 가능성이 낮거나 실패할 가능성이 높을 때 그에 따른 보상), ⑤고용 안정성 여부(고용이 불안정한 직종에 대한 보상)가 있다.

結

보상적 임금격차는 특정 직종에 존재하는 불리한 측면에 대해 보상 임금을 지불하여, 효용을 여타 직종과 동등하게 만드는 임금 격차로, 과다한 교육 훈련 비용, 직업 환경의 열악함, 직업에 수반되는 막중한 책임, 낮은 성공 확률 또는 높은 실패 확률, 고용의 불안정성으로 인해 나타난다.

局 정리

Chapter 24 헤도닉 임금함수

point 047 헤도닉 임금함수(이론)

序 등이윤곡선
- 동일한 이윤의 궤적을 등이윤곡선이라 하고, 기업은 같은 등이윤곡선 상의 점들을 무차별하게 여긴다.
- 등이윤곡선의 특징: ① 우상향한다. ② 하방에 있을수록 이윤이 크다. ③ 한계수확체감의 법칙이 적용되기에 오목한 형태이다.

本
① 다수 근로자의 무차별곡선
- 무차별곡선의 기울기가 유보임금이기에, 근로자의 무차별곡선이 가파를수록 근로자가 위험을 기피하는 정도가 크다.

② 등이윤곡선
- 기업들은 근로자에게 임금 w와 부상 확률 p로 구성된 패키지를 제안할 수 있다.
- 실현 가능한 임금과 부상 확률의 조합은 이윤이 0인 등이윤곡선상에 있는 패키지들 뿐이다.

③ 헤도닉 임금함수

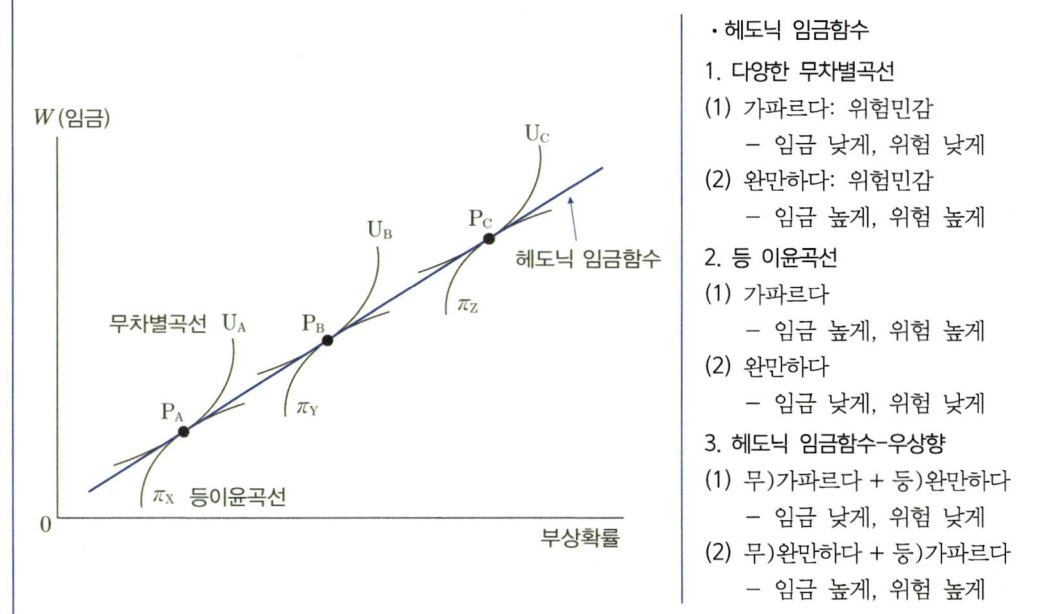

- 헤도닉 임금함수
1. 다양한 무차별곡선
   (1) 가파르다: 위험민감
       – 임금 낮게, 위험 낮게
   (2) 완만하다: 위험민감
       – 임금 높게, 위험 높게
2. 등 이윤곡선
   (1) 가파르다
       – 임금 높게, 위험 높게
   (2) 완만하다
       – 임금 낮게, 위험 낮게
3. 헤도닉 임금함수-우상향
   (1) 무)가파르다 + 등)완만하다
       – 임금 낮게, 위험 낮게
   (2) 무)완만하다 + 등)가파르다
       – 임금 높게, 위험 높게

- 통상적인 균형에서는 기업과 근로자가 무작위로 맺어지지만, 보상적 격차 모형에서는 이해가 일치하는 기업과 근로자가 매치된다.

- 근로자가 받는 임금과 일 특성 간의 관계를 나타낸 함수를 헤도닉 임금함수라 한다. 헤도닉 임금함수는 우상향한다.
- 부상확률에 상한을 정하는 규제는 근로자의 임금과 효용, 기업의 이윤을 감소시킨다.
- 근로자가 일의 위험을 실제보다 낮다고 잘못 인식하는 경우, 규제를 도입하면 근로자의 효용이 증가한다.

結 등이윤곡선과 무차별곡선이 만나는 점에서 기업과 근로자가 매치되고, 임금과 직업 특성 간에 관찰되는 관계를 헤도닉 임금함수라 한다.

局 정리

★ **[암기] 위험한 일의 무차별곡선과 등이윤선**

→ ① 무차별곡선: X비이기에 X축에 대해 볼록한 우상향하는 형태, 가파를 경우 위험에 민감, 완만할 경우 임금에 민감
② 등이윤선: 부상확률이 높을수록 비용이 감소하기에 X축에 대해 오목한 우상향하는 형태, 가파를 경우 위험에 민감, 완만할 경우 임금에 민감
③ 헤도닉 임금함수: 가파른 무차별곡선과 완만한 등이윤선, 완만한 무차별곡선과 가파른 등이윤선이 매치됨

point 048 헤도닉 임금함수(적용)

序 헤도닉임금

- 근로자에게 위험한 작업환경을 제공하는 기업 A가 있다. 근로자들이 위험회피적이기 때문에, 일자리에서 사망확률이 0.1% 증가할 때마다 연간 500달러의 보상임금을 지급해야 한다. 이때 헤도닉임금 접근법에 따른 생명의 경제적 가치는?

本

- 헤도닉임금 접근법을 전제하면, 기업은 위험한 일자리로 근로자를 유인하기 위해 보상적 임금격차를 지급한다.
- 설문에서 주어진 일자리 관련 사망은 기업에게 총 $\dfrac{\$500}{0.001}$, 즉 50만 달러의 비용을 부담하게 하기에 생명의 경제적 가치가 50만 달러라고 해석할 수 있다.

結 헤도닉임금 접근법에 따른 생명의 경제적 가치는 50만 달러이다.

局 정리

Chapter 25 보상적 격차와 근로조건

point 049 보상적 격차와 근로조건(이론)

序 실업보험제도
- 근로자가 실업자가 되면 근로자 임금의 일부 액수만큼 보험금을 지급하여 해고된 근로자의 소득 및 소비를 안정시키는 제도를 실업보험제도라 한다.
- 경쟁노동시장의 변동으로부터 근로자를 보호해야한다는 주장이 실업보험을 정당화하는 근거가 된다.

本
- 보상적 격차이론에 의하면, 일자리의 총가치는 임금과 근로조건의 순가치의 합과 같다.

① 해고

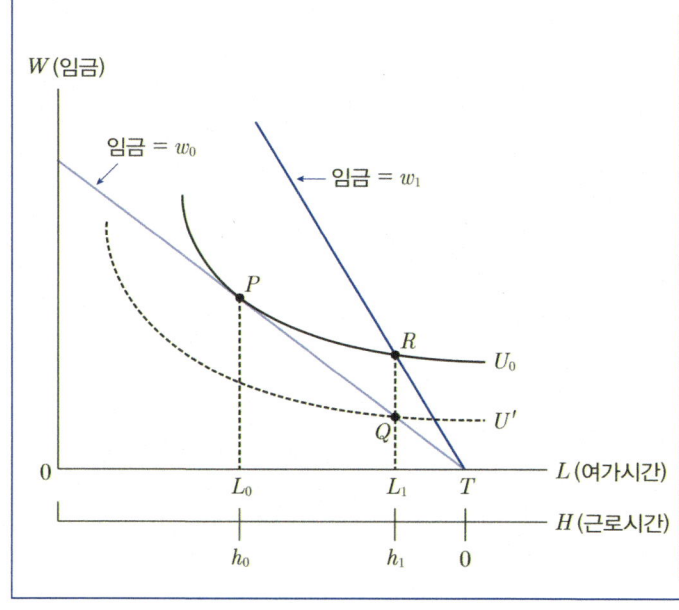

- 보상적 격차와 해고
  (1) 비정규직이면 임금인상
  (2) 실업급여로 보상적 임금격차 제거

- 보상적 격차와 소득세
  (1) 소득세 인상으로 좋은 곳으로 이동
  (2) 보상적 임금격차 높여 임금인상

- 고용의 안정 혹은 불안정이 보상적 임금격차를 초래하기 때문에, 해고가 완벽히 예측 가능하다면 근로시간이 짧은 기업은 실제로 실업보험 이전에 고용의 불안정에 대해 높은 임금으로 보상한다.
- 반대로 실업보험을 통해 보상적 임금격차를 제거할 수도 있다.

② 소득세
- 통상적으로 근로자는 세금을 부정적으로 인식하기에, 비과세소득이 좋은 근로조건이 된다. 즉, 근로자는 비과세 혜택이 더 많은 일자리로 이동할 유인이 있다.
- 나쁜 근로조건을 높은 임금으로 보상할 경우, 높은 소득세가 적용되기에 위험한 작업환경을 가진 기업은 그만큼 더 많은 유인을 제공해야 하고 그로 인해 위험한 기업과 안전한 기업 간 보상적 격차가 더욱 커지게 된다.

③ 건강보험

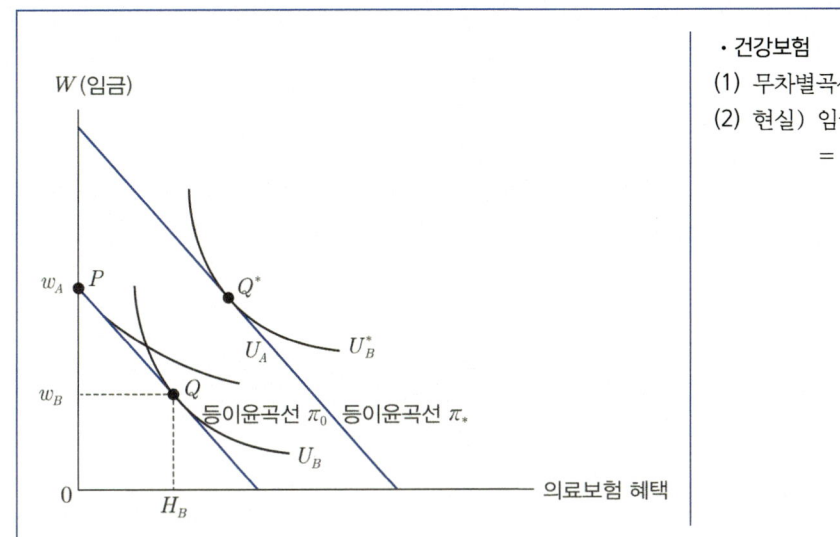

- 임금과 건강보험이 패키지로 제공되는 노동시장에서, 대체로 고임금 근로자가 더 좋은 건강보험 혜택도 누리기에 임금과 건강보험 혜택의 상관관계는 양의 값을 가진다.

結 고용의 불안정, 높은 소득세율은 임금의 보상적 격차를 초래한다.

局 정리

point 050   보상적 격차와 근로조건(적용)

序 실업보험제도

- 건강보험혜택(x)과 임금(y)으로 구성된 패키지를 제공하는 노동시장에서, 우하향하는 직선 형태를 가진 등이윤선 π_0가 있다. 소득 잠재력이 같은 근로자 A, B의 무차별곡선은 모두 이 등이윤선 π_0에 접한다. 한계대체율이 근로자 A는 $MRS_{xy}^A = \frac{1}{2}$이고, 근로자 B는 $MRS_{xy}^B = 3$일 때, 근로자 A는 B와 비교하여 어떤 패키지를 갖는가?

本

- $MRS_{xy}^A = \frac{1}{2}$이고, $MRS_{xy}^B = 3$으로, A가 B에 비해 덜 가파른 기울기를 갖는다.
- 무차별곡선이 x축에 대해 평평할수록, 해당 근로자에게 있어 x축 재화의 기회비용이 비교적 낮다는 것을 의미한다. 즉, 근로자 A는 건강보험혜택에 대한 기회비용이 근로자 B에 비해 낮기에, 고용주가 임금을 조금만 올려줘도 보험혜택을 포기할 용의가 크다.
- 따라서 근로자 A의 패키지는 B와 비교해 건강보험혜택이 적고, 임금이 높을 것이다.

結 근로자 A는 B와 비교해 건강보험혜택이 적고 임금이 높은 패키지를 택한다.

局 정리

★ **[암기]** 무차별곡선 기울기

→ ① 완만: y선호 더 크다
　② 가파르다: X선호 더 크다

Chapter 26 학력선택모형

point 051 학력선택모형(이론)

序 현재가치
- 다른 시점의 소비, 소득의 가치를 비교하기 위해 현재가치 개념을 사용한다.
- 할인율 r이 적용될 때, 특정 근로자의 t년 후 소득 y의 현재가치는 $PV = \dfrac{y}{(1+r)^t}$와 같이 계산할 수 있다.

本

① 인적자본
- 근로자 각자의 고유한 능력과 습득한 기술의 집합을 인적자본이라 한다.
- 근로자는 학교, 직업훈련 프로그램 등을 통해 인적자본을 축적하고, 더 많은 인적자본을 축적할수록 임금도 증가하는 경향이 있다.
- 근로자는 평생소득의 현재가치를 극대화하는 인적자본 수준에 투자한다.

② 연령-소득곡선

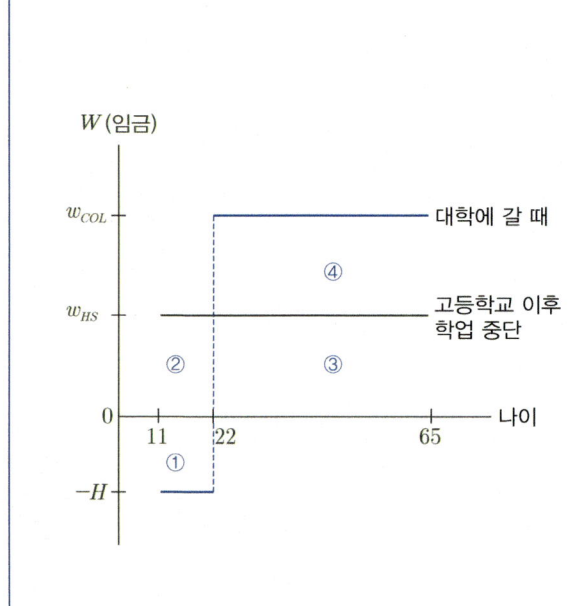

- 학력선택모형(대학)
- 대학에 진학할 조건
  : $PV_{COL} > PV_{HS}$ ④ > ① + ②
- 고졸자 소득의 순현재가치
- $PV_{HS} = w_{HS} + \dfrac{w_{HS}}{(1+r)} + \dfrac{w_{HS}}{(1+r)^2} + \cdots + \dfrac{w_{HS}}{(1+r)^t}$

  ② + ③
- 대졸자 소득의 순현재가치
- $PV_{COL} = -H - \dfrac{H}{(1+r)} - \dfrac{H}{(1+r)^2} - \dfrac{H}{(1+r)^3} + \dfrac{w_{COL}}{(1+r)^4} + \cdots + \dfrac{w_{COL}}{(1+r)^t}$

  $-① + ③ + ④$

- 연령에 따른 임금 궤도를 연령-소득곡선이라 한다.

- 고등학교까지만 졸업한 근로자의 소득흐름 현재가치는 $PV_{HS} = w_{HS} + \frac{w_{HS}}{(1+r)} + \frac{w_{HS}}{(1+r)^2} + \cdots + \frac{w_{HS}}{(1+r)^t}$ 와 같다.

- 대학교를 졸업한 근로자의 소득흐름 현재가치는
$PV_{UNI} = -H - \frac{H}{(1+r)} - \frac{H}{(1+r)^2} - \frac{H}{(1+r)^3} + \frac{w_{UNI}}{(1+r)^4} + \cdots + \frac{w_{UNI}}{(1+r)^t}$ 와 같다.

- 따라서 근로자는 $P_{UNI} > P_{HS}$일 경우에만 대학에 진학한다.

- 현재지향적인 사람은 미래 소득의 기회에 낮은 가치를 부여하기에, 할인율이 높고, 교육을 많이 받을 가능성이 낮다.

- 미래지향적인 사람은 미래 소득의 기회에 높은 가치를 부여하기에, 할인율이 낮고, 교육을 많이 받을 가능성이 높다.

③ 임금-학력곡선
- 특정 근로자가 특정 학력에서 버는 소득을 나타낸 궤적을 임금-학력곡선이라 한다.
- 임금-학력곡선은 우상향하고, 수확체감의 법칙이 적용되기에 오목하다. 또한 임금-학력곡선의 기울기를 통해 학교에 1년 더 다닐 경우 근로자의 수입이 얼마나 오르는지 알 수 있다.

④ 교육의 한계수익률
- 학교를 1년 더 다니는 데 따른 소득의 변화율을 (한계적인) 교육의 수익률(MRR)이라 하고, 임금-학력곡선의 기울기 $\Delta w / \Delta s$를 통해 구할 수 있다.
- 교육의 한계수익률은 학력이 높아질수록 체감한다.
- 할인율은 학력과 무관하기에 할인율 곡선은 완전탄력적인 수평선으로 그릴 수 있다.
- 근로자는 한계수익률이 할인율과 같도록 함으로써 평생 소득의 현재가치를 극대화한다.

結 근로자는 교육의 한계수익률이 할인율과 같은 점에서 소득의 현재가치를 극대화하는 선택을 한다.

局 정리

★ [암기] 할인율

→ ① 높다: 현재지향
　② 낮다: 미래지향

point 052 학력선택모형(적용)

序 현재가치

- 다음은 A 투자안의 수익이다.

금년	1년 뒤	2년 뒤
1,000	1,100	1,210

- 이자율이 10%라고 할 때, A 투자안 수익의 현재가치는?

本

- 수익의 현재가치는 $M_0 + \dfrac{M_1}{(1+r)} + \dfrac{M_2}{(1+r)^2} + \cdots + \dfrac{M_t}{(1+r)^t}$ 와 같이 구할 수 있다.

- 따라서 A 투자안 수익의 현재가치는 $1,000 + \dfrac{1,100}{1+0.1} + \dfrac{1,210}{(1+0.1)^2}$ 이기에, $1,000 + 1,000 + 1,000 = 3,000$ 이다.

結 A 투자안 수익의 현재가치는 3,000이다.

局 정리

Chapter 27 교육과 소득

point 053 교육과 소득(이론)

序 소득 극대화
- 근로자는 평생소득의 현재가치를 극대화하는 학력 수준을 선택한다.
- 할인율의 차이와 한계수익률 곡선의 차이로 사람마다 학력이 다르게 되고, 나아가 소득도 다르게 된다.

本
① 할인율의 차이
- 두 근로자가 같은 한계수익률 곡선을 가져 공통된 임금-학력곡선에 있더라도, 각자의 할인율에 따라 위치하는 지점이 달라진다.
- 할인율이 높을수록 현재지향적이기 때문에, 교육을 많이 받지 않으려는 경향이 있고, 임금-학력곡선상에서 좌측에 위치할 확률이 높다.
- 이렇듯 두 근로자가 할인율에서만 차이가 있을 경우 두 근로자의 임금 격차로부터 교육의 한계수익률을 계산할 수 있다.
- 이때 의무교육은 근로자를 임금-학력곡선을 따라 추가된 교육연수만큼 우측으로 이동시키는 역할을 하고, 의무교육으로 인해 소득이 얼마나 증가했는지 측정할 수 있다.

② 능력의 차이

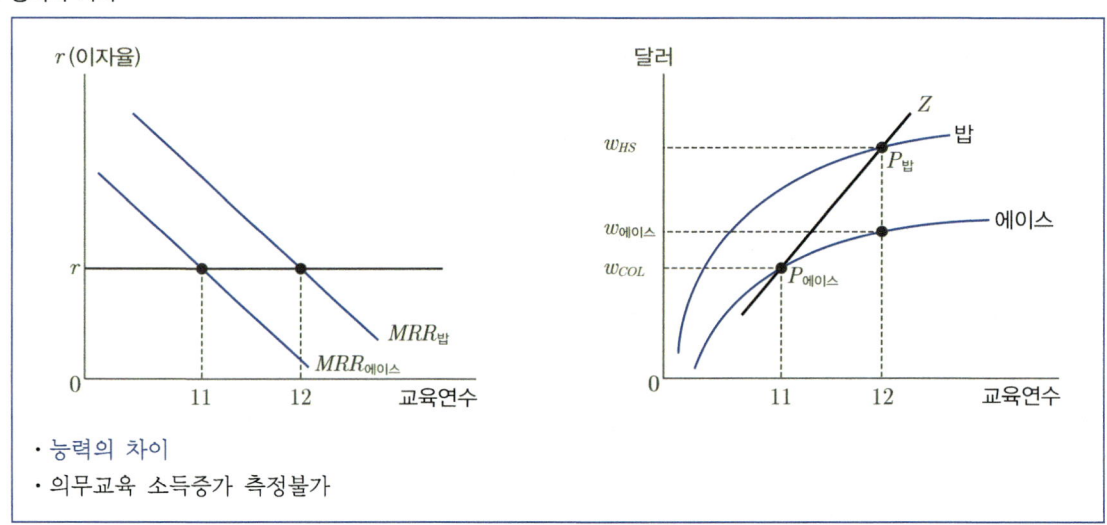

- 능력의 차이
- 의무교육 소득증가 측정불가

- 뛰어난 능력은 생산성이 높다는 것을 의미하고, 능력이 높을수록 임금-학력곡선 자체가 상방으로 이동한다.
- 따라서 학력이 같더라도 능력에 따라 임금-학력곡선의 모양에 차이가 있게 된다.

- 능력이 다른 근로자 간 임금격차로부터 교육의 수익률을 추정할 수 없다.
- 이때 의무교육은 근로자의 임금을 상승시키지만, 더 능력이 높은 근로자보다는 덜 상승하게 만들고, 의무교육으로 인한 소득 증가를 정확히 측정할 수 없다.

③ 선택 편의
- 근로자가 자신에게 가장 최선의 직업을 선택하는 선택 편의 때문에, 각자 소득흐름의 현재가치를 극대화하기 위해 서로 다른 학력을 선택한 두 근로자의 임금 비교는 무의미하다.

結 근로자 간 관찰되지 않는 능력의 차이가 있다면 근로자 간 소득격차를 통해 교육의 수익률을 추정할 수 없다.

局 정리

★ **[암기]** (할인율 동일)능력 차이

→ 의무교육 - 소득증가 - 측정불가

point 054 　교육과 소득(적용)

序 소득 극대화

- 甲국 노동시장에는 학력이 불필요한 블루칼라 일과 학력 1년이 필요한 화이트칼라 일 두 종류만 있고, 블루칼라 일에 능숙한 근로자 A와 화이트칼라 일에 능숙한 근로자 B가 존재한다. 이때 평생 두 기간만 고려하며, 교육을 받지 않은 사람은 두 기간 모두 블루칼라 일을 하고, 교육을 받은 사람은 1기에 학교를 다닌 뒤 2기에 화이트칼라 일에 종사한다.

근로자 \ 소득	블루칼라 소득	화이트칼라 소득
근로자 A	40,000	80,000
근로자 B	30,000	82,000

- 각 근로자의 선택에 따른 소득이 위와 같고, 할인율이 10%인 경우, A와 B는 각각 어떤 직업을 선택하겠는가?

本

- 근로자 A가 학교를 다니지 않을 때, 두 기간 다 블루칼라로 일하는 A의 소득은 $40{,}000 + \dfrac{40{,}000}{1.1} = 76{,}364$이다.
- 근로자 A가 학교를 다닐 때, 첫 기간에 교육을 받고 두 번째 기간에 화이트칼라로 일하는 A의 소득은 $0 + \dfrac{80{,}000}{1.1} = 72{,}727$이다.
- 따라서 근로자 A는 학교에 다니지 않고 블루칼라가 될 것이다.
- 근로자 B가 학교를 다니지 않을 때, 두 기간 다 블루칼라로 일하는 B의 소득은 $30{,}000 + \dfrac{30{,}000}{1.1} = 57{,}273$이다.
- 근로자 B가 학교를 다닐 때, 첫 기간에 교육을 받고 두 번째 기간에 화이트칼라로 일하는 B의 소득은 $0 + \dfrac{82{,}000}{1.1} = 74{,}545$이다.
- 따라서 근로자 B는 1년 학교에 다닌 후 화이트칼라가 될 것이다.

結 근로자 A는 블루칼라가 되고, 근로자 B는 1기에 학교에 다닌 후 화이트칼라가 될 것이다.

局 정리

Chapter 28 신호모형

point 055 신호모형(이론)

序 정보의 비대칭성
- 노동시장에서 거래하는 양측 중 한쪽이 계약에 대한 조건을 더 많이 알고 있는 것을 정보의 비대칭성이라 한다.
- 근로자가 저생산성 근로자인지 고생산성 근로자인지 고용주가 정확히 판별하기 위해서는 시간과 비용이 소요된다.

本
① 통합균형
- 교육이 생산성을 증가시킨다고 가정하는 학력선택모형의 기업은 근로자의 이야기를 무시하고, 모든 근로자들을 동일하게 취급해 전원에게 평균 급여를 지급한다. 평균 급여는 각 근로자 집단의 비중을 가중치로 한 근로자 생산성의 가중 평균값으로, (저생산 근로자 임금)×(저생산 근로자 비중)+(고생산 근로자 임금)×(고생산 근로자 비중)이다.
- 통합균형에서 근로자는 능력에 비해 부적절한 일에 배정되고 기업의 효율성과 이윤이 감소한다.
- 통합균형에서 고생산성 근로자는 능력에 비해 적은 소득을 받기 때문에 자신이 더 생산적임을 고용주에게 보이거나 이직하려 한다.

② 분리균형

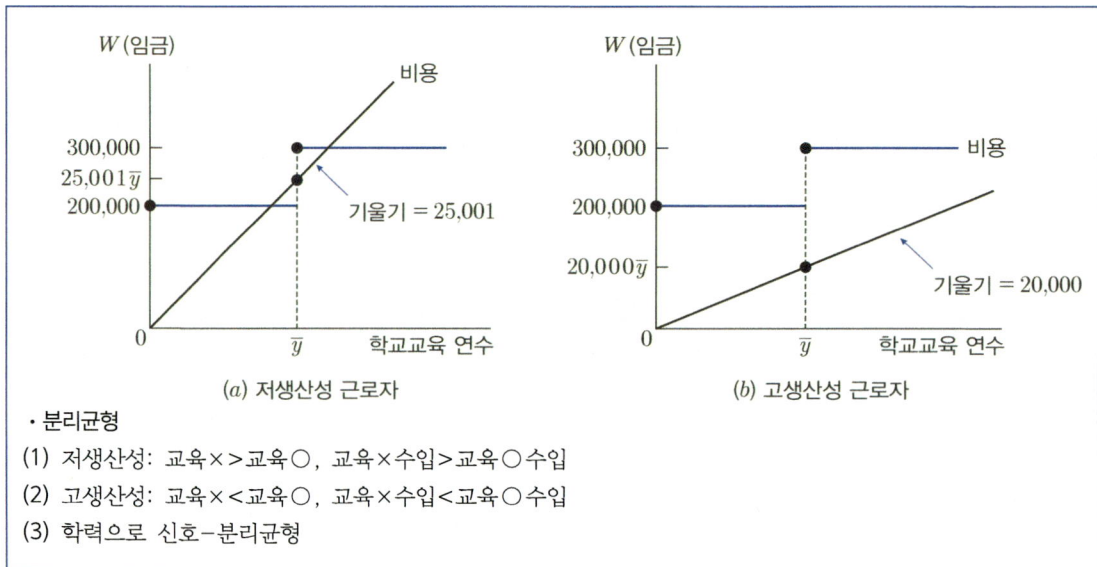

- 분리균형
  (1) 저생산성: 교육× > 교육○, 교육×수입 > 교육○수입
  (2) 고생산성: 교육× < 교육○, 교육×수입 < 교육○수입
  (3) 학력으로 신호-분리균형

- 근로자를 정확한 생산성 집단으로 분류하는 데 쓰일 믿을만한 정보를 신호라 한다.
- 고생산성 근로자는 신호를 제공할 유인이 있고, 기업은 신호를 고려할 유인이 있다.
- 신호모형은 저생산성 근로자가 신호를 취득하는 비용이 더 높다고 가정한다.
- 저생산성 근로자들은 교육 비용이 임금 격차보다 더 크기에 교육 받지 않고, 고생산성 근로자들은 교육 비용이 임금 격차보다 더 작기에 교육을 받는다. 기업이 요구한 학력 수준을 충족한 고생산성 근로자가 그렇지 못한 저생산성 근로자들과 자신을 분리시키려 할 때 분리균형이 발생한다.
- 신호를 통해 잘못된 배정이 일어나지 않게 되고, 각자의 능력과 생산성에 따른 임금을 지급할 수 있다.
- 신호모형은 교육이 근로자의 생산성을 증가시키지 않고 타고난 능력의 신호 역할을 할 수 있음을 보여준다. 즉, 의무교육과 같은 정부 정책은 근로자의 타고난 생산성을 향상시킬 수 없다고 주장한다.

③ 사적 및 사회적 수익률
- 학력을 한 해 높일 때 올라가는 근로자의 소득으로 교육의 사적 수익률을 측정할 수 있고, 같은 정도로 학력을 높일 때 올라가는 국민 소득으로 교육의 사회적 수익률을 측정할 수 있다.
- 교육이 생산성을 높이기도 하고 신호로서 가치도 있다면, 교육의 사적 수익률과 교육의 사회적 수익률은 크게 다를 수 있다.
- 신호모형이 옳아 교육이 생산성을 증가시키지 않고 오로지 신호 역할만 한다면, 교육의 사적 수익률은 양의 값을 갖지만, 사회적 수익률은 0이다. 그러나 근로자의 효율적인 배정을 가능케 하기에 국민소득에 긍정적 영향을 미쳐, 사회적 수익률은 0보다 클 수 있다.

結 교육이 생산성을 증가시킨다고 주장하는 학력선택모형은 통합균형을, 교육이 생산성을 증가시키지 못한다고 주장하는 신호모형은 분리균형을 이룬다.

局 정리

★ [암기] 사회적 할인율

→ ① 학력선택모형: 교육 생산성증가 ○ - 통합균형
② 신호모형: 교육 생산성증가 × - 분리균형
③ 신호 - 사적수익률 > 0
   사회적수익률 = 0
④ 신호 + 배정: 사회적수익률 > 0

point 056   신호모형(적용)

序 정보의 비대칭성

- 한 기업의 고생산성 근로자는 전 사원 중 20%이고, 나머지는 저생산성 근로자이다. 저생산성 근로자의 임금은 200,000이고, 고생산성 근로자의 임금은 300,000이다. 이때 통합균형에서의 임금은 얼마인지 구하고, 분리균형이 성립하기 위한 교육의 비용 조건을 구하여라.

本

- 통합균형의 임금은 가중평균을 통해 구한다. 따라서, $w_{통합균형} = 300,000 \times 0.2 + 200,000 \times (1-0.2) = 60,000 + 160,000 = 220,000$으로, 통합균형에서의 임금은 220,000이다.
- 분리균형이 성립하려면 교육을 받지 않는 저생산성 근로자와 교육을 받은 고생산성 근로자가 분리되어야 한다. 이때 저생산성 근로자는 더 받게 되는 임금보다 교육 비용이 더 크기에 교육을 받지 않고, 고생산성 근로자는 더 받게 되는 임금이 교육 비용보다 크기에 교육을 받는다.
- 저생산성 근로자가 고생산성 근로자가 되면 받을 수 있는 임금은 100,000 증가한다. 저생산성 근로자의 교육 비용은 100,000보다 크고, 고생산성 근로자의 교육 비용은 100,000보다 작아야 분리균형이 성립한다.

結 통합균형에서의 임금은 220,000이고, 분리균형이 성립하기 위해서 저생산성 근로자의 교육 비용은 100,000보다 크고, 고생산성 근로자의 교육비용은 100,000보다 작아야 한다.

> 局 정리

★ [이해] 분리균형

→ ① 저생산성 근로자: 교육비용＞임금증가
　② 고생산성 근로자: 교육비용＜임금증가

Chapter 29 사내훈련

point 057 사내훈련(이론)

序 학교를 마친 후 연령-소득곡선
- 고학력 근로자는 저학력 근로자보다 소득이 높다.
- 소득은 시간이 지나면서 상승하지만 상승률이 체감한다.
- 학력이 다른 그룹의 연령-소득곡선은 시간이 지나면서 차이가 커진다.

本
- 대부분의 근로자는 학교를 마친 후에도 사내훈련(OJT) 프로그램을 통해 인적자본을 축적한다.
- 기업의 이윤을 극대화하는 고용수준을 만족하는 한계생산성의 조건은 $C_1 + \dfrac{C_2}{1+r} = VMP_1 + \dfrac{VMP_2}{1+r}$ 이다.
- 이때 1기에 OJT가 있다고 가정하면 한계생산성의 조건은 훈련비용 H가 포함된
$H + w_1 + \dfrac{w_2}{1+r} = VMP_1 + \dfrac{VMP_2}{1+r}$ 이다.

① 일반훈련
- 모든 기업에서 생산성을 동일하게 높이는 훈련을 일반훈련이라 한다.
- 일반훈련을 받은 근로자의 한계생산물 가치는 모든 기업에서 상승하기에, 이직을 막기 위해 훈련을 제공한 기업도 임금을 올려주어야 한다.
- 근로자는 1기에 한계생산물 가치에서 훈련비용을 뺀 견습생 임금($w_1 = VMP_1 - H$)을 받고, 2기에 한계생산물의 가치에 상승하는 임금을 받는다. 즉, 기업은 최초 급여를 낮춰 훈련비용을 근로자에게 전가한다.
- 즉, 경쟁시장의 기업은 어떤 비용도 부담하지 않을 때에만 일반훈련을 제공한다.

② 특화훈련
- 기술을 배운 기업에서만 생산성이 올라가고 근로자가 그 기업을 떠나면 소용이 없는 훈련을 특화훈련이라 한다.
- 근로자가 특화훈련을 받아도 해당 기업에서만 한계생산물 가치가 오르기에 대안임금(다른 기업에서 지불하고자 하는 임금)은 불변이다.
- 근로자의 훈련 후 임금은 w^*(대안임금)$< w_2 < VMP_2$로, 근로자는 대안임금보다 기업에서 지급하는 임금이 높기에 근속할 유인이 생기고, 기업은 근로자가 한계생산물 가치보다 적은 임금을 받기에 근로자를 계속 고용할 유인이 생긴다.
- 즉, 근로자와 기업이 특화훈련의 수익을 나누고 비용을 함께 부담한다.
- 특화훈련은 근로자와 기업을 짝짓기하기 때문에, 근속기간이 길수록 해고확률 및 이직확률이 줄어든다.
- 근로자는 해고당하더라도 자본 손실을 피하기 위해 새 일자리를 찾지 않고 일시해고 상태를 유지한다.

結 경쟁시장의 기업은 어떤 비용도 부담하지 않을 때에만 일반훈련을 제공하고, 특화훈련을 제공할 경우 근로자와 수익, 비용을 나눈다.

局 정리

point 058 사내훈련(적용)

序 학교를 마친 후 연령-소득곡선

- A 기업은 입사한 모든 근로자에게 특화훈련을 제공한다. 훈련을 받기 전, 1기에 근로자는 40,000의 한계생산물 가치만큼 생산할 수 있다. 훈련을 받은 후, 2기에 근로자는 A 기업에서만 60,000의 한계생산물 가치만큼 생산할 수 있다. 특화훈련에 수반되는 비용이 10,000일 때, 근로자의 2기 임금은?

本

- 특화훈련을 제공할 경우, 기업은 근로자의 이직 가능성 때문에, 근로자는 기업의 해고 가능성 때문에 양측 모두 비용 부담을 꺼려한다.
- 따라서 특화훈련 2기의 임금을 대안임금과 훈련 후 한계생산물 가치 사이로 조정하여 수익과 비용을 분담하는 결정을 한다.
- 설문에서의 근로자의 대안임금은 1기에서 근로자가 생산할 수 있는 한계생산물 가치와 같다. 특화훈련은 다른 기업에서의 한계생산물 가치를 높이지 않기 때문이다. 따라서 대안임금은 40,000이다.
- 설문에 따르면, 훈련 후 한계생산물 가치는 60,000이다.
- 결국 A 기업에서 특화훈련을 받은 근로자의 2기 임금은 40,000과 60,000 사이에서 결정된다.

結 근로자의 2기 임금은 40,000과 60,000 사이 값을 갖는다.

局 정리

★ **[이해]** 특화훈련 2기임금

→ 대안임금(= 훈련 전 한계생산물 가치) < 특화훈련 2기임금 < 훈련 후 한계생산물 가치 사이

Chapter 30 연령-소득곡선

point 059 연령-소득곡선(이론)

序 연령-소득곡선
- 연령-소득곡선의 모양은 일하는 동안 인적자본 투자의 시점에 따라 달라진다.
- 모든 연령에서 근로자는 투자의 한계수익이 투자의 한계비용과 같아지는 지점까지 인적자본에 투자한다.
- 축적된 인적자본은 능률 단위로 측정되고, 노동시장에서 임대될 수 있다.

本
① 인적자본 이론에 따른 연령-소득 곡선
- 더 이른 나이에 취득한 인적자본의 한계수익이 그 뒤의 것보다 크다. 즉, 투자가 일찍 이루어질수록 인적자본 투자의 수익은 높아진다.
- 따라서 근로자는 젊은 나이에 많은 인적자본 투자를 하고, 나이가 들수록 적은 능률 단위를 취득하는 방식으로 평생소득의 현재가치를 극대화한다.
- 근로자가 젊을 때 적은 급여를 통해 사내훈련 비용을 지불하고, 나이가 들어 지난 투자의 수익을 거두기 때문에 연령-소득 곡선은 우상향한다.
- 연령-소득 곡선이 오목하기에 시간의 흐름에 따라 소득은 늘어나지만 소득 증가율은 낮아진다.

② 서연의 소득함수
- 서연의 소득함수는 $\log w = as + bt + ct^2 + $ 기타 변수이고, w는 임금률, s는 교육연수, t는 노동시장 경력연수이다.

結 근로자는 젊을 때 인적자본을 많이 취득하고, 나이가 들수록 적게 취득하면서 평생소득의 현재가치를 극대화한다.

局 정리

point 060   연령-소득곡선(적용)

序 연령-소득곡선

- 기업이 학력수준을 생산성에 대한 시그널로 간주할 경우 최적교육시그널이 어느 수준에서 결정되는지 그림을 그려서 설명하시오.

本

- 최적교육시그널이란 생산성이 높은 집단과 낮은 집단을 성공적으로 구분하는데 필요한 최소한의 학력수준을 의미한다.

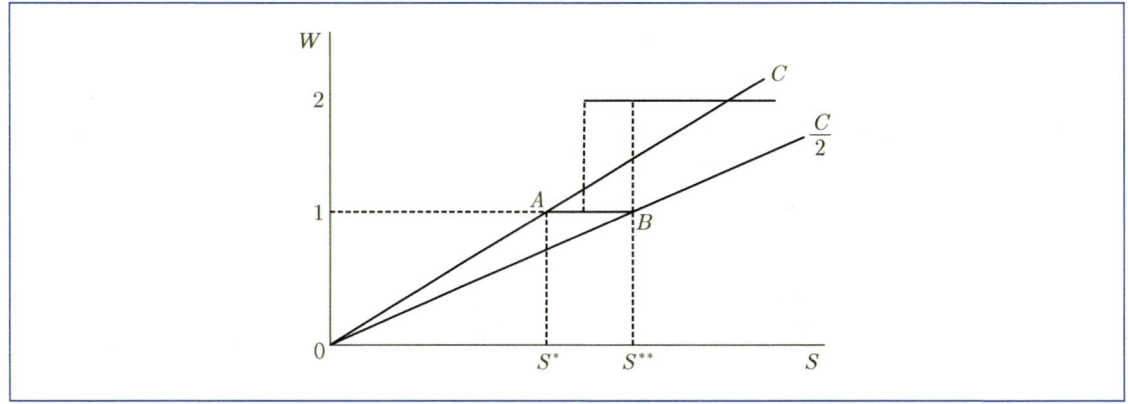

- 기업이 선분 AB 사이에서 시그널을 설정하는 경우, 비용이 C인 근로자는 S^*교육으로 인한 순편익이 1보다 작고 비용이 ($\frac{C}{2}$)인 근로자는 순편익이 1보다 크므로 시그널로서 역할을 할 수 있다고 할 수 있다. 따라서 근로자의 생산성을 구분할 수 있는 시그널은 S^*와 S^{**} 사이에 위치할 것이다.
- S^{**}처럼 A점에서 시그널이 멀어진다면 시그널로서 역할을 할 수 있지만, 생산성이 높은 집단($\frac{C}{2}$)의 순편익이 작아지고 교육수준이 높아지므로 (교육훈련에 따른 보상적 임금격차로 인한) 요구임금이 상승할 것이다. 따라서 근로자들은 그만큼의 시그널을 획득하기를 꺼려한다.
- 결국 최적교육시그널은 그림 S^*의 바로 오른쪽에 위치할 것이다.

結 최적교육시그널 수준은 S^*의 바로 오른쪽에 위치한다.

局 정리

Chapter 31 소득분배지표

point 061 소득분배지표(이론)

序 왜도가 양수인 소득분포

- 높은 능력의 근로자는 낮은 능력의 근로자보다 능력도 더 좋고 인적자본도 더 많이 취득하기에 한계수익률 곡선이 비교적 상방에 위치한다.
- 즉, 능력과 취득한 인적자본 간 정의 상관관계가 임금 분포의 상방을 밀어올리기에 왜도가 양수인 분포를 초래한다.
- 왜도가 양수인 소득분포는 다수의 근로자가 상대적으로 낮은 임금을, 소수의 능력 있는 근로자가 불균형하게 큰 임금을 받음을 의미한다.

本

① 로렌츠 곡선

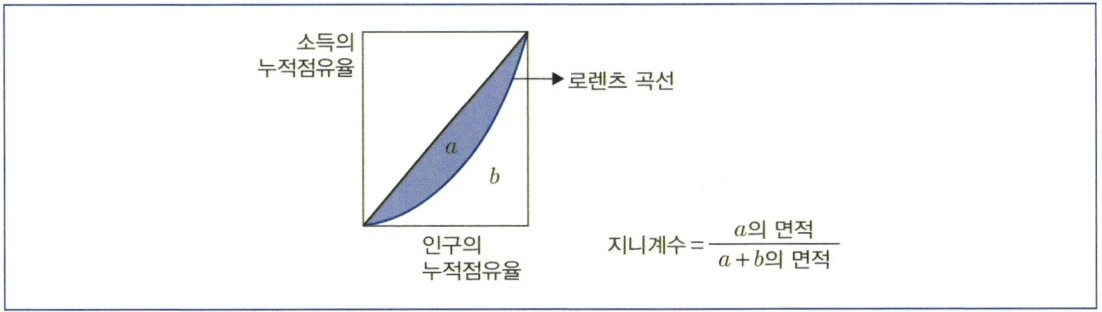

- 인구의 누적 비율과 소득의 누적 비율 간의 관계를 그래프로 표현한 것을 로렌츠 곡선이라 한다.
- 완전 평등한 로렌츠 곡선은 45도 각도의 직선이다.

② 지니계수
- 지니계수는 완전 평등 로렌츠 곡선과 실제 로렌츠 곡선이 이루는 도형의 면적을, 완전 평등 로렌츠 곡선과 그 하방이 이루는 삼각형의 면적으로 나누어 구할 수 있다.
- 소득 분포가 완전히 평등하면 지니계수가 0이 되고, 완전히 불평등하면 1이 된다. 즉, 지니계수의 상승은 소득 불평등의 심화를 나타낸다.

③ 그 외 측정법
- 90~10 백분위 간 임금격차: 소득분포의 90번째 백분위에 해당하는 근로자와 10번째 백분위에 해당하는 근로자 간 임금의 비율적 차이
- 50~10 백분위 간 임금격차: 소득분포의 50번째 백분위에 해당하는 근로자와 10번째 백분위에 해당하는 근로자 간 임금의 비율적 차이

結 지니계수가 작을수록 소득분배가 평등해지고, 클수록 소득분배가 불평등해진다.

局 정리

point 062 소득분배지표(적용)

序 왜도가 양수인 소득분포

- 국민의 50%는 소득 100을 균등하게 가지고 있고, 나머지 50%는 소득이 없다면, 지니계수는?

本

- 대각선과 로렌츠 곡선이 이루는 면적을 대각선 아래의 삼각형 면적으로 나눈 값이 지니계수이다.
- 문제에서 주어진 상황을 그림으로 그리면 다음과 같다.

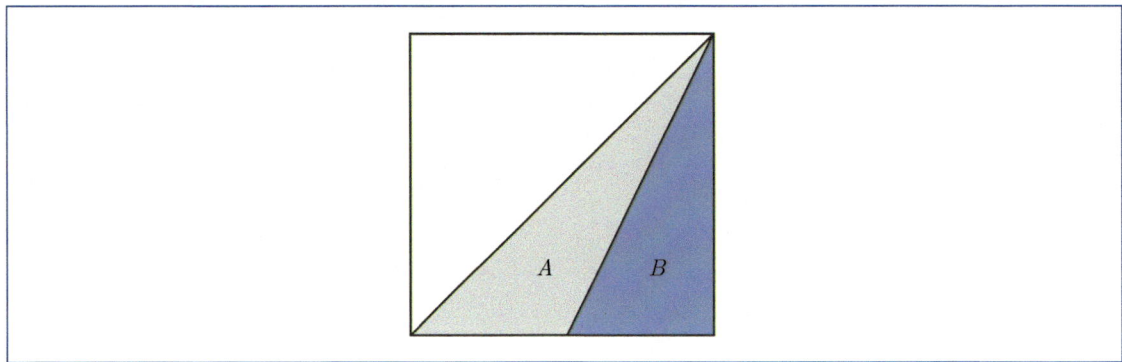

- A면적과 B면적이 같기에, $\dfrac{A}{A+B} = 0.5$이다.

結 지니계수는 0.5이다.

局 정리

Chapter 32 임금 불평등 요인

point 063 임금 불평등 요인(이론)

序 상대적 임금

- 숙련 근로자에 대한 상대적 수요곡선은, 숙련 근로자에 대한 상대적 임금이 높아지면 고용주가 숙련 근로자를 상대적으로 적게 고용하기에 우하향으로 도출할 수 있다.

本

① 공급곡선과 수요곡선 이동

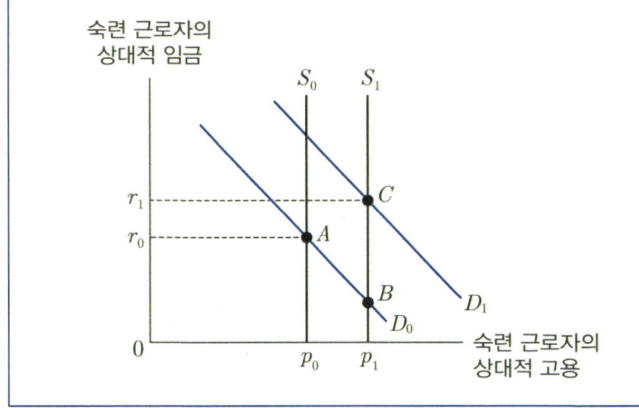

- A 점
- B 점: S 우측이동
  - 상대적 임금하락
- C 점: D 우측이동
  (D 증가 > S 증가)
  - 상대적 임금상승

- 숙련근로자의 상대적 공급곡선이 우측 이동하면 상대적 임금이 하락하고, 상대적 수요곡선이 우측 이동하면 상대적 임금이 상승한다. 두 곡선이 동시에 이동한다면 공급 증가가 더 큰 경우 상대적 임금이 하락하고, 수요 증가가 더 큰 경우 상대적 임금이 상승한다.

② 무역 효과
- 수입이 많은 산업에 고용된 근로자는 저숙련 근로자, 수출이 많은 산업의 근로자는 고숙련 근로자인 경향이 있다.
- 한 국가의 경제가 국제화되는 것은 수출품에 대한 해외 소비자들의 수요를 늘려 숙련 근로자의 상대 수요를 증가시키는 동시에, 수입품에 대한 국내 소비자들의 수요를 늘려 미숙련 근로자들에 대한 수요를 감소시켜 숙련근로자의 상대적 노동수요곡선을 바깥쪽으로 이동시킨다.
- 이러한 일련의 과정을 무역효과라 한다.

③ 숙련편향적 기술변화
- 기술 혁신 등으로 자본이 미숙련 근로자와는 대체관계, 숙련 근로자와는 보완관계인 산업 구조가 형성되었을 때, 숙련 근로자에 대한 수요가 증가하는 동시에 미숙련 근로자에 대한 수요가 감소하여 숙련근로자의 상대적 노동수요곡선이 바깥쪽으로 이동한다.
- 이러한 일련의 과정을 숙련편향적 기술변화라 한다.

④ 노동조합의 교섭능력 약화
- 노동조합이 미숙련 근로자의 안전망 역할을 하기 때문에, 노조의 교섭능력 약화를 숙련근로자의 상대적 수요곡선의 바깥쪽 이동이라고 해석할 수 있다.

結 숙련근로자의 상대적 노동수요곡선은 무역 효과, 숙련편향적 기술변화, 노동조합의 교섭능력 약화 등으로 인해 바깥쪽으로 이동하게 된다.

局 정리

★ [이해] 노동조합의 교섭능력 약화

→ ① 숙련 근로자에 대한 수요증가
　② 미숙련 근로자에 대한 수요감소

point 064   임금 불평등 요인(적용)

序 상대적 임금

- A국 생산요소시장의 노동공급곡선과 노동수요곡선은 다음과 같다.

  > - 노동공급곡선: $L_S = w - 60$
  > - 노동수요곡선: $L_D = -\dfrac{1}{2}w + 120$

- 이때, 노동공급곡선이 상방으로 15만큼 이동하고, 노동수요곡선이 상방으로 45만큼 이동하면, 기존에 비해서 임금은 (ㄱ)얼마나, (ㄴ)증가/감소하겠는가?

本

- 노동공급곡선과 노동수요곡선을 w에 대해 정리하면, $w = L + 60$, $w = -2L + 240$이다.
- 기존 노동공급곡선과 노동수요곡선을 일치시키면, $L + 60 = -2L + 240$으로, $3L = 180$, $L^* = 60$이고, $w^* = 60 + 60 = 120$이다.
- 이때 노동공급곡선을 상방으로 15만큼 이동시키면, $w = L + 60 + 15 = L + 75$이고, 노동수요곡선을 상방으로 45만큼 이동시키면 $w = -2L + 240 + 45 = -2L + 285$이다.
- 바뀐 노동공급곡선과 노동수요곡선을 일치시키면 $L + 75 = -2L + 285$로, $3L = 210$, $L^* = 70$, $w^* = 145$이다.
- 따라서 임금은 $25(= 145 - 120)$만큼 증가한다.

結 기존에 비해 임금은 (ㄱ)25만큼 (ㄴ)증가한다.

局 정리

★ [이해] 평행이동

→ ① 노동공급곡선을 상방으로 15만큼 이동, $w-(+15)=L+60$
　② 노동수요곡선을 상방으로 45만큼 이동, $w-(+45)=-2L+240$

Chapter 33 세대 간 상관관계

point 065 세대 간 상관관계(이론)

序 사회적 이동률
- 부모와 자녀의 경제적 성과 사이의 연결 관계를 사회적 이동률이라 한다.
- 현실적으로 인적자본은 오로지 개인이 선택하는 것이라기보다는, 대부분을 부모가 선택하고 비용을 치르기에 부모의 기술수준과 자녀의 기술수준을 연결하여 생각할 필요가 있다.

本
① 세대 간 상관관계

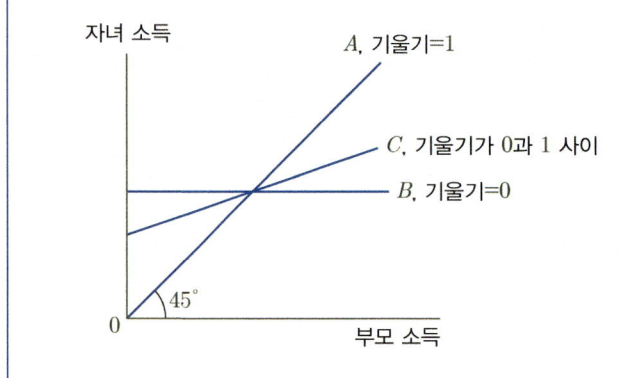

- 세대 간 상관관계: 자녀의 소득과 부모의 소득을 연결하는 회귀선의 기울기
- 기울기 1: 임금 격차는 다음 세대까지 전부 지속되고 평균회귀 없다.
- 기울기 0: 자녀의 임금은 부모의 임금과 무관하고 평균회귀한다.

- 두 세대의 소득을 연결하는 회귀선의 기울기를 세대 간 상관관계라 한다.
- 세대 간 상관관계가 a라고 할 때, 두 부모의 소득 차이가 x만큼 난다면 그 자녀들의 소득도 ax만큼 차이가 나게 된다.

② 평균으로의 회귀
- 실증적으로 세대 간 상관관계는 1 미만으로, 두 부모 간 소득 차이는 그 두 가정의 아이들 간 예상되는 소득 차이보다 큰데, 이렇듯 세대에 걸쳐 기술수준과 소득 차이가 줄어드는 현상을 평균으로의 회귀라 한다.
- 평균으로의 회귀는 부모가 자신의 부 전체를 자녀의 인적자본 투자에 이용하지 않고 자신을 위해 일부 소비하기 때문에, 타고난 능력은 평균으로 회귀하기 때문에 나타난다.
- 세대 간 상관관계가 1이면 두 부모 간 임금 격차는 다음 세대까지 전부 지속되고 평균으로의 회귀는 없는 반면, 세대 간 상관관계가 0이면 자녀의 임금은 부모의 임금과 무관하며 평균으로 완벽하게 회귀하게 된다.
- 세대 간 상관관계가 0에 가까워질수록 평균으로의 회귀도 더 빨라진다.

結 세대 간 상관관계가 1에 가까워질수록 임금 격차는 지속적으로 되물림되고, 0에 가까워질수록 평균으로의 회귀가 빨라진다.

局 정리

★ **[이해]** 세대 간 상관관계 0(기울기 0)

→ ① 자녀의 임금은 부모의 임금과 무관
　② 평균으로 완벽하게 회귀

point 066 | 세대 간 상관관계(적용)

序 사회적 이동률

- 실증적 연구에 따르면 세대 간 상관관계는 1보다 작아서 두 부모 간 소득 차이가 그 두 가정의 아이들 간 예상 소득 차이보다 큰 게 일반적이다. 이렇듯 세대에 걸쳐 소득 차이가 줄어드는 경향을 '평균으로의 회귀'라 한다. 이런 현상이 일어나는 이유를 설명하시오.

本

- 평균으로의 회귀가 일어나는 이유는 크게 세 가지로 설명할 수 있다.
  ① 부모가 본인의 전 재산을 자녀의 인적자본 투자에 쏟지 않고 부모 자신을 위해 일부 소비하기 때문이다.
  ② 부모가 자녀의 학력을 더 늘려주려고 함에 따라 교육의 한계비용이 빠르게 증가하기 때문이다.
  ③ 타고난 능력이 어느 정도 평균으로 회귀하기 때문이다. 즉, 자녀 세대가 부모만큼 고능력일 가능성은 낮다.

結
부모가 본인의 전 재산을 자녀의 인적자본에 투자하지는 않고, 교육의 한계비용이 가파르게 증가하고, 타고난 능력이 평균으로 회귀하는 경향 때문에 평균으로의 회귀 현상이 발생한다.

局 정리

★ **[암기]** 평균회귀 이유

→ ① 부모 자신을 위해 일부 소비
　② 교육의 한계비용이 빠르게 증가
　③ 타고난 능력

Chapter 34 이주 결정

point 067 이주 결정(이론)

序 노동 이동
- 노동자의 직종 간, 기업 간, 산업 간 또는 지역 간 이동현상을 노동 이동이라 한다.
- 노동 이동은 기업과 근로자의 비효율적인 배분 상태를 변화시켜 국민 소득을 증가시킬 수 있다.
- 전통적 견해에 따르면 이주는 임금 차이, 취업 기회 차이로 인한 현상이었으나, 현대적 견해에 따르면 이주는 인적자본투자의 일환으로 일어난다.

本
① 인적자본 투자로서의 이주
- 여타 인적자본 투자와 같이, 이주 결정은 여러 선택지가 제공하는 평생소득의 현재가치를 비교하여 이루어진다.
- 이주에 따른 순수 이득은 $PV^{이주} - PV^{현상유지} -$ 이주비용 M과 같고, 순수 이득이 양수일 경우 근로자가 이주를 결정한다.
- 이주할 목적지에서 경제적 기회가 향상되면 이주에 따른 순수 이득이 커지고 근로자가 이동할 가능성이 높아진다.
- 거주하는 현 지역에서 경제적 기회가 향상되면 이주의 순수 이득이 줄고 근로자가 이동할 가능성이 낮아진다.
- 이주비용이 증가하면 이주에 따른 순수 이득이 줄어들어 이주 확률이 낮아지는데, 이때 이주비용에는 사회적 네트워크에서 떠날 때 발생하는 고통과 충격의 화폐 가치도 포함된다.
- 근로자의 사회경제적 특성, 특히 학력과 연령이 이주할 확률에 영향을 미친다.
- 근로자가 젊을수록, 학력이 높을수록 이주를 많이 하는데, 나이가 들수록 투자 수익을 거둘 기간이 짧기 때문에 근로자는 덜 이주하고, 고학력 근로자일수록 채용 기회의 효율적 탐색으로 인해 이주비용이 감소하거나 고학력 근로자에게 적합한 노동시장을 구성하는 지리적 지역이 저학력 근로자의 것보다 크기 때문에 이주할 확률이 높다.

② 회귀 및 반복 이주
- 막 이주한 근로자가 자신이 떠나왔던 곳으로 다시 돌아가는 현상을 회귀 이주라 하고, 막 이주한 근로자가 또 다른 곳으로 이주하는 현상을 반복 이주라 한다.
- 근로자가 처음 이주 결정을 한 것이 실수였다고 깨달아 이런 실수를 만회하려고 하거나, 특정 직종에서는 반복 혹은 회귀 이주가 평생소득의 현재가치를 극대화시키는 방안이기 때문에 회귀 및 반복 이주의 흐름이 나타난다.

結 이주 후 임금의 현재가치가 기회비용보다 크다면, 근로자는 이주를 결정한다.

局 정리

point 068   이주 결정(적용)

序 노동 이동

- 근로자 甲은 A시에서 일하고 있고, 그로 인해 향후 3년 간 매년 3,000의 소득을 얻는다. 만약 근로자 甲이 B시로 이동한다면, 그로 인해 향후 3년 간 매년 4,000의 소득을 얻을 수 있고, 이주에 드는 비용은 1,500이다. 이자율이 10%로 고정되어 있을 때, 甲의 선택은?

本

- 근로자 甲이 A시에서 계속 머무르는 결정을 한다면, 甲의 소득흐름의 현재가치는
$$PV_A = 3{,}000 + \frac{3{,}000}{1+0.1} + \frac{3{,}000}{(1+0.1)^2} = 3{,}000 + 2{,}727.3 \cdots + 2{,}479.3 \cdots = 약 8206.6 이다.$$

- 근로자 甲이 B시로 이동하는 결정을 한다면, 甲의 소득흐름의 현재가치는
$$PV_B = 4{,}000 + \frac{4{,}000}{1+0.1} + \frac{4{,}000}{(1+0.1)^2} - 1{,}500 = 4{,}000 + 3{,}636.4 \cdots + 3{,}305.9 \cdots - 1{,}500 = 약 9442.3 이다.$$

- $PV_B - PV_A -$ 이주비용 $M > 0$ 이기에, 甲은 B시로 이동한다.

結 $PV_B - PV_A -$ 이주비용 $M > 0$ 이기에, 甲은 B시로 이동하는 선택을 한다.

局 정리

Chapter 35 가족 이주

point 069 가족 이주(이론)

序 가족 이주
- 대부분의 경우 이주는 가족 구성원 중 특정 개인이 아닌 가족 전체의 편익에 따라 결정된다.

本
- 남편(아내)이 지리적으로 이동할 때 소득흐름의 현재가치 변화를 $\Delta PV_H(\Delta PV_W)$라 한다면, 이 가족은 가족의 순 수익이 양일 경우, 즉 $\Delta PV_H + \Delta PV_W > 0$일 경우 이주한다.

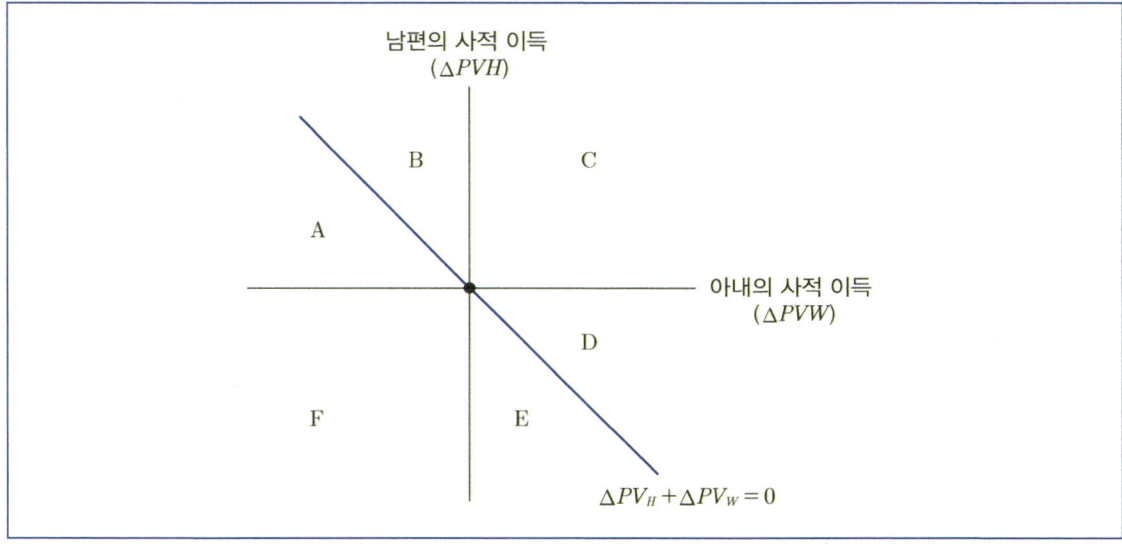

- 원점을 지나는 45° 우하향 직선은 가족의 순수익이 0, 즉 $\Delta PV_H + \Delta PV_W = 0$인 지점을 연결한다. 따라서 가족의 평생소득을 극대화한다면 수익이 45°선 위에 있을 때나 조합이 B, C, D 영역에 있을 때 이주를 결정한다.
- 가족이 이주를 결정하는 영역(45°선상, B, C, D)은 남편이 독신일 때(A, B, C)나 아내가 독신일 때(C, D, E)와는 다르다. 즉, 가족을 위한 최적 결정은 개인의 최적 결정과 반드시 같지는 않다.
- E 영역에서, 이주할 때 아내의 사적 이득 증가보다 남편의 사적 이득 감소가 더 크기에 가족 전체의 사적 이득이 감소하여 이주를 결정하지 않게 되는데, 이때 아내를 부속된 체류자라 한다.
- D 영역에서, 이주할 때 아내의 사적 이득 증가가 남편의 사적 이득 감소보다 더 크기에 가족 전체의 사적 이득이 증가하여 이주를 결정하게 되는데, 이때 남편을 부속된 이주자라 한다.

結
가족은 가족 전체의 사적 이득이 유지되거나 증가될 때 이주를 결정한다.

局 정리

point 070   가족 이주(적용)

序 가족 이주

- PV_H와 PV_W는 각각 남편과 아내가 개별적으로 이주를 결정할 경우의 소득흐름 현재가치로, 각자의 사적수익을 의미한다. 가정이 남편과 아내 두 명으로만 구성되어있다고 가정할 때, 이 가족이 이주결정을 내리게 되는 영역을 모두 고르면?

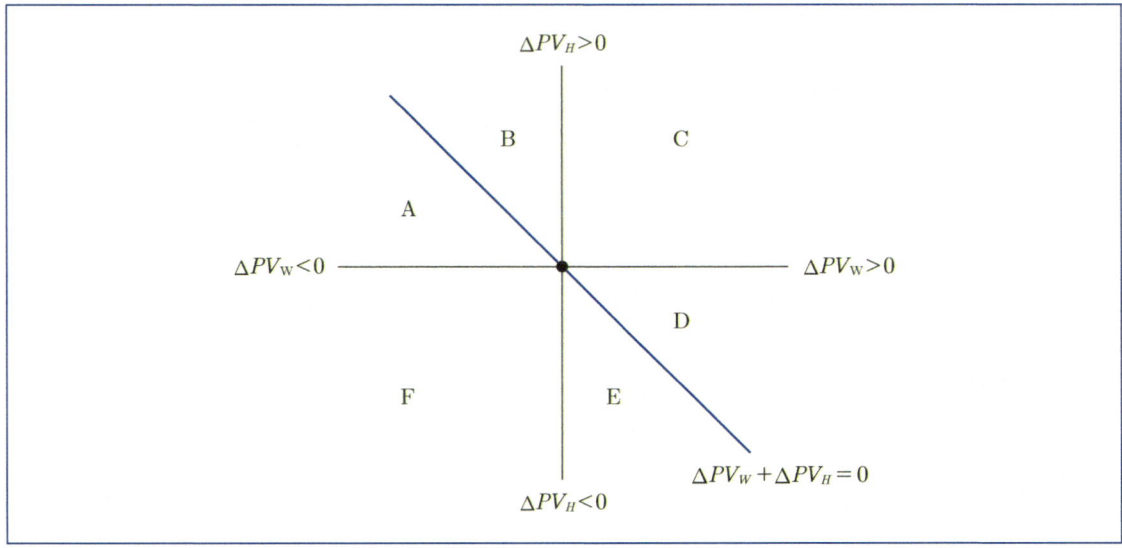

本

- 개인을 기준으로 봤을 때, 남편의 입장에서는 $PV_H > 0$라면 이주하는 것이 낫고, $PV_H < 0$라면 이주하지 않는 것이 낫다. 즉, 평면상에서 수직 축이 남편의 사적 수익을 나타내기에, 남편 개인은 영역 A, B, C에서 이주 결정을 내린다.
- 아내의 입장에서는 $PV_W > 0$라면 이주하는 것이 낫고, $PV_W < 0$라면 이주하지 않는 것이 낫다. 즉, 평면상에서 수평 축이 아내의 사적 수익을 나타내기에, 아내 개인은 영역 C, D, E에서 이주 결정을 내린다.
- 가족 전체를 기준으로 봤을 때, 가족 전체가 이주를 하건 하지 않건 무차별한 직선 $\Delta PV_H + \Delta PV_W = 0$의 상방인 B, C, D에서 이주 결정을 내리는 것이 바람직하다.

結 이 가족이 이주결정을 내리게 되는 영역은 B, C, D이다.

局 정리

★ [이해] 이주결정

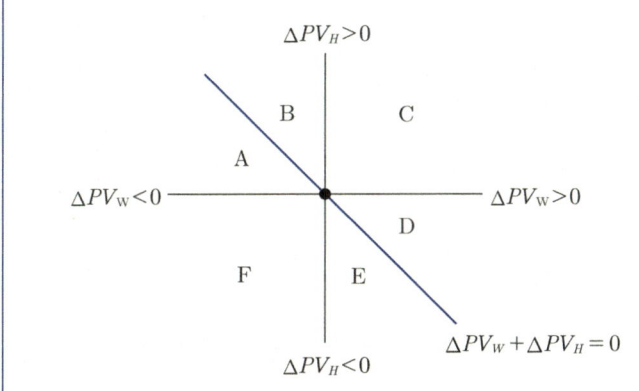

→ ① 남편 개인: A, B, C
② 아내 개인: C, D, E
③ 가족 전체: B, C, D

Chapter 36 로이 모형

point 071 로이 모형(이론)

序 모국의 숙련 분포

- 모국에서 각 숙련 수준별 근로자의 도수를 모국의 숙련 분포라 한다.

本

① 로이 모형과 이민자의 자기 선택
  - 로이 모형에 따르면, 나라 간 숙련에 대한 상대적 보상이 이민자 흐름의 숙련 조합을 결정한다.

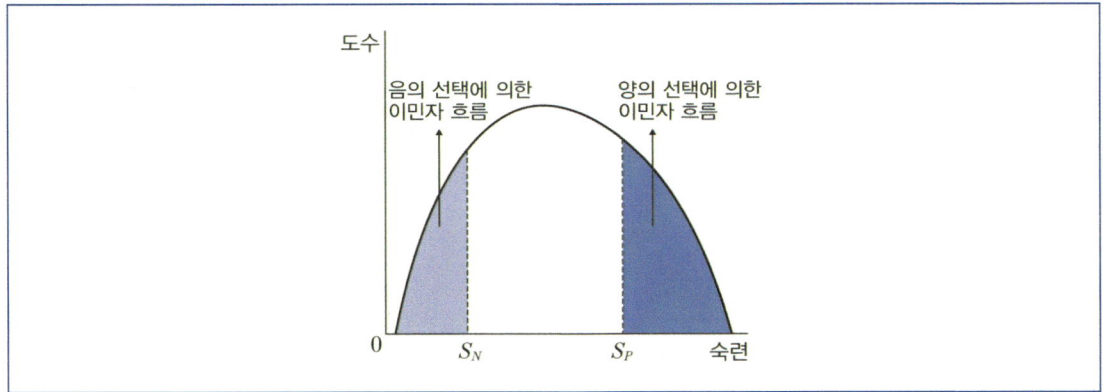

  - 이민자가 평균 이상의 숙련 노동자라면 이민자 흐름은 양의 선택에, 평균 이하의 미숙련 근로자라면 이민자 흐름은 음의 선택에 기인한다.

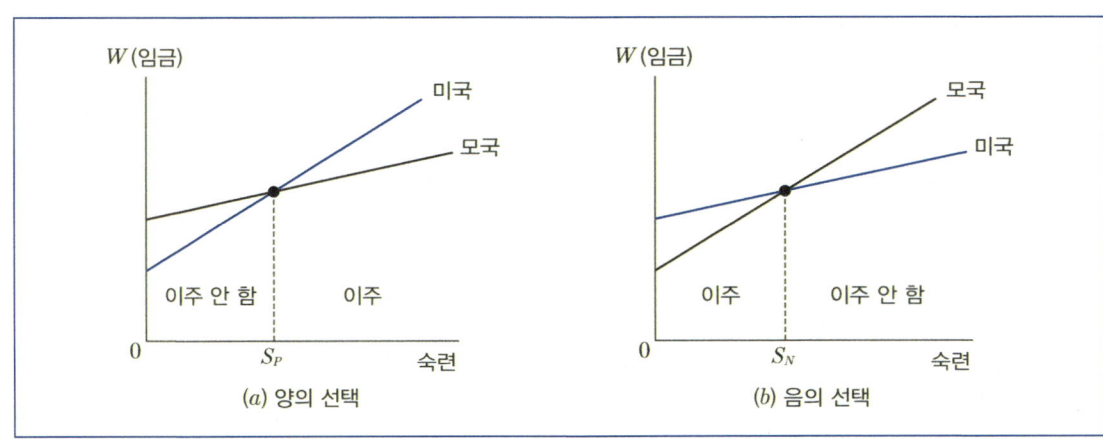

- 해외에서 숙련의 수익률이 모국보다 더 높은 상황에서는, 임금-숙련선이 해외에서 더 가파르게 되고 이때 이민자의 흐름은 양의 선택에 의한다. 반면 해외에서 숙련의 수익률이 모국보다 더 낮다면 임금-숙련선이 해외에서 더 완만하게 되고 이때 이민자의 흐름은 음의 선택에 의한다.
- 위와 같은 상황에서 이주비용이 부과되거나 증가할 경우, 양의 선택과 음의 선택의 방향은 동일하지만, 이주하는 근로자 수가 이전보다 감소하게 된다.

② 코호트 효과
- 생애주기에 걸쳐 특정 경험을 공유하는 인구집단을 코호트라 하고, 코호트 간 생산성의 차이를 코호트 효과라 한다.

 숙련 근로자의 이주는 양의 선택으로, 미숙련 근로자의 이주는 음의 선택으로 설명할 수 있다.

局 정리

point 072 | 로이 모형(적용)

序 모국의 숙련 분포

- 미국의 임금-숙련선은 $w_A = 200 + 80S$이고, 한국의 임금-숙련선은 $w_K = 400 + 60S$이다. 이때 근로자가 이주를 결정할 때 하는 선택의 종류와 이주 결정 기준이 되는 숙련도는?(w는 임금, S는 숙련도이고, 이주비용은 고려하지 않는다.)

本

- 설문에서 주어진 미국과 한국의 임금-숙련선을 그래프로 도해하면 다음과 같다.

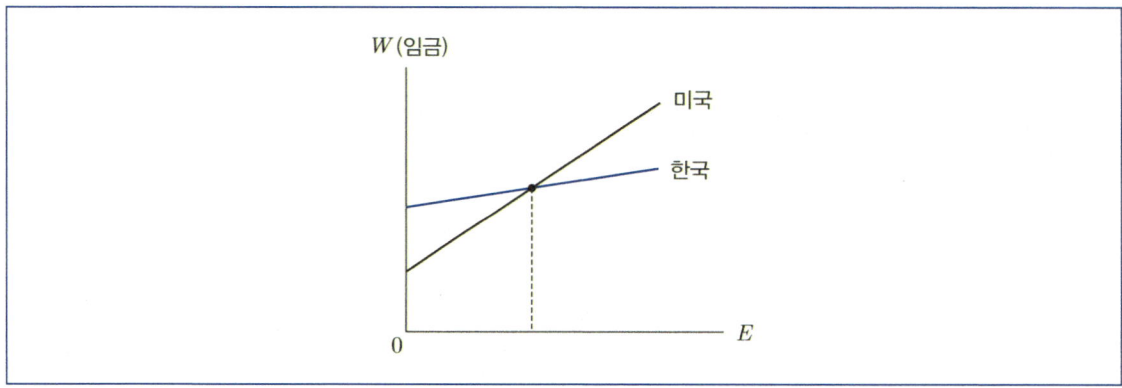

- 교차점 좌측에서는 한국의 임금이 미국의 임금보다 높기에, 저숙련자들은 이주할 유인이 없고, 교차점 우측에서는 미국의 임금이 한국의 임금보다 높기에 일정 이상의 숙련을 갖춘 고숙련자들은 이주를 결정하게 된다. 따라서 근로자가 이주를 결정할 때 하는 선택의 종류는 양의 선택이다.
- 이주 결정 기준이 되는 숙련도는 미국의 임금-숙련선과 한국의 임금-숙련선을 일치시켜 구할 수 있다. 즉, $200 + 80S = 400 + 60S$, $20S = 200$으로, $S = 10$이다. 즉, 10 이상의 숙련도를 갖춘 근로자는 이주 결정을 하게 되고, 10 아래의 숙련도를 갖춘 근로자는 이주를 하지 않는다.

結 주어진 상황에서 근로자가 이주를 결정하는 선택의 종류는 양의 선택으로, 10의 숙련도가 이주 결정 기준으로 작용한다.

> [!NOTE] 局 정리
>
> ★ **[이해]** 이주 결정 기준 숙련도
>
> → 미국의 임금-숙련선과 한국의 임금-숙련선 일치

Chapter 37 직장 이동과 연령-소득곡선

point 073 직장 이동과 연령-소득곡선(이론)

序 직장 이동
- 노동 이동의 한 종류로, 직장 간 근로자의 흐름을 직장 이동이라 한다.
- 직장 이동은 근로자의 능력과 기업의 근로조건이 부분적으로 차이 나기 때문에 발생한다.

本
① 효율적 이동
- 한 기업과 한 근로자의 특정한 짝짓기를 직장 매치라 한다.
- 최고의 매치를 찾기 위한 근로자와 기업 모두의 공동 탐색이 근로자의 임금과 기업의 이윤을 높인다.
- 직장 이동은 노동시장에서 직장 매치의 오류가 있을 때 이 비효율을 수정하는 장치인데, 이렇듯 자원이 더 잘 사용되게 하고 더 효율적으로 분배되도록 하는 직장 이동을 효율적 이동이라 한다. 효율적 이동은 경쟁적 노동시장의 노동 생산물의 총가치를 증가시킨다.
- 일반적으로 근속 기간이 길어질수록 사직과 해고의 비율이 감소하는데, 이는 시간이 지남에 따라 특화훈련 등으로 인해 근로자가 기업 특화적인 인적자본이 되기 때문이다.

② 연령-소득곡선
- 직장 이동은 사직한 사람을 급여가 더 높은 직장으로, 해고된 사람을 급여가 더 낮은 직장으로 이동시키면서 연령-소득 곡선의 모양을 바꾼다.
- 근로자의 연령-소득곡선은 사직했을 때 상방으로, 해고했을 때 하방으로 이동한다.
- 근속기간이 길어지면 연령-소득곡선이 가팔라진다. 즉, 장기 근속 근로자는 신규 근로자보다 많은 임금을 받는데, 직장 매치가 잘 된 근로자가 그 직장에 오래 머물려 하고, 특화훈련이 축적되어 근로자의 생산성이 향상되기 때문이다.

結 오래 근속할수록 특화훈련이 축적되기에 연령-소득곡선이 가팔라지고, 더 많은 임금을 받게 된다.

局 정리

★ **[이해]** 근속기간이 길어지면 연령-소득곡선이 가팔라진다.

→ ① 변수: 장기 근속 – 많은 임금
　② 의미: 직장 매치 + 생산성 향상

point 074 직장 이동과 연령-소득곡선(적용)

序 직장 이동

- 효율적 직장이동가설에 의하면 근로자에 대한 해고가 치명적이지 않음을 인적자본이론과 비교하여 설명하시오.

本

1) 효율적 직장이동 가설
① 이론의 의의
- 효율적 직장이동 가설에서는 기업특수적 인적자본량과 무관하게 구인구직의 합리적 매치 정도 때문에 근속연수와 임금수준이 결정된다고 설명한다.
② 구인구직 합치와 임금수준

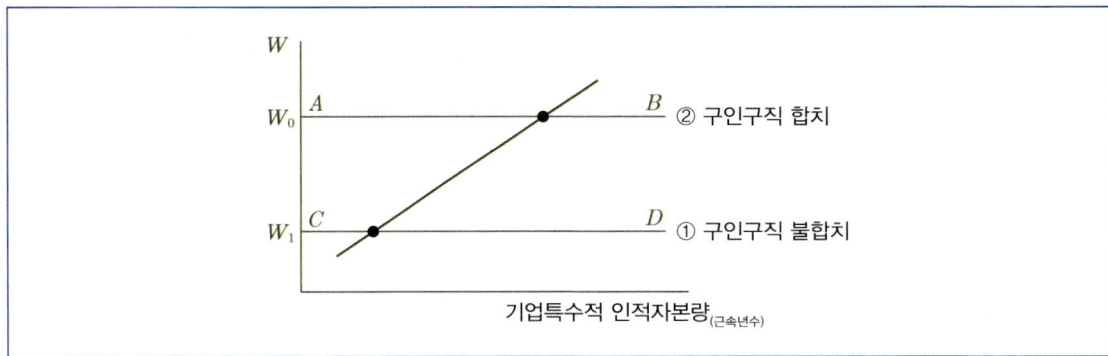

- 구인구직이 불합치된 경우 W_1이라는 낮은 임금을 받고 구인구직이 합치된 경우 W_0라는 높은 임금을 받게 된다. 즉 가로축에 있는 기업특수적 인적자본량과 세로축에 있는 임금은 무관하다. 다만 구인구직이 합치된 근로자는 장기근속을 하고 구인구직이 불합치된 근로자는 단기근속을 하므로 근속년수와 임금이 우상향하는 상관관계를 보이는 것이다.

2) 인적자본이론과 비교
① 기업특수적 인적자본 이론기업
- 특수적 인적자본이론에 의하면 노사 간 훈련비를 공동부담하고 수익을 공동으로 회수하기 때문에 근로자에 대한 해고는 근로자의 수익손실을 의미한다.
② 효율적 직장이동 가설
- 효율적 직장이동 가설에 의하면 직장이동은 구인구직 불합치를 해소하는 과정이므로 근로자에 대한 해고는 수익손실이 아니다.

結
인적자본이론에 의하면 노사는 특수훈련에 대한 비용과 수익을 공유하기에 근로자에 대한 해고는 수익손실로 이어지는 반면, 효율적 직장이동가설에 의하면 근로자에 대한 해고는 구인구직 불합치를 해소하는 과정의 일환이기에 수익손실로 이어지지 않아 치명적으로 해석하지 않는다.

局 정리

★ **[이해]** 효율적 직장이동 가설

→ ① 임금과 기업특수적 인적자본량: 수평선, 무관
  ② 임금과 근속년수: 우상향, (＋)상관관계

Chapter 38 기호적 차별

point 075 기호적 차별(이론)

序 차별계수

- 인종이나 성별과 같이 겉보기에 생산성과 무관한 특성으로 인해 노동시장에서 임금의 차이가 생길 수 있다.
- 차별하는 고용주는 흑인 근로자를 w_B의 임금으로 고용하지만 마치 $w_B(1+d)$의 임금을 지급한 것처럼 행동하는데, 이때 양수 d를 차별계수라 하고 차별을 화폐적으로 표현한다.
- 기호적 차별은 자신이 선호하지 않는 근로자에 대한 차별을, 정실주의는 자신이 선호하는 근로자에 대한 차별을 의미한다.
- 정실주의 고용주는 w_B의 임금을 지불하지만, 마치 $w_B(1-n)$만의 비용만을 지불한 것처럼 행동하고, 이때 n을 정실주의 계수라 한다.

本

① 고용주에 의한 차별

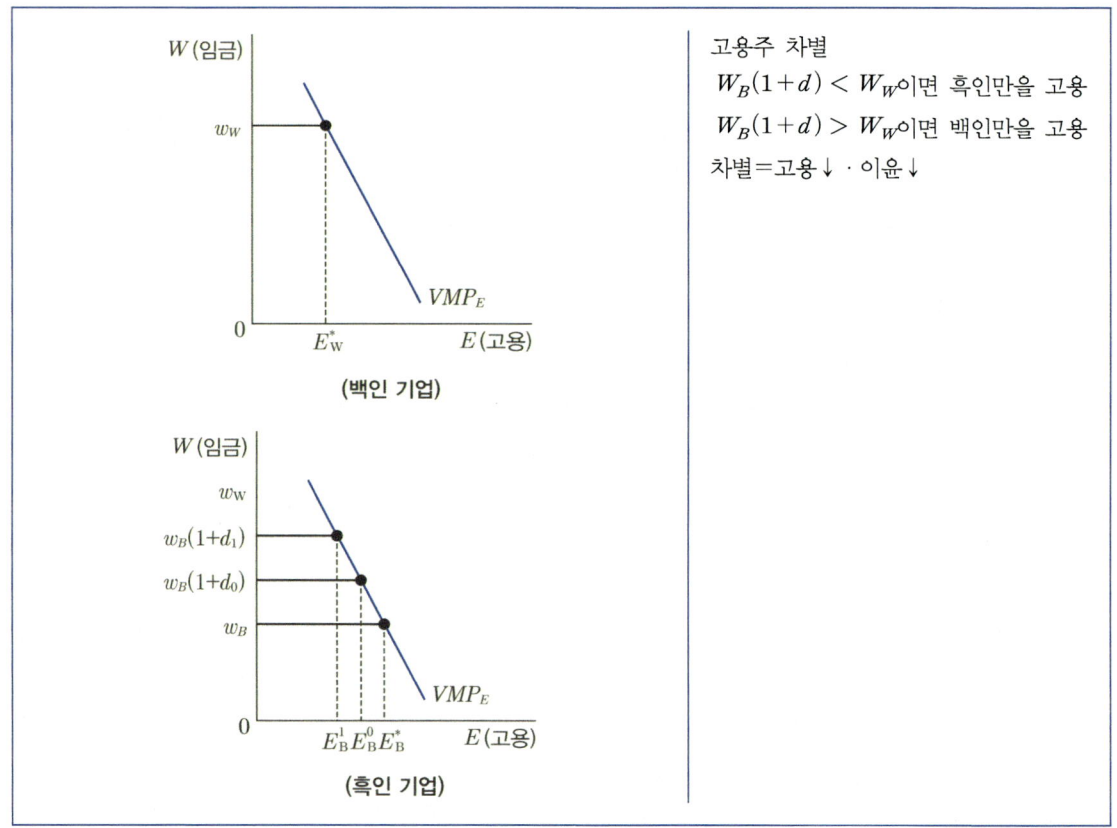

고용주 차별
$W_B(1+d) < W_W$이면 흑인만을 고용
$W_B(1+d) > W_W$이면 백인만을 고용
차별=고용↓·이윤↓

- 백인 근로자와 흑인 근로자가 완전대체재이고, 시장에서 결정된 흑인 임금이 백인 임금보다 낮은 경우, 인종을 고려하지 않는 기업은 흑인의 임금이 그들의 한계생산물의 가치와 동일해지는 지점($w_B = VMP_E$)까지 흑인만을 고용한다.
- 위와 같은 경우, 차별을 하는 기업은 w_W와 $w_B(1+d)$를 비교하여 $w_B(1+d) < w_W$이면 흑인만을, $w_B(1+d) > w_W$이면 백인만을 고용한다. 즉, 차별계수가 매우 큰 경우 백인 기업이 되고, 차별계수가 상대적으로 작은 경우 흑인 기업이 된다.
- 즉, 흑인과 백인 근로자가 완전 대체재인 경우 기업의 노동력 구성은 인종별로 분리되어, 백인만 고용하는 기업과 흑인만 고용하는 기업으로 나뉘게 된다.
- 차별을 하는 기업은 차별을 하지 않는 기업보다 비용이 크기에, 더 적은 수의 근로자를 고용하고, 이윤이 감소한다.
- 모든 고용주가 차별하는 경우, 시장이 흑인을 고용하면 그들의 비효용에 보상하기 위하여 보상적 임금격차가 발생하고, 그 결과 흑인의 임금이 감소한다.

② 동료에 의한 차별
- 흑인 동료와 함께 일하는, 기호적 차별을 하고 w_W의 임금을 받는 근로자의 효용을 반영한 임금은 $w_W(1-d)$이다.
- 차별하는 백인이 있다면 고용주는 그에게 보상적 임금격차를 지불해야 하기에, 백인의 임금이 흑인보다 낮다면 백인만을, 흑인의 임금이 백인보다 낮다면 흑인만을 고용한다.
- 동료에 의한 차별은 고용주에 의한 차별과는 달리 기업의 이윤에 영향을 미치지 않고, 흑인 근로자와 백인 근로자 간 임금격차를 발생시키지 않는다.

③ 고객에 의한 차별
- 고객이 기호적 차별을 한다면, 그들은 가격 p의 제품을 구매할 때 효용을 반영한 가격 $p(1+d)$에 기반하여 구매 결정을 한다.
- 따라서 고용주는 차별하는 구매자들의 비효용을 보상하기 위해 제품의 가격을 낮추는데, 이때 고용주들의 이윤 손실을 보상하기 위해 흑인의 임금이 낮아진다.

結 효용을 반영한 임금/가격은 차별계수나 정실계수를 반영하여 결정되고, 고용주에 의한 차별은 고용량과 임금을 낮추며 임금격차를 발생시킨다.

局 정리

point 076　기호적 차별(적용)

序 차별계수

- A국 노동시장의 모든 고용주들은 흑인을 차별하고, 흑인의 임금은 $w_B = 1,200$, 백인의 임금은 $w_W = 1,350$이다. 이때 기업 甲의 차별계수가 0.1, 기업 乙의 차별계수가 0.2라면 두 기업은 각각 백인기업과 흑인기업 중 어떤 것이 되겠는가?

本

- 기호에 의한 차별이 있을 때, 차별계수를 통해 효용을 반영한 임금은 $w(1+d)$로 나타낸다.
- 각 기업의 효용을 반영한 흑인 임금은 $w_{B甲} = 1,200(1+0.1) = 1,320$, $w_{B乙} = 1,200(1+0.2) = 1,440$이다.
- 이때 기업 甲의 효용을 반영한 흑인 임금이 백인 임금보다 낮고(1,320 < 1,350), 기업 乙의 효용을 반영한 흑인 임금은 백인 임금보다 높다.(1,440 > 1,350)
- 따라서 기업 甲은 흑인 기업이, 기업 乙은 백인 기업이 된다.

結 기업 甲은 흑인 기업이, 기업 乙은 백인 기업이 된다.

局 정리

★ **[암기]** 효용반영 임금

→ ① 차별계수: $w(1+d)$
　② 정실계수: $w_B(1-n)$

Chapter 39 통계적 차별

point 077 통계적 차별(이론)

序 정보 비대칭성
- 노동시장에서 고용주와 근로자가 갖고 있는 정보의 양에 차이가 있기에 발생하는 불균등한 정보 구조를 정보 비대칭성이라 한다.
- 이 비대칭성은 정보를 많이 가진 쪽이 적게 가진 쪽에 인증서를 제출하는 등 신호를 발송하여 어느 정도 해소할 수 있다.

本
- 차별이 존재하지 않는 상황에서도 특정 집단에 속하는 것이 해당 근로자의 숙련수준이나 생산성에 대한 정보를 담고 있는 경우 노동시장에서의 차이가 발생할 수 있다.
- 이력서와 면접 등 신호를 통해 수집한 정보가 지원자의 생산성을 불완전하게 예측하기 때문에, 고용주는 이 불확실성을 해소하기 위해 지원자가 속한 집단의 평균적 성과에 관한 통계치를 사용하고, 이 때문에 통계적 차별이 일어난다.

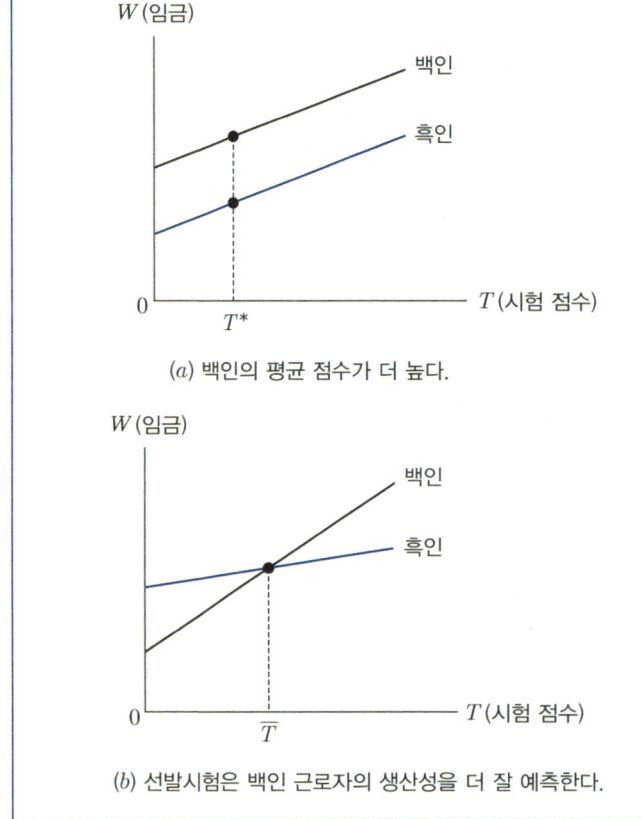

통계적 차별
$w = (1-\alpha)\overline{T} + \alpha T$, 예측력이 높을수록 α의 값이 높음.

(a) 백인의 평균 점수가 더 높다.

(b) 선발시험은 백인 근로자의 생산성을 더 잘 예측한다.

- 지원자의 기대 생산성은 지원자의 선발시험 점수와 그가 속한 집단의 평균 점수를 가중 평균한 값으로, 기업이 지원자에게 제안하는 임금 수준은 $w=(1-\alpha)\overline{T}+\alpha T$가 되고, 선발시험의 예측이 높을수록 α 값이 높다.
- 따라서 선발시험의 예측력이 낮다면 임금과 시험 점수를 연관시키는, 우상향하는 선분은 평평해지고, 높다면 선분이 가팔라진다.
- 두 집단의 평균 시험 점수가 동일하더라도, 특정 시험들은 문화적 편향 때문에 소수 집단들의 실제 생산성을 정확하게 예측하지 못했을 수 있다.
- 생산성이 불완전하게 예측되는 집단 내 근로자의 임금은 대체로 집단의 평균에 근거하여 설정되는 반면, 잘 예측되는 집단 내 근로자의 임금은 그 근로자의 자격수준에 근거하여 설정되는 경향이 있다.

結 선발시험의 예측력이 높을수록 α 값이 커져 임금과 시험 점수 간 관계를 나타내는 그래프는 가팔라지고, 낮을수록 α 값이 작아져 평평해진다.

局 정리

point 078 | 통계적 차별(적용)

序 정보 비대칭성

- 기업 甲에 입사하고자 하는 지원자 A는 흑인이며, 선발시험에서 800점을 받았다. 인종별 선발시험 점수 평균 및 생산성과 연계된 예측 정확도는 아래와 같다.

	백인	흑인
선발시험 점수 평균	835	795
생산성 예측 정확도	0.8	0.6

- 이때 지원자 A가 입사한다면 지급 받을 임금의 액수는?

本

- 선발시험 점수와 예측 정확도가 주어졌을 때 지원자의 임금을 계산하는 식은 다음과 같이 쓸 수 있다.
$w = (1-\alpha)\overline{T} + \alpha T$
- $\alpha = 0.6$이고, A의 점수가 800, A가 속한 집단의 평균 점수가 795이기에, 계산하면
$w = (1-0.6) \times 795 + 0.6 \times 800 = 318 + 480 = 798$로, 지원자 A가 입사한다면 지급 받을 임금의 액수는 798이다.

結 지원자 A는 입사 후 798의 임금을 지급받는다.

局 정리

★ **[암기]** 지원자의 임금: $w = (1-\alpha)\overline{T} + \alpha T$

→ ① α: 예측 정확도
　② $\overline{T}$: 집단 평균점수, T: 지원자 점수

Chapter 40 차별의 측정

point 079 차별의 측정(이론)

序 노동시장 차별
- 노동시장 차별에는 선호에 따른 차별, 통계적 차별이 있다.

本

① 평균임금 차이
- 평균임금의 차이로 차별을 정의할 수 있는데, 평균임금의 차이는 $\Delta \bar{w} = \bar{w}_M - \bar{w}_F$로 나타낸다.
- 그러나 차별 의외의 많은 요인들이 집단 간 임금격차를 유발할 수 있기에, 설득력이 높지 않다.

② 조정된 원 임금 격차
- 원 임금 격차($\Delta \bar{w}$)를 숙련의 차이를 고려해 조정한 평균 임금의 차이를 통해 차별을 정의할 수 있다. 이때 조정은 임금을 관련 특성과 연관시키는 회귀모형을 추정하는 방식으로 이루어진다.
- 회귀모형을 추정한 결과, 학력(s)만이 임금에 영향을 미치는 변수라면, 남성의 임금은 $w_M = \alpha_M + \beta_M s_M$, 여성의 임금은 $w_F = \alpha_F + \beta_F s_F$로 나타내고, 이때 원 임금 격차는 $\Delta \bar{w} = \bar{w}_M - \bar{w}_F = \alpha_M + \beta_M \bar{s}_M - \alpha_F - \beta_F \bar{s}_F$와 같이 쓸 수 있다.

③ 오하카-블라인더 분해법
- 원 임금의 격차를 집단 간 숙련수준이 평균적으로 다른 데 기인하는 부분과 노동시장 차별에 기인하는 부분으로 분해할 수 있는데, 이때 오하카-블라인더 분해법을 사용된다.
- 본래의 원 임금 격차 식에 $\beta_M \cdot \bar{s}_F$를 더하고 빼어 $\Delta \bar{w} = [(\alpha_M - \alpha_F) + (\beta_M - \beta_F)\bar{s}_F] + \beta_M(\bar{s}_M - \bar{s}_F)$로 다시 쓸 수 있다. 이때 $[(\alpha_M - \alpha_F) + (\beta_M - \beta_F)\bar{s}_F]$는 차별에 기인한 부분이고, $\beta_M(\bar{s}_M - \bar{s}_F)$는 숙련에 기인한 부분이다.
- 보통 남성은 여성에 비해 임금과 교육연수 간 관계를 나타내는 직선의 절편이 더 높고 기울기가 더 가파르다.

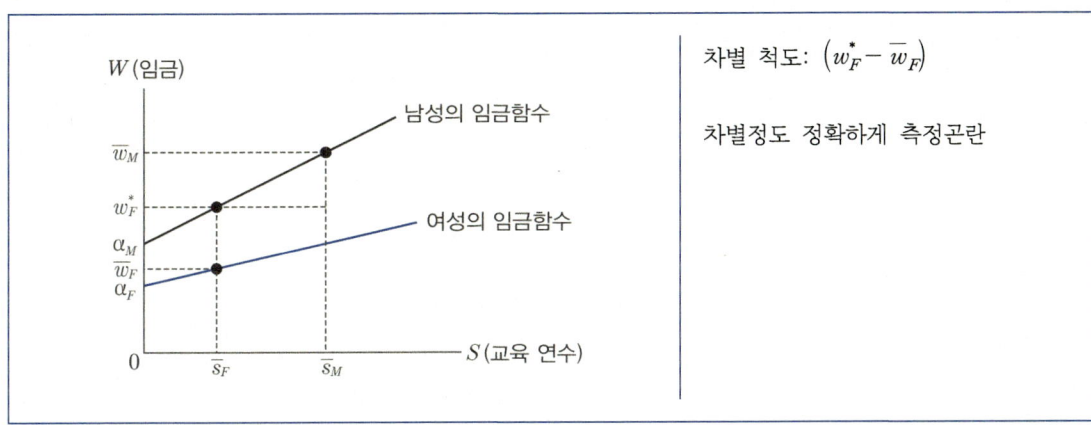

- 위 그림에서 남성의 교육연수가 여성보다 평균적으로 더 높다고 가정하면, 남성과 여성 간 원 임금의 격차는 $\overline{w}_M - \overline{w}_F$로 주어진다. 이때 교육연수가 $\overline{s}_F$인 여성은 남성과 동등한 대우를 받을 때 w_F^*만큼의 임금을 받기에 $(w_F^* - \overline{w}_F)$만큼의 차이는 차별에 기인한다. 또, 남성의 교육수준이 여성보다 평균적으로 높기에 $(\overline{w}_M - w_F^*)$만큼의 차이는 숙련격차에 기인한다.

結 오하카-블라인더 분해법을 통해 임금 격차를 숙련 차이에 기인한 부분과 차별에 기인한 부분으로 나누어 분석할 수 있다.

局 정리

point 080 차별의 측정(적용)

序 노동시장 차별

- 甲국 노동시장의 근로자를 집단 M과 F로 나눌 수 있다. 이때 집단 간 원 임금 격차를 다음과 같이 쓸 수 있다.

$$\Delta w = \bar{w}_M - \bar{w}_F = (\alpha_M - \alpha_F) + \beta_M s_M - \beta_F s_F$$

- 위 식에 오하카-블라인더 분해법을 적용한 결과, 차별로 인해 발생한 격차와 숙련의 차이로 인해 발생한 격차를 구하여라.

本

- 우항에 $\beta_M s_F$를 더하고 빼서 오하카-블라인더 분해법을 사용할 수 있다.
- $\Delta w = \bar{w}_M - \bar{w}_F = (\alpha_M - \alpha_F) + \beta_M s_M - \beta_F s_F + \beta_M s_F - \beta_M s_F$
  $= (\alpha_M - \alpha_F) + \beta_M (s_M - s_F) + s_F (\beta_M - \beta_F)$
  $= [(\alpha_M - \alpha_F) + s_F (\beta_M - \beta_F)] + \beta_M (s_M - s_F)$
- 이 중 $[(\alpha_M - \alpha_F) + s_F (\beta_M - \beta_F)]$는 차별에 기인한 부분, $\beta_M (s_M - s_F)$는 숙련의 차이에 기인한 부분이다.

結 $[(\alpha_M - \alpha_F) + s_F (\beta_M - \beta_F)]$는 차별에 기인한 부분, $\beta_M (s_M - s_F)$는 숙련의 차이에 기인한 부분이다.

局 정리

★ **[암기]** 오하카-블라인더 분해법

$\Delta w = \overline{w}_M - \overline{w}_F = (\alpha_M - \alpha_F) + \beta_M s_M - \beta_F s_F + \beta_M s_F - \beta_M s_F$
$= (\alpha_M - \alpha_F) + \beta_M(s_M - s_F) + s_F(\beta_M - \beta_F)$
$= [(\alpha_M - \alpha_F) + s_F(\beta_M - \beta_F)] + \beta_M(s_M - s_F)$

→ ① $[(\alpha_M - \alpha_F) + s_F(\beta_M - \beta_F)]$: 차별
　② $\beta_M(s_M - s_F)$: 숙련

Chapter 41 성별 간 임금격차

point 081 성별 간 임금격차(이론)

序 성별 간 임금격차
- 오하카-블라인더 분해법을 통해 성별 간 임금격차의 원인을 분석할 수 있다.
- 남녀의 교육수준, 거주지역, 나이의 성별 차이는 성별 임금격차의 대다수를 설명하지 못한다.
- 실증적으로는 대개 노동시장 이력 차이로 인해 성별 간 임금격차가 발생한다.

本
① 여성 노동공급의 불연속성
- 여성이 육아나 가사 등으로 인해 노동시장 참여 노력을 줄이기 때문에 여성 노동공급 불연속성이 나타나고, 이로 인해 성별 임금격차가 발생한다.
- 대다수의 남성은 그들의 전 생애 동안 노동시장에 참가할 것을 기대하기에 남성들이 보유한 인적자본의 보상기간은 긴 반면, 여성들은 가사부문에서 시간을 보낼 것을 기대하기에 보상기간이 짧아져 투자 수익이 감소한다. 따라서 여성들이 비교적 평균적으로 더 적은 인적자본을 획득하기에 성별 임금격차가 발생한다.
- 여성이 가사부문에서 시간을 보내는 동안 그가 가진 숙련의 가치가 감소하는 경향이 있기에 가구 내 생산의 기간은 성별 임금격차를 증가시킨다.

② 직종별 군집
- 노동시장에서 일어나는 성별 직종분리 현상이 차별 때문이라고 주장하는 이론을 직종별 군집 가설이라 한다.
- 직종별 군집 가설에 의하면, 노동시장이 여성들을 적은 숫자의 직종들에 군집하게 만듦으로써 여초 일자리의 임금을 떨어뜨리고 성별 간 임금격차를 발생시킨다.
- 그러나 인적자본 모형에 의하면, 가사 부문에서 일정 시간을 보낼 것으로 기대되는 여성들이 숙련의 감가상각 가능성이 낮은 직종에 몰리기에 성별 간 임금격차가 발생한다.

結
성별 간 임금 격차는 여성 노동공급의 불연속성, 직종별 군집, 인적자본 모형 등으로 설명할 수 있다.

局 정리

point 082 성별 간 임금격차(적용)

序 성별 간 임금격차
- 지역별 임금격차의 원인 4가지를 설명하시오

本

1) 지역 간의 산업배치 차이
   - 지역 간의 산업배치의 차이로 각 산업 및 직종에 종사하는 노동력구성이 다르다는 점을 들 수 있다.
2) 지역 간의 노동이동 비용
   - 지역 간의 노동이동 비용이 매우 큰 경우 노동공급이 상이함에 따라 임금격차가 발생할 수 있다.
3) 도시의 발달 정도
   - 특정 지역에 도시가 발달한 경우 기업이 많아지고 노동수요가 증가하여 임금이 상승할 수 있다.
4) 순수지역효과
   - 순수지역효과란 그 지역에 있어서 ① 수요독점적 착취의 존재, ② 생산물에 대한 수요의 부족, ③ 과잉노동공급, ④ 그 지역의 특수한 생산함수 등 4가지 요인으로 인하여 발생하는 효과를 의미한다.

   ① 수요독점적 착취
   수요독점적 착취란 기업이 어떤 노동시장에서 유일한 수요자, 즉 수요독점자로 된 경우에 지불하려는 임금과 완전경쟁일 때 결정되는 임금 간의 차이를 말한다.
   그림에서는 이 기업이 재화시장에서는 독점기업이고 노동시장에서 수요독점자일 때 $W_0 W_2$만큼 임금착취가 발생함을 보여준다. 이를 분해하면 ❶ $W_0 W_1$은 재화시장의 공급독점에 기인한 것이고 ❷ $W_1 W_2$는 노동시장의 수요독점에서 기인한 것이다.
   다시 지역별 임금격차의 관점에서 설명하면 해당 지역의 기업들이 노동에 대하여 수요독점적 지위에 있을 때 그 힘에 의하여 근로자들에게 그들의 한계생산물가치(MRP_L 또는 VMP_L)보다도 낮은 임금을 지불하는 것을 말한다.

   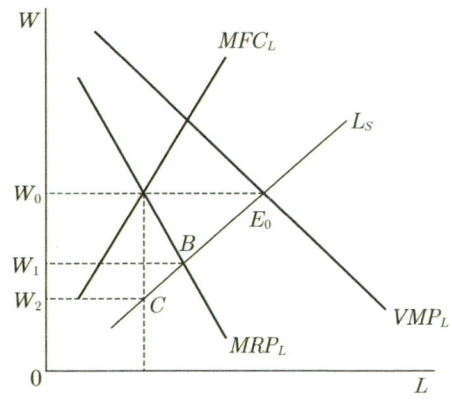

   ② 생산물에 대한 수요의 부족
   생산물에 대한 수요가 부족한 경우 그 지역 내 생산물가격(P)을 저하시키고 파생수요인 노동수요 ($W = P \cdot MP_L$)가 감소하여 상대적으로 임금이 낮아질 수 있다.
   ③ 과잉노동공급
   노동공급이 해당 지역에서 많을 경우 수요-공급원리에 의해 임금이 낮아진다.
   ④ 노동에 대한 수요곡선
   두 지역 간에 생산함수가 다를 경우의 노동력에 대한 수요곡선이 다를 수 있다는 것을 의미한다. 불리한 생산함수(자본집약적 생산함수)를 가지고 있는 지역은 근로자의 임금을 낮추는 원인이 된다.

結 지역별 임금격차의 원인에는 ① 지역 간 산업배치의 차이, ② 지역 간 노동이동의 비용, ③ 도시의 발달 정도와, 수요독점적 착취, 생산물에 대한 수요의 부족, 과잉노동공급, 노동에 대한 수요곡선 형태에 따라 발생하는 ④ 순수지역효과가 있다.

局 정리

★ **[이해]** 수요독점적 착취

→ ① $MRP_L = MFC_L$: L결정
  ② W: L을 W에 대입하여 W설정

Chapter 42 노조 가입 결정

point 083 노조 가입 결정(이론)

序 노동조합
- 노동자가 주체가 되어 임금이나 근로조건의 유지, 개선 등을 목적으로 조직, 활동하는 단체를 노동조합이라 한다.
- 노조는 그 구성원들의 복지를 극대화하는 선택을 한다.

本
① 노조 가입 결정
- 노조가 근로자에게 무노조 고용주가 제공하는 임금–고용 패키지보다 더 높은 효용을 제공하는 임금–고용 패키지를 제안하는 경우 근로자는 노조 가입을 결정한다.

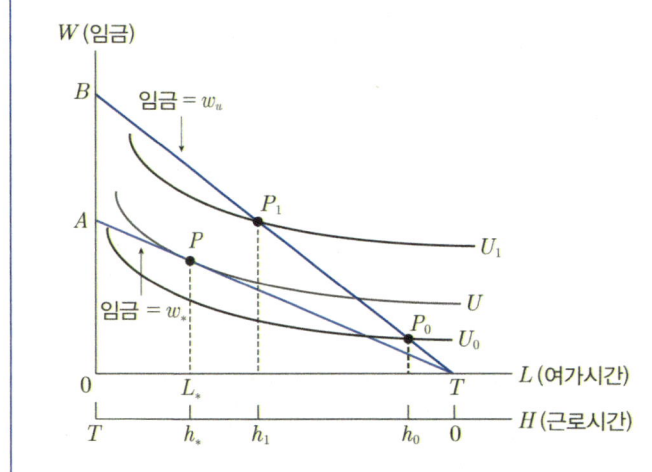

노동수요 탄력적(P_0):
임금인상시 대폭해고 – 반대
노동수요 비탄력(P_1):
임금인상시 소폭해고 – 지지

- 노조가 요구하는 임금 인상은 고용 감축(노동시간 단축)이라는 비용을 수반한다.
- 이때 기업의 노동수요곡선이 충분히 탄력적인 경우, 노조의 임금 인상으로 근로자는 효용이 기존보다 저해되는 상황에 처하기에 노조에 반대한다. 반면 기업의 노동수요곡선이 충분히 비탄력적인 경우, 근로자는 기존보다 높은 무차별곡선 상으로 이동하기에 노조에 찬성한다.
- 그림에서 노조의 임금 인상은 근로자의 예산제약선을 AT에서 BT로 이동시키고, 노동수요가 탄력적인 기업은 h_0까지 노동시간을 감소시켜 근로자의 효용을 저해하는 반면, 노동수요가 비탄력적인 기업은 h_1까지만 노동시간을 감소시켜 근로자의 효용을 증진한다.

② 유노조 일자리의 수요와 공급
- 유노조 일자리의 수요 결정 요인: 높은 임금과 적은 노동시간 감소 여부, 노조 가입 시의 비용
- 유노조 일자리의 공급 결정 요인: 근로자 조직 비용, 법적 환경, 경영진의 반발 정도

結 근로자는 노조가 자신의 효용 유지나 증대를 가져올 경우에만 노조에 가입한다.

局 정리

point 084 　노조 가입 결정(적용)

序 노동조합

- 시간당 20달러의 경쟁임금 수준에서, 기업 A와 B는 각각 5,000명의 근로자를 고용하고 있고, 각 근로자는 연간 2,000시간을 일한다. 기업 A와 B의 노동수요탄력성은 각각 -2.5와 -0.75이다. 이때 두 기업의 근로자들이 노조를 조직해 12%의 임금인상 달성시 고용효과는 각각 얼마인가?

本

- 기업 A의 경우, 노동수요 탄력성은 -2.5이고, 임금 인상으로 인한 노동수요량변화율은 $0.12 \times (-2.5) = -0.3$이기에, 기업 A 노조의 고용효과는 $5,000 \times 2,000 \times 0.3 = 3$백만 시간감소이다.
- 기업 B의 경우, 노동수요 탄력성은 -0.75이고, 임금 인상으로 인한 노동수요량변화율은 $0.12 \times (-0.75) = -0.09$이기에, 기업 B 노조의 고용효과는 $5,000 \times 2,000 \times 0.09 = 9$십만 시간감소이다.
- 따라서, 기업 A의 근로자들은 연간 $5,000 \times 2,000 \times 0.3 = 3$백만 시간감소의, 기업 B의 근로자들은 연간 $5,000 \times 2,000 \times 0.09 = 9$십만 시간감소의 고용효과를 보인다.

結 기업 A의 근로자들은 연간 3백만 시간감소의, 기업 B의 근로자들은 연간 9십만 시간감소의 고용효과를 보인다.

局 정리

Chapter 43 독점적 노조

point 085 독점적 노조(이론)

序 독점적 노동조합
- 노동력을 기업에 공급하는 데 있어 실질적인 독점력을 가지고 있는 노조를 독점적 노동조합이라 한다.

本
- 독점적 노조는 임금을 먼저 설정하고, 기업은 이에 대응하기 위해 수요곡선을 검토한 후 고용할 근로자들의 숫자를 결정한다.
- 노조는 기업으로 하여금 노조원과 비노조원 간에 대체하기 어렵게 만듦으로써 노동수요를 비탄력적으로 만들고자 한다.
- 노조 조직은 노동수요곡선이 비탄력적인 기업에서 더 성공적이다.

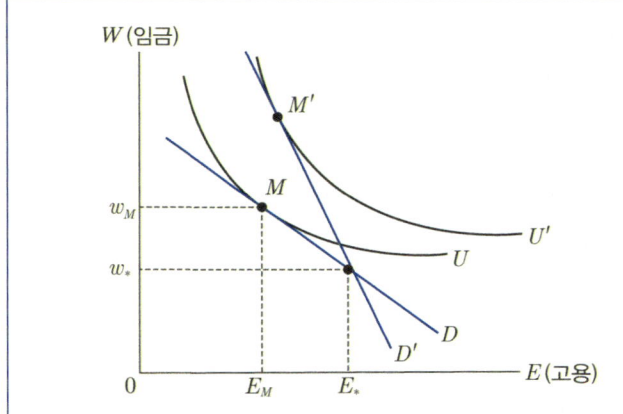

무차별곡선: (임금과 고용 간)
제약선: 노동수요곡선
노조: 임금인상요구
기업: 고용감소

노동수요 탄력적
노동수요 비탄력: 효용 높다

結 노조 조직은 노동수요곡선이 비탄력적인 기업에서 더 성공적이다.

局 정리

★ **[이해]** 노조의 균형고용량과 균형임금

→ ① 노조의 무차별곡선과
　② 제약선(노동수요곡선)이 접할 때

point 086　독점적 노조(적용)

序 독점적 노동조합

- 기업의 노동수요곡선과 노조의 효용함수가 다음과 같이 주어져 있다.

  - 기업의 노동수요곡선: $w = 20 - 0.01E$
  - 노조의 효용함수: $U = w \times E$

- 이때 독점적 노조가 요구할 임금과 노조 계약을 통해 고용되는 근로자 수는?

本

- 독점적 노동조합이 존재하는 노동시장에서, 균형 고용량과 균형 임금은 노조의 무차별곡선과 제약선(노동수요곡선)이 접하는 지점에서 결정된다.
- 즉, 노조의 무차별곡선의 접선의 기울기인 한계대체율 $MRS_{Ew} = \dfrac{w}{E}$ 와, 제약선인 노동수요곡선의 기울기인 0.01이 일치할 때, 달성된다.
- 따라서 $\dfrac{w}{E} = 0.01$ 과 $w = 20 - 0.01E$ 를 연립하면, $E = 1,000$ 이고 $w = 10$ 이다.

結 균형 고용량과 균형 임금은 각각 $E = 1,000$ 이고 $w = 10$ 이다.

局 정리

Chapter 44 효율성 상실

point 087 효율성 상실(이론)

序 독점적 노조

- 노동력을 기업에 공급하는 데 있어 실질적인 독점력을 가지고 있는 노조를 독점적 노동조합이라 하고, 독점적 노조가 먼저 결정한 임금에 대응하여 기업이 고용량을 감소시킨다.

本

- 노조가 국민소득에 대한 노동 기여분의 총가치를 감소시키기에, 독점적 노조모형에서의 임금-고용의 해는 비효율적이다.
- 유노조 기업의 일부 근로자들이 해고되어 무노조 기업으로 이동하기에, 두 부문 간 임금이 달라지고 경제에 비효율성을 초래한다.

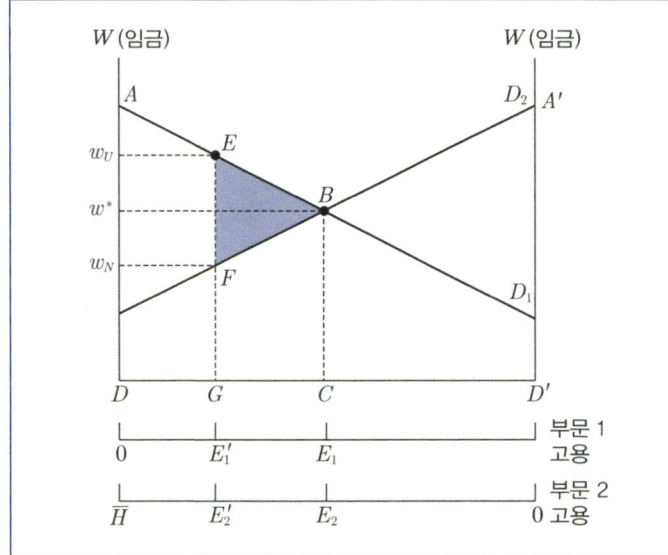

임금 w^*
국민소득은 $ABCD$와 $A'BCD'$ 영역의 합
부문 1의 임금을 w_U로 증가
해고된 근로자들은 부문 2로 이동
무노조 부문의 임금을 w_N로 감소
국민소득은 삼각형 EBF만큼 감소

- 독점적 노조가 부문 1의 임금을 인상시키면 고용이 E'_1로 감소하기에 근로자들이 이동해 부문2 의 고용은 E'_2로 증가하고 부문 2의 임금은 w_N으로 하락한다.
- 유노조 부문 1에서 너무 적은 근로자를, 무노조 부문 2에서 너무 많은 근로자를 고용하기에 국민소득이 감소하면서 사중손실이 발생한다.

- 효율성 손실(사중손실)은 $\frac{1}{2}$×(유노조 부문 w−무노조 부문 w)×(유노조 부문에서의 고용량 감소분)으로 구할 수 있다.

結 유노조 부문에서 너무 적은 근로자를, 무노조 부문에서 너무 많은 근로자를 고용하기에 사중손실이 발생하고, 사중손실은 다음과 같이 계산할 수 있다.

$\frac{1}{2}$×(유노조 부문 w−무노조 부문 w)×(유노조 부문에서의 고용량 감소분)

局 정리

★ **[이해]** 독점적 노조의 비효율성

→ 효율성 손실(사중손실)은 $\frac{1}{2}$×(유노조 부문 w − 무노조 부문 w)×(유노조 부문에서의 고용량 감소분)

point 088 효율성 상실(적용)

序 독점적 노조

- 특정 산업 내 유노조 부문과 무노조 부문이 존재하고, 산업의 노동공급곡선과 노동수요곡선은 다음과 같다.

  - 노동공급곡선: $w = 4{,}000$
  - 유노조 노동수요곡선: $w = 10{,}000 - 10L$
  - 무노조 노동수요곡선: $w = 10{,}000 - 10L$

- 이때, 유노조 부문에서 임금을 6,000까지 인상할 경우 노조의 비효율성은 얼마인가?

本

- 기존 유노조 시장의 노동공급곡선과 노동수요곡선을 일치시키면 $4{,}000 = 10{,}000 - 10L$로 $L = 600$이고, $w = 4{,}000$이다. 무노조 부문도 마찬가지이다. 즉, 양 시장의 균형고용량이 600, 균형임금이 4,000이다.
- 이때 유노조 기업에서 노조의 요구로 인해 임금을 6,000까지 인상하면, 노동수요량은 $6{,}000 = 10{,}000 - 10L$로, $L = 400$으로 감소하기에 유노조 부문에서 고용량이 200만큼 감소한다.
- 이때 유노조 부문에서 감소한 200만큼의 고용량은 무노조 부문으로 이동해 파급효과를 일으킨다. $w = 10{,}000 - 10(600 + 200) = 2{,}000$으로 노동량은 $L = 800$이 되고, 임금은 $w = 4{,}000$에서 $w = 2{,}000$까지 감소한다.

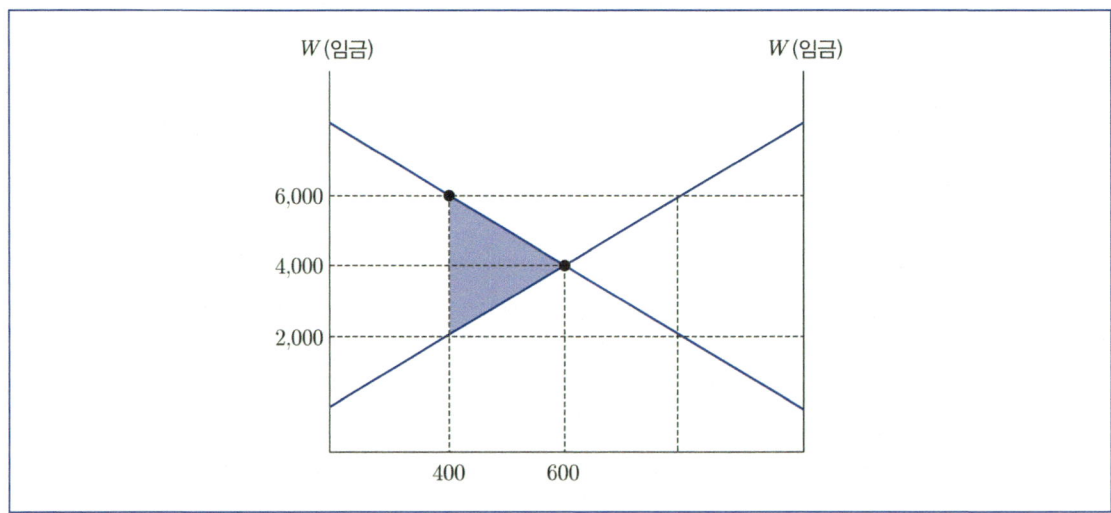

- 이때 노조로 인한 사중손실을 계산하면, $\frac{1}{2} \times 4{,}000 \times 200 = 400{,}000$이다.

結 유노조 부문의 임금 인상으로 인한 노조의 비효율성은 400,000이다.

局 정리

Chapter 45 효율적 계약과 계약곡선

point 089 효율적 계약과 계약곡선(이론)

序 등이윤곡선
- 동일한 수준의 이윤을 산출하는 임금-고용 조합의 궤적을 등이윤곡선이라 한다.
- 이윤을 극대화하는 기업은 같은 등이윤곡선상의 임금-고용 조합을 무차별하게 여긴다.
- 등이윤곡선은 역 U자형이며, 하방의 등이윤곡선일수록 더 높은 이윤을 의미한다.

本

① 효율적 계약과 계약곡선

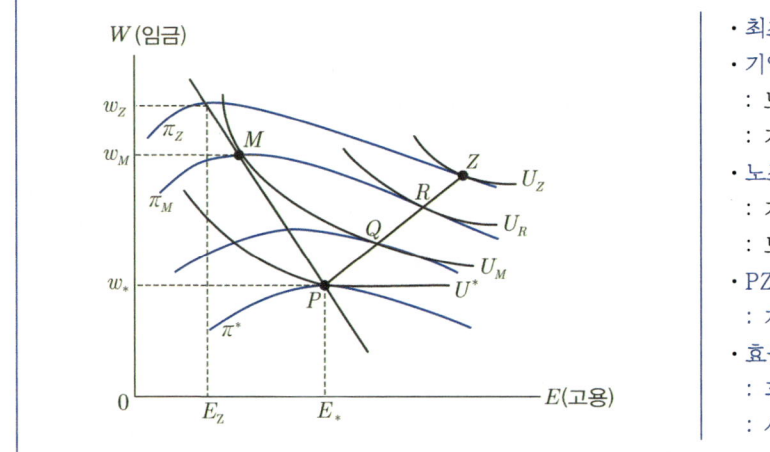

- 독점적 노조의 경우 그림의 M점을 선택하지만, 기업은 노조에게 등효용곡선상 Q점으로 이동하기를 설득할 수 있다. 이때 기업의 등이윤곡선은 더 낮아지기에, 기업은 더 높은 이윤을 누릴 수 있다. 또, 노조는 기업에게 M점에서 등이윤곡선 상 R점으로의 이동을 요구할 수 있다. 이때 노조의 등효용곡선은 더 높아지기에, 노조는 더 높은 효용을 누릴 수 있게 된다.
- 노조의 무차별곡선과 기업의 등이윤곡선이 접하는 모든 임금-고용 조합의 궤적을 계약곡선이라 하고, 수요곡선보다 우측에 위치한다. 계약곡선상 점들은 파레토 최적이다. 이 조합에서 벗어날 경우 두 당사자 중 한쪽의 후생만 증가하고 다른 쪽의 후생은 반드시 감소한다.
- 노조와 기업이 계약곡선상 하나의 임금-고용 조합에 동의한다면 그 결과 도출되는 계약은 효율적 계약이다.
- 효율적 계약은 독점적 노조 모형보다 더 많이 고용하고, 유노조 기업은 과잉고용 상태에 있게 된다.

② 강하게 효율적인 계약

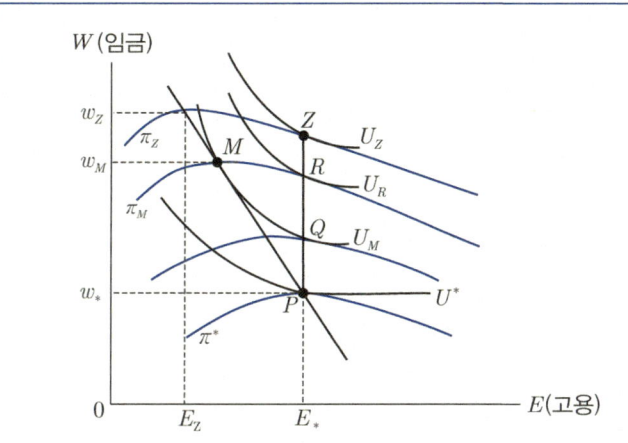

- 효율적 계약
  : 노사 간 효율
    (1) 모든 협상기회포괄
    (2) 사중손실 없다
  : 과잉고용으로 사회적으로 비효율
- 강하게 효율적 계약
  : 고용유지
- 효율적 계약
  : 협상력

- 기업이 노조의 존재 여부와 무관하게 일정한 수의 근로자를 채용하는 경우, 계약곡선이 수직선으로 도출되고, 이때 유노조 기업이 경쟁시장 수준의 근로자들을 고용하기에 노사 간 타결된 계약을 "강하게 효율적인 계약"이라 한다.
- 따라서 수직의 계약곡선은 노사 간 가능한 모든 협상 기회들을 포괄하고, 기업은 경쟁시장 수준의 근로자를 고용하기에 효율적이다. (사중손실을 야기하지 않는다.)
- 수직인 계약곡선상에서 점이 상방으로 이동할수록 노조가 더 많은 지대를, 하방으로 이동할수록 기업이 더 많은 지대를 갖게 된다.

結 효율적인 계약곡선은 파레토 효율적이지만 과잉고용을 초래한다.

局 정리

★ [이해] "강하게 효율적인 계약"

→ ① 상방으로 이동할수록 노조가 더 많은 지대
  ② 하방으로 이동할수록 기업이 더 많은 지대

point 090 효율적 계약과 계약곡선(적용)

序 등이윤선
- 노조의 협상력에 영향을 주는 요인들을 쓰시오.

本
- 기업과 근로자가 직면하는 경제적 조건
- 파업이 장기화될 경우 노조가 조합원에게 지원할 수 있는 재정능력
- 노조가 회사에 취할 수 있는 법적 조치
- (노조가 독점적 노조일 경우) 노조의 요구임금수준

結
기업과 근로자의 경제적 조건, 파업 장기화 시 노조가 조합원에게 지원 가능한 재정여건, 노조가 회사에 취할 수 있는 법적 조치와 노조가 독점적 노조일 경우엔 노조의 요구임금수준까지 노조의 협상력에 영향을 미친다.

局 정리

Chapter 46 파업

point 091 노조 임금효과(이론)

序 힉스 패러독스

- 파업은 기업과 노조 양측에게 비용을 유발하기 때문에, 나눌 수 있는 파이가 작아지게 되고 결국 최초 합의할 수 있던 분배안보다 더 나쁜 결과를 얻게 된다.
- 이러한 파업의 비합리성을 힉스 패러독스라 한다.

本

- 기업과 노조가 협상할 때, 기업은 노조보다 파이의 크기에 대해서 더 잘 알고 있기때문에 정보의 비대칭성이 발생한다.

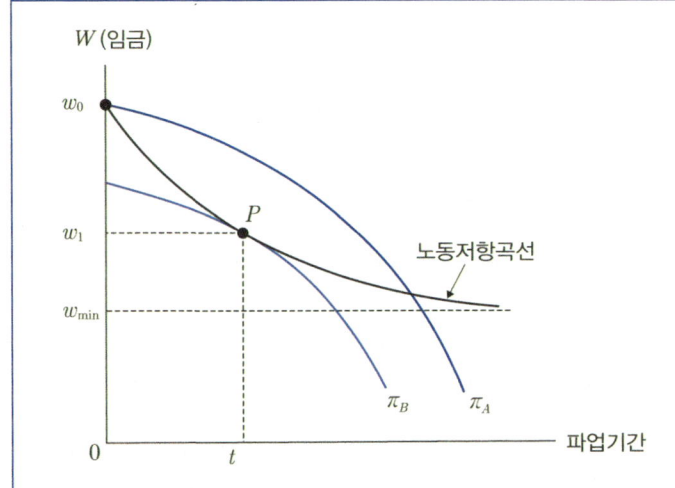

- 노조저항곡선
  : 우하향
- 등이윤곡선
  : 우하향 (임금과 파업기간 비재화)
- 점 P
  : 파업기간 t
  : 임금 w_r

- 노조는 파이의 크기에 관해 불완전한 정보를 알고 있기에 최초에 비현실적인 임금 요구안을 제시하지만, 파업의 발생과 지속으로 인해 기대보다 낮은 회사의 수익성을 깨닫고 이후 요구를 완화하게 된다.
- 이때 파업 기간 도중에는 근로자들이 임금을 지급받을 수 없기에 파업이 장기화될수록 노조의 임금인상 요구가 더욱 완화된다.
- 결국 노조의 최종 요구임금은 노조가 수용할 용의가 있는 최저임금까지 하락한다.
- 기업은 파업으로 인해 더 낮은 인건비를 지불하는 이득과, 파업으로 인한 비용을 비교하는 과정에서 이윤의 현재가치를 극대화하는 파업기간을 선택한다.
- 따라서 노조저항곡선은 파업기간이 길어질수록 요구임금이 낮아지는, 우하향하는 형태가 된다.
- 고용주는 노조저항곡선상에서 가장 하방에 위치한 등이윤곡선과 접하는 점을 선택하여 파업기간을 조정한다.

結 노조저항곡선은 우하향하는 형태이고, 기업은 노조저항곡선상 가장 하방에 위치한 등이윤곡선과 접하는 점을 선택하여 이윤을 극대화하는 파업기간을 결정한다.

局 정리

point 092 파업(적용)

序 힉스 패러독스

- 아래 그림에서 기업의 이윤을 극대화하는 파업기간은?

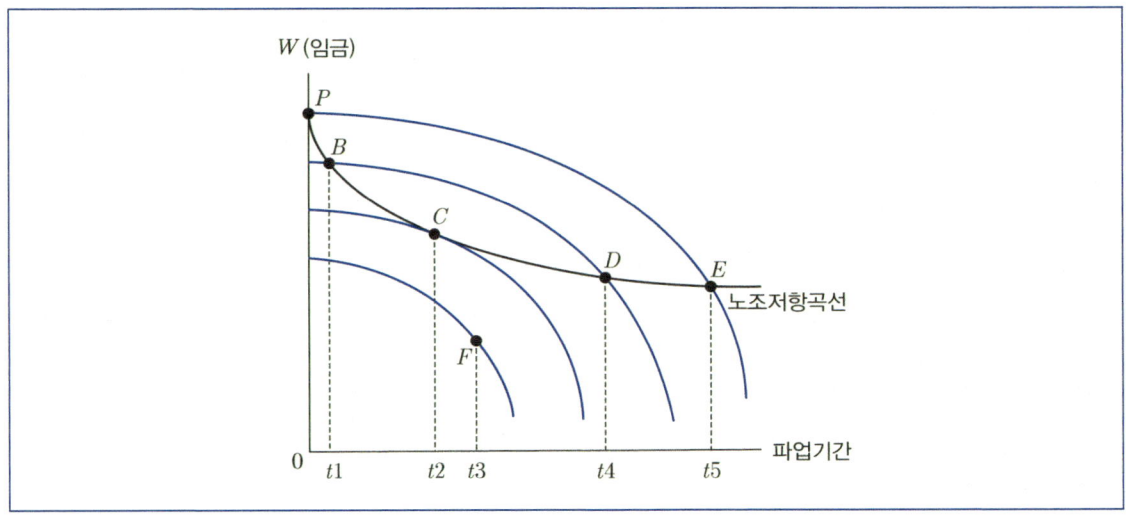

本

- 파업은 고용주에게 이득과 비용을 동시에 초래하고, 고용주는 노조저항곡선상에서 가장 하방에 위치한 등이윤곡선과 접하는 점을 선택하여 파업기간을 조정한다.
- 제시된 점들 중 노조저항곡선과 등이윤곡선이 접하는 가장 하방의 지점은 C로, 기업의 이윤을 극대화하는 파업기간은 $t2$임을 알 수 있다.

結 기업의 이윤을 극대화하는 파업기간은 $t2$이다.

局 정리

★ [이해] 파업기간

→ ① 노동저항곡선상
　② 가장 하방에 위치한 등이윤곡선과 접할 때

Chapter 47 노조 임금효과

point 093 노조 임금효과(이론)

序 노조 임금격차

- 기존 무노조 일자리에서 w_N^i의 임금을 받던 근로자 i가 회사에 노조가 결성될 경우 w_U^i만큼을 받게 된다면, 근로자 i의 임금 상승분의 퍼센트는 $\Delta_i = \dfrac{w_U^i - w_N^i}{w_N^i}$ 이고, 노동시장 전체 근로자가 k명이라고 한다면 노조 임금상승분(평균)을 $\dfrac{\Delta_1 + \Delta_2 + \cdots + \Delta_k}{k}$ 라 할 수 있다.

- 유노조 일자리의 평균임금이 $\overline{w}_U$, 무노조 일자리의 평균임금이 $\overline{w}_N$일 때, 노조 임금격차는 $\dfrac{\overline{w}_U - \overline{w}_N}{\overline{w}_N}$ 이다.

- 노조원들은 비교적 고생산성 근로자이기에 노조 임금격차는 노조 임금상승분을 측정하지 못한다.
- 무노조 근로자들에 비해 유노조 근로자들이 더 동질적인 집단이기에 유노조 근로자들의 임금 평균은 비교적 높고 분산은 비교적 작다.

本

① 위협효과와 파급효과
- 무노조 부문의 고용주가 노조 설립 가능성에 위협을 느끼고 이를 방지하고자 근로자들의 임금을 인상시키는 현상을 위협효과라 한다.
- 즉, 위협효과는 노조의 존재가 무노조 부문의 임금에도 긍정적인 영향을 미침을 보인다.
- 유노조 부문의 임금인상으로 고용이 감소하여 그곳에서 퇴출된 근로자들이 무노조 부문으로 옮겨가 무노조 부문의 노동공급이 증가하면서 최종적으로 무노조 부문의 임금이 하락하는 현상을 파급효과라 한다.
- 위협효과는 노조의 임금효과를 과소 추정하고, 파급효과는 노조의 임금효과를 과대 추정한다.

② 중재
- 양 당사자가 객관적 중재자에게 각자의 제안을 제출하고, 중재자가 이를 비교, 참고하여 자유로운 해결책을 제시하는 중재 유형을 통상적 중재라 한다.
- 양 당사자가 객관적 중재자에게 각자의 제안을 제출하고, 중재자가 이를 비교, 참고하여 양측의 제안 중 하나를 선택하는 중재 유형을 최종 제안 중재라 한다. 최종 제안 중재에서 양 당사자는 중재자의 결정을 수용해야만 한다.

結 위협효과와 파급효과는 노동초과공급을 발생·심화시킨다.

局 정리

point 094   노조 임금효과(적용)

序 노조 임금격차

- 2부문 경제를 생각해 보자. 두 부문에서의 노동과 일자리는 동질적이고, 200만 명의 근로자들이 그들의 노동을 비탄력적으로 공급하고 있다. 두 부문의 노동수요는 다음과 같다.

> - 제 1부문 노동수요: $E_1 = 1,800,000 - 100,000w_1$
> - 제 2부문 노동수요: $E_2 = 1,800,000 - 100,000w_2$

- 부문 1에 노동조합이 생겼다고 가정하자. 이 노조는 시간당 12달러의 임금을 협상에서 제안하고 기업들은 노동의 고용량을 선택하여 부문 1에서 퇴출된 근로자들이 부문 2로 이동했다. 유노조 부문에 고용되는 근로자의 수와 무노조 부문의 임금수준을 구하면?

本

- 2부문의 노동자들은 그들의 노동을 비탄력적으로 공급하고, 노조가 설립되기 이전 양 부문은 조건이 무차별하기에 각 시장의 노동공급은 $E_S = 1,000,000$이다. 즉, 양 부문 모두 1,000,000만큼 고용한다.
- 따라서 각 부문 기존의 경쟁임금은 $1,800,000 - 100,000w = 1,000,000$으로, $800,000 = 100,000w$이기에 $w = 8$이다.
- 이때 부문 1에 노조가 결성되어 임금이 12로 오르면, 고용량은 $E_1 = 1,800,000 - 100,000 \times 12 = 1,800,000 - 1,200,000 = 600,000$이 되기에 유노조 부문에 고용되는 근로자들은 600,000명이다.
- 결국 부문 1로부터 400,000의 고용이 부문 2로 퇴출된다. 따라서 부문 2의 노동공급은 $E_{S2} = 1,400,000$이 된다.
- 이를 노동수요에 대입하여 계산하면, $1,400,000 = 1,800,000 - 100,000w_2$, $100,000w_2 = 400,000$으로, 부문 2의 임금은 $w = 4$가 된다. 즉, 파급효과로 인해 무노조 부문의 임금이 8에서 4까지 감소한다.

結
유노조 부문에 600,000의 근로자가 고용되고, 퇴출된 근로자들이 무노조 부문으로 이동하는 파급효과로 인해 무노조 부문의 임금은 4가 된다.

局 정리

★ **[이해]** 200만 명의 근로자들이 그들의 노동을 비탄력적으로 공급

→ ① 노조가 설립되기 이전 양 부문은 조건이 무차별하기에
　② 양 부문 모두 1,000,000만큼 고용한다.

Chapter 48 개수급과 시간급

point 095 개수급과 시간급(이론)

序 유인급여

- 근로자로부터 일정한 수준의 노력을 유도하기 위해 설계된 보수 패키지를 유인급여라 한다.
- 고용주는 기업의 이윤을 극대화시키기 위한 수단으로 유인급여를 사용한다.

本

- 근로자 생산량의 척도에 비례해 근로자에게 보수를 지급하는 보상체계를 개수급이라 한다.
- 근로자가 업무에 투입한 시간에 근거해 근로자에게 보수를 지급하는 보상체계를 시간급이라 한다.
- 정보의 비대칭성으로 인해 개수급을 도입하려는 기업은 근로자의 성과를 감시해야 한다. 따라서 개수급에는 감시비용이 수반된다.
- 완전경쟁기업은 개수급과 시간급 중 더 많은 이윤을 산출하는 임금체계를 선택한다. 일반적으로 감시비용이 높은 기업은 시간급을, 낮은 기업은 개수급을 사용한다.

① 개수급

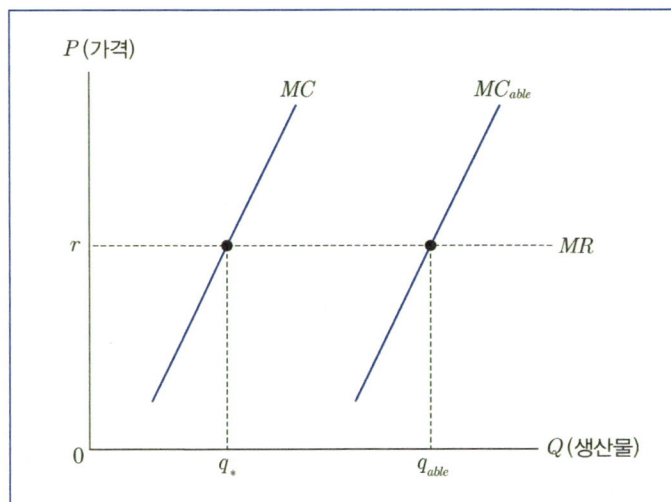

- 한계수익 일정
  : 개수급율 r달러 일정
- 한계비용 우상향
  : 고통 증가
- 최적의 생산량
  : 한계수익=한계비용
- 능력자 하방
  : 쉽게 생산물 생산

- 개수급율은 추가적인 생산물 한 단위의 한계수익과 같다. 개수급율이 일정하기에 MR 곡선은 수평이고, 근로에는 고통이 수반되기에 능력이 보다 뛰어난 근로자의 MC 곡선은 비교적 하방에, 능력이 보다 부족한 근로자의 MC 곡선은 비교적 상방에 있게 된다. 따라서 근로자는 능력이 뛰어날수록 더 많은 생산물을 생산한다.
- 장점: 우수한 근로자 유인, 근로자들의 노력 유도, 보상과 성과 연계, 학벌과 정실주의의 역할 최소화, 기업의 생산성 증진
- 단점: (팀의 생산량에 기초해 전체 팀원에게 개수급을 제시하는 경우) 무임승차 문제, 품질 저하 문제, 급여의 변동성 때문에 발생하는 근로자 비효용 보상 차원의 비용

② 시간급
- 시간급 근로자는 기업이 쉽게 감시할 수 있는 최소 수준 산출량만을 생산하고 그 이상은 생산하지 않는다.
- 최소 산출량 생산에 고통이 수반되지 않는다고 가정하면, 시간급 근로자의 효용은 그 일자리에서 얻는 소득수준과 같다.

③ 기업 간 군집현상
- 시간급 기업의 모든 근로자는 개개인의 능력과 무관하게 동일한 수준의 효용을 얻고, 개수급 기업의 근로자는 능력에 따른 효용을 얻는다.
- 따라서 특정 단위보다 높은 능력을 가진 근로자들은 개수급 기업에서, 낮은 능력을 가진 근로자들은 시간급 기업을 선택해 자신의 효용을 극대화한다.

結 감시비용이 높은 기업은 시간급을, 낮은 기업은 개수급을 사용하고, 일정 이상의 고능력 근로자는 개수급 일자리를, 저능력 근로자는 시간급 일자리를 선택한다.

局 정리

point 096 개수급과 시간급(적용)

序 유인급여

- 기업 甲은 A, B 두 명의 근로자를 고용해 자전거를 조립한다. 이 기업은 조립제품 하나당 12달러의 가치를 부여하고, A가 생산과정에 투입하는 노력의 한계비용은 $MC=4N$, B의 한계비용은 $MC=6N$이다. 만약 甲이 개수급을 지급한다면 각 근로자의 시간당 임금은? (단, N은 한 시간당 조립되는 자전거의 숫자임.)

本

- 개수급율은 추가적인 생산물 한 단위의 한계수익과 같기에, 발문에 따르면 개수급율은 12이다.
- 근로자는 자신의 한계비용과 개수급율인 한계수익이 만나는 지점에서 생산량을 결정한다. 따라서 근로자 A는 $12=4N$으로, 시간당 $N=3$만큼 생산하고, 근로자 B는 $12=6N$으로 시간당 $N=2$만큼 생산한다.
- 개수급율이 12이고, 개수급은 근로자의 생산량에 비례해 임금을 지급하는 방식이기에 근로자 A의 시간당 임금은 $12\times3=36$, 근로자 B의 시간당 임금은 $12\times2=24$이다.

結 근로자 A의 시간당 임금은 36, 근로자 B의 시간당 임금은 24이다.

> 局 정리

★ **[이해]** 시간당 임금

→ 개수급율 × 시간당 생산량

Chapter 49 토너먼트

point 097 토너먼트(이론)

序 절대적·상대적 척도에 따른 보상
- 대부분의 노동시장 경제모형은 근로자들이 직무 성과의 절대적인 척도에 따라 보상받는다고 가정한다.
- 개수급과 시간급도 절대적 척도에 따른 보상체계의 종류이다.
- 특수한 상황에서 노동시장은 생산성의 절대적 척도가 아닌 근로자들 간 상대적 척도에 의거해 보수를 지급하는데, 토너먼트는 이 보수체계에 포함된다.

本
- 근로자들을 생산성에 따라 순위를 매기고, 순위에 따라 보수를 분배하는 보상체계를 토너먼트라 한다. 이때 승자는 상당한 수준의 보상을, 패자는 훨씬 적은 보상을 지급받는다.
- 개인의 실제 생산량을 측정하기 어려우나 생산성을 다른 근로자와 대조하기 용이할 경우에는 토너먼트를 통해 근로자로부터 적절한 노력을 끌어낼 수 있다.
- 두 근로자의 능력이 동일하여 MC가 일치하고, 승자의 보상 MR_{high}와 패자의 보상 MR_{low}에는 큰 격차가 존재한다.

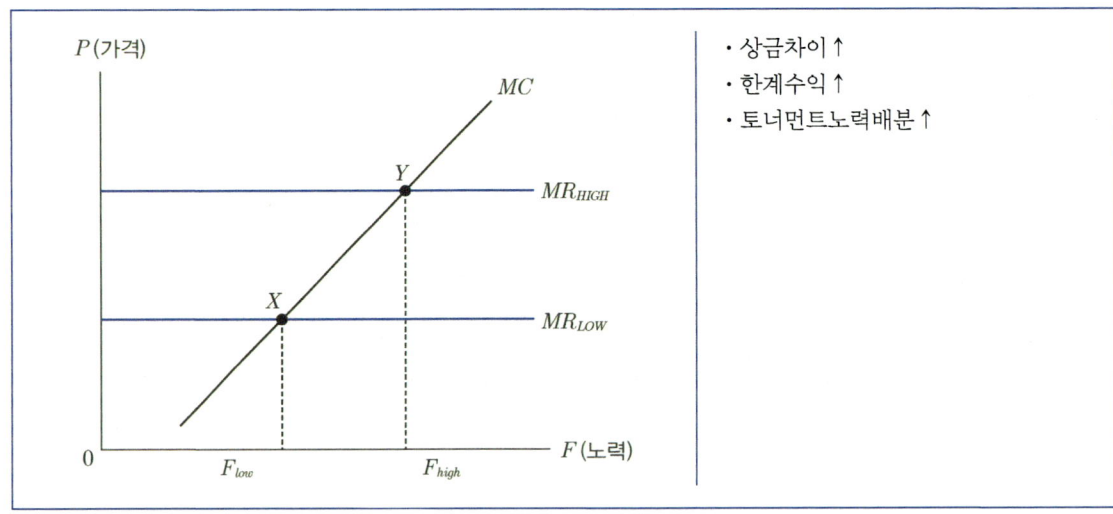

- 상금차이 ↑
- 한계수익 ↑
- 토너먼트노력배분 ↑

- 따라서 토너먼트에서는 보상의 차이가 노력의 양을 결정하는 핵심 요인으로 작용한다.
- 동시에 토너먼트에서의 보상의 차이는 과당 경쟁을 유발하여 근로자들이 서로의 업무를 훼방할 유인이나 노력을 증가시키지 않으려는 담합의 구실이 되기도 한다.
- 주주와 CEO간 주인-대리인 문제는 임원의 급여를 성과에 연동시키는 정도를 증가시킴으로써 해소할 수 있다.

結 토너먼트 보수체계 하 근로자의 노력은 보상 격차에 따라 결정된다.

局 정리

point 098 | 토너먼트(적용)

序 절대적·상대적 척도에 따른 보상

- CEO 자리를 놓고 승진 경쟁을 하는 두 임원 A와 B가 있고, 둘의 능력은 동일하다. A의 MC는 $MC_A = 4e + 200$이고, CEO가 될 경우 2,200의 보수를, 되지 못할 경우 400의 보수를 받는다. 이때 A와 B가 투입할 노력의 양은? (이때 e는 노력의 양을 의미하고, 제시된 보수 격차는 충분히 크다고 가정한다.)

本

- A와 B의 능력이 동일하기에, 둘의 MC는 일치한다. 따라서 B의 MC 또한 $MC_A = MC_B = 4e + 200$이다.
- 보수가 MR로 작용하고, 제시된 보수 격차가 충분히 크기에 둘의 MR 곡선은 CEO가 될 경우 받을 수 있는 보수액인 2,200이다.
- 따라서 MC와 MR을 일치시키면, $4e + 200 = 2,200$, $4e = 2,000$이기에 $e = 500$이다.
- 즉, A와 B가 투입할 노력의 양은 500이다.

結 A와 B가 CEO로 승진하기 위해 투입할 노력의 양은 500이다.

局 정리

Chapter 50 업무 유인

point 099 업무 유인(이론)

序 임금과 생산성

- 고전학파는 한계생산성이 임금을 결정함($MP_E \to w/P$)을, 케인즈 계열은 임금이 한계생산성을 결정함($w/P \to MP_E$)을 주장하였다.
- 높은 임금은 근로자의 근무 태만 비용을 증가시키고, 근로자로 하여금 고용주에게 보답해야겠다는 의무감을 느끼게 하며, 이직 확률을 낮추고, 고생산성 근로자들을 유인하기 용이하기에 총생산곡선에 임금과 생산성 간 관계가 나타난다.

本

① 이연보상계약
- 우상향하는 연령-임금곡선은 근로자들의 근무 태만을 억제하는 효과가 있다.
- 기업이 근로자를 지속적으로 감시하는 것이 불가능하더라도, 초기에는 한계생산물 가치보다 낮은 임금을 지급하다가 후기에 한계생산물 가치보다 높은 임금을 지불하는 방식의 이연보상계약을 통해 근로자의 노력과 생산성을 이끌어낼 수 있다.
- 이연보상계약은 계약의 정년퇴직조항을 설명하고, 대개 안정적인 대규모 기업에서 관찰된다.

② 효율임금

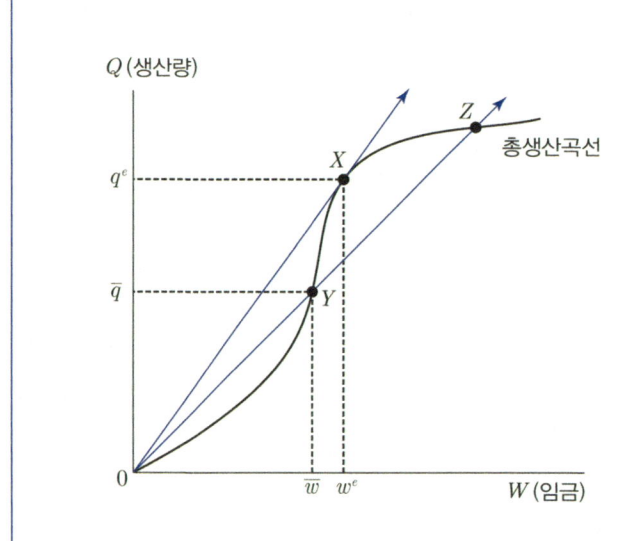

- 배경
  (1) 생산성 → 임금↑
  (2) 임금↑ → 생산성↑

- 도출
  (1) $MP_W = \dfrac{\Delta q}{\Delta w}$
  (2) $Apw = \dfrac{q}{w}$
  (3) $\dfrac{\Delta q}{\Delta w} = \dfrac{q}{w}$
  (4) $(\Delta q/q)/(\Delta w/w) = 1$
  (5) 생산의 임금탄력성 = 1
  (6) Y점: 탄력적 $-w$ 인상
  (7) Z점: 비탄력적 $-w$ 인하
  (8) X점: 한계수익 = 한계비용
      → 이윤극대화

- 근로자의 근로의욕을 최대로 만들어 기업의 이윤을 극대화하는, 경쟁임금보다 높은 임금을 효율임금이라 한다.
- 효율임금 설정에 있어서 임금을 상승시키는 한계비용은 근로자들의 생산성 향상의 한계수익과 일치한다.
- 즉, 생산량변화율과 임금변화율이 같아 생산의 임금탄력성이 1이 될 때($\frac{\%\Delta q}{\%\Delta w}=1$) 기업의 이윤이 극대화된다.
- 효율임금은 임금의 한계생산이 임금의 평균생산과 같은 지점($MP_w = AP_w$)에서 결정된다.
- 효율임금으로 인해 노동시장에 비자발적 실업이 발생한다.

③ 보석금 비판
- 효율임금모형은 기업들 간 지속적인 임금격차가 존재한다고 예측하는데, 이러한 예측에 대한 비판을 보석금 비판이라 한다.
- 구직자는 채용 시점에 기업에 일종의 보석금을 지불하고, 고용관계가 원만할 경우 기업은 은퇴 시점에 근로자에게 보석금과 이자를 반환한다는 것이 보석금 비판의 내용이다.
- 보석금 비판 관점에 따르면 모든 일자리의 현재가치는 평준화되기 때문에 궁극적으로 근로자들은 고임금 일자리와 저임금 일자리를 무차별하게 여기게 되고, 효율임금모형은 장기적으로 존속할 수 없다.

結 효율임금은 임금의 한계생산이 임금의 평균생산과 같은 지점($MP_w = AP_w$)에서 결정되고, 기업의 이윤을 극대화한다.

局 정리

★ **[이해] 생산성과 임금**
→ ① 생산성이 임금결정: 고전학파
　② 임금이 생산성결정: 새케인즈학파

point 100 업무 유인(적용)

序 임금과 생산성

- 기업 A는 기술적인 이유로 인해 임금수준, 시장수요 조건과 무관하게 100명의 근로자를 고용해야 한다. 과거에 A가 관측한 기업의 생산물과 임금수준 사이의 관계는 아래와 같다.

임금률	한계생산(MP_w)	평균생산(AP_w)
8.00		8.125
10.00	15	8.1
11.25	10	8
12.00	7	8.803…
12.50	5	8.9

- 이때, 이윤극대화 기업은 어느 수준의 임금을 선택해야 하는가?

本

- 효율임금은 임금의 한계생산이 임금의 평균생산과 같은 지점($MP_w = AP_w$)에서 결정된다.
- 설문에서 주어진 정보를 통행 임금의 한계생산과 평균생산을 구하면 다음과 같다.

임금률	한계생산(MP_w)	평균생산(AP_w)
8.00		8.125
10.00	15	8.1
11.25	10	8
12.00	7	8.803…
12.50	5	8.9

- $w = 11.25$일 때 한계생산은 10, 평균생산은 8이고, $w = 12$일 때 한계생산은 7, 평균생산은 8.8…이기에, 한계생산과 평균생산은 $w = 11.25$와 $w = 12$ 사이에서 일치한다.
- 따라서 이윤극대화 기업이 설정하는 효율임금 수준은 임금률 11.25와 12 사이에서 결정될 것이다.

結 이윤극대화 기업은 11.25와 12 사이의 임금을 선택해야 한다.

局 정리

★ **[이해]** 효율임금

→ ① 임금의 한계생산 = 임금의 평균생산
　② 이윤극대화

Chapter 51 실업의 유형

point 101 실업의 유형(이론)

序 취업률과 실업률
- 15세 이상 인구를 생산가능인구라 하고, 이를 경제활동인구와 비경제활동인구로 나눌 수 있다.
- 경제활동인구는 다시 취업자와 실업자로 구분할 수 있고, 취업자 수를 경제활동인구로 나눈 수치를 취업률, 실업자 수를 경제활동인구로 나눈 수치를 실업률이라 한다.

本
① 마찰적 실업
- 구직자와 기업 모두 서로를 발견하는 데 시간이 걸리기 때문에 발생하는 실업을 마찰적 실업이라 한다.
- 마찰적 실업의 존재는 경제에 근본적/구조적 문제가 있음을 시사하는 것은 아니다.
- 구직자와 기업의 탐색활동으로 노동시장의 자원배분이 개선되기에 마찰적 실업은 생산적이다.
- 정보 제공을 통해 마찰적 실업을 줄일 수 있다.

② 계절적 실업
- 특정 산업에 종사하는 근로자들이 주기적으로 일시해고를 당하기 때문에 발생하는 실업을 계절적 실업이라 한다.
- 계절적 실업은 대체로 예측가능하고, 계절적 실업자들은 시간이 지나면 재고용되기에 정책적으로 해결할 대상이 아니다.

③ 구조적 실업
- 근로자들이 공급하는 숙련과 기업이 수요하는 숙련 사이의 불일치로 인해 발생하는 실업을 구조적 실업이라 한다.
- 현재 노동시장에서 수요되는 유형의 숙련을 해고 근로자에게 주입시키는 직업훈련 프로그램을 통해 구조적 실업을 해소할 수 있다.

④ 경기적 실업
- 경기 전체의 침체로 인해 구직자의 수와 가용한 일자리의 수 간 구조적 불균형으로 나타나는 실업을 경기적 실업이라 한다.
- 이때 노동의 초과공급이 존재하나, 임금이 경직적이어서 하방 조정되지 못하기에 시장이 청산될 수 없다.

結
실업의 종류에는 마찰적 실업, 계절적 실업, 구조적 실업, 경기적 실업이 있으며 이 중 구조적 실업과 경기적 실업만이 정부의 정책 대상이 된다.

局 정리

point 102 실업의 유형(적용)

序 취업률과 실업률

- 동일한 정책을 사용해 마찰적 실업과 구조적 실업 모두를 완화시킬 수 있는가? 그 여부와 이유를 쓰시오.

本

- 마찰적 실업은 구직자와 기업이 서로를 발견하는 데 시간이 걸리기 때문에 발생하는 실업이다. 이는 탐색과 정보 부족에 의한 것이기에 마찰적 실업은 일자리 정보 또는 구직자 정보를 제공하여 낮출 수 있다.
- 구조적 실업은 근로자들이 공급하는 숙련과 기업이 수요하는 숙련이 불일치하여 발생하는 실업이다. 따라서 노동시장이 수요하는 유형의 숙련을 가르치는 직업훈련 프로그램을 통해 구조적 실업을 낮출 수 있다.
- 즉, 마찰적 실업 해소를 위해 필요한 정책은 정보 제공이고, 구조적 실업 해소를 위해 필요한 정책은 직업훈련 프로그램이기에 동일한 정책을 통해 둘 모두를 완화시키기는 어렵다.

結
마찰적 실업 해소를 위해 필요한 정책은 정보 제공, 구조적 실업 해소를 위해 필요한 정책은 직업훈련 프로그램으로 실업 유형에 따라 필요 정책이 다르기에, 동일한 정책을 통해 둘 모두를 완화시키기는 어렵다.

局 정리

Chapter 52 자연실업률

point 103 자연실업률(이론)

序 정상상태의 실업률
- 근로자들의 흐름이 일자리와 시장 안팎으로 일어나기에 어느 정도의 실업은 계속해서 발생한다.
- 이와 같이 노동 흐름의 결과 장기적으로 관측되는 실업률을 정상상태의 실업률이라 한다.
- 정상상태의 실업률을 자연실업률이라고도 한다.

本

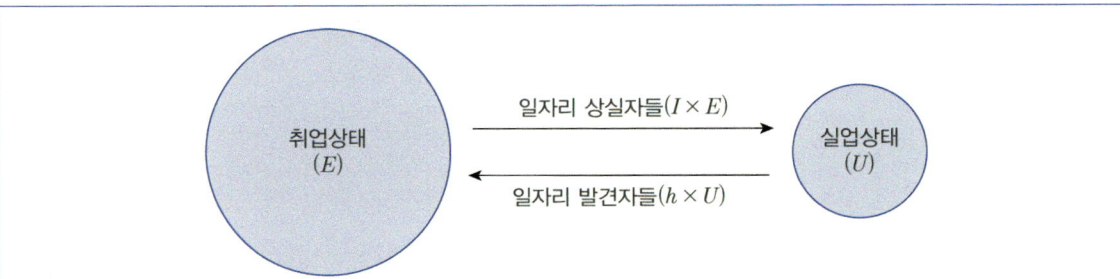

- 일자리를 잃을 확률이 l, 일자리를 구할 확률이 h
- $l \times E = h \times U$
- $l \times (L - U) = h \times U$
- 실업률 $= \dfrac{l}{l+h}$

- 자연실업률은 장기 균형에서의 실업률이기에 일정하다. 따라서 정상상태에서 일자리를 잃는 사람과 일자리를 구한 사람의 수는 같다.
- 총 E명의 취업자, U명의 실업자가 경제에 존재하고, 취업자 중 실업하는 사람의 비중을 l, 실업자 중 취업하는 사람의 비중을 h라 할 때 $lE = hU$의 관계가 성립한다.
- 경제활동인구(LF)가 취업자와 실업자의 합($E+U$)이기에, 자연실업률 $= \dfrac{U}{LF} = \dfrac{l}{l+h}$ 이다.
- 실업의 발생확률(l)과 실업상태의 지속기간($1/h$)이 실업률을 결정하는 두 가지 핵심요인으로 작용한다.

結
노동시장에 취업자 E명, 실업자 U명이 존재하고, 취업자가 실업할 확률이 l, 실업자가 취업할 확률이 h일 때 자연실업률은 $U_N = \dfrac{l}{l+h}$ 이다.

局 정리

point 104 자연실업률(적용)

序 정상상태의 실업률

- A국에서 2023년에 실업자가 일자리를 구할 확률은 20%이며, 취업자가 일자리를 잃고 실업자가 될 확률은 4%이다. 2023년 초의 실업자 수가 500만 명인 경우 2024년 초의 실업률은? (단, A국 경제의 생산가능인구는 4,000만 명, 경제활동참가율은 75%이다. 또한 생산가능인구와 경제활동참가율은 불변이며, 경제활동인구와 비경제활동인구 사이의 이동은 없다고 가정한다.)

本

- 자연실업률하에서 노동시장은 장기균형을 이루기에 취업자수와 실업자수는 불변이다.

- 따라서 자연실업률은 $U_N = \dfrac{U}{U+E} = \dfrac{U}{U+\dfrac{h}{l}U} = \dfrac{l}{l+h}$ 으로 구할 수 있다.

- 구직률이 $h=0.2$, 실직률이 $l=0.04$이기에 균형실업률은 $U_N = \dfrac{l}{l+h} = \dfrac{0.04}{0.2+0.04} \times 100 = 16.7\%$ 이다.

結 2024년 초의 실업률은 16.7%이다.

정리

Chapter 53 실업의 원인

point 105 실업의 원인(이론)

序 임금 제안 분포
- 더 높은 임금을 주는 일자리의 구직을 위해, 근로자들은 실업기간의 장기화를 감수하면서 일자리 탐색 활동을 할 용의가 있다.
- 근로자가 노동시장 정보를 얻는 데 투자하고 있기때문에, 일자리 탐색 실업은 인적자본 투자의 한 형태로 해석할 수 있다.
- 임금 제안 분포는 특정 실업자가 받는 다양한 일자리 제안을 표현하는 빈도분포이다.

本
① 탐색이론
- 일자리 탐색 기간이 길어질수록 높은 임금 제안을 받을 확률이 높아지지만, 일자리 탐색 비용 또한 증가한다.
- 근로자는 비순차적 탐색 또는 순차적 탐색 중 하나의 전략을 택할 수 있다.
- 비순차적 탐색은 근로자가 특정 개수의 기업을 무작위로 방문해 가장 높은 임금을 지급하는 일자리를 수락하는 방식이다. 이는 비합리적인 과정을 초래할 가능성이 있어 최적의 전략이 아니다.
- 순차적 탐색은 근로자가 요구임금(일자리 제안의 수락, 거절을 결정하는 기준)을 정하고 기업을 방문하다가 제안받은 임금이 최저임금기준을 만족하면 일자리를 수락하는 방식이다. 이는 비순차적 탐색보다 합리적이다.
- 근로자의 요구임금이 높을수록 실업기간이 길고, 요구임금이 낮을수록 실업기간이 짧은 경향이 있다.
- 일자리 탐색의 한계비용곡선과 한계수익곡선이 만나는 점에서 요구임금($\tilde{w}$)이 결정된다.
- 요구임금은 근로자의 할인율, 실업보험 급여 여부, 실업 기간에 의해 좌우된다. 현재지향적인 근로자, 즉, 할인율이 높은 근로자는 한계수익곡선이 더 낮기에 요구임금이 낮고, 비교적 짧은 실업기간을 가진다. 실업보험 급여는 일자리 탐색의 한계비용을 감소시키기에 요구임금을 높여 실업 지속기간을 증가시키고, 실업률을 증가시키며, 실업기간이 끝난 이후의 임금수준을 상승시킨다. 실업기간이 길수록 구직자는 유동성 제약(금전적 한계)에 부딪히기에 요구임금이 낮아지게 된다.

② 시점 간 대체 가설
- 실질임금이 경기 순행적이고 노동공급이 실질임금의 변화에 반응한다고 가정하면, 실질임금이 낮은 침체기에는 여가 소비 비용이 낮기에 사람들은 경기침체 기간에 노동공급을 줄인다.
- 즉, 시점 간 대체 가설은 실업을 실질임금의 변동에 따른 근로자 시간의 합리적이고 자발적인 재배분이라고 해석한다.

③ 부문 간 이동 가설
- 실업자들이 보유한 숙련과 기업이 수요하는 숙련 사이의 구조적 불균형으로 인해 실업자들이 호황 산업으로 이전하기 어렵고, 이로 인해 오래 실업하는 근로자 집단이 발생한다.

- 부문 간 이동 가설에 따르면 고용 성장률의 산업 간 분산이 클 때, 즉, 산업 간 호황과 불황 차이가 클 때 실업률이 증가한다.

④ 효율임금
- 효율임금은 균형을 이루는 경쟁임금보다 높게 설정되기에 비자발적 실업을 발생시킨다.
- 실업률이 높은 경우 실업 위협은 근로자의 태만을 줄일 수 있다. 반면 실업률이 낮은 경우 기업은 태만을 줄이기 위해 높은 수준의 임금(효율임금)을 지급해야 한다.
- 각 임금수준에서 기업들이 유인할 수 있는 비태만 근로자들의 숫자를 나타낸 비태만 경계곡선은 우상향하는 기울기를 갖는다.
- 경기수축은 효율임금도 감소시키지만, 그 크기는 경쟁임금과 비교해 더 작다.

結 탐색이론에 따르면 높은 할인율은 요구임금을 낮춰 실업기간을 줄이고, 실업보험 급여의 존재는 요구임금을 높여 실업기간을 늘린다.

局 정리

★ [이해] 현재지향적

→ 할인율 높다

★ [이해] 시점 간 대체 가설

→ 실업은 시간의 합리적/자발적 재배분

point 106   실업의 원인(적용)

序 임금 제안 분포

- 근로자 甲이 가지는, 일자리 탐색으로부터의 한계수익과 한계비용은 다음과 같다.

> · 한계수익: $MR = 50 - 1.5w$
> · 한계비용: $MC = 5 + w$

- 여기서 w는 현재 보유 중인 임금 제안이다. 甲은 15달러를 주는 일자리 제안을 수락하는가?

本

- 일자리 탐색의 한계비용곡선과 한계수익곡선이 만나는 점에서 요구임금($\tilde{w}$)이 결정된다.
- 따라서 설문에 제시된 한계수익과 한계비용을 일치시키면, $50 - 1.5w = 5 + w, 45 = 2.5w, \tilde{w} = 18$로, 요구임금이 18임을 알 수 있다.
- 요구임금은 일자리를 수락하거나 거절하는 기준이 된다. 甲은 제안받은 임금이 18보다 낮은 경우 일자리를 거절하고, 18보다 높은 경우 일자리를 수락할 것이다.
- 따라서 15달러를 주는 일자리 제안은 거절한다.

結 甲의 요구임금은 18달러이기에, 15달러를 주는 일자리 제안을 거절한다.

局 정리

Chapter 54 필립스 곡선

point 107 필립스 곡선(이론)

序 필립스 곡선
- A.W.H 필립스가 1861년~1957년의 자료를 분석하여 영국의 임금인상률과 실업률 사이에 음의 상관관계가 있음을 밝혀냈고, 이는 케인즈 학파에 의해 인플레이션율과 실업률 사이에 음의 상관관계를 나타내는 필립스 곡선으로 정립되었다.

本
① 필립스 곡선

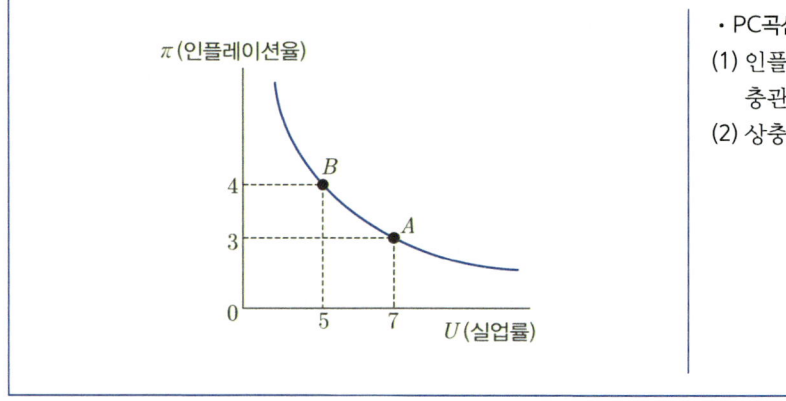

- PC곡선
(1) 인플레이션율과 실업률 사이의 상충관계
(2) 상충관계

- 인플레이션율과 실업률 사이에 음의 상관관계를 나타낸 궤적을 필립스 곡선이라 한다.
- 필립스 곡선은 인플레이션과 실업 사이에 상충관계가 존재함을 시사한다.
- 그러나 1970년대 석유 파동 이후 관측치를 기존 필립스 곡선으론 설명할 수 없게 되었다.

② 자연실업률 가설

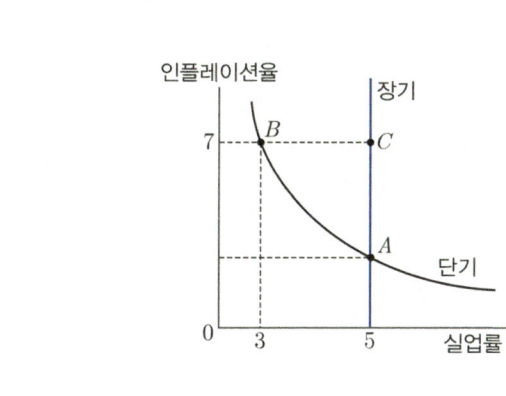

- 자연실업률 가설
(1) 점 A: 인플레이션율 0
          실업률 5%
(2) 확장통화정책
(3) 점 B: 인플레이션율 7%
          실업률 3%
(4) 인플레이션율 더 높기에 유보임금 위쪽조정
(5) 점 C: 장기적으로 실업률 5%
          인플레이션율은 더 높다.
장기적으로 상충관계는 존재하지 않는다.

- 단기 필립스 곡선은 우하향하는 기울기를 갖는 반면, 장기 필립스 곡선은 수직 형태이다.
- 인플레이션과 무관하게 지속되는 균형 실업률이 존재하고, 이 실업률을 자연실업률이라 한다.
- 통화 정책이 인플레이션율을 올린다면, 구직자들은 그들의 유보임금을 충족하는 일자리를 찾아 단기적으로 실업률이 감소하지만, 시간이 지나면 구직자들은 인플레이션율이 더 높다는 걸 깨닫고 유보임금을 상방으로 조정하기에 실업률은 기존대로 복귀한다.
- 결국 인플레이션의 증가는 자연실업률을 감소시킬 수 없고, 가격수준만 높이기에 장기적으로 인플레이션과 실업 간 상충관계는 존재하지 않는다.

結 필립스 곡선은 단기에 우하향하여 인플레이션율과 실업률 간 음의 상관관계를 나타내지만, 장기에는 수직으로 인플레이션율과 실업률 간 음의 상관관계를 나타내지 않는다.

局 정리

★ [이해] 자연실업률 가설

→ ① 단기PC 우하향
  ② 장기PC 수직선

Chapter 54 필립스 곡선

point 108 필립스 곡선(적용)

序 필립스 곡선

- A국의 필립스 곡선은 다음과 같다.

$$\pi_t = \pi_{t-1} - 0.5(u_t - u_t^n)$$

- 여기서 π_t, π_{t-1}, u_t, u_t^n는 각각 t기 인플레이션, $t-1$기 인플레이션, t기 실업률, t기 자연실업률을 나타낸다. t기 자연실업률은 이력현상(hysteresis)의 존재로 $t-1$기 실업률과 같아 $u_t^n = u_{t-1}$ 성립한다. 중앙은행의 손실함수(LF)는 다음과 같다.

$$LF = 50(\pi_L)^2 + (u_L - 0.05)$$

- 여기서 π_L, u_L은 각각 장기 인플레이션, 장기 실업률을 나타낸다. 현시점은 1기이고, 장기균형 상태이며, 1기 및 0기 인플레이션은 모두 3%이고, 0기 실업률은 5%이다. 중앙은행이 손실함수가 최소화되도록 2기 이후 인플레이션을 동일하게 설정할 경우 장기 인플레이션은?

本

- 인플레이션율과 실업률이 반비례로 상충관계임을 보이는 필립스곡선 상 점들은 물가안정과 고용안정을 동시에 달성할 수 없음을 뜻한다.
- t기 자연실업률은 이력현상이 존재하여 $u_t^n = u_{t-1}$이 성립하고, 0기 실업률은 5%이기에 현시점인 1기에서 $u_t^n = u_{t-1} = 5\%$이고, 이를 필립스 곡선에 대입하면 $\pi_t = \pi_{t-1} - 0.5(u_t - 0.05)$이고, 이를 u_t에 대해 정리하면 $u_t = 0.05 - 2\pi_t + 2\pi_{t-1}$이다.
- 이때, 장기에는 $u_t = u_L$, $\pi_t = \pi_L$이기에 $u_t = 0.05 - 2\pi_t + 2\pi_{t-1}$를 중앙은행의 손실함수에 대입하면 $LF = 50(\pi_L)^2 + (-2\pi_L + 2\pi_{t-1})$이다.
- 손실함수가 최소화되는 인플레이션을 구하기 위해 손실함수를 π_L에 대해 미분한 후 0으로 두면 $100\pi_L - 2 = 0$, 장기 인플레이션율은 $\pi_L = 0.02$이다.

結 중앙은행이 손실함수가 최소화되도록 2기 이후 인플레이션을 동일하게 설정할 경우의 장기 인플레이션율은 2%이다.

局 정리

★ **[이해]** 손실함수 최소화

→ 미분＝0

해커스 법아카데미
law.Hackers.com

해커스노무사 局노동경제학 한권완성

PART 3
기출

2024년 노무사 기출

01 기출 문제

문제 1

기혼여성 A는 소득-여가 선택모형에 따라 소비(C)와 여가(L)를 조합하여 효용 극대화를 추구한다. 일주일에 총 처분 가능한 시간은 56시간이고 소비의 가격은 1로 가정할 때 다음 물음에 답하시오. (단, 무차별곡선은 원점에 대해 볼록하고 한계대체율은 체감한다고 가정) (50점)

[물음 1] 시간당 임금은 2만원이고, 비근로소득은 100만원일 때, 여성 A의 예산제약선을 그래프와 함께 설명하시오. (10점)

[물음 2] 여성 A가 출산한 후 일을 하기 위하여 아이 돌봄서비스를 이용하여 일주일에 20만원의 이용료를 지급한다고 가정하자. 이 경우 여성 A의 유보임금(resevation wage)을 그래프로 나타내고, 돌봄서비스가 무료인 경우와 비교하여 설명하시오. (15점)

[물음 3] 출산 전에 여성 A는 일주일에 40시간을 일하였다. 출산 후 아이를 돌봄서비스에 맡기고 일주일에 20만원의 이용료를 지급하고도 여전히 일을 하고 있을 경우, 여성 A의 효용과 근로시간 변화를 그래프와 함께 설명하시오. (단, 여가는 정상재, 시간당 임금은 2만원) (15점)

[물음 4] 돌봄서비스의 비용이 주당 20만원에서 50만원으로 증가하였다. 이 경우 여성 A가 일하지 않을 것으로 결정한다면, 이 때 유보임금이 시장임금(2만원)보다 크다는 것을 그래프와 함께 설명하시오. (10점)

문제 2

노동시장에서 남성과 여성의 임금함수는 다음과 같다. 오하카-블라인더 분해법(Oxaca-Blinder decomposition)을 사용하여 다음 물음에 답하시오. (단, 모형에 포함되지 않은 변수는 고려하지 않으며, 그래프는 가로축은 교육연수(S), 세로축은 임금(W)으로 설정) (25점)

남성 임금함수: $W_m = 10 + 4S_m$	여성 임금함수: $W_f = 9 + 3S_f$
남성 평균임금($\overline{W_m}$)=74	여성 평균임금($\overline{W_f}$)=51
남성 평균교육연수($\overline{S_m}$)=16	여성 평균교육연수($\overline{S_f}$)=14

[물음 1] 여성 평균교육연수를 보유한 여성이 남성처럼 대우받았을 때를 기준으로 전체 임금격차 중 차별에 기인한 임금격차의 크기를 구하고, 그래프와 함께 설명하시오. (12점)

[물음 2] 남성 평균교육연수를 보유한 남성이 여성처럼 대우받았을 때를 기준으로 전체 임금격차 중 차별에 기인한 임금격차의 크기를 구하고, 그래프와 함께 설명하시오. (13점)

문제 3

노동수요와 관련하여 다음 물음에 답하시오. (25점)

[물음 1] 기업 A의 단기 생산함수는 $Q=10L^{0.5}\overline{K}^{0.5}$이고, 기업 A의 자본투입량($\overline{K}$)은 100으로 고정되어 있다. 이 기업의 제품가격은 100원이며, 임금은 시간당 200원일 때, 기업 A의 이윤극대화시 최적의 노동량(L)을 풀이과정과 함께 계산하시오. (Q=생산량) (10점)

[물음 2] 기업 B는 노동(L)과 자본(K)을 이용하여 가전제품을 생산하고 있다. 생산함수는 노동과 자본의 함수이고, 임금은 w, 자본가격은 r이라고 할 때 다음 물음에 답하시오. (단, 등량곡선은 원점에 대하여 볼록하고 한계기술대체율은 체감하며, 그래프는 가로축은 노동, 세로축은 자본으로 설정) (15점)

(1) 기업 B가 가전제품 생산량(Q)을 100개로 유지하면서 비용을 최소화한다면, 노동과 자본의 수요량은 어떻게 결정되는지 그래프와 함께 설명하시오. (5점)

(2) 이제 임금은 변화가 없는데, 기술발전으로 인하여 자본가격이 하락하였다고 가정하자. 기업 의 노동과 자본의 수요량은 어떻게 변화되는지 노동과 자본이 조대체요소(gross substitutes)인 경우로 가정하여 그래프와 함께 설명하시오. (단, 자본가격의 하락으로 생산량(Q)은 150개로 증가) (10점)

02 채점기준 작성훈련

문제 1

기혼여성 A는 소득-여가 선택모형에 따라 소비(C)와 여가(L)를 조합하여 효용 극대화를 추구한다. 일주일에 총 처분 가능한 시간은 56시간이고 소비의 가격은 1로 가정할 때 다음 물음에 답하시오. (단, 무차별곡선은 원점에 대해 볼록하고 한계대체율은 체감한다고 가정) (50점)

[물음 1] 시간당 임금은 2만 원이고, 비근로소득은 100만 원일 때, 여성 A의 예산제약선을 그래프와 함께 설명하시오. (10점)

예산제약선	수식
	그래프

[물음 2] 여성 A가 출산한 후 일을 하기 위하여 아이 돌봄서비스를 이용하여 일주일에 20만 원의 이용료를 지급한다고 가정하자. 이 경우 여성 A의 유보임금(reservation wage)을 그래프로 나타내고, 돌봄서비스가 무료인 경우와 비교하여 설명하시오. (15점)

유보임금의 의의	서술
유료 돌봄서비스와 무료 돌봄서비스 하 유보임금 비교	서술
	그래프

[물음 3] 출산 전에 여성 A는 일주일에 40시간을 일하였다. 출산 후 아이를 돌봄서비스에 맡기고 일주일에 20만 원의 이용료를 지급하고도 여전히 일을 하고 있을 경우, 여성 A의 효용과 근로시간 변화를 그래프와 함께 설명하시오. (단, 여가는 정상재, 시간당 임금은 2만 원) (15점)

예산제약선 변화	수식
대체효과와 소득효과	서술
	그래프
효용과 근로시간 변화	서술
	그래프

[물음 4] 돌봄서비스의 비용이 주당 20만 원에서 50만 원으로 증가하였다. 이 경우 여성 A가 일하지 않을 것으로 결정한다면, 이 때 유보임금이 시장임금(2만 원)보다 크다는 것을 그래프와 함께 설명하시오. (10점)

예산제약선 변화	수식
시장임금보다 큰 유보임금	서술
	그래프

문제 2

노동시장에서 남성과 여성의 임금함수는 다음과 같다. 오하카-블라인더 분해법(Oxaca-Blinder decomposition)을 사용하여 다음 물음에 답하시오. (단, 모형에 포함되지 않은 변수는 고려하지 않으며, 그래프는 가로축은 교육연수(S), 세로축은 임금(W)으로 설정) (25점)

남성 임금함수: $W_m = 10 + 4S_m$	여성 임금함수: $W_f = 9 + 3S_f$
남성 평균임금($\overline{W_m}$)=74	여성 평균임금($\overline{W_f}$)=51
남성 평균교육연수($\overline{S_m}$)=16	여성 평균교육연수($\overline{S_f}$)=14

[물음 1] 여성 평균교육연수를 보유한 여성이 남성처럼 대우받았을 때를 기준으로 전체 임금격차 중 차별에 기인한 임금격차의 크기를 구하고, 그래프와 함께 설명하시오. (12점)

Oaxaca 분해법: 차별에 기인한 임금격차	서술
여성이 남성처럼 대우받는 경우 차별에 기인한 임금격차의 크기	서술
	그래프

[물음 2] 남성 평균교육연수를 보유한 남성이 여성처럼 대우받았을 때를 기준으로 전체 임금격차 중 차별에 기인한 임금격차의 크기를 구하고, 그래프와 함께 설명하시오. (13점)

남성이 여성처럼 대우받는 경우 차별에 기인한 임금격차의 크기	서술
	그래프

문제 3

노동수요와 관련하여 다음 물음에 답하시오. (25점)

[물음 1] 기업 A의 단기 생산함수는 $Q=10L^{0.5}\overline{K}^{0.5}$이고, 기업 A의 자본투입량($\overline{K}$)은 100으로 고정되어 있다. 이 기업의 제품가격은 100원이며, 임금은 시간당 200원일 때, 기업 A의 이윤극대화시 최적의 노동량(L)을 풀이과정과 함께 계산하시오. (Q=생산량) (10점)

이윤극대화 기업 A의 최적 노동량 L	계산

[물음 2] 기업 B는 노동(L)과 자본(K)을 이용하여 가전제품을 생산하고 있다. 생산함수는 노동과 자본의 함수이고, 임금은 w, 자본가격은 r이라고 할 때 다음 물음에 답하시오. (단, 등량곡선은 원점에 대하여 볼록하고 한계기술대체율은 체감하며, 그래프는 가로축은 노동, 세로축은 자본으로 설정) (15점)

(1) 기업 B가 가전제품 생산량(Q)을 100개로 유지하면서 비용을 최소화한다면, 노동과 자본의 수요량은 어떻게 결정되는지 그래프와 함께 설명하시오. (5점)

비용최소화 조건	서술
노동과 자본의 수요량 결정	서술
	그래프

(2) 이제 임금은 변화가 없는데, 기술발전으로 인하여 자본가격이 하락하였다고 가정하자. 기업의 노동과 자본의 수요량은 어떻게 변화되는지 노동과 자본이 조대체요소(gross substitutes)인 경우로 가정하여 그래프와 함께 설명하시오. (단, 자본가격의 하락으로 생산량(Q)은 150개로 증가) (10점)

노동과 자본 간 조대체관계	서술
자본가격 인하 시 노동과 자본 수요량의 변화 규모효과와 대체효과	서술
	그래프

03 모범 답안

문제 1

[물음 1]

A의 예산제약선

- 기본적인 예산제약은 다음과 같이 쓸 수 있다.
  $M = wE + V$
- 여성 A가 일주일에 총사용 가능한 시간이 56시간이기에 $E = 56 - L$(L은 여가시간), 시간당 임금이 2만 원이기에 $w = 2$, 비근로소득이 100만 원이기에 $V = 100$이다.
- 소비의 가격이 1이기에 $C = M$이고, 예산제약선은 $M(C) = wE + V = 2(56 - L) + 100$임을 알 수 있다. 이를 그래프로 도해하면 다음 그림과 같다.

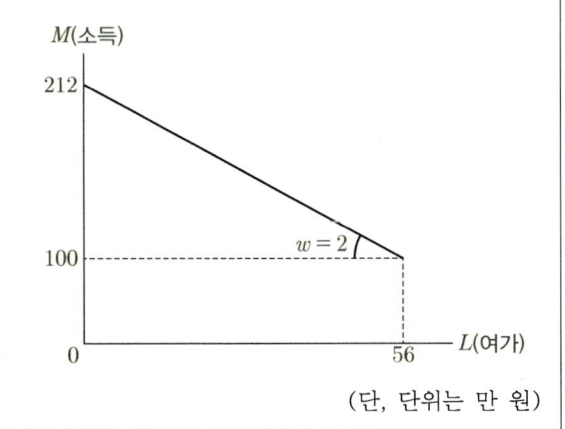

(단, 단위는 만 원)

[물음 2]

유보임금의 의의

- 유보임금은 노동을 제공하고자 하는 근로자가 경제활동 참가를 결정하도록 만드는 최소한의 임금으로, 일을 하거나 하지 않거나 무차별하게 만드는 임금 수준이다.
- 유보임금은 초기부존점에서 무차별곡선에 접하는 접선의 기울기의 절댓값으로 나타낼 수 있다.

유료 돌봄서비스와 무료 돌봄서비스 하 유보임금 비교

- [물음 1]을 통해 구한 여성 A의 기존 예산은 $M(C) = 2(56 - L) + 100$이다. 돌봄서비스로 일주일에 20만 원의 비용을 지출하게 되었기에, 여성 A의 새로운 예산은 $M(C) = 2(56 - L) + 100 - 20 = 2(56 - L) + 80$이다.
- 따라서 여성 A의 예산제약선은 AET에서 ETFB로 변화한다.

- 돌봄서비스가 무료인 경우(여성 A의 예산선 AET), 점 P에서 무차별곡선 U_0와 접하여 효용극대화를 추구한다고 가정한다.
- 따라서 돌봄서비스가 무료인 경우, 유보임금은 초기부존점인 E점에서의 접선의 기울기로 시간당 임금 2만 원보다 낮았을 것이다.
- 그런데 유료인 경우(여성 A의 예산선 ETFB), E점과 Q점에서 효용이 U_1으로 같기에, 유보임금은 (Q점에서의 접선의 기울기)Q점과 F점을 이은 직선의 기울기인 $\overline{W_1}$로 시간당 임금 2보다 높다.

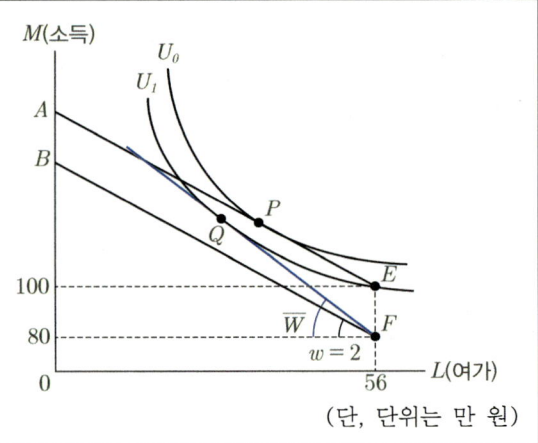

(단, 단위는 만 원)

[물음 3]

여성 A의 효용과 근로시간 변화

- 여성 A의 기존 노동시간은 $E = 40$이다. 즉, 여성 A의 기존 예산(소비)은 $M_0 = 2 \times 40 + 100 = 180$이다.
- 출산 후 여성 A는 돌봄서비스에 20만 원만큼의 비용을 지출하고 있기에, 여성 A의 예산제약선은 아래로 돌봄서비스 비용 20만 원만큼 하방으로 평행이동했을 것이다.

- 현재 여성 A의 지출이 증가하면서 실질소득이 감소 ($M_0 = 180 \rightarrow M_1 = 160$)한 상황으로, 여가의 상대가격은 기존과 동일하기에 대체효과는 존재하지 않으나, 실질소득이 감소했기에 여성 A는 정상재인 여가 소비를 줄이고 노동 공급을 늘리는 선택을 할 것이다. - 따라서 여성 A의 노동 공급은 출산 이전보다 증가한다. 또한 여성 A의 효용은 출산 이전보다 감소한다.	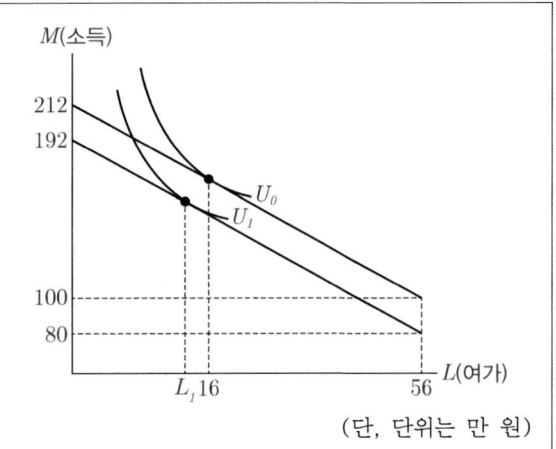

[물음 4]

돌봄서비스 비용 인상으로 인한 예산제약선 변화

- 돌봄서비스의 비용이 20만 원에서 50만 원으로 증가한다면, 여성 A의 기존 예산 $M_1 = 180 - 20 = 160$은 $M_2 = 180 - 50 = 130$까지 감소한다.
- 이때 여성 A의 예산제약선은 기존(돌봄서비스 비용 20만 원) 예산제약선보다 인상된 비용인 30만큼 하방으로 평행이동할 것이다.

시장임금보다 큰 유보임금

- 돌봄서비스 비용 인상의 경우(여성 A의 예산선 $ETFB$), 점 R에서 무차별곡선 U_2와 접하여 효용 극대화를 추구한다고 가정한다. - 그런데, 여성 A는 U_2보다 높은 효용 U_1 상의 점 E에서 노동을 제공하지 않는 선택을 하고, 이때 [물음 2]에서 설명했듯이, 유보임금은 $\overline{W_1}$로 시간당 임금 2보다 높다.($\overline{W_1} > 2$)	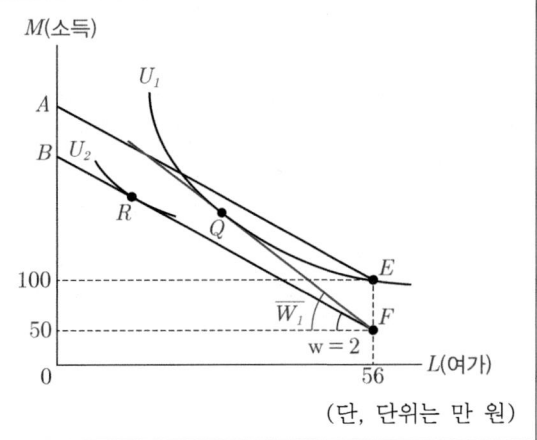

문제 2

[물음 1]

Oaxaca 분해법: 차별에 기인한 임금격차

- 남성은 여성에 비해 임금-교육연수 직선의 절편이 더 크고 기울기가 더 가파르기에 추가되는 교육연수 1년당 추가적인 보상액이 더 높다.
- 통상적으로 여성은 출산과 가사로 인한 경력단절의 가능성이 있으나 남성은 그런 제약이 없기에 남성의 교육연수가 여성보다 평균적으로 높다.

여성이 남성처럼 대우받는 경우 차별에 기인한 임금격차의 크기

- 여성 평균교육연수 14년을 보유한 여성은 여성으로 대우받을 때 여성 평균임금인 51만큼 지급받는다. ($9+3\times14$)
- 그런데 이 여성이 같은 교육연수로 남성처럼 대우받을 경우, $10+4\times14=66$의 임금을 지급받는다.
- 따라서 차별에 기인한 임금격차는 이 둘의 차이인 $66-51=15$임을 알 수 있다.
- 이를 그래프로 도해하면 다음과 같다.

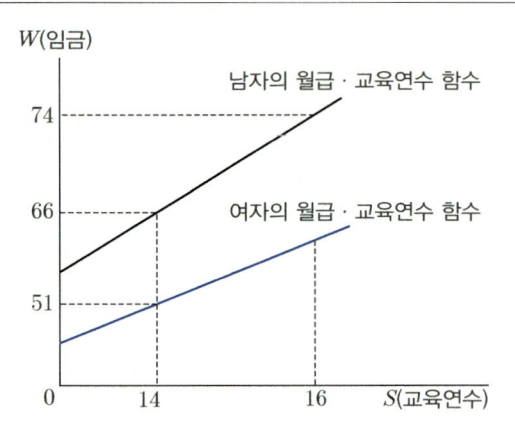

[물음 2]

남성이 여성처럼 대우받는 경우 차별에 기인한 임금격차의 크기

- 남성 평균교육연수 16년을 보유한 남성은 남성으로 대우받을 때 남성 평균임금인 74만큼 지급받는다. ($10+4\times16$)
- 그런데 이 남성이 같은 교육연수로 여성처럼 대우받을 경우, $9+3\times16=57$의 임금을 지급받는다.
- 따라서 차별에 기인한 임금격차는 이 둘의 차이인 $74-57=17$임을 알 수 있다.
- 이를 그래프로 도해하면 다음과 같다.

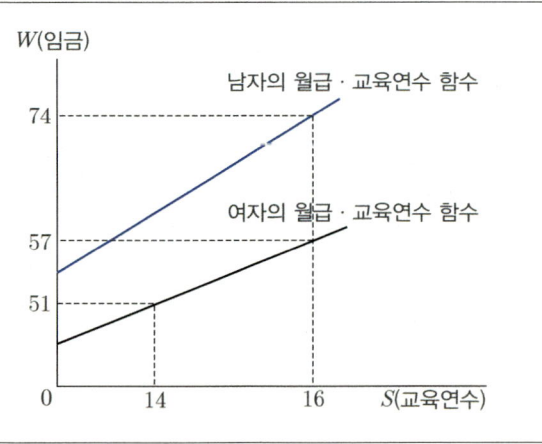

문제 3

[물음 1]

이윤극대화 기업 A의 최적 노동량 L

- 기업 A의 단기 생산함수가 $Q=10L^{0.5}\overline{K}^{0.5}$이고, 자본투입량이 100으로 고정되어 있기에, $Q=10 \times L^{0.5} \times 100^{0.5} = 100L^{0.5}$이다. ($L^{0.5}=\sqrt{L}$)
- Q를 L로 미분하면 노동의 한계생산성은, $\frac{dQ}{dL}=MP_L=100 \times \frac{1}{2\sqrt{L}}=\frac{50}{\sqrt{L}}$이다.
- $VMP_L=w$가 성립하고 제품 한 단위의 가격 $P=100$, 시간당 임금 $w=200$이기에 $100 \times \frac{50}{\sqrt{L}}=200$에서, $5,000=200\sqrt{L}, 25=\sqrt{L}, L=25^2=625$이다.
- 따라서 이윤을 극대화하는 기업 A의 최적 노동량은 625이다.

[물음 2]

(1)

비용최소화 조건

- 생산량을 일정하게 유지하는 기업의 비용최소화 조건은 $MRTS_{LK}=\frac{w}{r}$이다.

노동과 자본의 수요량 결정

· 비용을 최소화하고자 하는 기업 B는 등비용선의 기울기와 등량곡선의 접선의 기울기가 일치하는 지점에서 노동 수요량(L^*)과 자본 수요량(K^*)을 결정할 것이다. 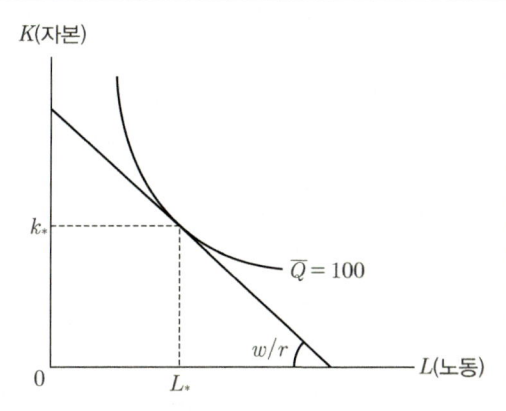

(2)

노동과 자본 간 조대체관계

- 조대체관계란 다른 생산요소의 가격이 상승했을 때 본 생산요소의 수요량이 늘어나는 관계이며 교차탄력성으로 양의 값을 갖는 경우를 의미한다. 설문에서 노동과 자본이 조대체재임을 명시했기에, 자본가격 하락의 결과로 노동의 수요량은 감소할 것이다.

자본가격 인하 시 노동과 자본 수요량의 변화

- 자본가격이 하락했을 때 노동과 자본 수요량의 변화는 크게 두 가지 효과를 통해 설명할 수 있다: ① 규모효과, ② 대체효과

- 규모효과는 노동과 자본이 정상투입요소라는 조건 하, 기업이 생산량을 확대하는 과정에서($Q_0 = 100 \to Q_1 = 150$) 생산요소에 대한 수요 변화를 나타낸다. 생산량이 증가했기에 규모효과에 따르면 기업 B는 노동의 수요량 및 자본의 수요량을 모두 증가시킬 것이다. 등비용선의 기울기를 일정하게 유지하면서 생산량 증가로 인한 효과로 그래프 상의 점 P가 점 Q로 이동한다.

- 대체효과는 생산량을 유지한 상황에서($\overline{Q} = 150$) 자본 가격 하락으로 인한 영향을 나타낸다. 노동과 자본이 조대체재이고, 자본의 상대가격이 하락했기에(노동의 상대가격이 증가했기에) 대체효과에 따르면 기업 B는 자본 수요량을 증가시키고 노동 수요량을 감소시킬 것이다. 이때 그래프 상에서 점 Q가 점 R로 이동한다.

- 도해한 그래프는 대체효과가 규모효과를 압도하여 결과적으로 기업 B의 노동 수요량이 감소하고 자본 수요량이 증가하는 경우를 나타내었다. 만일 규모효과가 대체효과보다 큰 경우에는 기업 B의 노동 수요량과 자본 수요량이 모두 증가할 것이다.

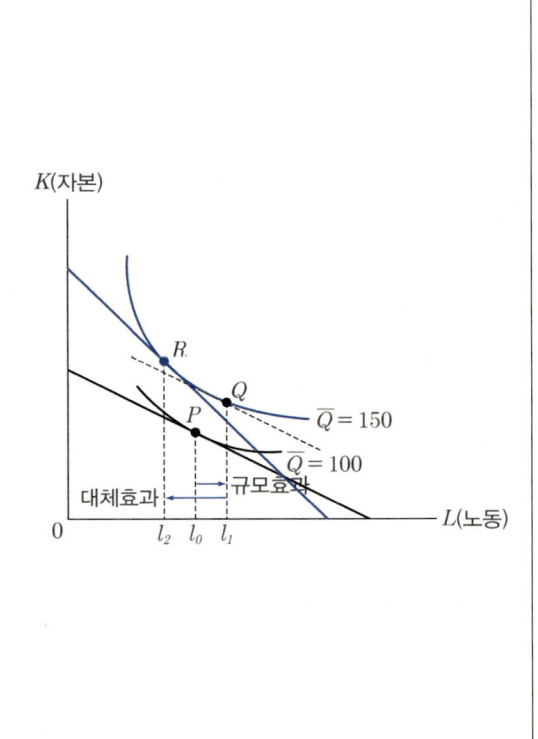

局 정리

2023년 노무사 기출

01 기출 문제

문제 1

다음 조건 하에서 소득-여가선택 모형을 이용하여 물음에 답하시오.(계산이 필요한 경우 풀이 과정을 쓰고, 그래프를 그릴 때는 레이블을 정확히 표시하시오.) (50점)

> 개별근로자의 효용함수는 $U(C, L) = 3CL$이라고 가정한다. C는 소비, L은 여가 시간을 나타내며 소비의 가격은 1이다. 세전 시간당 임금률(W)이 1만 원이고 일률적으로 20%의 급여세(payroll tax)가 부과되며 비근로소득은 없다.
> 총시간(T)은 24시간이고 근로시간(h)과 여가로만 사용된다. 이러한 상황에서 정부는 모든 근로자에게 36,000원의 비근로소득인 현금보조금을 지급하기로 하고 재원 마련을 위해 급여세율을 40%로 올리는 새로운 정책을 구상하고 있다.

[물음 1] 새로운 정책 전과 후로 나누어 근로자의 예산선을 수식으로 나타내고, 그래프를 그리시오. (20점)

[물음 2] 새로운 정책 전과 후로 나누어 개별 근로자의 최적 여가시간(L)과 근로시간(h)을 계산 하고 그래프에 나타내시오. (20점)

[물음 3] 이러한 현금보조금 지급과 급여세 인상 정책이 시행될 경우, 노동공급의 변화를 대체효과와 소득효과로 나누어 분석하고, 근로자의 효용에 미치는 영향을 숫자로 제시하여 설명하시오. (10점)

문제 2

노동시장의 수요독점기업은 고용하는 근로자마다 상이한 임금을 지급하여 '완전하게 차별하는 경우'와 모든 근로자에게 동일한 임금을 지급하여 '차별하지 않는 경우'가 있다고 가정한다. 다음 물음에 답하시오. (단, 기업은 한계생산물이 체감하는 생산함수를 갖고 생산물시장은 완전경쟁임) (25점)

[물음 1] 수요독점기업이 '완전하게 차별하는 경우'와 '차별하지 않는 경우'의 임금과 고용 결정에 대해 노동공급곡선(S)과 노동의 한계비용곡선(MC_E)을 그리고 설명하시오. (15점)

[물음 2] 최저임금수준($\overline{W}$)을 '완전하게 차별하는 경우'의 균형임금(W^*)과 '차별하지 않는 경우'의 균형임금(W_M) 사이에 설정할 때, 노동공급곡선(S)과 노동의 한계비용곡선(MC_E)의 변화를 그래프에 표시하여 '차별하지 않는' 수요독점 기업의 임금과 고용결정의 변화에 대해 설명하시오. (10점)

문제 3

인적자본이론(human capital theory)과 신호모형(signaling model)에 관한 다음 물음에 답하시오. (25점)

[물음 1] 인적자본이론과 신호모형과의 차이점을 교육과 생산성과의 관계에 초점을 맞추어 설명하고 정부의 고등교육예산과 관련한 정책적 함의를 서술하시오. (10점)

[물음 2] 고졸 근로자가 받는 생애소득의 현재가치가 2억 원이고, 대학교육비용은 생산성이 높은 고능력자는 5천만 원이, 생산성이 낮은 저능력자는 1억 5천만 원이 든다. 근로자의 능력을 완벽히 파악할 수 없는 고용주는 대학 졸업장을 높은 생산성 신호(signal)로 간주하고 대졸자의 생애소득의 현재가치가 X원이 되도록 임금을 지불한다. 대학졸업장이 고능력자와 저능력자를 구분하는 효과적인 신호가 될 수 있는 X의 범위를 구하고 판단 근거를 제시하시오. (15점)

02 채점기준 작성훈련

문제 1

다음 조건하에서 소득-여가선택 모형을 이용하여 물음에 답하시오. (계산이 필요한 경우 풀이 과정을 쓰고, 그래프를 그릴 때는 레이블을 정확히 표시하시오.) (50점)

> 개별근로자의 효용함수는 $U(C, L) = 3CL$이라고 가정한다. C는 소비, L은 여가 시간을 나타내며 소비의 가격은 1이다. 세전 시간당 임금률(W)이 1만 원이고 일률적으로 20%의 급여세(payroll tax)가 부과되며 비근로소득은 없다.
> 총시간(T)은 24시간이고 근로시간(h)과 여가로만 사용된다. 이러한 상황에서 정부는 모든 근로자에게 36,000원의 비근로소득인 현금보조금을 지급하기로 하고 재원 마련을 위해 급여세율을 40%로 올리는 새로운 정책을 구상하고 있다.

[물음 1] 새로운 정책 전과 후로 나누어 근로자의 예산선을 수식으로 나타내고, 그래프를 그리시오. (20점)

새로운 정책 전 예산선	수식	
	그래프	
새로운 정책 후 예산선	수식	
	그래프	

[물음 2] 새로운 정책 전과 후로 나누어 개별 근로자의 최적 여가시간(L)과 근로시간(h)을 계산 하고 그 래프에 나타내시오. (20점)

새로운 정책 전 최적 시간	수식
	그래프
새로운 정책 후 최적 시간	수식
	그래프

[물음 3] 이러한 현금보조금 지급과 급여세 인상 정책이 시행될 경우, 노동공급의 변화를 대체효과와 소득효과로 나누어 분석하고, 근로자의 효용에 미치는 영향을 숫자로 제시하여 설명하시오. (10점)

노동공급의 변화	대체효과
	소득효과
근로자의 효용	새로운 정책 전 효용
	새로운 정책 후 효용

문제 2

노동시장의 수요독점기업은 고용하는 근로자마다 상이한 임금을 지급하여 '완전하게 차별하는 경우'와 모든 근로자에게 동일한 임금을 지급하여 '차별하지 않는 경우'가 있다고 가정한다. 다음 물음에 답하시오. (단, 기업은 한계생산물이 체감하는 생산함수를 갖고 생산물시장은 완전경쟁임) (25점)

[물음 1] 수요독점기업이 '완전하게 차별하는 경우'와 '차별하지 않는 경우'의 임금과 고용 결정에 대해 노동공급곡선(S)과 노동의 한계비용곡선(MC_E)을 그리고 설명하시오. (15점)

완전하게 차별하는 경우	서술
	그래프
차별하지 않는 경우	서술
	그래프

[물음 2] 최저임금수준($\overline{W}$)을 '완전하게 차별하는 경우'의 균형임금(W^*)과 '차별하지 않는 경우'의 균형임금(W_M) 사이에 설정할 때, 노동공급곡선(S)과 노동의 한계비용곡선(MC_E)의 변화를 그래프에 표시하여 '차별하지 않는' 수요독점 기업의 임금과 고용결정의 변화에 대해 설명하시오. (10점)

최저임금수준 설정	그래프
노동공급곡선(S)과	서술
노동의 한계비용곡선 (MC_E)의 변화	그래프
임금과 고용결정의 변화	서술
	그래프

문제 3

인적자본이론(human capital theory)과 신호모형(signaling model)에 관한 다음 물음에 답하시오. (25점)

[물음 1] 인적자본이론과 신호모형과의 차이점을 교육과 생산성과의 관계에 초점을 맞추어 설명하고 정부의 고등교육예산과 관련한 정책적 함의를 서술하시오. (10점)

교육과 생산성과의 관계	서술
인적자본이론	서술
신호모형	서술
정부의 고등교육예산과 관련한 정책적 함의	서술

[물음 2] 고졸 근로자가 받는 생애소득의 현재가치가 2억 원이고, 대학교육비용은 생산성이 높은 고능력자는 5천만 원이, 생산성이 낮은 저능력자는 1억 5천만 원이 든다. 근로자의 능력을 완벽히 파악할 수 없는 고용주는 대학 졸업장을 높은 생산성 신호(signal)로 간주하고 대졸자의 생애소득의 현재가치가 X원이 되도록 임금을 지불한다. 대학졸업장이 고능력자와 저능력자를 구분하는 효과적인 신호가 될 수 있는 X의 범위를 구하고 판단 근거를 제시하시오. (15점)

저능력자	서술
고능력자	서술
분리균형	서술

03 모범 답안

문제 1

[물음 1]

# 새로운 정책 전	# 새로운 정책 후
· 근로자의 예산은 세후 임금과 근로시간을 곱하여 구하고, 소비의 가격이 1이기에 소비는 예산과 같다. · 예산 M=소비 C=세후임금×근로시간 $= (1-0.2) \times 10{,}000 \times (24-L)$ $= 0.8 \times 10{,}000 \times (24-L)$ $= 8{,}000(24-L)$	· 정책으로 인해 근로자가 비근로소득을 지급받기에 근로자의 소비는 세후 임금과 근로시간을 곱한 것에 비근로소득을 더해 구한다. · 예산 M=소비 C =(세후임금×근로시간)+비근로소득 $= (1-0.4) \times 10{,}000 \times (24-L) + 36{,}000$ $= 0.6 \times 10{,}000 \times (24-L) + 36{,}000$ $= 6{,}000(24-L) + 36{,}000$

[물음 2]

· 개별 근로자의 최적 여가시간은 근로자의 무차별곡선과 예산선이 접하는 점, 즉, 한계대체율과 예산선의 기울기가 일치하는 점에서 결정된다.

한계대체율

· U(C, L)=3CL에서 U(L, C)=3LC라고 가정하면, $MRS_{LC} = \dfrac{MU_L}{MU_C} = \dfrac{3C}{3L} = \dfrac{C}{L}$ 이다.

· 따라서 근로자의 최적 여가시간 및 근로시간은 $\dfrac{C}{L} = w$(세후임금)를 통해 구할 수 있다.

# 새로운 정책 전 최적 여가시간 및 근로시간	# 새로운 정책 후 최적 여가시간 및 근로시간
· $\dfrac{C}{L} = w$ $\rightarrow \dfrac{8{,}000(24-L)}{L} = \dfrac{192{,}000 - 8{,}000L}{L} = 8{,}000$ $192{,}000 - 8{,}000L = 8{,}000L$ $192{,}000 = 16{,}000L$ $L = 12, h = 24 - 12 = 12$ · 새로운 정책 시행 전 최적 여가시간은 12시간, 최적 근로시간은 12시간이다.	· $\dfrac{C}{L} = w$ $\rightarrow \dfrac{6{,}000(24-L) + 36{,}000}{L}$ $= \dfrac{180{,}000 - 6{,}000L}{L} = 6{,}000$ $180{,}000 - 6{,}000L = 6{,}000L$ $180{,}000 = 12{,}000L$ $L = 15, h = 24 - 15 = 9$ · 새로운 정책 시행 후 최적 여가시간은 15시간, 최적 근로시간은 9시간이다.

[물음 3]
정책이 노동공급에 미치는 영향

새로운 정책 전과 새로운 정책 후의 영향은 다음과 같이 도해할 수 있다.

① 노동공급의 변화
- 새로운 정책 시행 전, 비근로소득은 없고 세후 임금이 8,000이기에 점 P에서 효용을 극대화한다.
- 새로운 정책 시행 후, 여가가 정상재라고 가정하면 현금보조금에 의한 소득효과(실질소득증가-여가증가-근로시간감소)로 효용극대화 점은 점 P에서 점 Q로 이동한다. 급여세율 인상에 의한 대체효과(실질임금하락-여가의 기회비용감소-여가증가-근로시간감소)로 효용극대화 점은 점 Q에서 점 R로 이동한다.
- 모두 근로시간을 감소시키면서 효용극대화 점은 점 P에서 점 R로 이동한다.

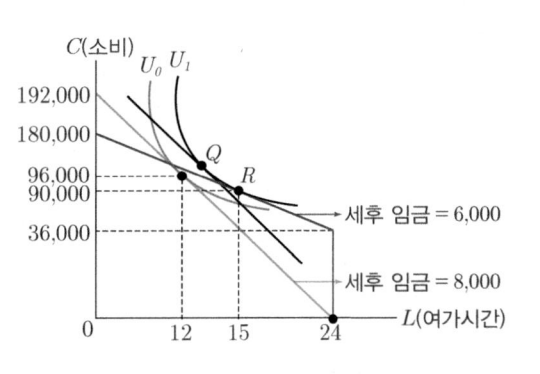

② 근로자의 효용
- 새로운 정책 시행 전 여가시간은 12시간, 근로시간은 24-12=12시간, 소비는 8,000*12=96,000원이고, 정책 시행 후 여가시간은 15시간, 근로시간은 24-15=9시간, 소비는 (6,000*9)+36,000=90,000원이며, 효용은 그림에서와 같이 U_0에서 U_1으로 상승한다.
- 이때 $U_0 = 3CL = 3 \cdot 96,000 \cdot 12 = 3,456,000$이고, $U_1 = 3CL = 3 \cdot 90,000 \cdot 15 = 4,050,000$이다.

문제 2

[물음 1]

- 완전 차별적인 수요독점기업은 각 근로자의 유보임금만큼 지급하면서 경쟁시장과 같은 수준으로 고용한다.
- 이 기업은 마지막 근로자가 기여하는 정도인 VMP_E와 노동공급곡선(S)과 같은 노동의 한계비용 MC_E가 같아지는 순간까지 고용한다.
- 완전 차별적인 수요독점기업은 점 $A(VMP_E = MC_E(=S))$에서 이윤을 극대화한다. 이때의 고용량은 E^*이고, 마지막으로 고용된 노동자는 w^* 수준의 임금을 받는다.
- 차별하지 않는 수요독점기업은 근로자 모두에게 같은 임금을 지급하면서 경쟁시장보다 적은 수준을 고용한다.
- 이 기업은 노동공급곡선(S)보다 위에 있는 노동의 한계비용 MC_E가 한계생산가치인 VMP_E와 일치하는 수준까지 고용한다.
- 차별하지 않는 수요독점기업은 $VMP_E = MC_E(>S)$에서 이윤을 극대화한다. 이때의 고용량은 E_M이고, W_M 수준의 임금을 받는다.

완전 차별적인 수요독점기업

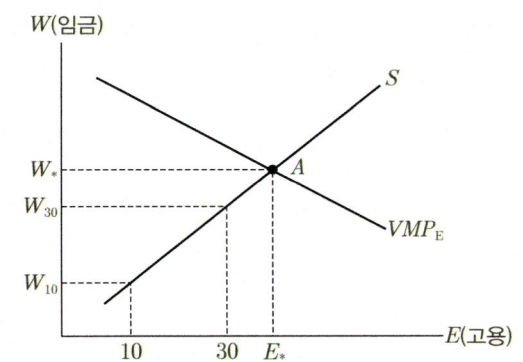

차별하지 않는 수요독점기업

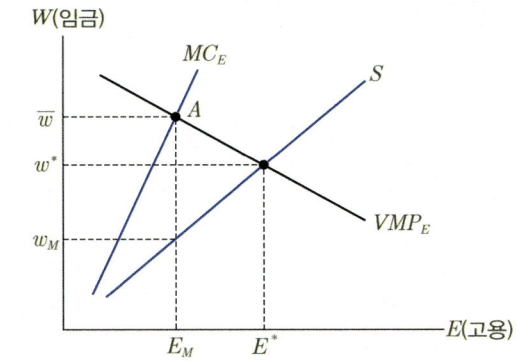

- 위 그림을 통해 알 수 있는 사실은 다음과 같다.
- ①차별을 하지 않는 수요독점기업은 경쟁시장 고용량 E^*보다 적은 수준의 E_M만큼만 고용한다. 따라서 수요독점에서는 불완전고용이 이루어진다.
- ②수요독점의 근로자들은 경쟁임금 w^*보다도 적은 w_M 수준의 임금을 지급받는다. 따라서 수요독점시장의 근로자들이 부당하게 착취당한다고 해석할 수 있다.

[물음 2]

노동의 한계비용
- 정부가 최저임금 $\overline{w}$을 도입한 경우, 노동의 한계비용곡선은 그림의 굵게 표시된 실선이 된다. 그리고 노동공급곡선은 abc선이다.

고용량과 임금
- 수요독점기업은 $VMP_E = MC_E$에서 $\overline{E}$ 수준의 근로자를 고용하고 최저임금 $\overline{w}$만큼을 지급한다. 즉, 최저임금 제도가 기업의 고용수준을 E_M에서 $\overline{E}$로 증가시키고, 근로자들이 수령하는 임금을 w_M에서 $\overline{w}$로 증가시킴을 알 수 있다.

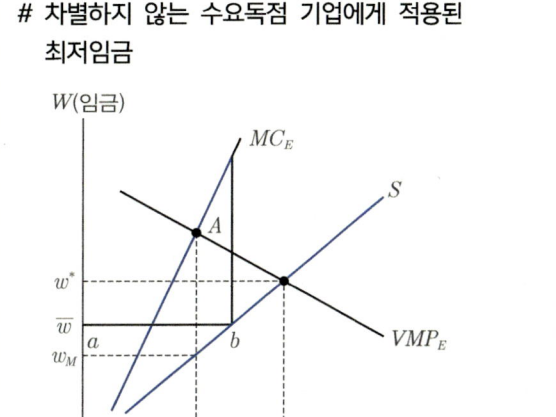

차별하지 않는 수요독점 기업에게 적용된 최저임금

문제 3

[물음 1]

교육과 생산성의 관계
- 인적자본이론에 따르면, 교육과 훈련이 생산성을 향상시키는 A경로와 이 향상된 생산성이 더 높은 노동수익을 가져오는 B경로가 존재한다.

인적자본이론의 결함
- 인적자본이론이 전제하는 A경로와 B경로의 인과관계는 입증되지 못했으며, 교육과 훈련을 많이 받은 사람이 보다 높은 노동수익을 얻는다는 C경로만이 실증적으로 입증되었을 뿐이다. 따라서 A경로와 B경로를 완전히 설명하지 못하는 것이 인적자본이론의 결함으로 지적된다.

교육의 선별 역할
- 신호모형에서는, 교육이나 훈련이 생산성을 직접적으로 증진시키지는 못하고, 기업에게 훈련을 통하여 성과를 올릴 수 있는 고생산성 근로자를 선별하도록 신호를 보내는 역할만이 가능하다고 주장한다. 이러한 논리의 골자는 교육이 노동수익을 높이는 원인이라는 인적자본이론과 반대된다.

고등교육예산의 함의
- 인적자본모형에 따르면, 교육이나 훈련과 같은 인적자본 투자는 소득을 증가시켜 가난과 저소득 문제를 해소한다. 실제로 실무 교육과 장학금 보조 정부 프로그램은 정책 목표 대상의 인적자본 축적을 통한 경제적 지위 향상을 그 근거로 하고 있다.
- 반면 신호모형은 교육이나 훈련이 근로자의 타고난 생산성을 향상시키지 못한다고 주장한다. 이에 따르면 교육 프로그램으로 인적자본을 보조한다고 해도 저생산성 근로자를 고생산성 근로자로 전환시킬 수는 없다.
- 그러나 신호모형 역시 교육의 필요성에 대해서는 긍정하는데, 교육은 근로자를 적재적소에 효율적으로 배치시키는 역할을 하기 때문이다. 고용주는 일정 학력이라는 신호를 통해 고생산성 근로자를 복잡한 기술을 요하는 작업에, 저생산성 근로자를 단순한 기술을 요하는 작업에 배치하는 식으로 교육을 활용할 수 있다. 즉, 교육은 특정 근로자의 인적자본을 증진시키는 효과가 없더라도 양의 사회적 수익률을 가져오는 것이 가능하다.

[물음 2]

저능력자의 경우
- 분리균형이 성립하려면 저능력자는 아예 대학교육을 포기해야 한다. 저능력자가 대학교육을 받지 않을 조건은 다음과 같다.
- $200,000,000$원 $> X$원 $- 150,000,000$원
  $\therefore X < 350,000,000$

고능력자의 경우
- 분리균형이 성립하려면 고능력자는 대학교육을 받아야만 한다. 고능력자가 대학교육을 받을 조건은 다음과 같다.
- $200,000,000$원 $< X$원 $- 50,000,000$원
  $X > 250,000,000$

분리균형
- 저능력사의 경우와 고능력자의 경우를 통합해 확인하면, 다음 조건에서 저능력자는 대학교육을 받지 않고, 고능력자는 대학교육을 받게 된다.
- $250,000,000$원 $< X < 350,000,000$원
- 기업이 과도한 교육연수를 요구하지 않는 한, 고생산성 노동자는 교육을 받아 자발적으로 자신의 생산성을 기업에 신호로 알릴 유인이 있다.

局 정리

2022년 노무사 기출

01 기출 문제

문제 1
근로자의 노동공급 행위에 관한 소득 여가 선택모형을 응용하여 소비(C)-노동시간(E) 평면에서 다음의 물음에 답하시오. 사용할 수 있는 총시간(T)은 15시간이고 시간당 임금률(w)은 1만원이다. (50점)

[물음 1] 개별 근로자의 효용은 소비와 노동시간에 의해 결정된다. 예산선을 수식으로 도출하고 소비의 한계대체율이 체증하는 경우와 체감하는 경우로 나누어 개인의 노동공급선택을 그래프로 나타내고 설명하시오. (30점)

[물음 2] 정부에서 최대 근로시간을 12시간으로 제한하는 규제를 도입할 경우, 예상되는 효과를 그래프로 나타내고 설명하시오. (단, 소비의 한계대체율은 체감한다고 가정한다.) (10점)

[물음 3] 최대 근로시간 규제는 없고 정부가 8시간 초과근로에 대해 1.5만원의 시간당 임금률을 새로 적용하도록 하였다. 현재 8시간 일하는 근로자의 소비, 노동시간 및 효용에 미치는 영향을 그래프로 나타내고 설명하시오. (단, 소비의 한계대체율은 체증한다고 가정한다.) (10점)

문제 2
소득 불평등에 관한 다음 물음에 답하시오. (25점)

[물음 1] 2명이 존재하는 경제에서 1명이 전체 소득의 20%를, 나머지 1명이 80%를 차지한다고 가정할 경우, 로렌츠곡선을 그래프로 나타내고 지니계수를 구하시오. (15점)

[물음 2] 소득 불평등도를 측정하는 지니계수의 한계점 2가지를 설명하시오. (10점)

문제 3
동일 산업 내 일부 기업에 노조가 조직되었고(노조 조직 부문) 나머지 기업들은 무노조 상태로 남아있다고(노조 비조직 부문) 할 때, 노동조합의 임금효과에 대한 다음 물음에 답하시오. (단, 노조 설립 이전에는 모든 기업의 임금 수준이 동일하다고 가정한다.) (25점)

[물음 1] 노조 조직 부문과 비조직 부문간 임금격차를 확대시키는 2가지 효과에 대해 설명하시오. (10점)

[물음 2] 노조 조직 부문과 비조직 부문간 임금격차에 관한 위협효과(threat effects)와 대기실업효과(wait unemployment effects)를 각각 설명하시오. (10점)

[물음 3] 노조 조직 부문과 비조직 부문간 임금격차를 노동조합의 진정한 임금효과로 보기 어려운 이유를 설명하시오. (5점)

02 채점기준 작성훈련

문제 1

근로자의 노동공급 행위에 관한 소득 여가 선택모형을 응용하여 소비(C)-노동시간(E) 평면에서 다음의 물음에 답하시오. 사용할 수 있는 총시간(T)은 15시간이고 시간당 임금률(w)은 1만원이다. (50점)

[물음 1] 개별 근로자의 효용은 소비와 노동시간에 의해 결정된다. 예산선을 수식으로 도출하고 소비의 한계대체율이 체증하는 경우와 체감하는 경우로 나누어 개인의 노동공급선택을 그래프로 나타내고 설명하시오. (30점)

예산선	수식
	그래프
한계대체율이 체증하는 경우	서술
	그래프
한계대체율이 체감하는 경우	서술
	그래프

[물음 2] 정부에서 최대 근로시간을 12시간으로 제한하는 규제를 도입할 경우, 예상되는 효과를 그래프로 나타내고 설명하시오. (단, 소비의 한계대체율은 체감한다고 가정한다.) (10점)

극단적 여가선호자	서술
	그래프
극단적 근로선호자	서술
	그래프

[물음 3] 최대 근로시간 규제는 없고 정부가 8시간 초과근로에 대해 1.5만원의 시간당 임금률을 새로 적용하도록 하였다. 현재 8시간 일하는 근로자의 소비, 노동시간 및 효용에 미치는 영향을 그래프로 나타내고 설명하시오. (단, 소비의 한계대체율은 체증한다고 가정한다.) (10점)

할증임금의 영향	그래프
	서술-소비, 노동시간, 효용

문제 2

소득 불평등에 관한 다음 물음에 답하시오. (25점)

[물음 1] 2명이 존재하는 경제에서 1명이 전체 소득의 20%를, 나머지 1명이 80%를 차지한다고 가정할 경우, 로렌츠곡선을 그래프로 나타내고 지니계수를 구하시오. (15점)

로렌츠곡선	서술
	그래프
지니계수	서술
	수식

[물음 2] 소득 불평등도를 측정하는 지니계수의 한계점 2가지를 설명하시오. (10점)

지니계수의 한계점	서술
	그래프

문제 3

동일 산업 내 일부 기업에 노조가 조직되었고(노조 조직 부문) 나머지 기업들은 무노조 상태로 남아있다고(노조 비조직 부문) 할 때, 노동조합의 임금효과에 대한 다음 물음에 답하시오. (단, 노조 설립 이전에는 모든 기업의 임금 수준이 동일하다고 가정한다.) (25점)

[물음 1] 노조 조직 부문과 비조직 부문간 임금격차를 확대시키는 2가지 효과에 대해 설명하시오. (10점)

보상적 임금격차	서술
파급효과	서술

[물음 2] 노조 조직 부문과 비조직 부문간 임금격차에 관한 위협효과(threat effects)와 대기실업효과(wait unemployment effects)를 각각 설명하시오. (10점)

위협효과	서술
대기실업효과	서술

[물음 3] 노조 조직 부문과 비조직 부문간 임금격차를 노동조합의 진정한 임금효과로 보기 어려운 이유를 설명하시오. (5점)

노조 임금격차	서술
노조 가입 선택편의	서술
보상 편의	서술

03 모범 답안

문제 1

[물음 1]

소비-여가모형에서의 효용극대화

- 근로자는 무차별곡선과 예산선이 접하는 지점, 즉, 무차별곡선과 예산선의 기울기가 같은 지점에서 최적 근로시간(E)과 소비(C)를 결정함으로써 효용을 극대화한다. 따라서 소비-여가모형에서 근로자가 효용을 극대화하는 조건은 다음과 같다. $MRS_{EC} = w$

예산제약선

- 예산제약 $C = w \cdot (T-L) + V = 1 \cdot (15-L) = E$ 하에서 효용 $U = f(E,C)$를 극대화하는 그래프를 도해하면 다음과 같다. 이때 E는 비재화, C는 재화이기에 예산선은 우상향하고, 비근로소득 $(15-L)$이기에 원점을 지나며 시간당 임금률 $(15-L)$이기에 기울기가 1로, 45°인 직선이다.

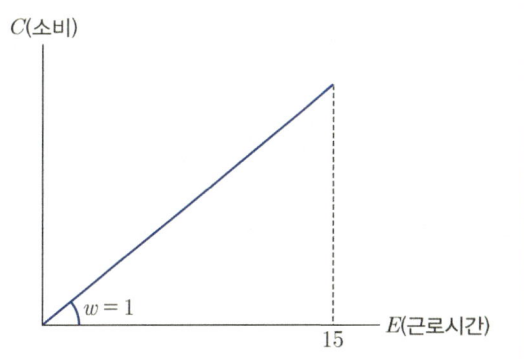

무차별곡선

- 소비의 한계대체율 MRS_{EC}는 무차별곡선의 접선의 기울기이다. 소비 C가 재화이고 노동시간 E가 비재화이기에 무차별곡선은 우상향하는 형태를 갖는다. 또, 비재화인 근로시간이 적고 원점에서 멀수록 높은 효용을 갖게 되기에 무차별곡선은 좌상방에 위치할수록 더 높은 효용수준을 의미한다.

① 소비의 한계대체율이 체증하는 경우

- 소비의 한계대체율이 체증($MRS_{EC}^a < MRS_{EC}^b$)하는 경우, 근로자가 극단적인 소비보다 균형의 소비를 선호한다고 해석할 수 있다. 즉, 소비나 근로시간에 치우친 소비보다 비교적 균등한 조합에서 더 높은 효용을 얻는다.($U_1 > U_0$) 따라서 소비의 한계대체율이 체증하는 경우의 그래프는 다음과 같이 볼록하게 도해할 수 있다.
- 점 a에서는 소비의 한계대체율이 여가의 상대가격보다 낮기에 노동시간을 늘려야 하고, 점 b에서는 소비의 한계대체율이 여가의 상대가격보다 높기에 노동시간을 줄여야 한다. 결국 예산선과 무차별곡선이 교차하는 a와 b의 근로-소비조합이 아닌 예산선과 무차별곡선이 접하는 c점에서 근로자의 효용극대화가 이루어진다.

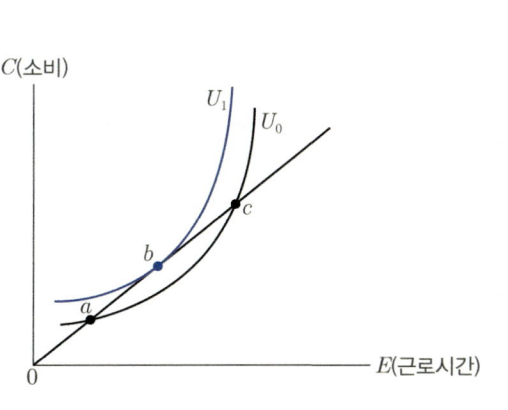

② 소비의 한계대체율이 체감하는 경우
- 소비의 한계대체율이 체감($MRS_{EC}^a > MRS_{EC}^b$)하는 경우, 근로자가 균형의 소비보다 극단적인 소비를 선호한다고 해석할 수 있다. 즉, 소비나 근로시간의 균등한 조합보다 비교적 한쪽에 치우친 조합에서 더 높은 효용을 얻는다.($U_1 > U_0$) 따라서 소비의 한계대체율이 체감하는 경우의 그래프는 다음과 같이 오목하게 도해할 수 있다.
- 최적 노동공급 시간은 예산선과 무차별곡선이 교차하는 a와 b의 근로-소비조합이 아닌 무차별곡선과 예산선의 모서리해인 e_C^*와 e_L^*에서 결정된다. 점 a에서는 소비의 한계대체율이 여가의 상대가격보다 높기에 노동시간을 줄여야 하고, 점 b에서는 소비의 한계대체율이 여가의 상대가격보다 낮기에 노동시간을 늘려야 한다. 즉, 소비의 한계대체율이 체감하는 형태의 무차별곡선을 가진 근로자는 기타재와 여가를 극단적으로 소비하여 효용극대화를 달성할 수 있다.

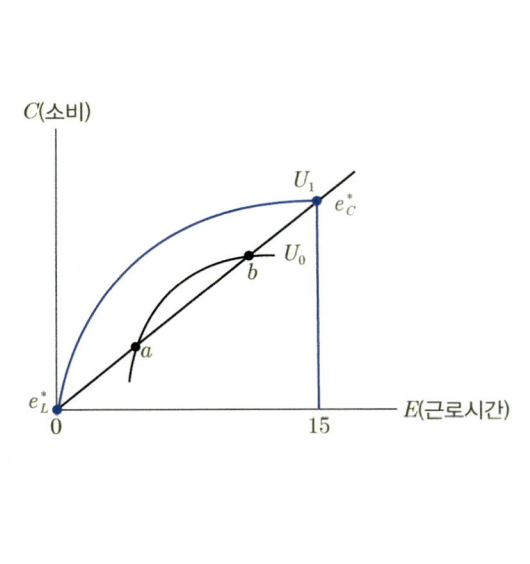

[물음 2]
정부에서 최대 근로시간을 12시간으로 제한하는 규제를 도입할 경우, 예상되는 효과는 다음과 같다.

소비의 한계대체율 체감

① 극단적인 여가선호자
- 극단적인 여가선호자는 점 P에서 소비의 한계대체율이 여가의 상대가격보다 높기에 근로시간과 효용은 변화가 없다.

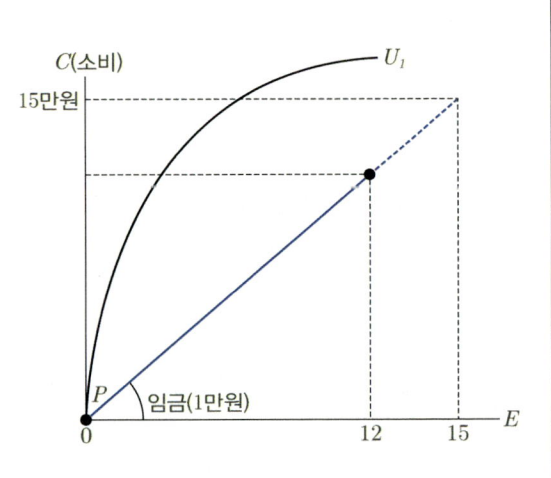

② 극단적인 근로선호자
- 극단적인 근로선호자는 P점에서 A점으로 이동하여도, 소비의 한계대체율이 여가의 상대가격보다 낮기에 근로시간은 15시간에서 12시간으로 감소하고, 효용도 U_1에서 U_0로 감소한다.

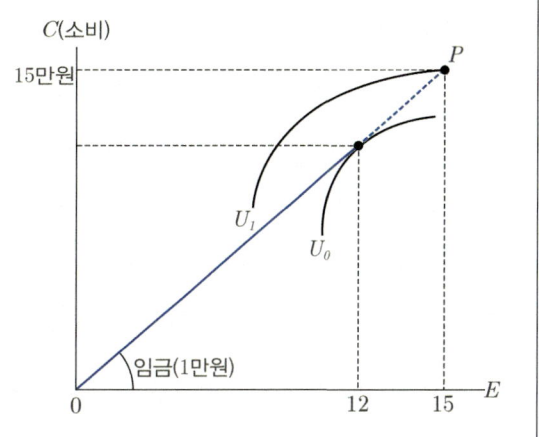

[물음 3]

초과근로 할증임금

- 정부가 8시간 초과근로에 대해 50%의 임금을 가산하는 할증임금을 도입하는 경우, 8시간 노동공급을 기준으로 시간당 임금률이 1만 원에서 1.5만 원으로 상승한다. 따라서 C-E 평면에서 예산선은 e_0를 기준으로 반시계 방향으로 회전이동한다.

노동공급의 증가

- 근로자는 기존에 무차별곡선과 예산선이 접하는 e_0에서 효용극대화를 달성한다.
- 정부에 의해 8시간 이상 초과근로에 대한 할증임금이 도입되면 시간당 임금률이 상승하여 여가의 상대가격이 상승한다. 따라서 상대가격이 높아진 여가를 줄이고 노동공급을 늘려 새로운 e_1점에서 효용을 극대화하게 되는데, 이는 기존 근로자가 누리던 효용보다 높다.($U_1 > U_0$)

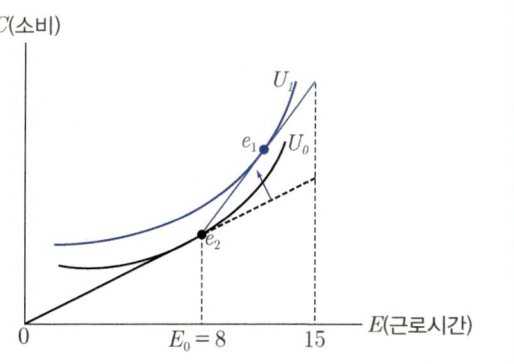

문제 2

[물음 1]

소득분배지표

소득분배지표란, 계층별 소득분배를 소득의 원천과 무관하게 고소득층과 저소득층 간으로 구분하여 소득이 얼마나 공평하게 분배되고 있는지 나타내는 지표이다.

로렌츠곡선

- 로렌츠곡선은 인구의 누적점유율에 따른 소득의 누적점유율을 표시한 궤적으로, 소득분배를 서수적으로 측정하는 지표이다. 로렌츠곡선이 45° 대각선에 가까울수록 소득분배상태는 평등해지고, 좌우반전된 L자 형태에 가까울수록 소득분배상태는 불평등해진다.

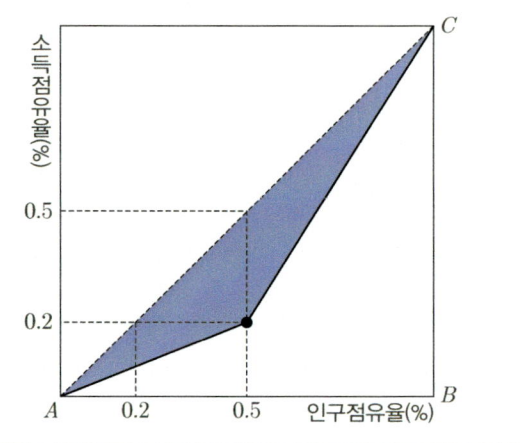

지니계수

- 지니계수는 로렌츠곡선이 반영하는 소득분배상태를 기수적으로 측정한 소득분배지표로, 로렌츠곡선은 서로 교차할 경우 양 소득분배상태를 비교하기 곤란한 반면, 지수로 나타낼 수 있다는 점을 이용하여 로렌츠곡선보다 소득분배상태 비교가 용이하다는 장점이 있다. 지니계수는 완전 평등한 상태에서는 0, 완전 불평등한 상태에서는 1의 값을 가진다. 즉, 지니계수가 작아질수록 평등한 상태를 의미한다.
- 지니계수 $= \dfrac{\triangle ACD}{\triangle ABC}$ 로 $\dfrac{(0.3 \times 0.2 \times \frac{1}{2}) + (0.3 \times 0.8 \times \frac{1}{2})}{1 \times 1 \times \frac{1}{2}} = 0.3$ 이다.

[물음 2]

#지니계수의 한계

① 소득 불평등도의 과소평가
- 지니계수는 로렌츠곡선이 이루는 면적을 계산하여 소득 불평등도를 측정하는데, 넓이를 측정하기 위해서는 로렌츠곡선이 직선이라는 가정, 즉 하위 계층 50%가 소득 20%를 균등하게 점유하고 있다는 가정이 추가되어야 한다.
- 현실적으로 동일 계층 내에서도 소득에 대한 점유율은 상이하고 통상적으로 동일 계층 내에서도 상위 계층으로 갈수록 더 많은 소득을 점유하는 경향을 반영하면, 로렌츠곡선은 수평축에 대해 볼록하게 그려져야 한다.
- 이러한 형태의 로렌츠곡선에서는 원점을 지나는 직선과 실제 로렌츠곡선이 이루는 면적을 정확히 계산할 수 없기에 현실의 소득 불평등도를 온전하게 측정할 수 없다는 한계가 존재한다.
- 따라서 위 그림과 같이 지니계수를 계산하기 위해 동일 계층 내 소득을 균등하게 보유한다는 가정은 로렌츠곡선을 직선 형태로 만들고, 이는 현실의 로렌츠곡선보다 적은 면적을 가지게 만들기에 현실의 소득 불평등도를 과소평가한다는 편의가 발생한다.

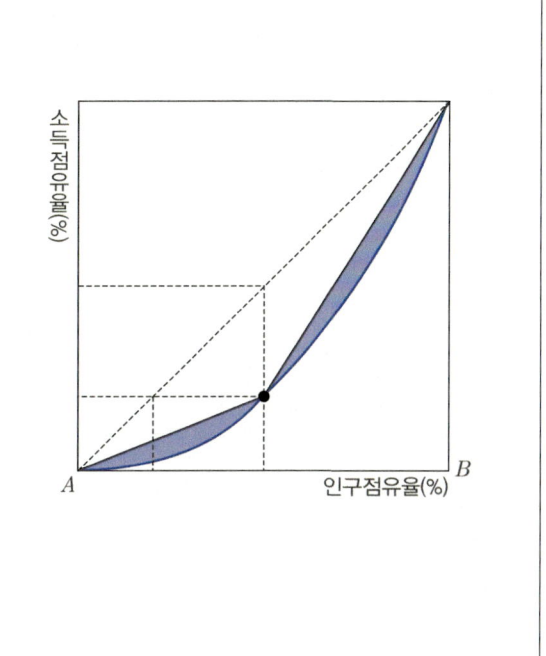

② 소득 불평등도 비교 불가능
- 지니계수는 로렌츠곡선이 교차하는 경우 소득 불평등도를 서로 비교할 수 없다는 한계를 극복하기 위해 제안되었다. 그러나 지니계수 역시 지니계수가 동일한 경우, 소득불평등도를 비교할 수 없다는 내재적 한계가 존재한다.
- 하위 계층 50%가 소득 20%를 점유하고 상위 계층 50%가 소득 80%를 점유하는 상황과, 하위 계층 80%가 소득 50%를 점유하고 상위 계층 20%가 소득 50%를 점유하는 상황은 분명 소득 분배가 상이하나, 지니계수는 0.3으로 동일하게 나타난다.

문제 3

[물음 1]

노조 조직 부문과 비조직 부문 간 임금격차를 확대시키는 효과

① 보상적 임금격차
- 독점적 노조는 임금인상을 통해 효용극대화를 추구하기에 고용의 감소로 인한 효용 하락분을 상회하도록 기존보다 높은 임금을 기업에게 요구한다.
- 고용의 감소를 상쇄하는 보상임금보다 높은 임금이 지급되면 노조원의 효용은 상승하고 유노조 부문과 무노조 부문 간 임금격차가 확대된다.

② 파급효과
- 노조가 조직되면 유노조 부문의 임금이 상승하면서 노동수요가 감소하고, 이 때문에 고용이 감소하면서 실업이 발생한다.
- 유노조 부문에서 퇴출된 실업자가 비노조 부문으로 이동하면서 비노조 부문의 노동공급을 증가시키고, 이로 인해 비노조 부문의 임금이 하락하는 파급효과가 발생한다.

[물음 2]

위협효과
- 위협효과는 무노조 기업이 노조 설립 가능성에 위협을 느껴 노조 설립을 방지하고자 임금을 미리 인상시킴으로써 나타나는 효과로, 유노조 부문과 무노조 부문의 임금격차를 축소한다. 즉, 노조는 그 존재 자체만으로도 무노조 기업의 근로자에게 긍정적인 영향을 미친다.
- 따라서 유노조 부문과 무노조 부문 간 임금격차는 노조가 임금에 미치는 진정한 효과를 과소 추정함을 알 수 있다.

대기실업효과
- 유노조 부문과 무노조 부문 간 임금격차가 클 경우, 유노조 부문에서 퇴출된 실직자가 무노조 부문으로 이동하지 않고 유노조 부문에서 구직활동을 하며 대기하고, 무노조 부문에서는 높은 임금의 유노조 일자리를 찾아 구직활동을 함으로써 무노조 부문의 임금이 상승하는 현상을 대기실업효과라 한다.
- 유노조 부문의 임금은 무노조원의 기존 임금보다 높다. 이로 인해 유인된 무노조원이 유노조 부문으로 이동하면 무노조 부문의 노동공급이 감소하면서 무노조 부문의 임금이 상승한다. 따라서 숙련도에 따른 유노조 부문과 무노조 부문의 진정한 임금격차는 대기실업효과에 의해 과소 추정됨을 알 수 있다.

[물음 3]

노조 임금격차

- 노조 임금격차는 노조가 노동공급의 독점적 지위를 활용해 시장 균형임금보다 더 높은 임금을 획득하면서 생기는 차이로, 다음과 같이 계산할 수 있다.

- 노조임금격차 = $\dfrac{\text{유노조 부문의 평균임금}(\overline{W_U}) - \text{무노조 부문의 평균임금}(\overline{W_N})}{\text{무노조 부문의 평균임금}(\overline{W_N})}$

- 독점적 노조의 교섭력 외에 노조 가입여부가 강제적이기 때문에 생기는 선택편의가 존재하거나 유노조 부문과 무노조 부문의 임금-부가혜택 패키지에 영향을 미치는 사회경제적 변수들이 간과되는 경우, 노조 임금격차는 노동조합의 진정한 임금효과를 과대 혹은 과소 추정할 수 있다.

노조 가입의 선택편의: 과대평가

- 유노조 부문은 무노조 부문과의 임금격차를 확대하는데, 노조 내에서는 공평성을 통한 단합으로 교섭력을 제고하기 위해 유노조원 간 숙련도 차이에 대한 보상수준을 낮추려 한다. 따라서 기업은 노조원의 해고가 어려울 뿐만 아니라, 생산성에 비례한 차등적 임금의 지급이 곤란해진다. 이윤극대화를 추구하는 유노조 기업의 경우, 노동력에 투입되는 높은 비용을 고려하여 높은 생산성을 지닌 근로자를 선별하고자 한다. 이렇듯 장기적으로 무노조 부문의 근로자보다 비교적 높은 생산성을 지닌 지원자, 근로자들이 유노조 부문의 군집하기에 상대적 숙련도의 차이는 확대될 것이다.

- 결국 동일 숙련도를 지닌 근로자가 유노조 부문과 무노조 부문을 자유로이 선택하는 것이 아니라, 상대적 고생산성 근로자가 유노조 부문에 선택되는 편의가 존재하기에 이는 노조가 임금에 미치는 효과를 과대 추정할 수 있다.

보상의 편의: 과소평가

- 기업은 근로자에게 보험서비스, 휴가 및 병가, 연금 등 다양한 보상 패키지를 제공할 수 있으며, 임금은 이 보상 패키지의 일부에 불과하다. 실증적 통계에 따르면, 부가혜택 패키지에서 임금이 차지하는 비율은 유노조 부문이 무노조 부문보다 높은 것으로 나타난다.

- 따라서 유노조 부문이 전체 보수 총합인 부가혜택 패키지의 차이에 미치는 영향은 임금격차를 상회한다. 결국 숙련에 대한 보상에 미치는 사회경제적 변수가 모형 내에서 내생변수로 고려되지 않는 경우, 노조의 임금격차는 실제보다 과소 추정될 수 있다.

2021년 노무사 기출

01 기출 문제

문제 1

소득-여가 선택모형을 이용하여 개별근로자의 노동공급 결정에 관한 다음 물음에 답하시오. (50점)

[물음 1] 비근로소득(non-labor income)이 증가할 경우 근로시간에 어떤 영향을 미칠 수 있는지 그래프를 그리고 설명하시오. (30점)

[물음 2] 소비(C)와 여가(L)에 의해 결정되는 개별 근로자의 효용함수가 $U(C, L) = 2CL$이라면 소비의 한계대체율은 $\frac{C}{L}$이다. 이때 시간당 임금(w)이 10,000원이고, 사용할 수 있는 총 시간(T) 20시간은 일을 하거나 여가로만 사용되며, 비근로소득이 10만원인 경우, 이 사람의 근로시간을 계산하고 그래프로 나타내시오. (단, 소비의 가격은 1이다.) (10점)

[물음 3] 위의 [물음 2] 상황에서 비근로소득이 14만원으로 증가하는 경우, 근로시간의 변화를 계산하여 설명하고 그래프로 나타내시오. (10점)

문제 2

아래 <표>는 한 나라의 노동시장 현황을 나타내고 있다. 다음 물음에 답하시오. (계산이 필요한 경우 풀이과정을 쓰고 답을 구하시오.) (25점)

<표> 노동시장 현황 (단위: 만 명)

총 인구	15세 이상 인구	취업자	실업자
4,800	2,800	1,260	420

[물음 1] 경제활동참가율(%)은 얼마인가? (5점)

[물음 2] 실업률(%)은 얼마인가? (5점)

[물음 3] 고용률(%)은 얼마인가? (5점)

[물음 4] 위 <표>의 실업자 일부가 일자리를 찾는 것을 포기하고 비경제활동인구로 이동하면 고용률에는 어떤 변화가 생기는가? (5점)

[물음 5] 경제활동참가율과 고용률에 대한 정보가 주어진다면, 이 정보를 이용하여 실업률을 어떻게 계산할 수 있는지 설명하시오. (5점)

문제 3

어떤 기업에 속한 노동조합의 효용함수가 $U(W, E) = WE$라고 하자. 여기서 W는 임금, E는 고용 수준이다. 이 기업의 노동조합은 독점적 노조이다. 다음 물음에 답하시오. (25점)

[물음 1] 이 노동조합의 무차별곡선을 그리시오. (5점)

[물음 2] 독점적 노조하에서 임금과 고용이 어떻게 결정되는지 그래프로 그리고 설명하시오. (15점)

[물음 3] 독점적 노조하에서의 균형임금과 고용은 파레토 효율적(Pareto Efficient)이지 않다는 것을 그래프로 그리고 설명하시오. (15점)

02 채점기준 작성훈련

문제 1

소득-여가 선택모형을 이용하여 개별근로자의 노동공급 결정에 관한 다음 물음에 답하시오. (50점)

[물음 1] 비근로소득(non-labor income)이 증가할 경우 근로시간에 어떤 영향을 미칠 수 있는지 그래프를 그리고 설명하시오. (30점)

비근로소득 증가 시 근로시간에의 영향	서술
	그래프

[물음 2] 소비(C)와 여가(L)에 의해 결정되는 개별 근로자의 효용함수가 $U(C, L) = 2CL$이라면 소비의 한계대체율은 $\dfrac{C}{L}$이다. 이때 시간당 임금(w)이 10,000원이고, 사용할 수 있는 총 시간(T) 20시간은 일을 하거나 여가로만 사용되며, 비근로소득이 10만원인 경우, 이 사람의 근로시간을 계산하고 그래프로 나타내시오. (단, 소비의 가격은 1이다.) (10점)

근로자의 근로시간	서술
	수리식
	그래프

[물음 3] 위의 [물음 2] 상황에서 비근로소득이 14만원으로 증가하는 경우, 근로시간의 변화를 계산하여 설명하고 그래프로 나타내시오. (10점)

비근로소득 증가 시 근로시간의 변화	서술
	수리식
	그래프

문제 2

아래 <표>는 한 나라의 노동시장 현황을 나타내고 있다. 다음 물음에 답하시오. (계산이 필요한 경우 풀이과정을 쓰고 답을 구하시오.) (25점)

<표> 노동시장 현황 (단위: 만 명)

총 인구	15세 이상 인구	취업자	실업자
4,800	2,800	1,260	420

[물음 1] 경제활동참가율(%)은 얼마인가? (5점)

경제활동참가율	수리식

[물음 2] 실업률(%)은 얼마인가? (5점)

실업률	수리식

[물음 3] 고용률(%)은 얼마인가? (5점)

고용률	수리식

[물음 4] 위 <표>의 실업자 일부가 일자리를 찾는 것을 포기하고 비경제활동인구로 이동하면 고용률에는 어떤 변화가 생기는가? (5점)

실망실업자로 인한 고용률의 변화	서술

[물음 5] 경제활동참가율과 고용률에 대한 정보가 주어진다면, 이 정보를 이용하여 실업률을 어떻게 계산할 수 있는지 설명하시오. (5점)

경제활동참가율과 고용률을 통한 실업률 계산	수리식
	서술

문제 3

어떤 기업에 속한 노동조합의 효용함수가 $U(W, E) = WE$라고 하자. 여기서 W는 임금, E는 고용 수준이다. 이 기업의 노동조합은 독점적 노조이다. 다음 물음에 답하시오. (25점)

[물음 1] 이 노동조합의 무차별곡선을 그리시오. (5점)

무차별곡선	그래프

[물음 2] 독점적 노조하에서 임금과 고용이 어떻게 결정되는지 그래프로 그리고 설명하시오. (10점)

독점적 노조 하 임금과 고용	서술
	그래프

[물음 3] 독점적 노조하에서의 균형임금과 고용은 파레토 효율적(Pareto Efficient)이지 않다는 것을 그래프로 그리고 설명하시오. (10점)

독점적 노조의 파레토 비(非)효율성	서술
	그래프

03 모범 답안

문제 1

[물음 1]

무차별곡선과 예산선의 기본 가정

① 무차별곡선
일정 효용을 주는 소비와 여가 간 집합의 궤적인 무차별곡선은 한계대체율이 체감하고 원점에 대해 볼록한 형태이다.

② 예산선
비근로소득 V가 있는 상황의 예산선은 $C = wE + V$로, 전체 가용시간은 T로 주어져 있다. 이때 여가시간이 L이라면, 예산선은 $C = wE + V = w(T-L) + V = -wL + wT + V$로 풀어쓸 수 있다.

③ 효용극대화

• 무차별곡선과 예산선이 접하는 점에서 근로자는 효용을 극대화하는 소비와 여가시간을 결정할 수 있다. 이때 무차별곡선의 접선의 기울기로 표현되는 한계대체율 MRS와 예산선의 기울기인 임금률 w가 일치된다.

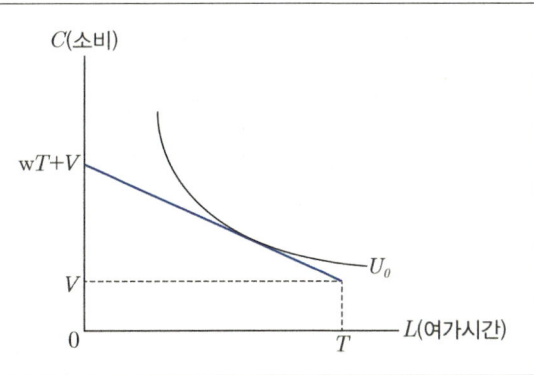

비근로소득 증가 시 효용극대화

- 비근로소득이 증가할 경우 $V+V_0$로, 예산선이 상방으로 이동하고, 임금률은 불변이기에 기울기는 변하지 않는다. 예산선이 평행한 상방에 위치하게 되기에 무차별곡선과도 기존보다 높은 점에서 만난다.
- 즉, 더 높은 효용을 누릴 수 있기에, 비근로소득이 증가하면 근로자의 효용도 증가한다.

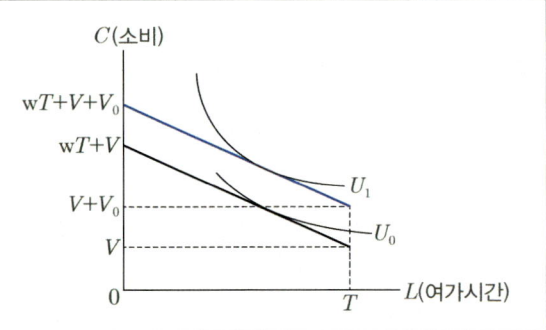

비근로소득의 효과: 노동공급의 변화

- 가격효과는, 실질소득을 불변이라 가정하고 상대가격의 변화를 설명하는 대체효과와 상대가격을 고정시켜놓고 실질소득의 변화를 설명하는 소득효과로 나눌 수 있다.
- 비근로소득의 증가는 기울기인 임금률의 변화없이 소득만 증가시키기에 대체효과는 발생하지 않고 소득효과만 나타난다.

① 정상재인 경우
- 여가가 정상재인 경우, 비근로소득의 증가로 소득이 증가하기에 소득효과($P_0 \to P_1$)로 여가 소비를 증가시키고 노동 공급을 감소시킨다.

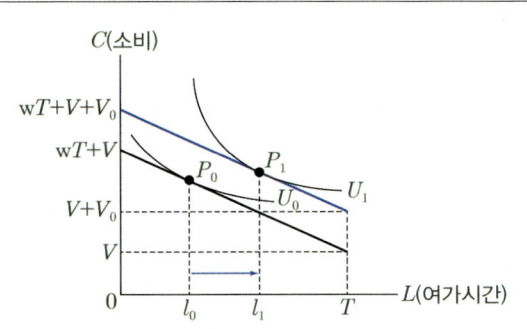

② 열등재인 경우
- 여가가 열등재인 경우, 비근로소득의 증가로 소득이 증가하기에 소득효과($P_0 \to P_1$)로 여가 소비를 감소시키고 노동 공급을 증가시킨다.

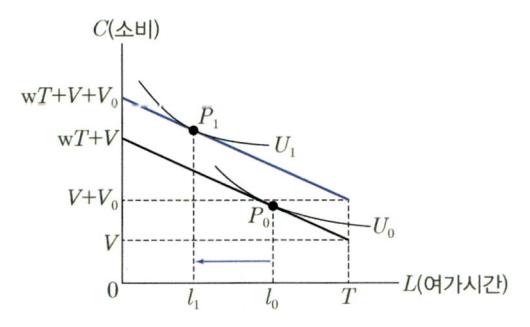

[물음 2]
한계대체율과 예산제약

효용함수가 $U(C,L) = 2CL = 2LC$이기에 $MRS_{LC} = \dfrac{MU_L}{MU_C} = \dfrac{C}{L}$로 계산할 수 있다. 조건에 따라 예산제약식을 도출하면 $C = w(T-L) + V$, $C = 1(20-L) + 10$이다. (단위는 만 원)

근로자의 효용극대화

- 효용극대화는 $MRS_{LC}(=\dfrac{C}{L})$와 $w(=1)$가 일치할 때 달성가능하기에 $C = L$이다.
- 이를 예산제약식 $C = 1(20-L) + 10$에 대입하면 $C = 20 - C + 10$, $2C = 30$으로 $C = L = 15$이다.
- 총시간이 20시간이기에 근로시간은 여가시간인 15시간을 제한 5시간이다. ($20 - 15 = 5$)

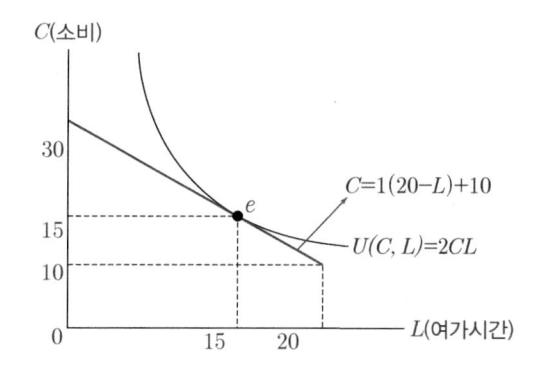

[물음 3]
비근로소득 증가 시 근로시간의 변화

- 비근로소득이 14로 증가했기에 예산제약식은 $C = 1(20-L) + 10$에서 $C = 1(20-L) + 14$로 변화한다.
- 효용극대화는 $MRS_{LC}(=\dfrac{C}{L})$와 $w(=1)$가 일치할 때 달성가능하기에 $C = L$이다.
- 이를 새로운 예산제약식 $C = 20 - C + 14$에 대입하면 $C = 20 - C + 14$, $2C = 34$로 $C = L = 17$이다.
- 총시간이 20시간이기에 근로시간은 여가시간인 17시간을 제한 3시간이다. ($20 - 17 = 3$)

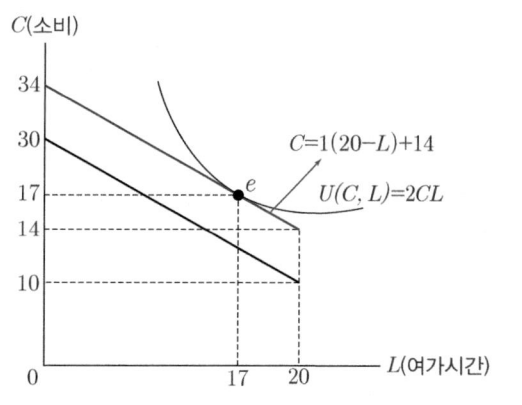

문제 2

[물음 1]

경제활동참가율

- 경제활동참가율은 생산가능인구(15세 이상 인구) 중 경제활동인구(취업자와 실업자의 합)가 차지하는 비중으로, 계산하면 다음과 같다. $\dfrac{1{,}260 + 420}{2{,}800} \times 100 = 60\%$

[물음 2]

실업률

- 실업률은 경제활동인구 중 실업자가 차지하는 비중으로, 계산하면 다음과 같다. $\dfrac{420}{1{,}260 + 420} \times 100 = 25\%$

[물음 3]

고용률

- 고용률은 생산가능인구(15세 이상 인구) 중 취업자가 차지하는 비중으로, 계산하면 다음과 같다. $\dfrac{1{,}260}{2{,}800} \times 100 = 45\%$

[물음 4]

실업자 일부가 비경제활동인구로 편입될 때 고용률의 변화

- 더 이상 구직 노력을 하지 않게 되어 비경제활동인구로 편입된 일부 실업자를 실망 실업자라 한다.
- 실망실업자의 증가는 공식 실업률($\dfrac{\text{실업자}}{\text{경제활동인구}}$)을 낮추면서 실업률 지표가 현실 노동시장을 잘 반영하지 못하게 만들 수 있다.
- 따라서 많은 국가에서는 실망실업자의 효과까지 고려한 고용률 지표를 사용하고 있는데, 고용률의 경우 $\dfrac{\text{취업자}}{\text{생산가능인구}}$ 산식을 사용하기에 실망실업자가 증가하더라도 변하지 않는다.

[물음 5]

경제활동참가율과 고용률을 활용한 실업률 계산

- N을 비경제활동인구, E를 취업자, U를 실업자라 하자. 고용률은 $\dfrac{E}{N+E+U}$이고, 경제활동참가율은 $\dfrac{E+U}{N+E+U}$이다. 이때 고용률을 경제활동참가율로 나누면 $\dfrac{\frac{E}{N+E+U}}{\frac{E+U}{N+E+U}} = \dfrac{E}{E+U}$로, 취업률을 구할 수 있다.

- 취업률과 실업률의 합은 1이기에 1에서 취업률을 제하면 실업률을 구할 수 있다. 즉, $1 - \dfrac{E}{E+U} = \dfrac{U}{E+U}$가 된다.

- 따라서 경제활동참가율과 고용률을 활용하여 실업률을 계산하려면, $1 - \dfrac{\text{고용률}}{\text{경제활동참가율}}$과 같은 산식을 이용한다.

문제 3

[물음 1]

노동조합의 무차별곡선과 예산선

- 노동조합은 임금(W)과 고용수준(E)을 재화로 인식하기에 무차별곡선은 원점에 대해 볼록하고 우하향하는 곡선 형태이다.
- 높은 임금과 많은 고용량의 조합이 큰 효용을 보이기에 우상방으로 갈수록 효용수준은 커진다.
- 예산선은 우하향의 기업의 노동수요곡선(MRP_E)이 기능을 수행한다.

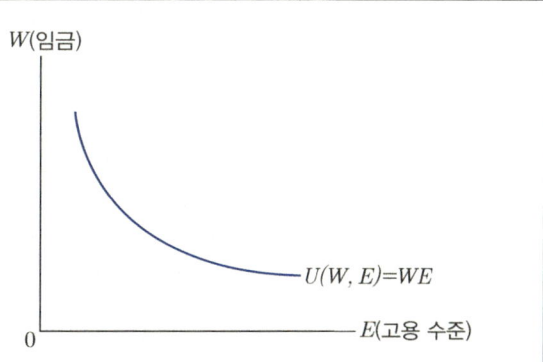

[물음 2]

독점적 노조하 임금과 고용의 결정

- 완전경쟁 노동시장에서 (w_0, E_0)에서 균형을 이룬다고 가정한다.
- 독점적 노동조합은 임금인상($w_0 \to w^*$)을 요구하고, 기업은 고용량을 감소($E_0 \to E^*$)시키지만 보다 높은 효용을 누릴 수 있다.
- 독점적 노동조합은 e점에서 무차별곡선의 기울기인 한계대체율 $MRS_{EW} = \dfrac{MU_E}{MU_W} = \dfrac{W}{E}$ 와 예산제약식으로 기능하는 노동수요곡선의 기울기가 일치하는 지점에서 임금과 고용량을 통해 효용을 극대화한다.

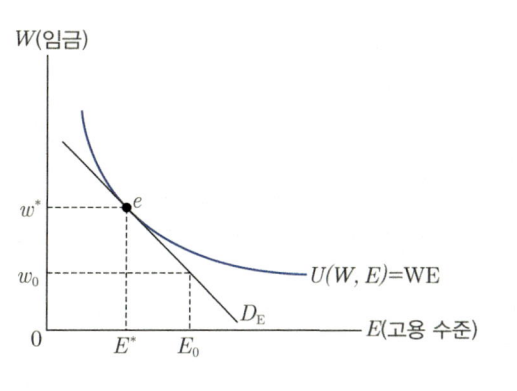

[물음 3]
독점적 노조하 균형은 파레토 비(非)효율적
등이윤곡선은 동일한 수준의 이윤을 산출하는 여러 개의 임금-고용 조합들을 연결한 곡선이다.

① 등이윤곡선
- 기업은 임금(W)과 고용수준(E)을 비재화로 인식하기에 등이윤곡선은 원점에 대해 역 U자 형태이다.
- 낮은 임금과 적은 고용량의 조합이 큰 이윤을 보이기에 하방으로 갈수록 이윤수준은 커진다.

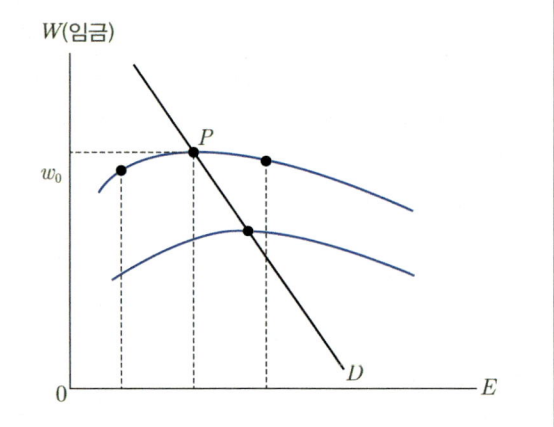

파레토 효율성은 더 이상의 파레토 개선(한 경제 주체의 효용을 감소시키지 않고 나머지 경제 주체의 효용을 증대시키는 것)이 불가능한 상태로, 효율적인 최적의 선택을 의미한다.

② 파레토 비(非)효율적
- 완전경쟁 노동시장에서 A점은 균형점이고, 독점적 노조는 B점에서 효용극대화를 추구한다.
- 기업은 B점과 동일한 무차별곡선상 C점을 독점적 노조에게 제시한다. 기업은 A점보다 이윤이 증가하기 때문이고, 독점적 노조는 동일한 효용을 유지하기에 이를 수용할 수 있다.
- 독점적 노조는 B점과 동일한 등이윤곡선상 D점을 기업에게 제시한다. 독점적 노조는 C점보다 효용이 증가하기 때문이고, 기업은 동일한 이윤을 유지하기에 이를 수용할 수 있다.
- 독점적 노조는 D점에서 효용증가가 가능함에도 B점을 선택한 것은 파레토 비효율적이다.

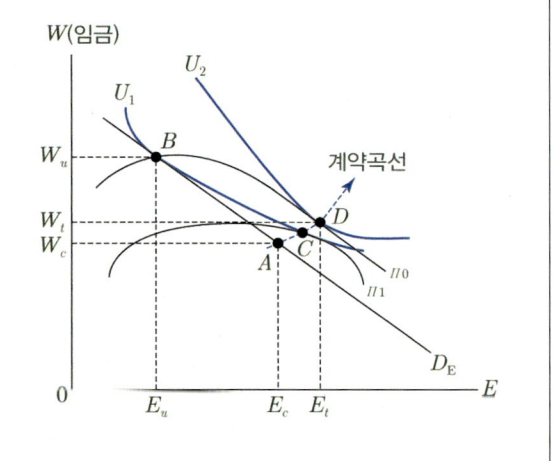

局 정리

2020년 노무사 기출

01 기출 문제

문제 1
소득-여가 선택이론에서 개인의 노동공급 의사결정에 관한 다음 물음에 답하시오. (50점)

[물음 1] 우리나라 국세청에서 현재 시행하고 있는 근로소득장려세제(Earned Income Tax Credit: EITC)를 소득-여가 평면에 그래프로 그리고 설명하시오. (10점)

[물음 2] 근로소득장려세제가 노동공급에 미치는 영향을 소득-여가 평면에서 경우의 수에 따라 그래프로 그리고 설명하시오. (단, 비근로소득은 없으며, 여가는 정상재이고, 임금률 변화시 대체효과의 절대적 크기가 소득효과의 절대적 크기보다 항상 큼) (30점)

[물음 3] 근로소득장려세제로 인해 예상되는 정책효과를 설명하시오. (10점)

문제 2
헤도닉 임금이론에 관한 다음 물음에 답하시오. (가로축은 산업재해율, 세로축은 임금) (25점)

[물음 1] 임금-산업재해율 평면에서 근로자 A와 B의 무차별곡선이 교차한다. 산업재해위험에 대한 두 근로자의 차이를 그래프로 그리고 설명하시오. (5점)

[물음 2] 임금-산업재해율 평면에서 기업의 등이윤곡선(isoprofit curve) 특성 3가지를 그래프로 그리고 설명하시오. (10점)

[물음 3] 현재 근로자와 기업은 최적화상태에 있다. 정부가 산업재해 기준을 강화할 경우 근로자의 효용과 기업의 이윤에 미치는 영향을 헤도닉 임금함수를 이용하여 그래프로 그리고 설명하시오. (10점)

문제 3
노동시장에서 발견되는 남녀간 임금의 차별에 관한 다음 물음에 답하시오. (25점)

[물음 1] 성별에 따른 통계적 차별(statistical discrimination)에 대해 설명하시오. (5점)

[물음 2] 차별을 파악하기 위해 남녀간 평균임금의 격차를 사용하고, 교육연수(S)만이 임금에 영향을 미친다고 가정하자. 남성(M)의 임금함수는 $W_M = \alpha_M + \beta_M \cdot S_M$, 여성(F)의 임금함수는 $W_F = \alpha_F + \beta_F \cdot S_F$로 주어진다. 여기서 α와 β는 각각 절편과 임금계수를 나타낸다. 일명 Oaxaca분해에 의하면, 성별 평균임금격차(WD)는 다음 세 가지 항목으로 구성된다: $WD = A + B + C = (\alpha_M - \alpha_F) + (\beta_M - \beta_F) \cdot \overline{S_F} + \beta_M \cdot (\overline{S_M} - \overline{S_F})$. 여기서, $\overline{S_M}$과 $\overline{S_F}$는 각각 남성과 여성의 평균교육연수를 나타낸다. 만약 WD의 괄호 안이 모두 양(+)이라고 하면, 세 항목(A, B, C) 중 차별에 해당하는 것을 선택하고 그 이유를 설명하시오. (14점)

[물음 3] 임금(세로축)-교육연수(가로축) 평면에 [물음 2]에서 제시된 남녀 임금함수를 그린 후, 수준에서 성별 평균임금격차 중 차별부분을 표시하시오. (6점)

02 채점기준 작성훈련

문제 1

소득-여가 선택이론에서 개인의 노동공급 의사결정에 관한 다음 물음에 답하시오. (50점)

[물음 1] 우리나라 국세청에서 현재 시행하고 있는 근로소득장려세제(Earned Income Tax Credit: EITC)를 소득-여가 평면에 그래프로 그리고 설명하시오. (10점)

EITC	서술
	그래프

[물음 2] 근로소득장려세제가 노동공급에 미치는 영향을 소득-여가 평면에서 경우의 수에 따라 그래프로 그리고 설명하시오. (단, 비근로소득은 없으며, 여가는 정상재이고, 임금률 변화시 대체효과의 절대적 크기가 소득효과의 절대적 크기보다 항상 큼) (30점)

임금상승구간	서술
	그래프
평탄구간	서술
	그래프
부의소득세구간	서술
	그래프

[물음 3] 근로소득장려세제로 인해 예상되는 정책효과를 설명하시오. (10점)

EITC 기대효과	서술

문제 2

헤도닉 임금이론에 관한 다음 물음에 답하시오. (가로축은 산업재해율, 세로축은 임금) (25점)

[물음 1] 임금-산업재해율 평면에서 근로자 A와 B의 무차별곡선이 교차한다. 산업재해위험에 대한 두 근로자의 차이를 그래프로 그리고 설명하시오. (5점)

A와 B의 무차별곡선	서술
	그래프

[물음 2] 임금-산업재해율 평면에서 기업의 등이윤곡선(isoprofit curve) 특성 3가지를 그래프로 그리고 설명하시오. (10점)

등이윤곡선	서술
	그래프

[물음 3] 현재 근로자와 기업은 최적화상태에 있다. 정부가 산업재해 기준을 강화할 경우 근로자의 효용과 기업의 이윤에 미치는 영향을 헤도닉 임금함수를 이용하여 그래프로 그리고 설명하시오. (10점)

규제 시 영향	서술
	그래프

문제 3

노동시장에서 발견되는 남녀간 임금의 차별에 관한 다음 물음에 답하시오. (25점)

[물음 1] 성별에 따른 통계적 차별(statistical discrimination)에 대해 설명하시오. (5점)

성별에 따른 통계적 차별	그래프
	서술

[물음 2] 차별을 파악하기 위해 남녀간 평균임금의 격차를 사용하고, 교육연수(S)만이 임금에 영향을 미친다고 가정하자. 남성(M)의 임금함수는 $W_M = \alpha_M + \beta_M \cdot S_M$, 여성($F$)의 임금함수는 $W_F = \alpha_F + \beta_F \cdot S_F$로 주어진다. 여기서 α와 β는 각각 절편과 임금계수를 나타낸다. 일명 Oaxaca분해에 의하면, 성별 평균임금격차(WD)는 다음 세 가지 항목으로 구성된다: $WD = A + B + C = (\alpha_M - \alpha_F) + (\beta_M - \beta_F) \cdot \overline{S_F} + \beta_M \cdot (\overline{S_M} - \overline{S_F})$. 여기서, $\overline{S_M}$과 $\overline{S_F}$는 각각 남성과 여성의 평균교육연수를 나타낸다. 만약 WD의 괄호 안이 모두 양(+)이라고 하면, 세 항목(A, B, C) 중 차별에 해당하는 것을 선택하고 그 이유를 설명하시오. (14점)

오하카-블라인더 분해 기법	수식
	서술

[물음 3] 임금(세로축)-교육연수(가로축) 평면에 [물음 2]에서 제시된 남녀 임금함수를 그린 후, 수준에서 성별 평균임금격차 중 차별부분을 표시하시오. (6점)

성별 평균임금격차 중 차별에 기인한 부분	그래프

03 모범 답안

문제 1

[물음 1]

근로장려세제(EITC)

- 근로장려세제, EITC는 일정액 이하의 저소득 근로자에 대하여 근로장려금을 지급함으로써 근로를 장려하고, 실질소득을 지원하는 근로연계형 소득지원제도로, 통상적인 현금보조와는 달리 근로유인을 제고할 수 있다는 이점이 존재한다.

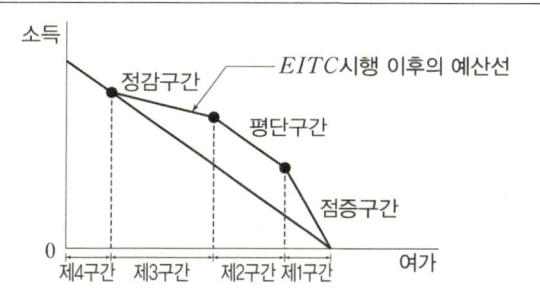

[물음 2]

EITC가 노동공급에 미치는 영향

①은 점증구간(임금상승구간)으로, 대체효과(EITC → P여가↑ → 여가소비↓ → 노동공급↑)가 더 크기에 P에서 R로 이동하면서 근로자가 노동시장으로 유인됨을 알 수 있다.	
②는 평탄구간으로, 대체효과없이 소득효과(EITC → 실질소득↑ → 여가소비↑ → 노동공급↓)만 작동하기에 P에서 R로 이동하면서 노동공급이 감소한다.	
③은 점감구간(부의 소득세구간)으로, 대체효과(대체효과: EITC→P여가↓→여가소비↑→노동공급↓)가 더 크기에 P에서 R로 이동하면서 근로시간이 단축된다.	

[물음 3]

EITC 정책의 기대효과

통상적인 복지급여 프로그램은 현금 보조 방식을 사용한다. 이러한 정책 프로그램은 노동시장 바깥에 있는, 즉, 노동을 하지 않는 사람들을 대상으로 하기에 근로유인을 크게 감소시켜 프로그램 참여자가 노동시장에서 이탈할 확률을 높인다.

근로장려세제, EITC는 일을 하는 중인 근로자에게 보조금을 지급하는 방식으로, 노동시장에 진입한 근로자의 순임금을 증가시킨다. 따라서 근로유인을 제고하는 효과가 있기에 근로장려세제 수급자격을 갖춘 정책대상이 노동시장에 참가할 확률을 높인다.

문제 2

[물음 1]

산업재해위험에 대한 근로자 A와 B의 차이

- 위험기피적인 근로자 A와 B는, 임금(W)을 재화, 산업재해율(P)을 비재화로 인식하기에 무차별곡선은 아래로 볼록하고 우상향하는 곡선 형태이다.
- 높은 임금과 적은 산업재해율의 조합이 큰 효용을 보이기에 좌상방으로 갈수록 효용수준은 커진다.
- 무차별곡선의 기울기 MRS_{PW}는 근로자가 더 위험한 직업으로 전환할 때 요구하는 유보임금과 동일하다.
- 근로자 A의 무차별곡선은 비교적 가파르기에, A는 위험에 대해 높은 유보임금을 가진다. 반면 근로자 B의 무차별곡선은 비교적 완만하기에 B는 위험에 대해 낮은 유보임금을 가짐을 알 수 있다. 즉, 근로자 A에 비해 근로자 B가 위험에 대해 덜 기피적이다.

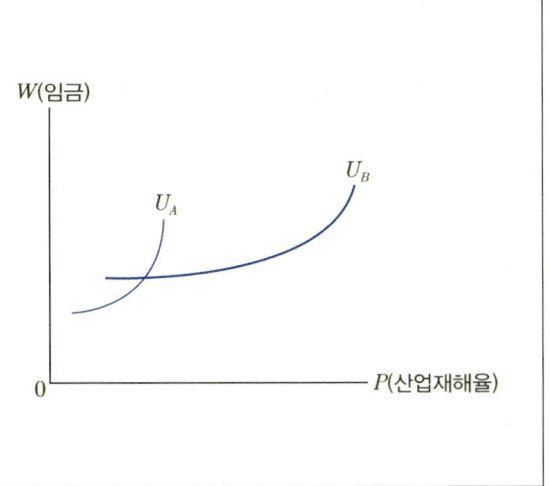

[물음 2]
임금-산업재해율 평면에서 기업의 등이윤곡선

- 기업은 임금(W)을 비재화, 산업재해율(P)을 재화(산업재해를 줄이는데 비용수반)로 인식하기에 등이윤곡선은 아래로 오목(①)하고 우상향(②)하는 곡선 형태이다.
- 적은 임금과 많은 산업재해율의 조합이 큰 이윤을 보이기에 우하방(③)으로 갈수록 이윤수준은 커진다.

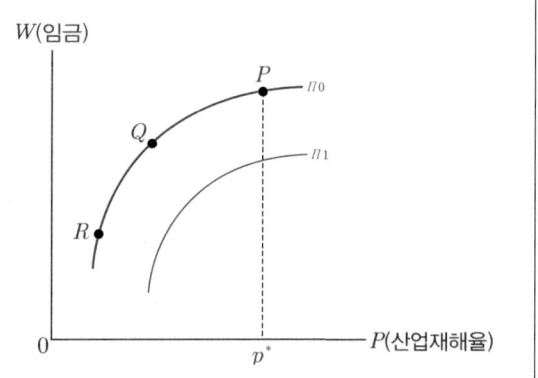

[물음 3]
산업재해 기준 강화의 영향

- 현재 근로자와 기업은 최적화상태에 있기에 무차별곡선과 등이윤곡선이 접하는 헤도닉 임금함수 상의 P점에 있다. 정부의 산업재해기준 강화규제($P^* \to \overline{P}$)로 기업의 등이윤곡선을 상방으로 이동($\pi^* \to \overline{\pi}$)시키고, 근로자의 무차별곡선을 하방($U^* \to \overline{U}$)으로 이동시켜 헤도닉 임금함수상 Q점으로 이동한다.
- 따라서 기업의 이윤을 감소시키고, 근로자의 효용도 감소시킨다.

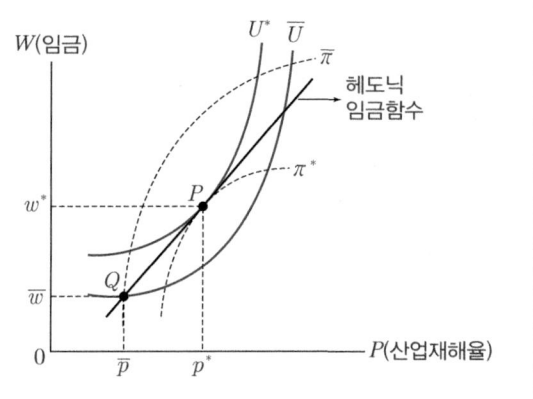

문제 3

[물음 1]

성별에 따른 통계적 차별

- 남성 집단의 평균생산성이 여성 집단의 평균생산성보다 높아 발생하는 임금격차는 생산성 차이에서 비롯된 것으로, 진정한 차별이라 보기는 어렵다.
- 고용주의 불공정한 편견이 존재하는 경우, 노동시장에서의 불합리한 임금 차별이 발생할 수 있고, 이러한 부당한 통계적 차별은 남녀 간 임금차별 및 고용차별을 야기한다.

[물음 2]

Oaxaca 분해법: 차별에 기인한 임금격차

- 남성은 여성에 비해 임금-교육연수 직선의 절편이 더 크고 기울기가 더 가파르기에 추가되는 교육연수 1년 당 추가적인 보상액이 더 높다.
- 통상적으로 여성은 출산과 가사로 인한 경력단절의 가능성이 있는 반면, 남성은 그런 제약이 없기에 남성의 교육연수가 여성보다 평균적으로 높다.
- 남성과 여성 간 원 임금의 격차는 두 직선의 높이 차이인 $\overline{W_M} - \overline{W_F}$로 측정할 수 있다. 그러나 교육연수가 $\overline{s_F}$인 평균적인 여성은 남성과 동등하게 대우받을 경우 임금을 W_F^*만큼 받을 수 있었다. 따라서 $(W_F^* - \overline{W_F})$는 차별에 기인한 격차임을 알 수 있다.
- 원 임금격차의 일부는 남성의 교육수준이 여성보다 높기 때문에 발생한다. 이 $(\overline{W_M} - W_F^*)$는 남성과 여성 간 숙련격차로부터 발생하는 임금 차이이다.
- 즉, $WD = \Delta \overline{W} = (\alpha_M - \alpha_F) + (\beta_M - \beta_F)\overline{s_F} + \beta_M(\overline{s_M} - \overline{s_F})$에서 $(\alpha_M - \alpha_F) + (\beta_M - \beta_F)\overline{s_F}$, 즉, A와 B는 차별 때문에 발생한 격차이고, $\beta_M(\overline{s_M} - \overline{s_F})$인 C는 숙련의 차이 때문에 발생한 격차로 분석할 수 있다.

[물음 3]

그래프상 차별

- [물음 2]에서의 남성 임금함수, 여성 임금함수를 도해하면 성별 평균임금격차 중 차별에 기인한 부분 $(W_F^* - \overline{W_F})$을 표시하면 그림과 같다.

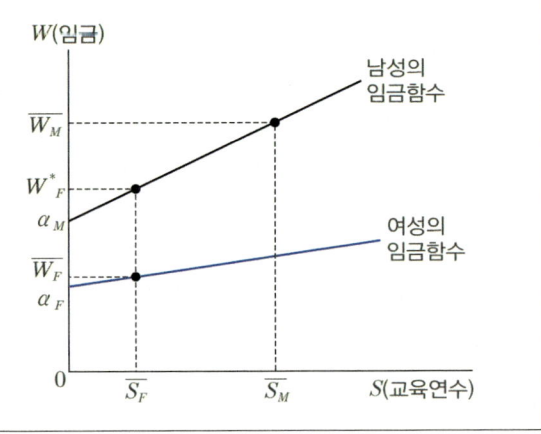

局 정리

2019년 노무사 기출

01 기출 문제

문제 1

노동만을 사용하여 생산하고 있는 수요독점기업(monopsony)이 직면하고 있는 노동공급곡선은 $L_s = w$이다. 이 기업의 노동의 한계수입생산(MRP)은 $MRP = 240 - 2E$이며, 노동의 한계지출(ME)은 $ME = 2E$이다. 다음 물음에 답하시오. (단, L_s는 노동공급량, w는 임금, E는 고용량) (50점)

[물음 1] 이 기업의 노동의 한계지출, 한계수입생산, 노동공급을 그래프로 그리고 균형을 표시하시오. (20점)

[물음 2] 이 기업의 이윤극대화 고용을 구하시오. (5점)

[물음 3] 이 기업이 지급하는 임금을 구하시오. (5점)

[물음 4] 만약 정부가 최저임금을 90으로 정한다면 이 기업의 최적 고용량을 구하시오. (10점)

[물음 5] 최저임금의 변화가 이 기업의 고용에 미치는 영향에 대해서 설명하시오. (10점)

문제 2

정부가 출산장려를 위해 기혼여성에게 보조금을 지급한다. 소득-여가 선택 모형 그래프를 이용하여 다음 물음에 답하시오. (25점)

[물음 1] 기혼여성에게 근로시간과 상관없이 일정금액의 육아보조금이 지급될 경우, 취업 기혼여성과 전업주부의 노동시간과 경제활동참가율에 미치는 효과를 설명하시오. (단, 여가는 정상재) (10점)

[물음 2] 육아비용에 대한 보조금이 근로시간당 지급될 경우, 취업 기혼여성과 전업주부의 노동시간과 경제활동참가율에 미치는 효과를 설명하시오. (15점)

문제 3

노동조합의 효과에 관하여 다음 물음에 답하시오. (25점)

[물음 1] 독점적 노동조합(monopoly unionism) 모형에서 노조의 효용이 극대화되는 균형을 그래프를 이용하여 설명하시오. 시장 개방에 따라 노동수요가 탄력적으로 변한다면 독점적 노동조합의 새로운 균형점을 표시하고 노동조합의 효용이 어떻게 변하는지 설명하시오. (15점)

[물음 2] 이탈-목소리 가설(exit-voice hypothesis)을 설명하고, 이 가설에 따르면 어떤 경로를 통해 유노조 기업의 생산성이 높아지는지 기술하시오. (10점)

02 채점기준 작성훈련

문제 1

노동만을 사용하여 생산하고 있는 수요독점기업(monopsony)이 직면하고 있는 노동공급곡선은 $L_s = w$이다. 이 기업의 노동의 한계수입생산(MRP)은 $MRP = 240 - 2E$이며, 노동의 한계지출(ME)은 $ME = 2E$이다. 다음 물음에 답하시오. (단, L_s는 노동공급량, w는 임금, E는 고용량) (50점)

[물음 1] 이 기업의 노동의 한계지출, 한계수입생산, 노동공급을 그래프로 그리고 균형을 표시하시오. (20점)

| 독점기업 | 그래프 |

[물음 2] 이 기업의 이윤극대화 고용을 구하시오. (5점)

| 이윤극대화 고용 | 수리식 |

[물음 3] 이 기업이 지급하는 임금을 구하시오. (5점)

| 독점기업 임금 | 수리식 |

[물음 4] 만약 정부가 최저임금을 90으로 정한다면 이 기업의 최적 고용량을 구하시오. (10점)

| 최저임금 하 최적 고용량 | 수리식 |
| | 그래프 |

[물음 5] 최저임금의 변화가 이 기업의 고용에 미치는 영향에 대해서 설명하시오. (10점)

| 최저임금의 영향 | 수리식 |

문제 2

정부가 출산장려를 위해 기혼여성에게 보조금을 지급한다. 소득-여가 선택 모형 그래프를 이용하여 다음 물음에 답하시오. (25점)

[물음 1] 기혼여성에게 근로시간과 상관없이 일정금액의 육아보조금이 지급될 경우, 취업 기혼여성과 전업주부의 노동시간과 경제활동참가율에 미치는 효과를 설명하시오. (단, 여가는 정상재) (10점)

| 일정금액 육아보조금의 영향 | 서술 |
| | 그래프 |

[물음 2] 육아비용에 대한 보조금이 근로시간당 지급될 경우, 취업 기혼여성과 전업주부의 노동시간과 경제활동참가율에 미치는 효과를 설명하시오. (15점)

| 근로시간당 육아보조금의 영향 | 서술 |
| | 그래프 |

문제 3

노동조합의 효과에 관하여 다음 물음에 답하시오. (25점)

[물음 1] 독점적 노동조합(monopoly unionism) 모형에서 노조의 효용이 극대화되는 균형을 그래프를 이용하여 설명하시오. 시장 개방에 따라 노동수요가 탄력적으로 변한다면 독점적 노동조합의 새로운 균형점을 표시하고 노동조합의 효용이 어떻게 변하는지 설명하시오. (15점)

독점적 노조의 효용극대화	그래프
	서술

[물음 2] 이탈-목소리 가설(exit-voice hypothesis)을 설명하고, 이 가설에 따르면 어떤 경로를 통해 유노조 기업의 생산성이 높아지는지 기술하시오. (10점)

유노조 기업의 생산성 향상	서술

---

03 모범 답안

문제 1

[물음 1]

독점기업의 그래프

- 이 기업의 노동의 한계지출, 한계수입생산, 노동공급과 균형을 그래프로 도해하면 다음과 같다.

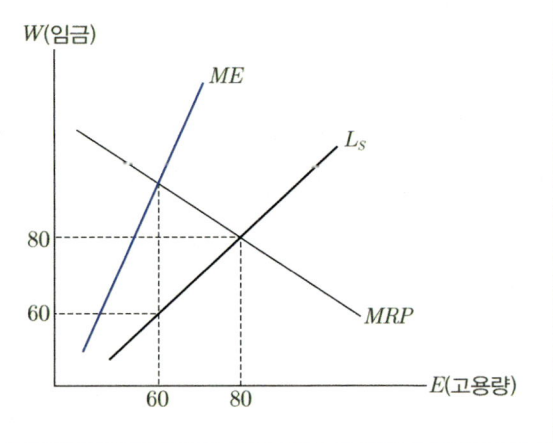

[물음 2]

이윤극대화 고용

- 균형고용량은 노동의 한계수입생산과 노동의 한계지출이 일치하는 지점에서 구할 수 있다. 결국, $240-2E=2E$, $240=4E$, $E=60$이기에 해당 기업의 이윤을 극대화하는 최적고용량은 60이다.

[물음 3]

기업이 지급하는 임금

- [물음 2]에서 도출한 고용량($E=60$)을 노동공급곡선에 대입하면 $w=60$으로 해당 기업이 지급하는 임금은 60임을 알 수 있다.

[물음 4]

최저임금제하 최적고용량

- 최저임금제가 시행될 경우, $w=90$이다. $w=MRP$로 $90=240-2E$가 되기에, 최저임금제하 고용량은 $E=75$임을 알 수 있다.

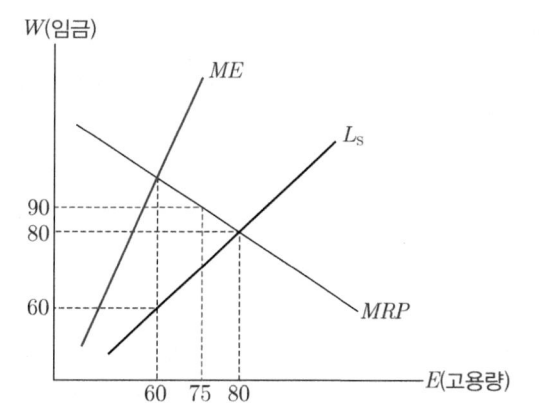

[물음 5]

최저임금이 고용에 미치는 영향

- [물음 2]에서 도출한 바에 따라 기존 수요독점기업의 고용량이 60이고, [물음 4]에서 도출한 바에 따라 최저임금 시행 후 고용량은 75이다. 따라서 최저임금의 변화로 인해 수요독점기업의 고용량은 15만큼(75-60) 증가했다.

문제 2

[물음 1]

일정액 지급되는 육아보조금의 영향

- 근로시간과 무관하게 일정액의 육아보조금이 지급될 경우, 기존의 예산선이 상방 이동한다. 따라서 새로운 예산선과 무차별곡선 U_0가 접하는 A점에서 효용극대화를 달성할 수 있다.

① 취업 기혼여성(점 C)
　취업 기혼여성의 경우, 효용극대화 점이 기존 예산선 점 C에 위치해 있다가, 보조금이 지급되면서 A점으로 이동했기 때문에 노동시간이 감소하나 경제활동참가율은 불변이다.

② 전업주부(점 B)
　전업주부의 경우, 외부에서 노동을 하지 않기에 (노동시간이 0이기에) 기존에 점 B에 위치해 있다가, 보조금 지급으로 점 A로 이동하면서 노동시간을 증가시킨다. 즉, 전업주부의 경제활동참가율이 상승한다.

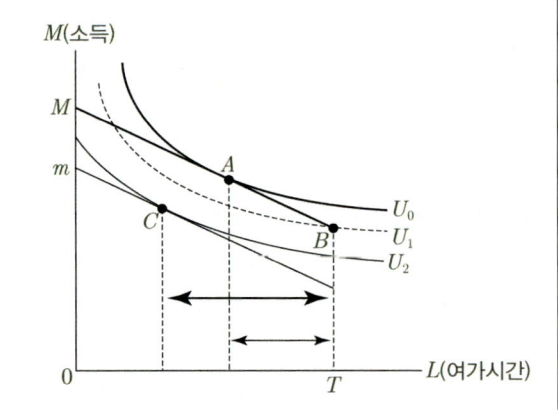

[물음 2]

근로시간당 지급되는 육아보조금의 영향

- 근로시간당 지급되는 육아보조금(v)의 경우, 임금률이 $(1-v)W$에서 W로 상승하는 효과를 낳는다. 따라서 임금상승에 따라 대체효과가 발생해 노동시간이 증가할 수도, 소득효과가 발생해 노동시간이 감소할 수도 있다.

① 취업 기혼여성(점 C)
　취업 기혼여성의 경우 대체효과가 소득효과를 압도할 경우 점 C에서 점 A로 이동하면서 노동시간이 증가하나 경제활동참가율은 불변이다.

② 전업주부(점 B)
　근로시간에 따라 육아보조금을 지급할 경우, 현재 노동을 하는 근로자에게만 소득효과가 발생한다. 따라서 전업주부는 대체효과에 따라 점 B에서 점 A로 이동하면서 노동시간을 증가시키게 된다. 즉, 경제활동참가율이 상승한다.

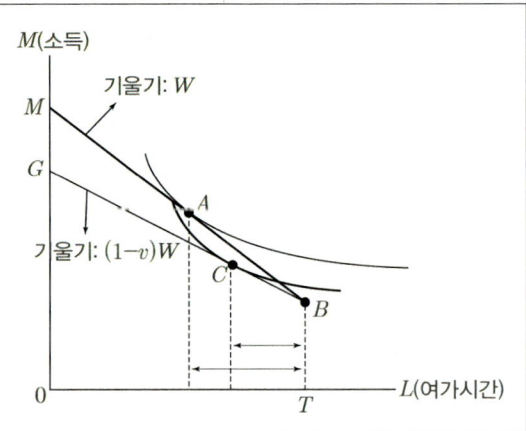

문제 3

[물음 1]

독점적 노동조합의 효용 극대화

- 독점적 노동조합은 무차별곡선과 예산제약식으로 기능하는 노동수요곡선이 접하는 M점에서 효용을 극대화한다.
- 시장이 개방되면서 노동수요가 탄력적이 되는 경우, 수요곡선이 D에서 D'로 완만해지면서, 독점적 노조의 균형은 기존 M에서 M'로 이동한다. 즉, 임금과 고용이 모두 감소하면서 노동조합의 효용이 U에서 U'까지 감소한다.

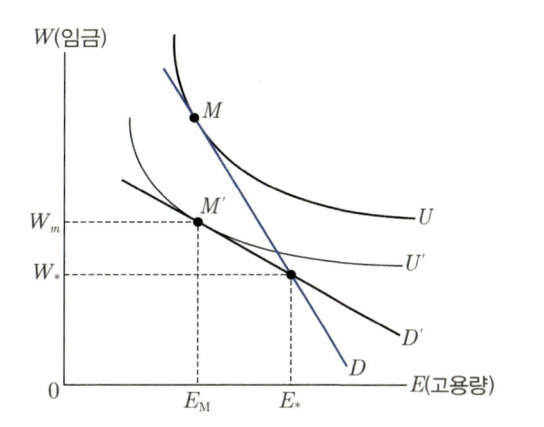

[물음 2]

이탈-목소리 가설

노조가 공급독점의 주체가 된다면 임금이 인상되고 고용이 감소하면서 효율성을 감소시키기에, 노조가 생산성과 기업의 이윤에 부정적 영향을 미친다는 시각이 있다.

반면 이탈-목소리 가설은 노동조합 결성이 노동생산성을 향상시키고, 궁극적으로는 기업의 이윤에 기여하는 부가적인 효과가 있다는 주장이다.

유노조 기업의 생산성 증대 경로

① 이직률 감소 효과

비노조 조직에서 근로자는 이직으로 기업에 의사표시를 할 수 있으나, 노조 조직에서 근로자는 노조를 통해 기업에 직간접적으로 의사표시를 할 수 있게 된다. 이렇게 근로자가 기업에 장기적으로 근속할 경우 숙련도가 향상되면서 생산성이 크게 증진되고, 기업 역시 이직률의 감소로 인해 재고용 비용이나 교육 비용 등을 절감하는 효과를 볼 수 있다. 결국 노조가 근로자의 의견을 대변하는 역할을 함으로써 이직률을 낮추고, 이는 결과적으로 생산성 향상과 기업의 이윤증가에 기여한다.

② 집단 발언 효과

근로자가 경영진에 개인적으로 발언한다면 각종 불이익을 입거나 나아가 해고를 당할 위험성이 존재한다. 그러나 노조가 집단적으로 근로자들의 의견을 발언하는 경우 근로자들의 불만사항을 전달해 조직을 개선하고 근로자의 사기를 증진함으로써 생산성을 높일 수 있다.

③ 정보제공

노동조합은 근로자 개인보다 기업에 대해 더 많은, 더 정확한 정보를 수집할 수 있다는 것이 대표적인 이점이다. 또한 이러한 정보를 바탕으로 노사간 협상을 통해 더 나은 해결방안을 도출함으로써 기업의 생산성과 이윤에 궁극적으로 기여할 수 있게 된다.

2018년 노무사 기출

01 기출 문제

문제 1
소득-여가 선택모형을 이용하여 근로자의 노동공급 결정에 관한 다음 물음에 답하시오. (50점)

[물음 1] 금융소득 등 비근로소득(non-labor income)의 증가가 노동공급에 미칠 수 있는 영향을 그래프를 활용하여 설명하시오. (15점)

[물음 2] 시간당 임금이 올라갈 경우, 노동공급이 감소할 수 있는 경우를 그래프를 활용하여 설명하시오. (15점)

[물음 3] 유보임금(reservation wage)과 노동공급과의 관계를 설명하시오. 아울러, 비근로소득이 늘어날 경우(단, 여가는 정상재) 유보임금이 어떻게 변화될 것인가를 설명하시오. (10점)

[물음 4] 근로자의 효용은 소비(C)와 여가(L)를 통해 얻고 효용함수는 $U(C, L) = 2CL$이라고 가정하자. 이 근로자에게 주어진 기간 동안의 최대 여가시간은 100시간이고, 근로시간과 관계없이 정부로부터 현금보조금 60만 원을 받을 경우 이 근로자의 유보임금을 구하시오. (10점)

문제 2
임금과 고용의 결정에 관한 다음 물음에 답하시오. (단, 노동공급곡선은 우상향한다.) (25점)

[물음 1] 임금과 고용에 미치는 급여세 부과 효과를 고용주에게 부과하는 경우와 근로자에게 부과하는 경우로 나누어 그래프를 활용하여 설명하시오. (15점)

[물음 2] 정부의 기업에 대한 고용보조금이 임금과 고용에 미치는 효과를 그래프를 활용하여 설명하시오. (10점)

문제 3
일부 기업은 노동생산성 향상을 위하여 효율성임금(efficiency wage)을 근로자에게 제시하는 경우가 있다. 여기서 효율성임금은 임금인상에 따른 한계생산(marginal product)과 평균생산(average product)이 동일할 때의 임금수준을 가리킨다. 가로축은 임금, 세로축은 생산량인 총생산곡선 그래프에 효율성임금을 표시하여 설명하고, 효율성임금 하에서 기업의 이윤이 극대화되는 이유를 설명하시오. (25점)

02 채점기준 작성훈련

문제 1

소득-여가 선택모형을 이용하여 근로자의 노동공급 결정에 관한 다음 물음에 답하시오. (50점)

[물음 1] 금융소득 등 비근로소득(non-labor income)의 증가가 노동공급에 미칠 수 있는 영향을 그래프를 활용하여 설명하시오. (15점)

비근로소득 증가의 영향	서술
	그래프

[물음 2] 시간당 임금이 올라갈 경우, 노동공급이 감소할 수 있는 경우를 그래프를 활용하여 설명하시오. (15점)

임금률 상승 시 노동공급 감소	서술
	그래프

[물음 3] 유보임금(reservation wage)과 노동공급과의 관계를 설명하시오. 아울러, 비근로소득이 늘어날 경우(단, 여가는 정상재) 유보임금이 어떻게 변화될 것인가를 설명하시오. (10점)

유보임금과 노동공급 간 관계	서술
	그래프
비근로소득 증가 시 유보임금의 변화	서술

[물음 4] 근로자의 효용은 소비(C)와 여가(L)를 통해 얻고 효용함수는 $U(C, L) = 2CL$이라고 가정하자. 이 근로자에게 주어진 기간 동안의 최대 여가시간은 100시간이고, 근로시간과 관계없이 정부로부터 현금보조금 60만 원을 받을 경우 이 근로자의 유보임금을 구하시오. (10점)

근로자의 유보임금	수리식
	그래프

문제 2

임금과 고용의 결정에 관한 다음 물음에 답하시오. (단, 노동공급곡선은 우상향한다.) (25점)

[물음 1] 임금과 고용에 미치는 급여세 부과 효과를 고용주에게 부과하는 경우와 근로자에게 부과하는 경우로 나누어 그래프를 활용하여 설명하시오. (15점)

급여세를 고용주에게 부과	서술
	그래프
급여세를 근로자에게 부과	서술
	그래프

[물음 2] 정부의 기업에 대한 고용보조금이 임금과 고용에 미치는 효과를 그래프를 활용하여 설명하시오. (10점)

고용보조금의 영향	서술
	그래프

문제 3

일부 기업은 **노동생산성 향상**을 위하여 **효율성임금(efficiency wage)**을 근로자에게 제시하는 경우가 있다. 여기서 효율성임금은 임금인상에 따른 한계생산(marginal product)과 평균생산(average product)이 동일할 때의 임금수준을 가리킨다. 가로축은 임금, 세로축은 생산량인 총생산곡선 그래프에 효율성임금을 표시하여 설명하고, 효율성임금 하에서 기업의 이윤이 극대화되는 이유를 설명하시오. (25점)

효율성임금 하 이윤극대화	서술
	그래프

03 모범 답안

문제 1

[물음 1]

비근로소득의 증가가 노동공급에 미치는 영향, M(소득)=C(소비)로 가정

- 비근로소득 V가 증가할 경우 근로자의 예산선이 V만큼 상방 이동하고, 기회집합이 확장되면서 근로자의 효용을 증가시킨다. 이때 소득효과만 발생하기에 여가가 정상재인지 열등재인지에 따라 노동공급의 변화가 달라질 수 있다.

① 여가가 정상재인 경우 • 여가가 정상재인 경우, 근로자는 기존 무차별곡선 U_0상 P_0점에서 그보다 상방에 위치한 U_1상 P_1점으로 이동한다. 이때 여가시간이 t에서 t'까지 증가한다. 즉, 여가가 정상재인 경우 비근로소득이 증가한다면 노동공급이 감소한다.	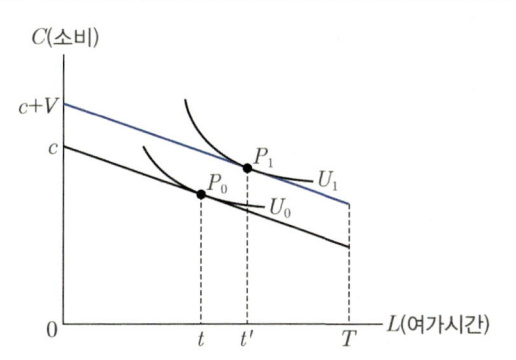
② 여가가 열등재인 경우 • 여가가 열등재인 경우, 근로자는 기존 무차별곡선 U_0상 P_0점에서 그보다 상방에 위치한 U_1상 P_1점으로 이동한다. 그러나 여가시간이 t에서 t''까지 감소한다. 즉, 여가가 열등재인 경우 비근로소득이 증가한다면 노동공급이 증가한다.	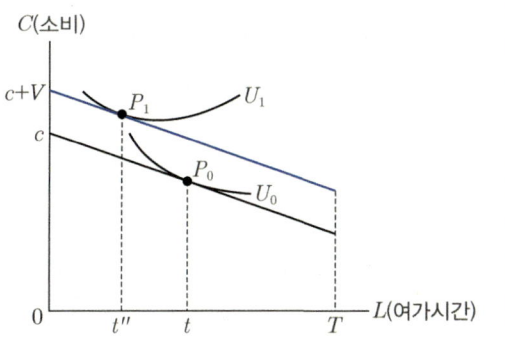

[물음 2]

시간당 임금의 상승이 노동공급에 미치는 영향

- 시간당 임금이 상승할 경우 근로자의 예산선은 초기부존점을 기준으로 회전이동한다. 소득효과가 대체효과보다 우세할 때, 시간당 임금이 상승할 경우 노동공급이 감소하는 후방굴절노동공급곡선이 도출된다.

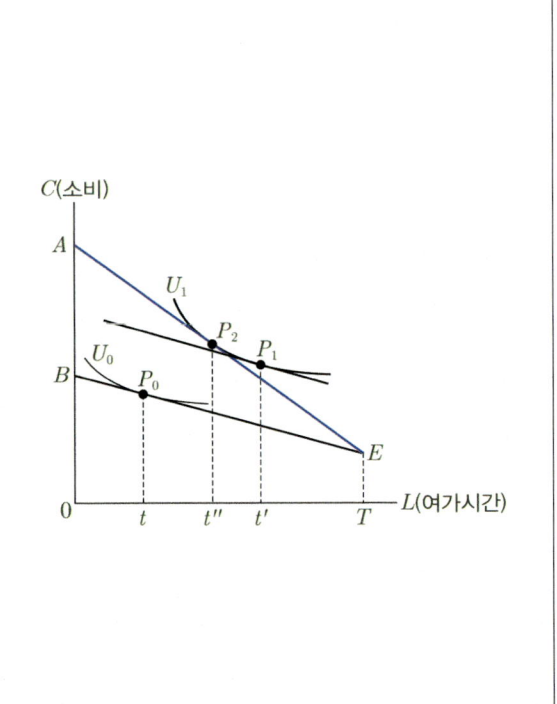

- 소득효과는 재화의 상대가격이 일정한 상태에서 실질소득의 변화로 인한 효과를 의미한다. 임금률이 상승하면 이전과 같은 시간을 일하더라도 근로자가 벌어들이는 소득은 증가하게 된다. 이때, 여가를 정상재로 가정하면 늘어난 소득으로 인해 개인은 여가를 더 많이 소비하는데, 이는 소득효과에 의한 것이다.
- 대체효과는 실질소득이 일정한 상태에서 재화의 상대가격 변화로 인한 효과를 의미한다. 임금률이 상승한다면 여가의 기회비용이 증가하면서 근로자는 여가를 감소시키고 노동시간을 증가시키는 선택을 하게 되는데, 이는 대체효과에 의한 것이다.
- 이러한 대체효과와 소득효과의 상대적 크기에 따라 근로자는 임금률이 상승했을 때 노동공급을 증가시키거나 감소시킨다. 즉, 소득효과가 대체효과를 압도하는 경우 근로자는 노동시간을 감소시키는 선택을 한다. ($t \rightarrow t' \rightarrow t''$)
- 따라서 시간당 임금이 상승할 경우 노동공급이 감소하는 후방굴절노동공급곡선이 도출된다.

[물음 3]

유보임금과 노동공급

- 유보임금은 노동을 제공하고자 하는 근로자가 경제활동 참가를 결정하도록 만드는 최소한의 임금으로, 일을 하거나 하지 않거나 무차별하게 만드는 임금 수준이다.
- 유보임금은 초기부존점에서 무차별곡선에 접하는 접선의 기울기의 절댓값으로 나타낼 수 있다. 수령 가능한 임금이 유보임금보다 클 경우 개인은 노동을 공급하고, 유보임금보다 작을 경우 개인은 노동을 공급하지 않는다.

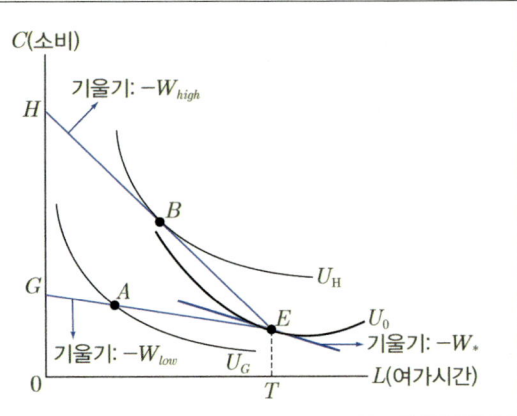

- 초기부존점 E에서 무차별곡선에 접하는 접선의 기울기인 유보임금이 w^*일 때, 낮은 임금(w_{low})에서는 노동을 공급하지 않는 선택을 하지만 높은 임금(w_{high})에서는 노동을 공급하는 선택을 한다.

비근로소득 증가 시 유보임금의 변화

- 여가가 정상재일 경우, 비근로소득이 증가할수록 유보임금도 상승한다. 비근로소득이 증가하면 근로자들의 가용소득이 늘게 되고, 이로 인해 근로자들은 더 많은 여가를 소비하면서 노동 공급을 감소시키기 때문이다. 따라서 이러한 개인들을 노동시장으로 유도하기 위해서는 높은 수준의 보상이 필요하다.

[물음 4]

- 개인의 유보임금은 개인의 노동시간이 0인 초기부존점 E에서 무차별곡선에 접하는 접선의 기울기의 절댓값으로 정의할 수 있다.
- 노동시간과 무관하게 60만원의 비근로소득을 받고, 일을 할 경우 받는 임금률이 w라고 가정했을 때 최대(여가시간이 0인 경우) $100w + 600,000$원의 소비가 가능하다.
- $U(C,L) = 2CL$이기에 $\dfrac{dU(C,L)}{dC} = MU_C = 2L$이고, $\dfrac{dU(C,L)}{dL} = MU_L = 2C$이다.

따라서 $MRS_{LC} = \dfrac{MU_L}{MU_C} = \dfrac{C}{L}$인데, 최대 여가시간은 100시간이고 이때(노동시간이 0일 때)의 현금보조금은 60만 원이기에, $\dfrac{600,000}{100} = 6,000$, 즉 6,000원이 개인이 노동시장에의 진입을 결정하는 유보임금임을 알 수 있다.

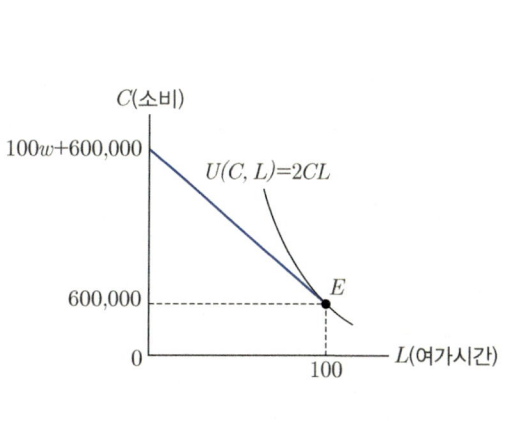

문제 2

[물음 1]

급여세를 고용주에게 부과하는 경우

• 급여세를 고용주에게 부과하는 경우 노동수요곡선이 급여세의 크기 t만큼 하방으로 평행이동한다.

• 근로자가 수령하는 실제 임금은 a에서 b로 감소하고, 고용주는 실제 c의 임금을 지불한다. 즉, 고용주가 부담해야 하는 t만큼의 급여세 중 a-b만큼은 근로자에게 전가되고, 급여세의 효과로 인해 균형고용량은 감소한다.

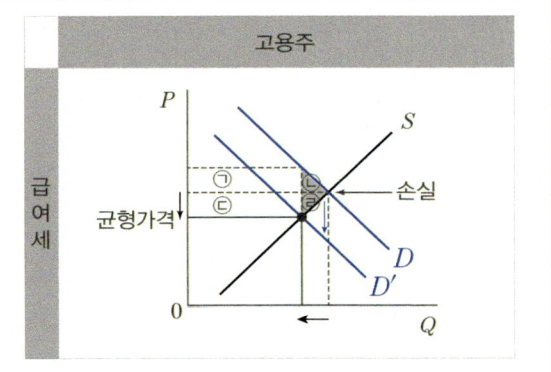

급여세를 근로자에게 부과하는 경우

• 급여세를 근로자에게 부과하는 경우 노동공급곡선이 급여세의 크기 t만큼 상방으로 평행이동한다.

• 고용주가 실제 지불하는 임금은 a에서 c로 증가하고, 근로자는 실제 b의 임금을 수령한다. 즉, 근로자가 부담해야 하는 t만큼의 급여세중 c-a만큼은 기업에게 전가되고, 급여세의 효과로 인해 균형고용량은 감소한다.

• 급여세가 부과되면 균형고용량보다 과소고용되는 결과를 초래하기에 사회적으로 후생손실이 발생하고, 귀착이 발생하면서 급여세를 부과받는 객체가 누구인지에 상관없이 실질적인 효과는 동일하기에, 고용주에게의 급여세 부과와 근로자에게의 급여세 부과 간에는 차이가 없음을 알 수 있다.

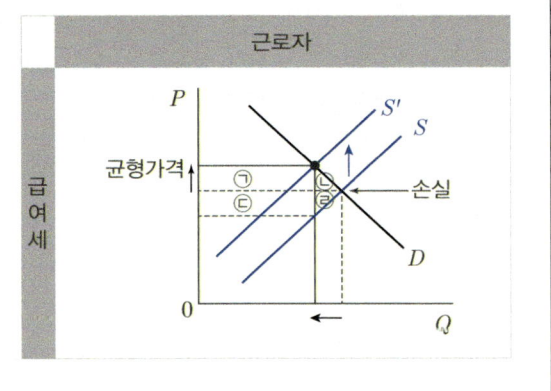

[물음 2]

기업에 대한 고용보조금의 영향

- 정부가 기업에게 고용보조금 s를 지급하는 경우, 기업의 고용 비용을 절감시키는 효과가 있기에 노동수요곡선이 보조금의 크기만큼 상방으로 평행이동한다.

- 근로자가 수령하는 실제 임금은 a에서 b로 증가하고, 고용주는 실제 c의 임금을 지불한다. 즉, 고용주가 지급받은 s만큼의 보조금 중 b-a만큼은 근로자에게 이전되고, 보조금의 효과로 인해 균형고용량은 증가한다.

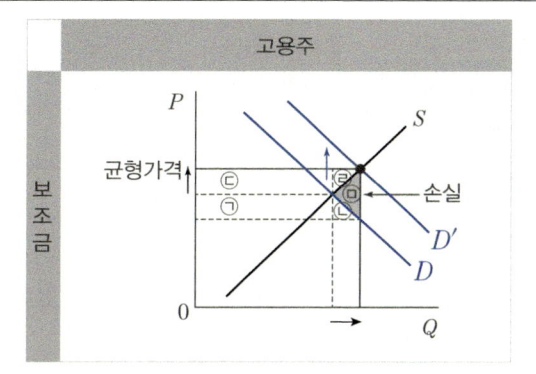

문제 3

효율성임금

- 효율임금은 근로자들의 근로 의욕을 최대로 만들어 기업의 이윤을 극대화하는 임금으로, 통상적으로 경쟁임금보다 높기에 비자발적 실업을 초래한다.

효율성임금 하 이윤극대화

- 효율임금은 임금의 한계생산성과 임금의 평균생산성이 일치할 때($MP_w = AP_w$) 도출된다. 즉,

$$\frac{\Delta q}{\Delta w} = \frac{q}{w}, \frac{\Delta q}{q} = \frac{\Delta w}{w}, \frac{\frac{\Delta q}{q}(생산량변화율)}{\frac{\Delta w}{w}(임금변화율)} = 1$$

이기에 생산의 임금탄력성이 1이다. 이때 기업의 이윤이 극대화된다.

- 효율임금이 도출되는 지점(총생산곡선의 접선의 기울기와 원점의 기울기가 같은 지점)의 하방은 탄력적이기에 임금이 인상되고 상방은 비탄력적이기에 임금이 인하된다.

- 효율임금은 근무자들의 근무 태만을 방지하고 의욕을 고취시키며 이직률을 낮춘다. 또, 효율임금을 지급하는 기업들은 유보임금이 높은 고능력 근로자들을 유인하여 생산성과 이윤을 증가시킬 수 있다.

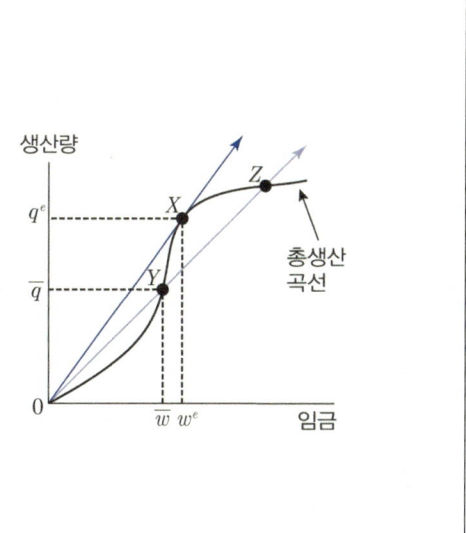

2017년 노무사 기출

01 기출 문제

문제 1
노동수요와 관련된 다음 물음에 답하시오. (50점)

[물음 1] 어느 개별 기업의 생산함수가 $Q=20L-2.5L^2$이고 임금은 10이며 생산물 가격이 1로 주어졌을 때, 이 기업의 이윤을 극대화시키는 적정 고용량을 계산하시오. 그리고 다른 조건들이 불변인 상태에서 임금이 5로 하락했을 때 적정 고용량을 계산하여 이 기업의 단기 노동수요곡선을 그래프로 나타내시오. (단, Q=생산량, L=고용량) (10점)

[물음 2] 장기 노동수요곡선이 단기 노동수요곡선에 비해 상대적으로 탄력적인 이유를 그래프를 이용하여 설명하시오. (10점)

[물음 3] 고임금경제가 존재할 때의 노동수요곡선이 그렇지 않은 경우와 비교해 상대적으로 비탄력적인 이유를 그래프를 이용하여 설명하시오. (15점)

[물음 4] 준고정적 노동비용(quasi-fixed labor cost)이 감소할 때, 노동자 일인당 노동시간의 수요 변화에 대하여 설명하시오. (15점)

문제 2
노동조합과 관련된 다음 물음에 그래프를 이용하여 답하시오. (25점)

[물음 1] 노동시장에서 임금수준과 고용수준이 결정되는 경우에 비하여 노동조합이 임금수준을 일방적으로 선택하고 기업은 그 임금수준에서 고용수준을 선택하는 독점적 노동조합 모형의 결과가 노동조합의 효용을 높일 수 있음을 설명하시오. (10점)

[물음 2] 노동조합과 기업의 협상을 통한 효율적 계약 모형이 독점적 노동조합 모형보다 노동조합과 기업 모두에게 더 나은 결과를 가져다 줄 수 있음을 설명하시오. (15점)

문제 3
최저임금제와 관련된 다음 물음에 답하시오. (25점)

[물음 1] 빈곤퇴치에 대한 최저임금제의 정책적 효과가 제한적일 수 있는 이유를 설명하시오. (10점)

[물음 2] 최저임금제로 인한 고용감소의 효과가 크지 않거나, 오히려 고용이 증가될 수도 있는 경우 세 가지를 구체적으로 설명하시오. (15점)

02 채점기준 작성훈련

문제 1

노동수요와 관련된 다음 물음에 답하시오. (50점)

[물음 1] 어느 개별 기업의 생산함수가 $Q=20L-2.5L^2$이고 임금은 10이며 생산물 가격이 1로 주어졌을 때, 이 기업의 이윤을 극대화시키는 적정 고용량을 계산하시오. 그리고 다른 조건들이 불변인 상태에서 임금이 5로 하락했을 때 적정 고용량을 계산하여 이 기업의 단기 노동수요곡선을 그래프로 나타내시오. (단, Q=생산량, L=고용량) (10점)

기업의 이윤극대화 고용량	수리식
단기 노동수요곡선	서술
	그래프

[물음 2] 장기 노동수요곡선이 단기 노동수요곡선에 비해 상대적으로 탄력적인 이유를 그래프를 이용하여 설명하시오. (10점)

장기 노동수요곡선	서술
	그래프

[물음 3] 고임금경제가 존재할 때의 노동수요곡선이 그렇지 않은 경우와 비교해 상대적으로 비탄력적인 이유를 그래프를 이용하여 설명하시오. (15점)

고임금경제 하 노동수요곡선	서술
	그래프

[물음 4] 준고정적 노동비용(quasi-fixed labor cost)이 감소할 때, 노동자 일인당 노동시간의 수요 변화에 대하여 설명하시오. (15점)

준고정적 노동비용 감소의 영향	서술

문제 2

노동조합과 관련된 다음 물음에 그래프를 이용하여 답하시오. (25점)

[물음 1] 노동시장에서 임금수준과 고용수준이 결정되는 경우에 비하여 노동조합이 임금수준을 일방적으로 선택하고 기업은 그 임금수준에서 고용수준을 선택하는 독점적 노동조합 모형의 결과가 노동조합의 효용을 높일 수 있음을 설명하시오. (10점)

노동조합의 효용극대화	서술
기업의 이윤극대화	서술
노동조합의 효용 증가	서술
	그래프

[물음 2] 노동조합과 기업의 협상을 통한 효율적 계약 모형이 독점적 노동조합 모형보다 노동조합과 기업 모두에게 더 나은 결과를 가져다 줄 수 있음을 설명하시오. (15점)

효율적 계약모형	서술
	그래프

문제 3

최저임금제와 관련된 다음 물음에 답하시오. (25점)

[물음 1] 빈곤퇴치에 대한 최저임금제의 정책적 효과가 제한적일 수 있는 이유를 설명하시오. (10점)

최저임금제로 인한 실업	그래프
	서술

[물음 2] 최저임금제로 인한 고용감소의 효과가 크지 않거나, 오히려 고용이 증가될 수도 있는 경우 세 가지를 구체적으로 설명하시오. (15점)

고임금 경제(효율성 임금)	서술
	그래프
유효수요 증가로 인한 노동수요 증가	서술
	그래프
수요독점 노동시장	서술
	그래프

03 모범 답안

문제 1

[물음 1]

이윤극대화 고용량

- 이윤극대화를 달성하고자 하는 기업은 임금과 한계생산물가치가 일치할 때, 즉 $w = VMP_L$에서 최적 고용량을 결정한다.
- $VMP_L = P \cdot MP_L$로, 한계생산성 MP_L은 생산함수 $Q = 20L - 2.5L^2$을 미분하여 구할 수 있다. 따라서 $\frac{dQ}{dL} = MP_L = -5L + 20$이다.
- 생산물의 가격 $P=1$이고, 임금 $w=10$이기에 $10 = -5L + 20, 5L = 10, L = 2$로 기존의 적정 고용량은 2이다.
- 임금만 5로 하락한다면, $5 = -5L + 20, 5L = 15, L = 3$으로 임금 하락 시 적정 고용량은 3이다. 이렇듯 임금의 변화에 따른 고용량을 통해 기업의 단기 노동수요곡선을 다음과 같이 도출할 수 있다.

당해 기업의 단기 노동수요곡선

- 임금이 10인 경우 기업의 고용량이 2이고 $((L,w) = A(2,10))$, 임금이 5인 경우 기업의 고용량이 3이기에 $((L,w) = B(3,5))$ 기업의 단기 노동수요곡선은 점 A, B를 지나는, 우하향하는 형태이다.

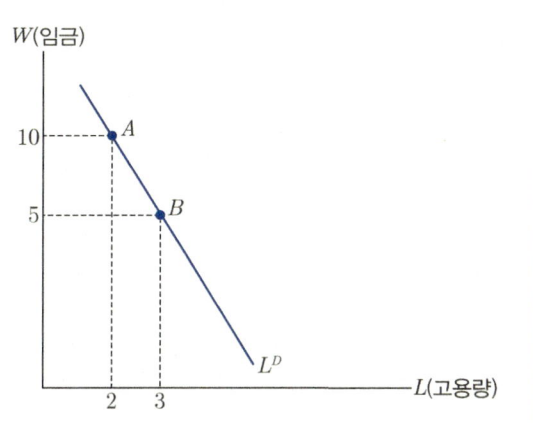

[물음 2]

노동시장에서의 단기와 장기

- 노동시장에서 단기는 고정적 생산요소가 존재할 수 있을 정도의 짧은 기간을, 장기는 모든 생산요소가 가변적일 정도로 긴 기간을 의미한다. 통상적으로 자본은 단기에서 고정적이고 장기에서 가변적인 것으로 간주된다.

장기 노동수요곡선의 탄력성

- 자본의 증가가 노동의 한계생산성 MP_L을 증가시키는 노동과 자본의 조보완관계를 가정한다.

- 자본이 대체가능한 장기 노동수요곡선은 대체효과 및 규모효과로 완만한 형태를 갖기에 단기에 비해 탄력적이다.
- 규모효과는 일정한 상대요소가격 하 산출량변동으로 인한 영향 $[w\downarrow \rightarrow C\downarrow \rightarrow 산출량\uparrow, w(L,K 정상재) L,K\uparrow]$을 나타내고, 대체효과는 일정한 산출량 하 상대요소가격변동으로 인한 영향 $[w\downarrow \rightarrow (\frac{w}{r})\downarrow \rightarrow L\uparrow, K\downarrow]$을 나타낸다. 즉, 임금 하락시 규모효과와 대체효과에 따라 노동 고용량은 크게 증가한다.

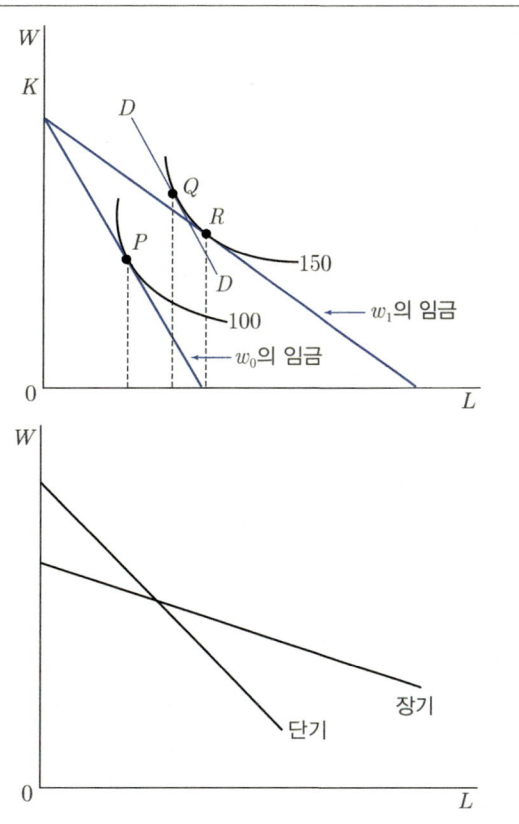

[물음 3]

고임금경제

고임금경제란 효율성임금의 다른 표현으로, $e = e(w)$와 같이 임금이 상승하는 경우 노동의 한계생산성이 따라 상승하는 경제이다.

이윤을 극대화하고자 하는 기업은 통상 $w = VMP_L$에서 최적 고용량을 결정한다. 그러나 고임금경제가 존재한다면 임금을 올림에 따라 노동의 한계생산이 증가하기에 일반적인 상황과 다르게 이때의 노동수요곡선은 비교적 상대적으로 비탄력적으로 표현된다.

고임금경제하 노동수요곡선

- 임금 w_0에서, 노동의 한계생산성이 MP_L^0일 때, 임금이 w_1까지 상승한다면 고임금 경제 하 노동의 한계생산성이 MP_L^1까지 증가한다. 따라서 이윤극대화하는 지점은 점 C가 아니라 점 B로 고용량이 L_1이 된다. 마찬가지로 임금이 w_2로 상승한다면 노동의 한계생산성이 MP_L^2로 증가하면서 이윤극대화 고용량은 점 D 상의 L_3가 된다.
- 고임금경제가 존재하지 않는 경우, VMP_L 곡선이 기업의 단기 노동수요곡선 역할을 하나, 고임금경제하 임금이 증가함에 따라 노동의 한계생산성 역시 증가하기에 점 A, 점 B, 점 D를 차례대로 이은 가파른, 즉 비탄력적인 단기 노동수요곡선을 도출할 수 있다.

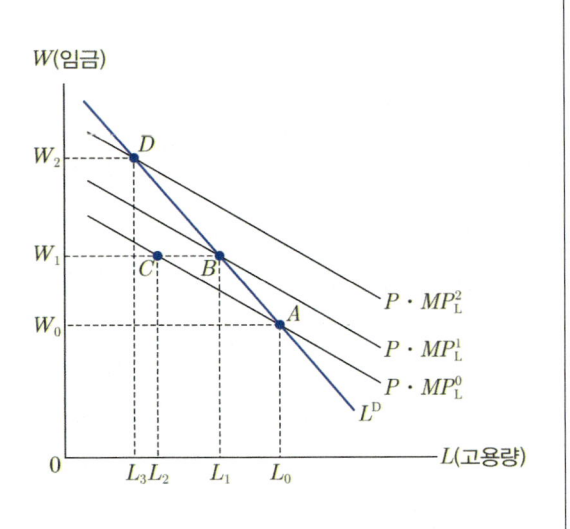

[물음 4]

준고정적 비용

- 근로자의 노동 시간과 무관하게 발생하는 기업의 비용을 준고정적 비용(① 근로시간에 대하여 고정적이고 ② 근로자 1인을 기초로 발생하며 ③ 근로시간 낭 한계석으로 변하지 잃는 비용)이라 힌다. 이에는 채용 또는 해고 비용, 사회 보험료, 각종 복지 비용 등이 포함될 수 있다.

기업의 이윤극대화

- 이윤극대화를 달성하고자 하는 기업은 1원당 한계비용 균등의 원칙에 따른다. 따라서 신규채용(L)과 연장근로(H)에 대한 한계지출과 한계생산성을 고려하여 신규채용에 따른 1원당 한계지출에 대한 생산성($\frac{MP_L}{ME_L}$)과 연장근로에 따른 1원당 한계지출에 대한 생산성($\frac{MP_H}{ME_H}$)이 동일해지도록 근로자 수와 근로시간을 결정할 것이다. 이를 수식으로 표현하면 다음과 같다.

$$\frac{MP_L}{ME_L} = \frac{MP_H}{ME_H}$$

준고정적 노동비용 감소에 따른 1인당 노동시간 수요 변화

- 준고정적 노동비용이 감소($ME_L \downarrow$)하는 경우, $\frac{MP_L}{ME_L} > \frac{MP_H}{ME_H}$이기에, 이윤을 극대화하는 기업은 신규채용을 증가시키고 연장근로를 감소시키기에, 준고정적 비용이 감소한다면 노동자 1인당 노동시간은 감소할 것이다.

문제 2

[물음 1]

노동조합의 효용극대화

- 노동조합에게 임금과 고용량은 모두 효용을 증가시키는 재화(goods)로 기능하기에 노동조합의 무차별곡선은 원점에 대해 볼록한, 우하향하는 형태를 갖는다. 이때 노동수요곡선이 독점 노동조합의 제약으로 작용하여 임금 상승의 반동으로 노동시간이 감소한다. 따라서 노동조합은 무차별곡선과 노동수요곡선이 접하는 지점에서의 임금 수준을 선택하여 효용을 극대화한다.

기업의 이윤극대화

- 독점적 노조가 존재하는 상황에서, 노동조합이 임금을 결정하면 기업은 이를 수용하여 고용량을 결정하는 지위를 갖는다. 따라서 이윤 극대화 기업은 노동조합이 제시한 임금 하 기업의 노동수요곡선인 MRP_L이 만나는 지점에서 고용량을 결정한다.

효용을 극대화하는 독점적 노동조합 모형

- 독점적 노조는 무차별곡선과 노동수요곡선이 접하는 점 C에서 효용을 극대화한다. 따라서 독점적 노동조합은 점 C에 대응하는 임금 w_1을 제시하고, 기업은 이를 수용하여 임금과 노동수요곡선이 만나는 지점의 고용량인 L_1을 결정한다.

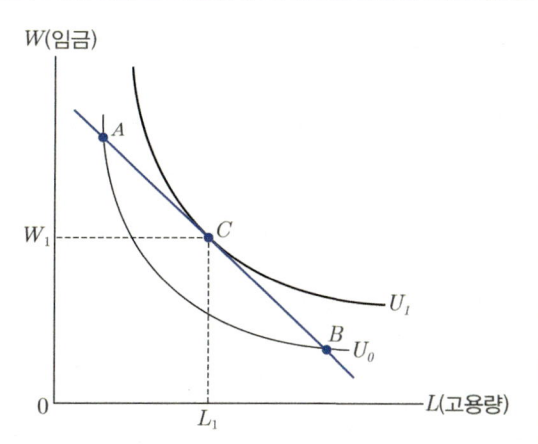

[물음 2]

파레토 최적

- 두 경제주체(기업과 노동조합)가 존재하는 경우, 다른 주체의 효용 또는 이윤을 감소시키지 않고 한 주체의 효용 또는 이윤을 증가시키는 것을 파레토 개선이라 한다. 이때 파레토 개선이 불가능한 상황을 파레토 최적 상황이라 하며, 기업 또는 노동조합 어느 한쪽의 효용 또는 이윤을 개선하기 위해서는 여타 경제주체의 효용 또는 이윤을 감소시키는 것이 불가피함을 의미한다.

효율적 계약모형

- 효율적 계약모형은 노동조합과 기업이 공동으로 임금과 고용수준을 결정하는 모형으로, 파레토 최적에 수렴하며 노동조합과 기업 모두에게 더 나은 결과를 가져다 줄 수 있다.

• 노조와 기업이 최초 M 점에 있다. $M \to Q$에 있어 노조는 무차별하지만 기업은 더 높은 이윤을 누리게 되고, $M \to R$에 있어 기업은 무차별하지만 노조는 더 높은 효용을 누리게 된다. 이렇듯 기존 선택지보다 파레토 효율적인 협상 선택지를 연결한 궤적 PZ를 계약곡선이라 한다. • 노조와 기업이 계약곡선상 임금-고용 조합에 동의하여 도출되는 계약을 효율적 계약이라 한다. 그러나 효율적 계약은 과잉고용을 수반하기에 사회적으로 비효율을 야기한다.

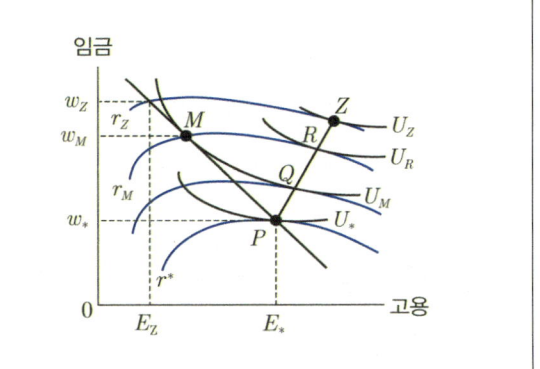

문제 3

[물음 1]

최저임금제

- 최저임금제는 정부 차원에서 근로자 생활보장을 목표로 임금의 최저선을 법정하는 가격하한제이다. 생활수준이 낮은 근로자의 빈곤퇴치를 위해 최저임금제를 실시하기도 한다.

최저임금 실행의 결과

• 기존 노동시장 균형에서 임금과 고용량은 노동공급곡선과 노동수요곡선이 교차하는 L_0, w_0에서 결정된다. 이때 w^* 수준에서 최저임금을 설정할 경우, 노동은 L_2 수준에서 공급되고 L_1 수준에서 수요되면서 $L_2 - L_1$ 만큼이 초과노동공급, 즉 실업이 발생한다. • 결국 최저임금제가 근로자의 빈곤 퇴치를 목표로 집행되었다고 해도, 노동이 초과공급되면서 실업이 발생한다. 이러한 실업은 최저임금제의 정책적 효과를 제한하는 장애물로 작용한다.

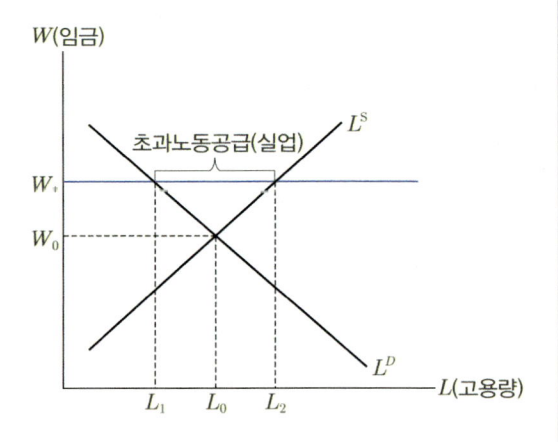

[물음 2]
- 최저임금제의 효과가 제한적일 수 있으나, 다음 세 가지의 경우에는 최저임금제 실시에도 불구하고 고용감소의 효과가 적거나 되려 고용이 증가할 수 있다
- ① 효율성 임금(고임금 경제) 존재, ② 경제 내 가처분소득이 증가하여 노동수요 증가, ③ 노동시장이 수요독점 형태

효율성 임금(고임금 경제)가 존재하는 경우

- 고임금 경제 하 노동수요곡선은 통상적인 상황에 비해 비탄력적으로 도출된다. 이 경우 최저임금이 설정되더라도 실업의 크기는 $L_2 - L_1$이 아닌 $L_2 - L_3$ 수준으로 축소될 것이다.

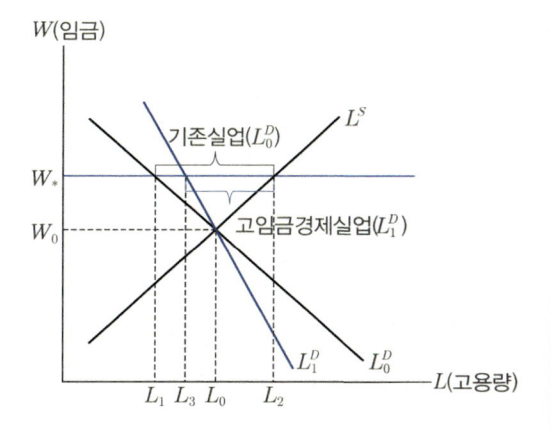

유효수요증가로 노동수요가 증가하는 경우

- 최저임금제로 임금이 상승하면 근로자 소득이 증가한다. 이는 근로자의 가처분소득($Y-T$)이 증가하는 효과를 낳아 재화시장의 재화수요가 증가하게 될 것이다.
- 이때 노동수요는 생산물 수요에서 파생되는 파생수요로, 재화수요가 증가하면 덩달아 노동수요도 증가해 노동수요곡선이 우측으로 이동할 것이다.
- 노동수요곡선의 이동 폭에 따라 최저임금에 따른 실업이 감소하거나, 실업이 없거나, 고용량이 증가할 수 있다. 그림에서는 최저임금제 하 유효수요 증가로 실업이 존재하지 않는 상황을 도해하였다.

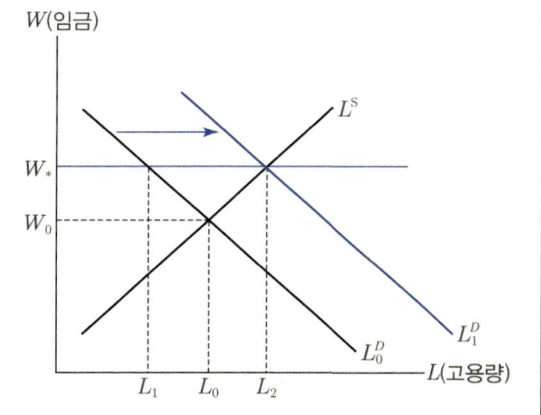

노동시장이 수요독점인 경우

- 수요독점 노동시장의 기업은 $MRP_L = MFC_L$에서 고용량을 결정하여 이윤을 극대화한다. 그런데 최저임금제가 시행되면서 최저임금 수준이 균형임금과, 균형고용량에서 기업의 최대지불용의임금 사이에 설정되는 경우 고용량이 증가할 수 있다.
- 기업의 한계요소비용은 기존 MFC_L 곡선에서 최저임금제가 실시되는 경우 그림에서 파랗게 표시된 선분으로 변화한다. 이때 기업은 파란 곡선과 MRP_L이 교차하는 지점에서 고용량을 선택하여 이윤을 극대화하고, 이때 최저임금제 도입에도 불구하고 고용량이 증가함을($L_0 \to L_1$) 확인할 수 있다

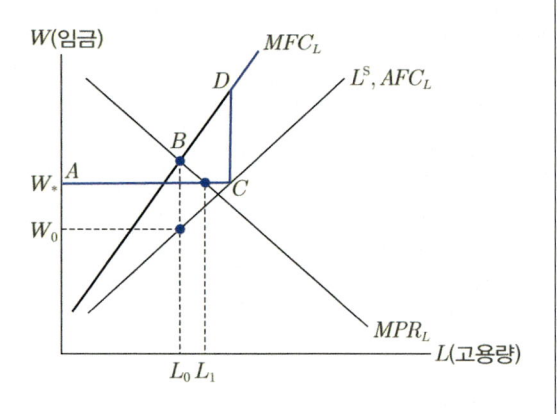

局 정리

2016년 노무사 기출

01 기출 문제

문제 1
소득-여가 선택이론에서 개별근로자의 노동공급에 관한 다음 물음에 답하시오. (50점)

[물음 1] 산업재해를 입은 근로자에게 산재직전 임금의 100%가 휴업급여로 지급되고, 직장에 복귀하여 근로할 경우에는 휴입급여 지급이 중지된다고 가정할 때, 근로자의 노동공급 결정을 그래프로 그리고 설명하시오. (단, 여가는 정상재임) (20점)

[물음 2] [물음 1]과 관련하여 산재 근로자에 대한 적정 휴업급여 수준을 그래프로 그리고 설명하시오. (10점)

[물음 3] 초과근로에 대하여 할증임금을 지급하도록 하는 제도가 새로 도입되었다고 가정할 경우, 근로자의 노동공급 결정을 그래프를 그리고 설명하시오. (20점)

문제 2
노동시장균형에 대한 다음 물음에 답하시오. (25점)

[물음 1] 제품시장과 노동시장이 완전경쟁이고 노동이외의 생산비용은 존재하지 않으며, 노동만이 유일한 생산요소라고 가정하자. 어떤 기업의 단기 노동수요곡선이 $L_d = -\frac{1}{3}w + 3$일 때, 임금(w)이 3일 경우 균형 고용량과 이윤을 구하고, 그래프를 그리고 설명하시오. (10점)

[물음 2] 내국인 근로자로만 구성되어 있던 국내 노동시장에 외국인 근로자 도입이 가능해졌다고 가정하자. 생산에 있어서 내국인 근로자와 외국인 근로자간의 관계가 대체관계일 경우와 보완관계일 경우로 나누어 외국인 근로자 도입이 단기적 측면에서 내국인 근로자의 임금과 고용에 미치는 영향을 그래프를 그리고, 비교·분석하시오. (15점)

문제 3
노동시장에 존재하는 임금격차(wage differential)에 대하여 다음 물음에 답하시오. (25점)

[물음 1] 노동시장에 차별이 없더라도 임금격차가 나타날 수 있는 근본적 원인이 무엇인지 설명하시오. (8점)

[물음 2] 노동시장에 나타날 수 있는 차별(discrimination)의 발생 원천(source) 또는 종류에 대해 설명하시오. (9점)

[물음 3] 어떤 직종에 외모가 뛰어난 사람(또는 키가 큰 사람)이 평균적으로 높은 임금을 받는다고 하면, 이 노동시장에 차별이 존재한다고 볼 수 있는지에 대하여 설명하시오. (8점)

02 채점기준 작성훈련

문제 1

소득-여가 선택이론에서 개별근로자의 노동공급에 관한 다음 물음에 답하시오. (50점)

[물음 1] 산업재해를 입은 근로자에게 산재직전 임금의 100%가 휴업급여로 지급되고, 직장에 복귀하여 근로할 경우에는 휴업급여 지급이 중지된다고 가정할 때, 근로자의 노동공급 결정을 그래프로 그리고 설명하시오. (단, 여가는 정상재임) (20점)

휴업급여 지급에 따른 노동공급 결정	서술
	그래프

[물음 2] [물음 1]과 관련하여 산재 근로자에 대한 적정 휴업급여 수준을 그래프로 그리고 설명하시오. (10점)

적정 휴업급여 수준	서술
	그래프

[물음 3] 초과근로에 대하여 할증임금을 지급하도록 하는 제도가 새로 도입되었다고 가정할 경우, 근로자의 노동공급 결정을 그래프를 그리고 설명하시오. (20점)

할증임금제 하 노동공급 결정	서술
	그래프

문제 2

노동시장균형에 대한 다음 물음에 답하시오. (25점)

[물음 1] 제품시장과 노동시장이 완전경쟁이고 노동이외의 생산비용은 존재하지 않으며, 노동만이 유일한 생산요소라고 가정하자. 어떤 기업의 단기 노동수요곡선이 $L_d = -\frac{1}{3}w+3$일 때, 임금(w)이 3일 경우 균형 고용량과 이윤을 구하고, 그래프를 그리고 설명하시오. (10점)

균형 고용량과 이윤	서술
	수리식
	그래프

[물음 2] 내국인 근로자로만 구성되어 있던 국내 노동시장에 외국인 근로자 도입이 가능해졌다고 가정하자. 생산에 있어서 내국인 근로자와 외국인 근로자간의 관계가 대체관계일 경우와 보완관계일 경우로 나누어 외국인 근로자 도입이 단기적 측면에서 내국인 근로자의 임금과 고용에 미치는 영향을 그래프를 그리고, 비교·분석하시오. (15점)

외국인 근로자 유입으로 인한 영향	서술
	그래프

문제 3

노동시장에 존재하는 임금격차(wage differential)에 대하여 다음 물음에 답하시오. (25점)

[물음 1] 노동시장에 차별이 없더라도 임금격차가 나타날 수 있는 근본적 원인이 무엇인지 설명하시오. (8점)

임금격차의 근본적 원인	서술

[물음 2] 노동시장에 나타날 수 있는 차별(discrimination)의 발생 원천(source) 또는 종류에 대해 설명하시오. (9점)

차별의 발생 원천(종류)	서술

[물음 3] 어떤 직종에 외모가 뛰어난 사람(또는 키가 큰 사람)이 평균적으로 높은 임금을 받는다고 하면, 이 노동시장에 차별이 존재한다고 볼 수 있는지에 대하여 설명하시오. (8점)

사용자 차별	서술
고객 차별	서술
근로자 차별	서술

---

03 모범 답안

문제 1

[물음 1]

휴업급여

- 산업 상 재해로 인한 부상 또는 질병으로 취업·근로하지 못하는 기간에 대한 근로제공의 기회상실을 보상하는 제도적 급여를 휴업급여라 한다.

- 효용을 극대화하고자 하는 근로자는 예산선과 무차별곡선이 접하는 E_0 지점에서 l_0의 여가를 소비하고 L_0의 노동을 제공하기에 소득은 $I_0 = wL_0$이다. 산재직전 임금의 100%를 휴업급여로 지급하는 경우, 휴업급여는 기존 소득 수준만큼, 즉 I_0 수준에서 지급될 것이다. 따라서 예산선은 그림과 같이 AT에서 ATB로 변화한다.

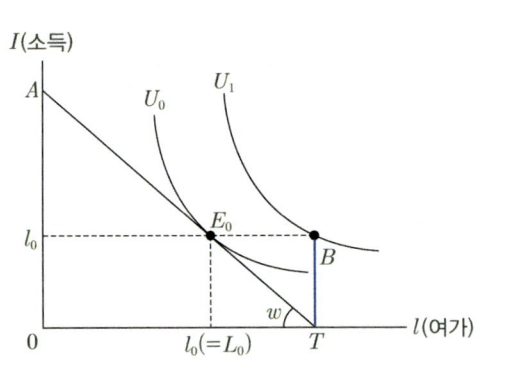

근로자의 노동공급 결정

- 기존의 근로자는 E_0 지점에서 소득-여가 조합을 결정하여 u_0의 효용을 누리지만, 산업 재해를 당해 휴업급여를 지급받을 수 있는 경우 노동을 제공하지 않고 휴업급여만 지급받는다면(점 B) u_0보다 상방에 위치한 u_1 무차별곡선상에 위치하게 되기에 더 높은 효용을 누릴 수 있다. 따라서 기존 임금 100%에 달하는 휴업급여를 지급받는 경우 근로자는 그 기간 동안 노동을 제공하지 않을 것이다.

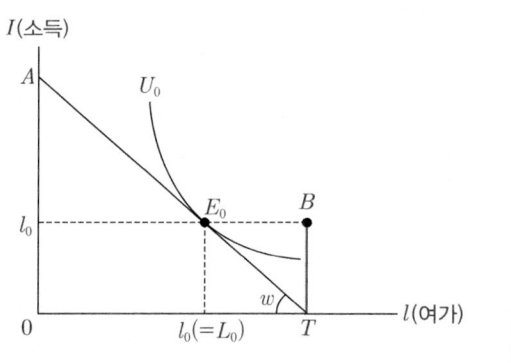

[물음 2]
- 휴업급여는 업무상 재해 또는 질병에 따른 근로자의 근로제공 기회 상실을 보상하는 차원의 합리적 제도이지만, 노동을 제공하지 않는 선택이 노동 제공의 선택보다 더 높은 효용을 누리게 함으로써($u_0 < u_1$) 개인의 근로의욕을 저해한다는 점에서 부정적 측면도 존재한다. 따라서 적절한 휴업급여 수준을 결정하는 것이 중요하다.

적정 휴업급여 수준의 결정

- 휴업급여가 근로자를 비경제활동인구로 전환시키는 것을 방지하기 위해서는 휴업급여를 받는 기간 중 근로를 통해 달성할 수 있었던 기존 u_0보다 낮은 효용을 달성하도록 설계할 필요가 있다.

- 따라서 점 C의 높이(선분 CT의 길이)보다 낮지만, 근로자의 효용 손실이 최소화되는 수준에서 휴업급여가 결정되어야 한다. 이러한 휴업급여는 근로자의 노동 제공 기회 손실을 보상하는 동시에 직장에 복귀할 유인으로 기능할 것이다.

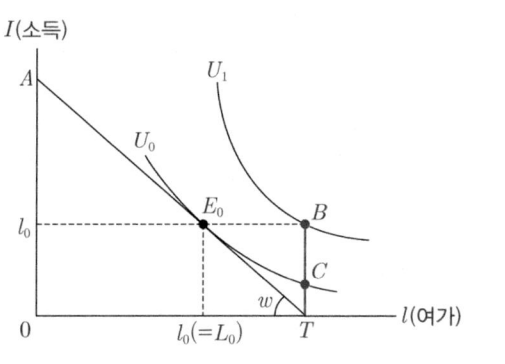

[물음 3]

할증임금지급에 따른 예산선의 변화

- L_0 이후의 초과근로에 대하여 기존 임금 w_0보다 높은 할증임금 w_1을 지급하는 제도가 시행될 경우, 예산선은 기존 ACT에서 BCT로 변화할 것이다.

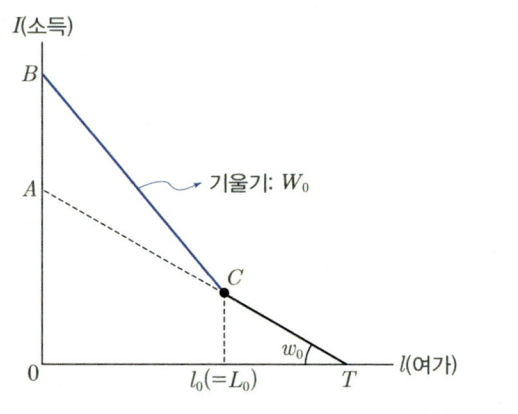

할증임금 지급에 따른 근로자의 노동공급 결정

① 대체효과

- 대체효과는 고정된 실질소득 하 여가의 상대가격 변화에 따른 여가시간의 변화를 나타낸다. 대체효과는 여가의 열등재 여부에 관계없이 임금의 증감과 음(-)의 관계를 갖는다. 즉, 임금이 상승하면 여가의 기회비용(상대가격)이 커져 여가의 소비가 감소하고, 임금이 감소하면 여가의 소비가 증가한다.

- 할증임금에 따라 임금이 상승한다면($w_0 \to w_1$) 여가는 l_1에서 l_2로 감소하고, 이에 따라 근로시간은 L_1에서 L_2로 증가할 것이다.

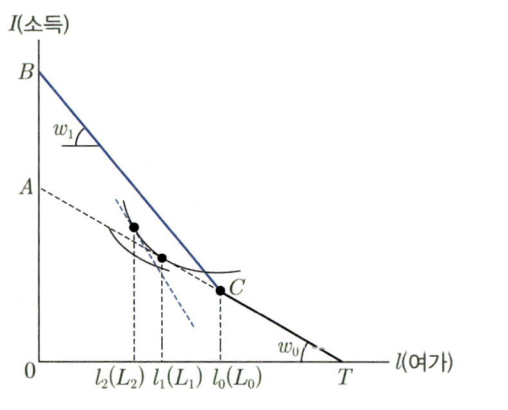

② 소득효과
- 소득효과는 고정된 재화 간 상대가격 하 실질소득 변화로 인한 여가시간의 변화를 나타낸다. 여가가 정상재인 경우 임금률이 오르면 근로자의 소득이 증가하기에 여가의 소비가 증가하고, 여가가 열등재인 경우 여가의 소비가 감소한다. 따라서 여가가 정상재 여부, 대체효과와 소득효과의 상대적 크기에 따라 근로자의 노동공급 결정이 변화할 수 있다.

- 여가가 정상재이고, 대체효과가 소득효과를 압도하는 경우 대체효과에 의해 여가는 l_1에서 l_2로 감소하고, 소득효과에 의해 l_2에서 l_3로 증가할 것이다. 따라서 대체효과가 소득효과보다 크기에, 결과적으로 해당 근로자의 여가시간은 감소하고 근로시간은 증가할 것이다.

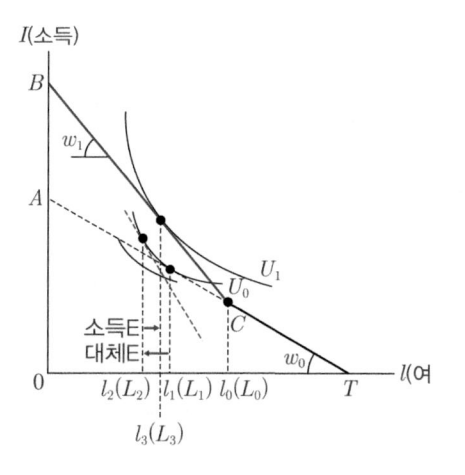

- 여가가 열등재인 경우, 대체효과와 소득효과가 같은 방향으로 움직인다. 따라서 대체효과에 의해 여가는 l_1에서 l_2로 감소하고, 소득효과에 의해 l_2에서 l_5로 감소할 것이다. 따라서 해당 근로자의 여가시간은 감소하고 근로시간은 증가할 것이다.

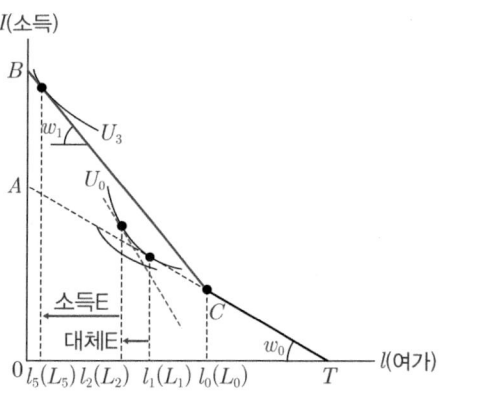

문제 2

[물음 1]

완전경쟁적인 제품시장과 노동시장

- 생산물 시장이 완전경쟁적인 경우 $P=MR$이 성립하기에 $VMP_L = MRP_L$ 역시 성립한다. 또한 생산요소(노동)시장도 완전경쟁적이기에 $w = MFC_L$이 성립하여 개별기업이 직면하는 노동공급곡선은 수평 형태일 것이다.

균형 고용량과 이윤

- 이윤극대화를 달성하고자 하는 기업은 $MRP_L = MFC_L$인 지점에서 고용량을 결정한다.
- 노동수요곡선이 $L_d = -\frac{1}{3}w + 3$으로 $w = -3L_d + 9$이기에, 임금이 $w=3$일 때, $w = -3L_d + 9$, $3 = -3L_d + 9$, $3L_d = 6$, $L_d = 2$로, 균형고용량은 2이다. 즉, $L_d = 2$에서 $VMP_L = MRP_L = MFC_L = w$로 이윤극대화를 달성한다. 이를 그래프로 도해하면 다음과 같다.
- 이윤을 계산하면, 기업의 총수입인 총생산물가치가 12이고 총비용이 고용량×임금인 6이기에 이윤은 $12 - 6 = 6$으로, 6이다.

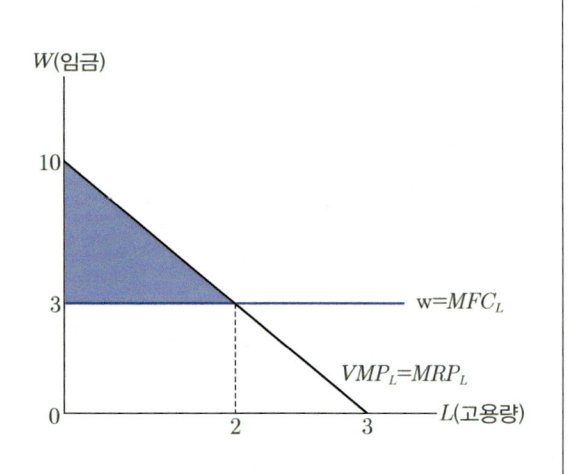

[물음 2]

이민의 단기적 영향

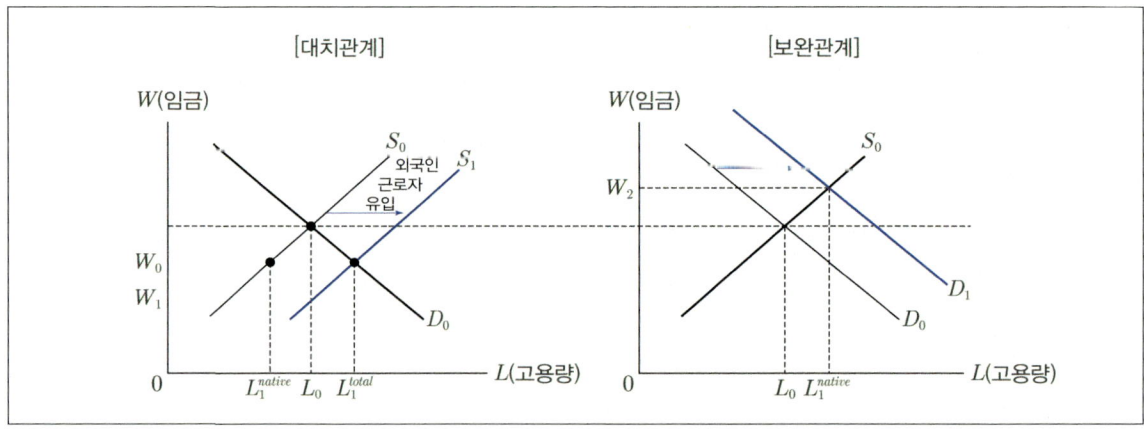

① 외국인 근로자와 내국인 근로자가 대체관계
- 외국인 근로자와 내국인 근로자가 대체요소일 경우, 외국인 근로자가 노동시장에 진입하면서 노동공급곡선이 우측 이동하여 총고용이 증가하고 임금이 하락한다. 이때 낮아진 임금 수준에서 원주민 근로자의 고용은 감소한다.

② 원주민과 이민자가 보완관계
- 외국인 근로자와 내국인 근로자가 보완요소일 경우, 단기에 자본이 고정되어 있음에도 불구하고 외국인 근로자가 내국인 근로자의 생산성을 향상시켜 노동수요곡선이 우측 이동하여 원주민 근로자의 고용과 임금이 증가한다.

문제 3

[물음 1]

차별 미존재 시 임금격차가 나타나는 근본적 원인
- 노동시장에 차별이 존재하지 않는 경우에도 다음 네 가지의 원인으로 인해 임금격차가 발생할 수 있다.

① 보상임금
- 특정 직업군 또는 기업이 제공하는 작업환경이 여타 직종 또는 기업에 비해 열악한 경우, 근로자들이 겪는 비재화에 보상하기 위해 더 높은 임금, 즉, 보상임금을 지급하면서 임금격차가 나타날 수 있다. 이러한 환경을 좌우하는 요소에는 작업환경의 위험도, 직업의 안정성, 직업기술 습득의 용이성, 근로자에게 수반되는 책임의 강도 등이 포함될 수 있다.

② 산업 간 임금격차
- 동일한 직종에 종사하며 같은 지리적 영역에 일자리를 가진 근로자가 상이한 산업에 종사할 때 산업 간 상대 임금수준의 격차를 산업간 임금격차라 한다. 이러한 산업 간 임금격차는 산업이 요구하는 숙련도, 노동 생산성 차이, 산업별 집중도에 따라 나타날 수 있으며 차별과는 무관하다.

③ 지역 간 임금격차
- 외부로부터의 노동 인구 유입, 노동 인구 이동 제약 등 지역 간 노동의 수요와 공급을 증감시키는 요인에 따라 지역 간 임금격차가 발생할 수 있다.

④ 숙련에 따른 임금격차
- 고숙련 근로자는 저숙련 근로자에 비해 더 높은 생산성을 지녔기에 기업 차원에서는 고숙련 근로자에게 더 높은 보상을 지급하게 된다. 따라서 이러한 숙련 격차에 따라 임금 차이가 발생할 수 있다.

[물음 2]

차별의 발생 원천 종류

- 노동시장에 존재하는 차별로 인해 근로자가 지닌 생산성과는 무관하게, 차별받지 않는 근로자와 차별받는 근로자 간 임금 또는 대우 격차가 발생할 수 있다.

① 임금 차별

- 임금 차별은 생산성 등 동일한 근로조건을 가진 근로자임에도 차별받는 근로자가 그렇지 않은 근로자보다 더 적은 임금을 지급받는 현상이다.
- 대표적으로 사용자 차별에 따르면 사용자는 스스로가 가진 차별계수(차별하는 정도) d에 따라 차별하는 근로자에게 기존 임금 w보다 낮은 $w(1-d)$ 수준의 임금을 지급하면서 임금 격차를 초래할 수 있다.

② 직종 차별

- 특정 직종에서 차별이 발생하여 여타 직종으로 근로자가 이동하는 경우에 나타나는 직종차별도 있다. 근로자들이 많이 이동한 직종에서는 노동 공급 과중으로 인해 임금 수준이 낮아진다.
- 이때 임금의 인하는 노동력 집중에 따라 한계생산이 체감하기에 발생하면서 임금 격차를 초래하지만, 임금 차별로 분류하지는 않는다.

[물음 3]

- 외모가 뛰어난 사람(또는 키가 큰 사람)이 평균적으로 높은 임금을 받게 되는 경우, 아래의 이론을 통해 외모가 뛰어나지 않은 사람(또는 키가 작은 사람)에 대한 차별로서 설명할 수 있다.

① 사용자 차별

- 외모를 차별하는 사용자는 스스로가 가진 차별계수(차별하는 정도) d에 따라 외모가 뛰어나지 않은 근로자에게 그의 생산성과 관계 없이 기존 임금 w보다 낮은 $w(1-d)$ 수준의 임금을 지급하면서 임금 격차를 초래할 수 있다.

② 고객 차별

- 차별하는 고객은 뛰어나지 않은 외모를 지닌 근로자와 대면할 때 자신이 실제 지불하는 가격인 p보다 높은 $p(1+d)$ 수준의 가격을 지불하는 것처럼 행위한다. 사용자는 이러한 고객의 비효용에 보상하기 위해 재화의 가격을 인하하고, 이러한 비용은 차별받는 근로자에게 전가될 수 있다.
- 따라서 고객 차별로 인해 사용자는 외모가 뛰어나지 않은 근로자 또는 지원자를 불리하게 대우할 것이며, 이로 인해 직종분단과 외모를 기준으로 한 집단 간 임금격차가 초래될 수 있다.

③ 근로자 차별

- 같이 근무하는 근로자들이 외모가 뛰어나지 않은 사람을 차별하는 성향을 가진다면, 이 근로자들은 외모가 뛰어나지 않은 근로자들과 근무할 때 실제 수령하는 임금인 w보다 낮은 $w(1-d)$ 수준의 임금을 지급받는 것처럼 행위할 것이다.
- 또, 이렇게 차별하는 동료 근로자들은 외모와 무관하게 공정한 인사를 하는 사용자를 회피하는 경향을 보일 것이기에, 사용자들은 이러한 비용을 방지하고 차별하는 근로자들의 비효용에 보상하기 위해 외모가 뛰어난 사람들에게 임금 프리미엄을 지급하고, 이러한 과정에서 임금격차가 발생할 수 있다.

局 정리

2015년 노무사 기출

01 기출 문제

문제 1
노동시장의 유연성과 정년연장형 임금피크제에 대하여 다음 물음에 답하시오. (50점)

[물음 1] 기업이 선택할 수 있는 고용의 유연성 4가지 유형을 설명하시오. (12점)

[물음 2] 임금의 유연성에 적합한 임금체계 3가지를 설명하시오. (12점)

[물음 3] 베이비붐 세대의 일자리 문제를 해결하기 위한 정년연장형 임금피크제에서 피크 임금연령과 연장된 퇴직연령의 결정을 이연보수 모형을 이용하여 설명하시오. (20점)

[물음 4] 기존 노동력의 정년연장이 청년층 노동력의 고용을 창출하려면 생산과정에서 두 노동력간의 관계(대체·보완관계)가 어떠해야 하는지 설명하시오. (단, 다른 조건은 일정하다고 가정한다.) (6점)

문제 2
개인(A,B)의 노동공급을 결정하기 위해 소득-여가 모형을 상정하고 다음 물음에 답하시오. (25점)

[물음 1] A의 소득(I)과 여가(H)의 한계효용(MU)은 각각 $MU_I^A = H, MU_H^A = I$이고 B의 소득(I)과 여가(H)의 한계효용(MU)은 각각 $MU_I^B = 2HI, MU_H^B = I^2$이다. 두 사람의 한계대체율($MRS_{HI}$)을 각각 구하시오. (10점)

[물음 2] 동일한 예산선 하에서 A와 B 중 누구의 노동공급량이 큰지를 그래프로 설명하시오. (15점)

문제 3
현재 어떤 작업장에서 재해위험 수준이 실제위험 수준보다 낮다고 잘못 알려져 있다. 정부는 올바른 정보를 제공하기 위해 재해위험 수준에 적정한 규제 수준을 설정하려고 한다. 헤도닉(Hedonic) 임금이론을 사용하여 다음 물음에 답하시오. (25점)

[물음 1] 임금과 재해위험 수준 사이의 근로자 효용곡선과 기업 등이윤곡선을 그래프를 이용하여 설명하시오. (10점)

[물음 2] 적정규제의 범위를 그래프에 표시하고 그 범위 내에서 파레토 개선이 달성될 수 있음을 설명하시오. (15점)

02 채점기준 작성훈련

문제 1

노동시장의 유연성과 정년연장형 임금피크제에 대하여 다음 물음에 답하시오. (50점)

[물음 1] 기업이 선택할 수 있는 고용의 유연성 4가지 유형을 설명하시오. (12점)

| 고용의 유연성 유형 4가지 | 서술 |

[물음 2] 임금의 유연성에 적합한 임금체계 3가지를 설명하시오. (12점)

| 임금의 유연성에 적합한 임금체계 3가지 | 서술 |

[물음 3] 베이비붐 세대의 일자리 문제를 해결하기 위한 정년연장형 임금피크제에서 피크 임금연령과 연장된 퇴직연령의 결정을 이연보수 모형을 이용하여 설명하시오. (20점)

정년연장형 임금피크제	서술
이연보수 모형	서술
	그래프

[물음 4] 기존 노동력의 정년연장이 청년층 노동력의 고용을 창출하려면 생산과정에서 두 노동력간의 관계(대체·보완관계)가 어떠해야 하는지 설명하시오. (단, 다른 조건은 일정하다고 가정한다.) (6점)

| 두 노동력 간 관계 | 서술 |

문제 2

개인(A,B)의 노동공급을 결정하기 위해 소득-여가 모형을 상정하고 다음 물음에 답하시오. (25점)

[물음 1] A의 소득(I)과 여가(H)의 한계효용(MU)은 각각 $MU_I^A = H, MU_H^A = I$이고 B의 소득(I)과 여가(H)의 한계효용(MU)은 각각 $MU_I^B = 2HI, MU_H^B = I^2$이다. 두 사람의 한계대체율($MRS_{HI}$)을 각각 구하시오. (10점)

A와 B의 한계대체율	서술
	수리식

[물음 2] 동일한 예산선 하에서 A와 B 중 누구의 노동공급량이 큰지를 그래프로 설명하시오. (15점)

A와 B의 노동공급량	서술
	그래프

문제 3

현재 어떤 작업장에서 재해위험 수준이 실제위험 수준보다 낮다고 잘못 알려져 있다. 정부는 올바른 정보를 제공하기 위해 재해위험 수준에 적정한 규제 수준을 설정하려고 한다. 헤도닉(Hedonic) 임금이론을 사용하여 다음 물음에 답하시오. (25점)

[물음 1] 임금과 재해위험 수준 사이의 근로자 효용곡선과 기업 등이윤곡선을 그래프를 이용하여 설명하시오. (10점)

근로자 효용곡선	그래프
기업 등이윤곡선	그래프

[물음 2] 적정규제의 범위를 그래프에 표시하고 그 범위 내에서 파레토 개선이 달성될 수 있음을 설명하시오. (15점)

적정규제의 범위	서술
	그래프

---

03 모범 답안

문제 1

[물음 1]

고용의 유연성 유형

- 기업이 선택할 수 있는 고용의 유연성 유형으로는 다음 4가지를 들 수 있다: 외부적 수량적 유연성, 내부적 수량적 유연성, 기능적 유연성, 외부화

① 외부적 수량적 유연성
- 기업이 고용관계를 단절함으로써 수량적인 유연성을 확보하는 특성을 외부적 수량적 유연성이라 한다. 기업은 이를 달성하기 위해 주로 기간제 근로자를 채용하는 방안을 검토할 수 있다.

② 내부적 수량적 유연성
- 기업이 고용관계를 유지한 상태에서 수량적인 유연성을 확보하는 특성을 내부적 수량적 유언성이라 한다. 기업은 이를 달성하기 위해 근로자를 파트타임제로 고용하거나, 기존의 직원들에게 탄력시간근무제 옵션을 제공할 수 있다.

③ 기능적 유연성
- 직종의 수요에 따라 직원을 배치 전환하거나 이동시켜 유연성을 확보하는 특성을 기능적 유연성이라 한다. 이는 인적자본투자를 통해 노동생산성을 향상시킬 수 있는 방안으로, 직업훈련 등을 활용할 수 있다.

④ 외부화
- 간접고용형태로 유연성을 확보하는 특성을 외부화라 하고, 파견근로 또는 하도급계약과 같은 형태로 달성할 수 있다.

[물음 2]

임금 유연성에 적합한 임금체계

- 임금의 유연성에 적합한 임금체계로는 다음 3가지를 대표적으로 들 수 있다: 직무급, 직능급, 성과급

① 직무급
- 직무평가를 통해 기업 내 직무들의 상대가치를 결정하고, 이에 따라 차등적으로 임금을 결정하는 제도를 직무급이라 한다. 즉, 근속연수에 관계없이 직원이 담당하는 일에 따라 보수를 지급받게 된다.

② 직능급
- 근로자가 보유하고 있는 직무수행능력을 기준으로 임금을 차등적으로 결정하는 보수체계를 직능급이라 한다. 이는 근로자의 숙련도에 따라 임금 지급이 이루어지는 형태이기에 숙련급이라고도 한다.

③ 성과급
- 근로자가 달성한 성과를 기준으로 임금을 결정하는 제도를 성과급이라 한다. 성과급은 개인성과급, 집단(팀)성과급으로 나누어 구분할 수 있다.

[물음 3]

이연보수모형

- 근로자의 태만행위를 방지하고, 장기근속을 유도하기 위해 기업은 입사 초기에 근로자의 생산성보다 낮은 임금을 지급하고, 입사 후기에 생산성보다 높은 임금을 지급하는 이연보수체계를 사용할 수 있다. 즉, 근로자가 입사 초기에 지급받는 비교적 낮은 임금은 이후 그가 수령 가능한 높은 임금에 의해 보전된다. 이연보수모형을 그래프로 도해하면 다음과 같다.
- 이연보수체계는 근로자의 정년퇴직까지의 임금의 현재가치 합계와 생산성의 현재가치 합계가 동일해지도록 보수를 결정한다. 즉, 그림의 삼각형 ABD와 BCE의 면적이 같게 설계되어야 하고, R(정년)은 식 $\sum_{t=0}^{R} \frac{W_t}{(1+r)^t} = \sum_{t=0}^{R} \frac{VMP_t}{(1+r)^t}$를 통해 구할 수 있다.

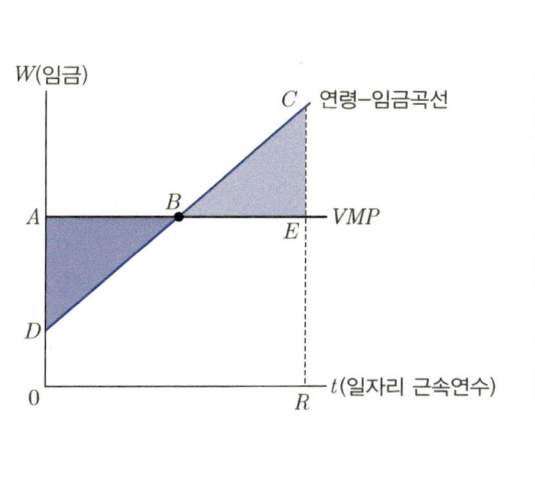

정년연장형 임금피크제

- ABFG는 한계생산물가치곡선(VMP), HBCD는 연령임금곡선(W), R은 기존 정년시점, P는 피크시점, Rn은 연장된 정년연령이다.
- 은퇴 시점이 가까워진 근로자의 정년을 연장하면서 해당 피크시점의 보수를 감액하는 제도를 정년연장형 임금피크제라 한다.
- t0시점을 기준으로 ABH만큼 임금을 덜 지급하고, BDF만큼 더 지급하여 장기근속을 유도한다. ABH면적과 BDF면적이 일치할 때 정년시점 R이 결정된다.
- 이때 피크시점 P가 기존정년 R 이전에 설정되었다고 가정하면 그래프를 다음과 같이 도해할 수 있다.
- P 시점, 즉, 피크 시점에서 임금을 기존 W에서 W_p로 감액하고, 기존 정년 R을 R_n까지 연장한다고 하자. 이때 그림에 그려진 CDE와 EFG의 면적이 동일하다면 피크시점부터 기존정년까지 덜 지급한 임금을 새로운 정년 시점까지 보전해주기에 이직을 방지하고 근태를 방지할 수 있다.

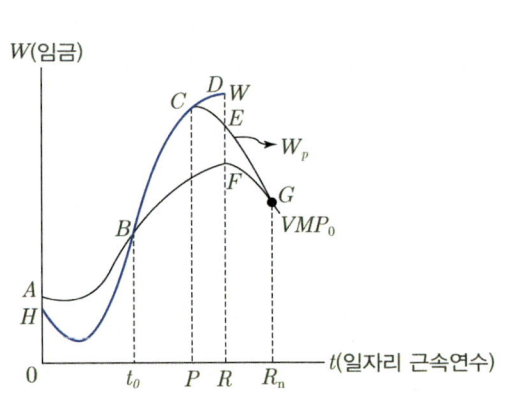

- 혹은 피크시점 P가 기존정년 R과 동일한 경우, 그림과 같이 CDG와 DEH의 면적이 동일해야 한다.

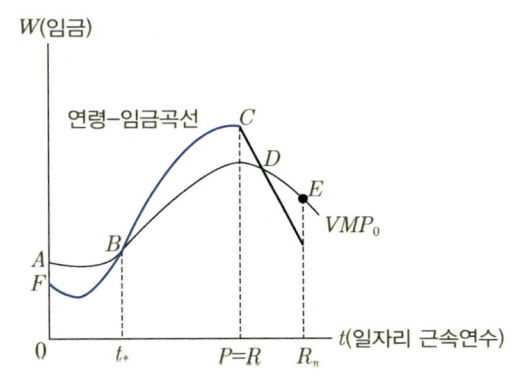

[물음 4]

가정

- 설문에서 주어진 두 상황, 은퇴 연령자의 정년연장은 고령자의 임금하락을, 청년층 고용창출은 청년노동수요 증가를 의미한다.

두 노동력 간 관계

- 청년을 L, 고령자의 임금을 W_R이라고 하자. $\dfrac{\frac{dL}{L}}{\frac{dW_R}{W_R}} < 0$이기에 고령자와 청년은 조보완요소임을 알 수 있다.

즉, 두 노동력 간 관계는 보완관계에 해당한다.

문제 2

[물음 1]

A와 B의 한계대체율

- 근로자 A의 한계대체율은 다음과 같다. $MRS^A_{HI} = -\dfrac{dI}{dH} = \dfrac{MU_H}{MU_I} = \dfrac{I}{H}$

- 근로자 B의 한계대체율은 다음과 같다. $MRS^B_{HI} = -\dfrac{dI}{dH} = \dfrac{MU_H}{MU_I} = \dfrac{I^2}{2HI} = \dfrac{I}{2H}$

[물음 2]

A와 B의 여가선호도 비교

- 한계대체율이란 소비자가 어느 재화를 얻기 위해 다른 재화가 동등한 만족을 준다는 조건 하 포기할 용의가 있는 재화의 양을 의미한다.
- 근로자 A와 B의 한계대체율을 비교했을 때 $MRS^A_{HI} > MRS^B_{HI}$ 이기에 상대적으로 근로자 A가 여가를 더 선호하고, 근로자 B가 노동을 더 선호함을 알 수 있다.

소득-여가 모형

- A와 B의 여가선호도에 따라 소득-여가 평면에 둘의 무차별곡선을 도해하면 다음과 같다.
- 그림에 따르면, 여가선호자 A는 $\overline{H_AT}$만큼 노동을 공급하고, 노동선호자 B는 $\overline{H_BT}$만큼 노동을 공급한다. 따라서 이러한 한계대체율의 차이로 근로자 B가 더 많이 노동공급함을 알 수 있다.

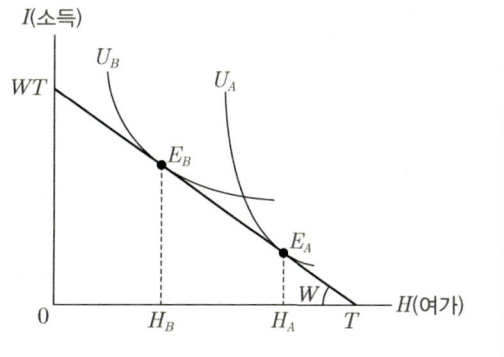

문제 3

[물음 1]

무차별곡선

- 재해위험(R)은 효용을 감소시키는 비재화이기에 무차별곡선(효용곡선)은 X축에 대해서 볼록한, 우상향하는 곡선의 형태로 도출된다. 이를 그래프로 도해하면 다음과 같다.

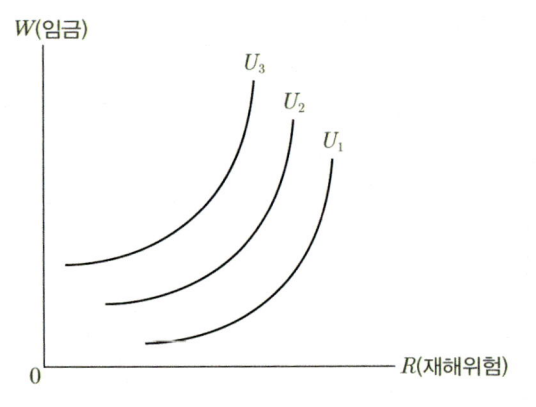

등이윤곡선

- 임금(W)은 이윤을 감소시키는 비재화이기에 등이윤곡선은 Y축에 대해서 볼록한, 우상향하는 곡선의 형태로 도출된다. 이를 그래프로 도해하면 다음과 같다.

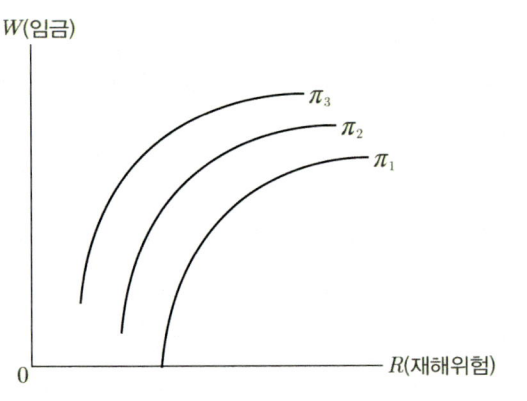

[물음 2]
적정규제 내 파레토개선

- 두 경제주체(기업과 근로자)가 존재하는 경우, 다른 주체의 효용 또는 이윤을 감소시키지 않고 한 주체의 효용 또는 이윤을 증가시키는 것을 파레토 개선이라 한다. (3-1)에서 도출한 비재화의 무차별곡선과 등이윤곡선을 활용해 아래와 같은 모형을 도출할 수 있다.
- 근로자가 보유한 정보가 부족하거나 부정확하여 재해위험을 실제보다 과소평가할 수 있다. 즉, 재해확률 R*에서 근로자는 e점을 선택하면서 스스로 U_1의 효용을 누린다고 착각하게 된다. 그러나 실제 재해의 위험성 R1을 인식한다면 해당 근로자의 실제 효용은 U_0로 감소할 것이다.
- 위와 같은 상황에서 정부는 $R_0 < R < R_1$에서 산업재해를 규제할 필요가 있다. 해당 범위에서의 규제는 기업의 이윤을 개선하고 근로자의 효용을 제고할 수 있는데, 따라서 $R_0 < R < R_1$가 파레토 개선을 도모할 수 있는 구간임을 알 수 있다.

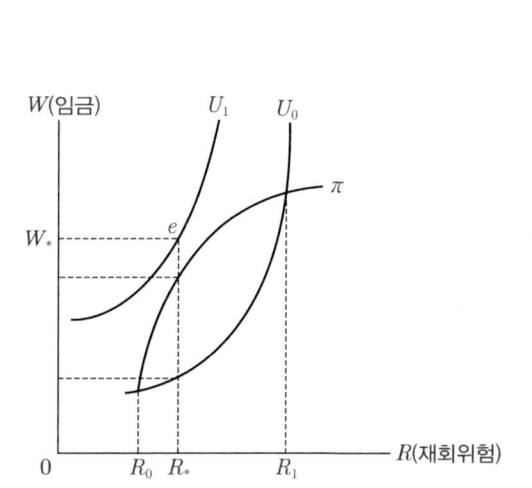

2014년 노무사 기출

01 기출 문제

문제 1
일(소득)-여가 선택모형을 이용하여 다음 물음에 그림을 그려 설명하시오. (50점)

[물음 1] 임금률이 상승할 경우 노동공급의 변화를 대체효과(substitution effect)와 소득효과(income effect)로 나누어 설명하시오. (단, 대체효과가 소득효과보다 크며, 여가는 정상재이다.) (20점)

[물음 2] 노동공급곡선의 후방굴절(backward-bending) 가능성을 설명하시오. (15점)

[물음 3] 재산소득 등 비근로소득이 있을 경우 노동공급이 전혀 이루어지지 않을 수 있음을 설명하시오. (15점)

문제 2
최저임금과 관련한 다음 물음에 답하시오. (25점)

[물음 1] 최저임금을 결정하는데 고려되어야 할 사항들이 무엇인지 설명하시오. (8점)

[물음 2] 최저임금제가 실업을 증가시킬 수 있음을 그림을 그려 설명하시오. (7점)

[물음 3] "최저임금을 업종별로 다르게 책정해야 한다"는 주장의 이론적 타당성을 노동수요의 임금탄력성 개념을 활용하여 설명하시오. (10점)

문제 3
노동조합이 임금, 고용에 미치는 영향과 관련된 다음 물음에 답하시오. (25점)

[물음 1] 노동조합이 비노동조합 부문의 임금에 미치는 영향을 설명하시오. (10점)

[물음 2] 독점적 노동조합(Monopoly Union)의 임금인상 요구가 고용에 미치는 영향을 노동조합의 효용함수를 이용하여 그림을 그려 설명하시오. 아울러 노동수요의 임금탄력성 정도에 따라 어떤 차이가 있는지 비교하시오. (15점)

02 채점기준 작성훈련

문제 1

일(소득)-여가 선택모형을 이용하여 다음 물음에 그림을 그려 설명하시오. (50점)

[물음 1] 임금률이 상승할 경우 노동공급의 변화를 대체효과(substitution effect)와 소득효과(income effect)로 나누어 설명하시오. (단, 대체효과가 소득효과보다 크며, 여가는 정상재이다.) (20점)

임금률 상승에 따른 노동공급의 변화	서술
	그래프

[물음 2] 노동공급곡선의 후방굴절(backward-bending) 가능성을 설명하시오. (15점)

후방굴절 노동공급곡선	서술
	그래프

[물음 3] 재산소득 등 비근로소득이 있을 경우 노동공급이 전혀 이루어지지 않을 수 있음을 설명하시오. (15점)

유보임금에 따른 노동공급	서술
	그래프

문제 2

최저임금과 관련한 다음 물음에 답하시오. (25점)

[물음 1] 최저임금을 결정하는데 고려되어야 할 사항들이 무엇인지 설명하시오. (8점)

최저임금 결정에 있어 고려사항	서술

[물음 2] 최저임금제가 실업을 증가시킬 수 있음을 그림을 그려 설명하시오. (7점)

최저임금제로 인한 실업 증가	서술
	그래프

[물음 3] "최저임금을 업종별로 다르게 책정해야 한다"는 주장의 이론적 타당성을 노동수요의 임금탄력성 개념을 활용하여 설명하시오. (10점)

노동수요의 임금탄력성	서술
업종별 상이 최저임금 도입 논거	서술

문제 3

노동조합이 임금, 고용에 미치는 영향과 관련된 다음 물음에 답하시오. (25점)

[물음 1] 노동조합이 비노동조합 부문의 임금에 미치는 영향을 설명하시오. (10점)

노조가 비노조 부문의 임금에 미치는 영향	서술
	그래프

[물음 2] 독점적 노동조합(Monopoly Union)의 임금인상 요구가 고용에 미치는 영향을 노동조합의 효용함수를 이용하여 그림을 그려 설명하시오. 아울러 노동수요의 임금탄력성 정도에 따라 어떤 차이가 있는지 비교하시오. (15점)

노조의 임금인상 요구가 고용에 미치는 영향	서술
	그래프
노동수요의 임금탄력성 정도에 따른 차이	서술
	그래프

03 모범 답안

문제 1

[물음 1]

대체효과와 소득효과

- 대체효과는 고정된 실질소득 하 여가의 기회비용(상대가격)변화에 따른 여가시간의 변화를 나타낸다. 대체효과는 여가의 열등재여부에 관계없이 임금의 증감과 음(-)의 관계를 갖는다. 즉, 임금이 상승하면 여가의 기회비용(상대가격)이 커져 여가의 소비가 감소하고, 임금이 감소하면 여가의 소비가 증가한다.
- 소득효과는 고정된 재화 간 상대가격 하 실질소득 변화로 인한 여가시간의 변화를 나타낸다.
- 여가가 정상재인 경우 임금률이 오르면 근로자의 소득이 증가하기에 여가의 소비가 증가하고, 여가가 열등재인 경우 여가의 소비가 감소한다. 따라서 여가가 정상재 여부, 대체효과와 소득효과의 상대적 크기에 따라 근로자의 노동공급 결정이 변화할 수 있다.

임금률 상승에 따른 노동공급의 변화

• 기존 예산이 $I=(24-l)w_0$라고 하자. 이때 임금률이 상승하면 예산이 $I=(24-l)w_1$로 변화하면서 소득-여가 평면상 예산선이 바깥쪽으로 회전이동한다.	(그래프: I(소득) 축과 l(여가) 축, w_1, w_0 예산선)
• 효용을 극대화하고자 하는 근로자는 무차별곡선과 예산선이 접하는 지점에서 소득(소비)과 여가시간(노동시간)을 결정한다 • 대체효과에 의하면, 임금률이 상승하는 경우 기존과 동일한 U_0의 효용에서 여가수요가 감소한다. ($l_0 \to l_1$) 즉, 근로자는 대체효과에 의하여 여가수요를 감소시키고 노동공급을 증가시킨다. • 소득효과에 의하면, 임금률이 상승하는 경우 근로자가 누리는 소득이 기존보다 증가한다. 이때 설문에 주어진 조건에 따르면 여가는 정상재이기에, 소득효과에 의하면 근로자는 여가수요를 증가시키고 노동공급을 감소시킬 것이다.	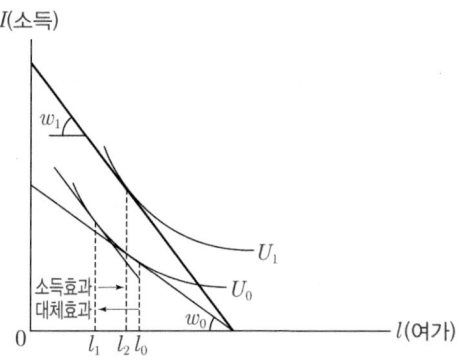
• 결과적으로, 대체효과가 소득효과를 압도하기에 임금률 상승 시 여가소비는 감소하고 노동공급은 증가하게 될 것이다. 따라서 해당 근로자의 노동공급곡선은 그림과 같이 우상향하는 형태로 그릴 수 있다.	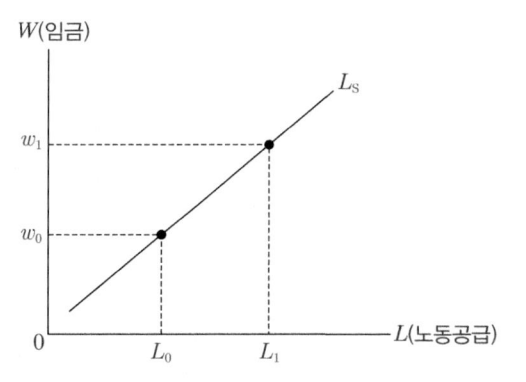

[물음 2]

후방굴절 노동공급곡선
- 임금률이 상승하는 경우 노동공급이 따라 증가하는 것이 보편적이나, 일정액 이상으로 임금률이 상승하는 경우 노동공급이 오히려 감소하는 현상이 나타날 수 있다. 이때 임금-노동공급 평면상 노동공급곡선은 우상향하다가 후방굴절하는 형태로 그려지고, 이를 후방굴절 노동공급곡선이라 한다.

노동공급이 후방굴절하는 조건: ① 여가가 열등재인 경우
- 여가가 열등재인 경우 임금률 증가로 소득이 아무리 증가하더라도 근로자는 여가가 열등재이기에 여가 소비를 지속적으로 감소시킬 것이다. 대체효과로 임금 상승시 여가소비는 감소하고, 여가가 열등재인 경우 소득효과로 임금 상승시 여가소비는 줄기에, 여가가 열등재일때 노동공급곡선은 무조건 우상향하는 형태로만 그려지게 된다. 따라서 여가가 열등재라면 노동공급곡선이 후방굴절할 수 없다.

노동공급이 후방굴절하는 조건: ② 여가가 정상재인 경우

① 대체효과가 소득효과를 압도하는 경우
- 여가가 정상재일 때 임금률이 상승한다면, 대체효과는 여가 소비를 감소시키는 방향으로, 소득효과는 여가 소비를 증가시키는 방향으로 작용한다. 이때 대체효과의 크기가 소득효과보다 크다면 결과적으로 여가 소비가 감소하면서 노동공급이 증가하기에, 이때는 노동공급곡선이 우상향하는 형태로 나타난다.

② 소득효과가 대체효과를 압도하는 경우
- 여가가 정상재일 때 임금률이 상승한다면, 대체효과는 여가 소비를 감소시키는 방향으로, 소득효과는 여가 소비를 증가시키는 방향으로 작용한다. 이때 소득효과의 크기가 대체효과보다 크다면 결과적으로 여가 소비가 증가하면서 노동공급이 감소하기에, 이때는 노동공급곡선이 우하향하는 형태로 나타난다.

③ 대체효과와 소득효과의 크기에 동일한 경우
- 대체효과의 크기와 소득효과의 크기가 완전히 동일한 경우, 노동공급이 일정해지면서 노동공급곡선은 수직의 형태를 가질 것이다.

결론

· 후방굴절 노동공급곡선이 나타나기 위해서는 ① 여가가 정상재여야 하고, ② 대체효과가 소득효과보다 크다가 일정 구간 이후 소득효과가 대체효과를 압도하여야 한다.	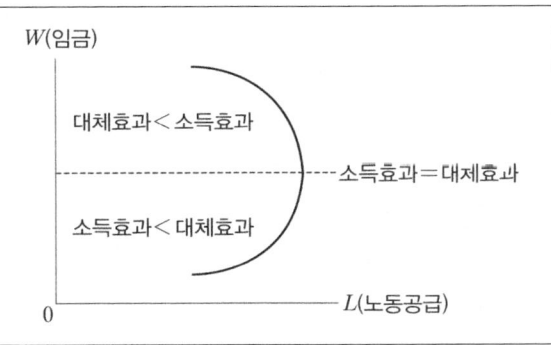

[물음 3]

유보임금의 의의

- 유보임금은 노동을 제공하고자 하는 근로자가 경제활동 참가를 결정하도록 만드는 최소한의 임금으로, 일을 하거나 하지 않거나 무차별하게 만드는 임금 수준이다.
- 유보임금은 또한 무차별곡선에 접하는 접선의 기울기의 절댓값으로 나타낼 수도 있다.

비근로소득의 증가로 인한 유보임금의 상승

- 여가가 정상재일 경우, 비근로소득이 증가할수록 유보임금도 상승한다. 비근로소득이 증가하면 근로자들의 가용 소득이 늘게 되고, 이로 인해 근로자들은 더 많은 여가를 소비하면서 노동 공급을 감소시키기 때문이다.
- 초기부존점 S_0에서의 유보임금(MRS_{S_0})보다 큰 임금(W)에서 노동을 공급하지만, 비근로소득이 증가하여 S_1에서는 노동을 공급하지 않더라도 더 높은 효용을 누릴 수 있기에 비경제활동인구로 전환된다. 따라서 이러한 개인들을 노동시장으로 유도하기 위해서는 높은 수준의 보상이 필요하다.

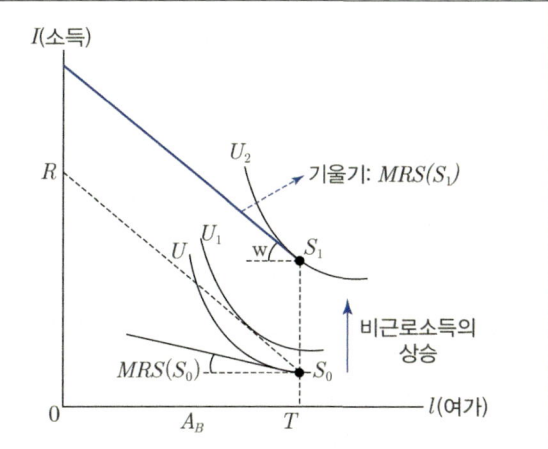

문제 2

[물음 1]

최저임금의 의의

- 최저임금제란, 정부가 임금의 최저액을 결정하고, 사용자에게 최저임금 이상의 임금을 지급하도록 강제하여 저임금 근로자의 생계를 보장하는 제도이다. 최저임금은 시장임금보다 높은 수준으로 정해져야만 그 경제적 효과가 나타난다.

최저임금 결정을 위한 고려사항

- 최저임금 결정에 있어 다음 세 가지 사항을 고려할 수 있다: ① 노동생산성 및 물가수준, ② 근로자의 생계비, ③ 유사 근로자의 임금
- 근로자의 생산성을 기준으로 보수를 지급하는 생산성 임금제의 경우, $\dot{W} = \dot{P} + \dot{MP_L}$ ($\dot{A}$는 A의 변화율을 의미함)과 같이 명목임금을 결정한다. 이 명목임금은 물가수준의 변화율과 근로자의 생산성 변화율을 따져 결정되기에, 최저임금 역시 노동생산성 및 물가수준을 고려하여 결정될 필요가 있다. 또한 최저임금은 근로자의 최소한의 생계를 보장하는 정책적 함의를 지니기에 근로자가 살아감에 있어 필요한 생계비를 고려해야 함은 물론, 그 외에도 유사 근로자의 임금, 소득분배율 등이 종합적으로 고려될 필요가 있다.

[물음 2]
최저임금제가 이윤극대화 기업에 미치는 영향
- 이윤극대화를 추구하는 기업은 노동수요곡선과 노동공급곡선이 일치하는 지점에서 고용량과 임금을 결정한다. 그러나 최저임금제는 이렇게 형성된 임금 이상의 최저임금액을 지급하도록 국가가 강제하는 제도이기에, 최저임금제 하 기업의 노동공급곡선은 최저임금을 따라 변화한다.

최저임금과 실업

- 최저임금제하 시장 노동공급곡선은 기존 L_S에서 선분 ABC로 변화하는데, 이윤극대화 기업은 여전히 노동수요곡선과 노동공급곡선이 일치하는 지점에서 고용량을 결정한다. 따라서 새로운 고용량은 기존 L_0에서 선분 ABC와 L_D가 만나는 지점의 고용량인 L_2까지 감소할 것이다.
- 최저임금 w^*하에서 근로자들은 L_1만큼 노동을 공급하나 기업은 L_2만큼만 수요하면서 둘 사이의 격차 $L_1 - L_2$만큼의 실업이 발생한다.

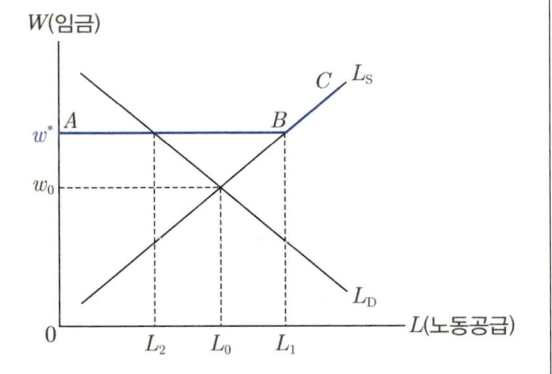

[물음 3]
노동수요의 임금탄력성
- 노동수요의 임금탄력성이란, 임금이 1% 변화할 때 노동수요가 변화하는 정도를 나타내는 지수로 다음과 같은 산식으로 나타낼 수 있다.

$$\epsilon = -\frac{\frac{dL^D}{L^D}}{\frac{dw}{w}} = -\frac{dL^D}{dw} \cdot \frac{w}{L^D}$$

- 탄력성이 클수록 임금 인상 시 고용 감소폭이 크고, 비탄력적일수록 고용에 미치는 영향이 작다.
- 예를 들어 임금탄력성이 큰 업종(예 음식점, 숙박업 등 저임금 노동집약산업)은 최저임금이 인상되면 기업들이 고용을 크게 줄일 가능성이 있다. 반면, 임금탄력성이 작은 업종(예 기술 기반 제조업, 공공부문 등)은 최저임금 인상이 고용 감소로 이어질 가능성이 낮다.

노동수요의 임금탄력성과 고용감소의 최소화
- 따라서 업종별 노동수요의 임금탄력성 차이를 고려하여 최저임금을 차등 적용하면, 고용 감소를 최소화하면서, 저임금 노동자의 생계 보장도 달성할 수 있다는 점에서 이론적 타당성이 있다.

업종별로 상이한 최저임금

- 우리나라에서 현재 시행하는 최저임금제는 업종의 구분 없이 모든 업종에 동일한 최저임금을 적용한다. 그러나 정부가 시장 노동수요곡선을 파악하여 각 노동수요곡선의 탄력성에 따라 최저임금을 상이하게 결정하는 경우(탄력적인 경우에 최저임금인상률을 상대적으로 낮게, 비탄력적인 경우 상대적으로 높게 설정) 고용 감소를 최소화하면서, 저임금 노동자의 생계 보장도 달성할 수 있다. 따라서 이는 업종별로 상이한 최저임금을 적용해야 한다는 주장의 논거로 작용할 수 있다.

문제 3

[물음 1]

노동조합이 비노동조합 부문의 임금에 미치는 영향

- 노동조합이 결성되는 경우, 통상적으로 노조 부문의 임금이 상승한다. 그러나 이로 인해 비노동조합 부문의 임금에도 영향을 미치게 되는데, 이는 크게 파급효과와 위협효과, 대기실업효과로 나누어 설명할 수 있다.

① 노동조합의 파급효과

- 노조가 조직되면 유노조 부문의 임금이 상승하면서 노동수요가 감소하고, 이 때문에 고용이 감소하면서 실업이 발생한다. 유노조 부문에서 퇴출된 실업자가 비노조 부문으로 이동하면서 비노조 부문의 노동공급을 증가시키고, 이로 인해 비노조 부문의 임금이 하락하는 파급효과가 발생한다.

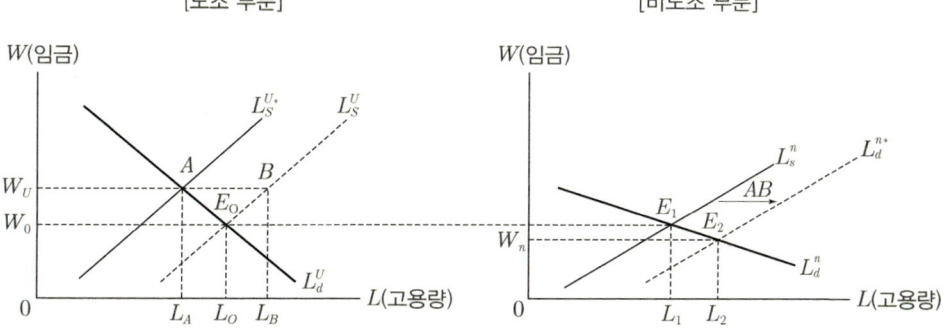

- 기존 노조부문에서 임금의 인상은 노동수요량 감소로 이어지기에, 노조부문에서 그림의 AB만큼 초과노동공급량이 발생한다. 이때 초과공급으로 실업자가 된 근로자들이 비노조부문으로 이동하면 비노조부문의 노동공급곡선이 AB만큼 우측이동하기에 비노조부문의 임금이 하락한다.
- 결과적으로 노조부문의 근로자와 비노조부문의 근로자가 동일한 수준의 생산성을 가졌는데도 노동조합 유무에 따라 $w_u - w_n$ 수준의 임금격차가 발생한다. 위 과정처럼 파급효과는 노조부문에서의 근로자 이동으로 인해 비노조부문의 임금이 하락하는 현상이다.

② 노동조합의 위협효과

- 위협효과는 무노조 기업이 노조 설립 가능성에 위협을 느껴 노조 설립을 방지하고자 임금을 미리 인상시킴으로서 나타나는 효과로, 유노조 부문과 무노조 부문의 임금격차를 축소한다. 즉, 노조는 그 존재 자체만으로도 무노조 기업의 근로자에게 긍정적인 영향을 미친다.
- 따라서 유노조 부문과 무노조 부문 간 임금격차는 노조가 임금에 미치는 진정한 효과를 과소 추정함을 알 수 있다.

③ 대기실업효과

유노조 부문과 무노조 부문 간 임금격차가 클 경우, 유노조 부문에서 퇴출된 실직자가 무노조 부문으로 이동하지 않고 유노조 부문에서 구직활동을 하며 대기하고, 무노조 부문에서는 높은 임금의 유노조 일자리를 찾아 구직활동을 함으로써 무노조 부문의 임금이 상승하는 현상을 대기실업효과라 한다.

유노조 부문의 임금은 무노조원의 기존 임금보다 높다. 이로 인해 유인된 무노조원이 유노조 부문으로 이동하면 무노조 부문의 노동공급이 감소하면서 무노조 부문의 임금이 상승한다. 따라서 숙련도에 따른 유노조 부문과 무노조 부문의 진정한 임금격차는 대기실업효과에 의해 과소 추정됨을 알 수 있다.

[물음 2]

기본 가정

효용을 극대화하려는 노동조합의 효용함수는 $U=f(W,L)$로, 각각 W와 L에 해당하는 임금과 고용량은 노동조합의 효용을 증대시키는 재화(goods)이기에 노동조합의 무차별곡선은 임금-고용량 평면상에 위치하며 원점에 대해 볼록하고, 우하향하는 형태를 가질 것이다.

노동수요곡선이 노동조합의 제약요인이 되어, 기업은 노동조합이 선택한 임금에 대응하는 고용량을 선택하여 이윤을 극대화할 수 있다.

독점적 노동조합의 임금인상 요구의 영향

- 기존 임금이 w_0라 가정하자. 독점적 노동조합은 무차별곡선과 노동수요곡선이 접하는 E점에 대응하는 임금인 w_1을 기업에 요구하고, 이때 기업은 기존 고용량인 L_0에서 새로운 임금 w_1에 대응하는 고용량인 L_1까지 고용을 감축한다.

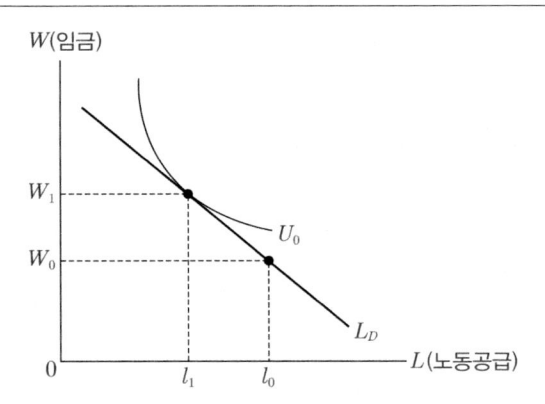

노동수요의 임금탄력성 정도에 따른 차이

- 통상적으로 노동조합은 임금 상승에 대해 고용량 감소가 적은 상황을 선호하기 때문에, 노동수요의 임금탄력성이 작은 상황, 즉 비탄력적인 노동수요를 선호한다.
- 그림에서처럼, 노동조합은 탄력적인 노동수요곡선보다 비탄력적인 노동수요곡선상에서 효용을 극대화할 수 있다.

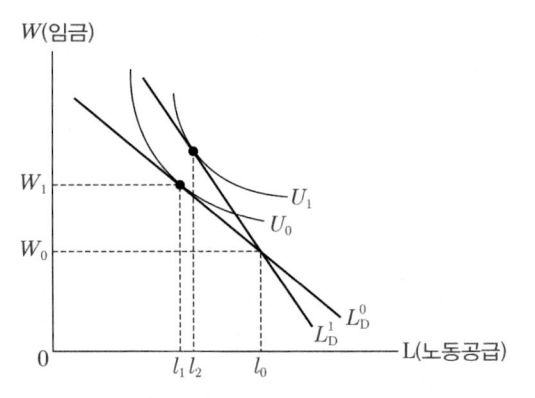

局 정리

2013년 노무사 기출

01 기출 문제

문제 1
노동수요와 공급에 관련된 다음의 질문에 답하시오. (50점)

[물음 1] 노동수요탄력성에 영향을 미치는 요인 중 3가지를 설명하시오. (12점)

[물음 2] 대체생산요소가격의 상승, 최종생산물에 대한 수요상승, 기술진보가 노동수요에 미치는 영향을 각각 설명하시오. (18점)

[물음 3] 풀타임근로제만 존재하는 경직적인 노동시장과 파트타임근로제가 허용되는 신축적인 노동시장에서의 노동공급에 대한 선택을 소득-여가모형을 이용하여 비교·설명하시오. (20점)

문제 2
노동시장에서는 생산물시장의 구조에 따라 각각 다른 임금과 고용량이 결정된다. 생산물시장이 완전경쟁적이라고 전제하고 다음의 질문에 답하시오. (25점)

[물음 1] 노동시장이 완전경쟁적인 경우와 수요독점인 경우로 나누어 균형임금과 고용량의 차이를 그래프를 이용하여 비교·설명하시오. (10점)

[물음 2] 노동시장이 수요독점뿐만 아니라 공급독점이 이루어져 쌍방독점이 발생할 때, 고용의 변화 없이 임금상승이 가능한 구간을 그래프를 이용하여 설명하시오. (15점)

문제 3
노동시장의 효율성임금제(efficiency wage)에 대한 다음의 질문에 답하시오. (25점)

[물음 1] 기업이 효율성임금제를 실시하는 요인 중 3가지를 설명하시오. (15점)

[물음 2] 효율성임금제가 실시되고 있는 시장으로 추가적인 노동의 유입이 있을 때 발생하는 비자발적 실업에 대하여 그래프를 이용하여 설명하시오. (10점)

02 채점기준 작성훈련

문제 1

노동수요와 공급에 관련된 다음의 질문에 답하시오. (50점)

[물음 1] 노동수요탄력성에 영향을 미치는 요인 중 3가지를 설명하시오. (12점)

| 노동수요탄력성의 의의 | 서술 |
| 노동수요탄력성에 영향을 미치는 요인 3가지 | 서술 |

[물음 2] 대체생산요소가격의 상승, 최종생산물에 대한 수요상승, 기술진보가 노동수요에 미치는 영향을 각각 설명하시오. (18점)

대체생산요소가격의 상승의 영향	서술
	그래프
최종생산물에 대한 수요상승의 영향	서술
기술진보의 영향	

[물음 3] 풀타임근로제만 존재하는 경직적인 노동시장과 파트타임근로제가 허용되는 신축적인 노동시장에서의 노동공급에 대한 선택을 소득-여가모형을 이용하여 비교·설명하시오. (20점)

경직적 노동시장	서술
	그래프
신축적 노동시장	서술
	그래프

문제 2

노동시장에서는 생산물시장의 구조에 따라 각각 다른 임금과 고용량이 결정된다. 생산물시장이 완전경쟁적이라고 전제하고 다음의 질문에 답하시오. (25점)

[물음 1] 노동시장이 완전경쟁적인 경우와 수요독점인 경우로 나누어 균형임금과 고용량의 차이를 그래프를 이용하여 비교·설명하시오. (10점)

완전경쟁적 노동시장	서술
	그래프
수요독점 노동시장	서술
	그래프

[물음 2] 노동시장이 수요독점뿐만 아니라 공급독점이 이루어져 쌍방독점이 발생할 때, 고용의 변화 없이 임금상승이 가능한 구간을 그래프를 이용하여 설명하시오. (15점)

쌍방독점에서 고정된 고용하 임금상승이 가능한 구간	서술
	그래프

문제 3

노동시장의 효율성임금제(efficiency wage)에 대한 다음의 질문에 답하시오. (25점)

[물음 1] 기업이 효율성임금제를 실시하는 요인 중 3가지를 설명하시오. (15점)

효율성임금의 의의	서술
효율성임금제를 실시하는 요인 3가지	서술

[물음 2] 효율성임금제가 실시되고 있는 시장으로 추가적인 노동의 유입이 있을 때 발생하는 비자발적 실업에 대하여 그래프를 이용하여 설명하시오. (10점)

효율성임금제 하 추가적 노동유입으로 인한 비자발적 실업	서술
	그래프

03 모범 답안

문제 1

[물음 1]

노동수요탄력성의 의의

- 노동수요의 임금탄력성이란 임금률이 1% 변화할 때의 단기고용의 변화율을 나타내는 수치로, 고용변화율을 임금변화율로 나누어 구한다. 이를 수식으로 나타내면 다음과 같다. $\delta_{SR} = \dfrac{\Delta L_{SR}/L_{SR}}{\Delta w/w} = \dfrac{\Delta L_{SR}}{\Delta w} \cdot \dfrac{w}{L_{SR}}$

노동수요탄력성에 영향을 미치는 요인

- 노동수요탄력성에 영향을 미치는 요인으로는 다음 3가지를 제시할 수 있다: ① 기업의 생산물 수요탄력성, ② 총생산비 중 노동비용이 차지하는 비중 ③ 재화 생산에 있어 생산요소의 대체 가능성
- 노동수요는 노동이 투입되어 생산되는 생산물 수요의 파생수요이기에, 노동수요탄력성은 생산물의 수요탄력성에 영향을 받는다. 생산물의 수요가 (비)탄력적일수록 노동의 수요도 따라서 (비)탄력적이게 된다.
- 또한 노동수요의 탄력성은 총생산비 중 노동비용이 얼마나 차지하는가에 의해서도 영향을 받는다. 노동비용이 총생산비에서 많은 비중을 차지할수록 노동수요의 탄력성은 커지게 된다.
- 마지막으로 노동수요의 탄력성은 노동을 자본 등 다른 생산요소로 대체하기 용이한 정도에 따라서도 영향을 받는다. 대체하기 쉬울수록 고용하는 정도를 크게 줄이거나 늘릴 수 있기에, 생산요소 대체 가능성이 클수록 노동수요의 탄력성은 커질 것이다.

[물음 2]
노동시장의 변화가 노동수요에 미치는 영향

① 대체생산요소가격의 상승

| · 노동과 자본이 대체요소관계이고, 대체효과가 규모효과를 압도할 때, 자본 가격의 상승으로 인한 규모효과와 대체효과를 살펴본다.
· 규모효과는 일정한 상대요소가격 하,산출량변동으로 인한 영향[$r\uparrow \to C\uparrow \to$산출량$\downarrow$, (L, K 정상재)L, K$\downarrow$]을 나타내고, 대체효과는 일정한 산출량 하, 상대요소가격변동으로 인한 영향[$r\uparrow \to (w/r)\downarrow \to L\uparrow$, K$\downarrow$]을 나타낸다. 즉, 대체효과가 규모효과를 압도한다고 가정하기에 자본임대료상승시 노동수요는 증가한다. | 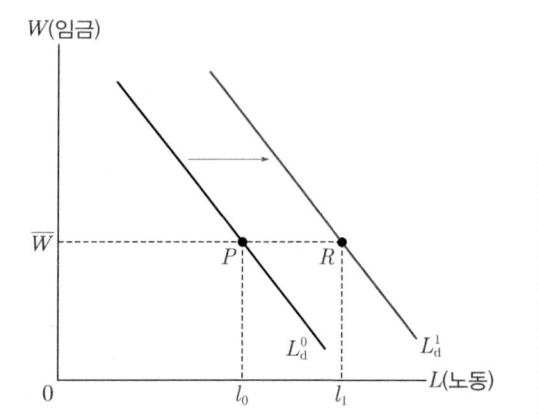 |

② 최종생산물에 대한 수요상승

| · 노동수요는 노동이 생산요소로 투입되는 생산물 수요의 파생수요이다.
· 최종생산물에 대한 수요가 증가한다면 그의 파생수요인 노동수요 역시 증가할 것이다. 임금-고용량 평면에서 그래프를 도해하면, 이는 노동수요곡선의 우측 평행이동으로 나타난다. | 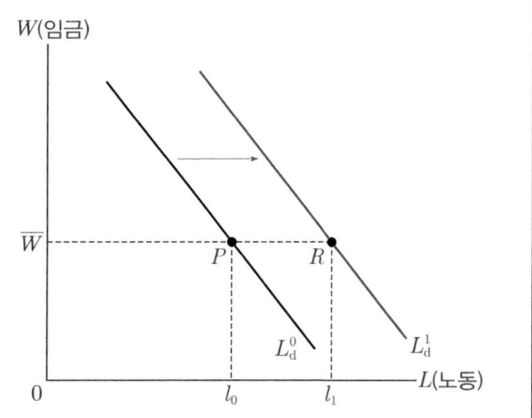 |

③ 기술진보
· 기술진보가 노동수요에 미치는 영향은 기술의 성격(대체 vs 보완)과 노동의 숙련도(고숙련 vs 저숙련)에 따라 다르게 나타날 수 있다.
· 노동대체적 기술진보라면, 기계가 인간노동을 대체하기에 노동수요 감소 가능성이 커지고, 노동보완적 기술진보라면 기계가 노동의 생산성을 높여주기에 노동수요 증가 가능성이 커진다.
· 고숙련 노동자는 기술과 상호보완적이기에 노동수요 증가 가능성이 커지고, 저숙련 노동자는 자동화에 의해 기계로 대체되기에 노동수요 감소 가능성이 커진다.
· 결론적으로, 기술진보는 노동을 대체할 경우, 일부 직종의 노동수요는 감소하고, 노동을 보완할 경우, 고숙련의 노동수요는 증가한다.

[물음 3]

효용극대화 근로자의 노동공급 결정

- 개인이 소득과 여가를 통해 효용을 얻는다고 할 때, 개인의 효용함수는 $U=f(I, l)$(단, I는 소득, l은 여가)이다. 이때 총가용시간이 T이고 비근로소득이 없다고 가정하면 개인의 예산제약은 다음과 같이 쓸 수 있다. $I=w(T-l)$
- 효용을 극대화하고자 하는 근로자는 위에서 도출한 예산제약선과 무차별곡선이 접하는 지점, 즉, $MRS_{ll}=w$에서 노동 공급량을 결정한다.

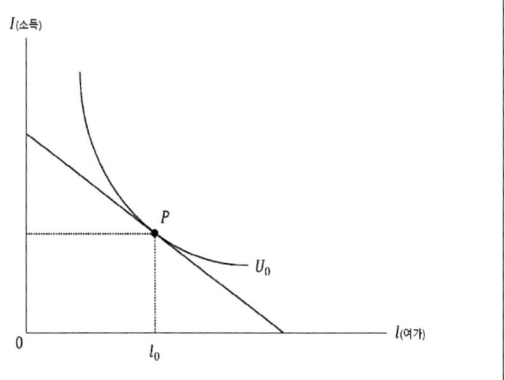

풀타임근로제만 존재하는 경직적 노동시장에서의 노동공급 결정

- 풀타임근로제만 존재하는 경직적 노동시장을 가정하자. 여기서 풀타임근로를 제공하지 못하는 근로자는 아예 일을 할 수 없을 것이다.
- 이때의 예산선은 APl_0T로, 근로자는 U_0보다 높은 U_1의 효용을 얻기 위해 T점을 선택할 것이다. 결국 이는 개인에게 더 큰 효용을 가져다주기 때문에 ($U_0<U_1$), 개인이 가용시간을 전부 여가에 소비하여 비경제활동인구로 전환됨을 의미한다.

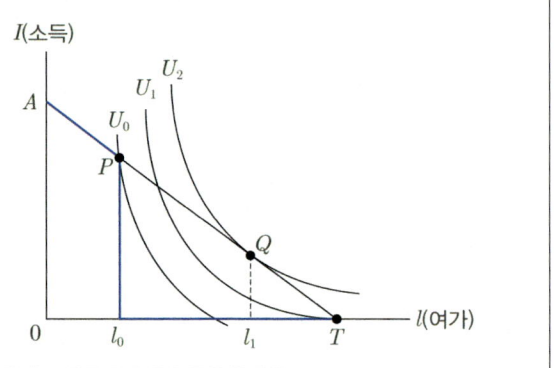

파트타임근로제가 허용되는 신축적 노동시장에서의 노동공급 결정

- 파트타임이 허용되는 경우의 예산선은 AT로, 근로자는 Q점을 선택하여 l_1T만큼의 노동을 공급하여 U_2의 효용을 누릴 수 있다.

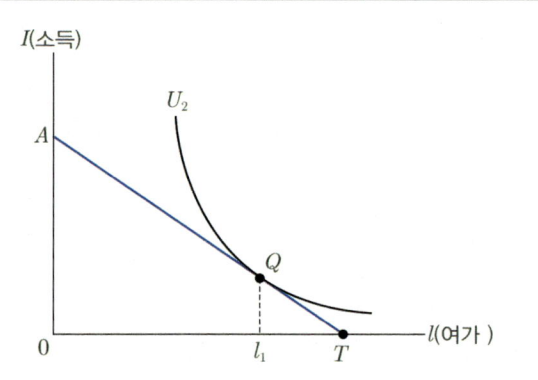

결론

- 즉, 파트타임근로제가 허용된 신축적인 노동시장에서는 풀타임근로제만 허용된 경직적인 노동시장에 비해 경제활동참가율이 높아짐을 알 수 있다. 특히 파트타임이 허용될 경우, 가사활동을 병행하는 주부, 학업활동을 병행하는 학생 등의 노동 공급이 가능해진다.

문제 2

[물음 1]

완전경쟁 노동시장

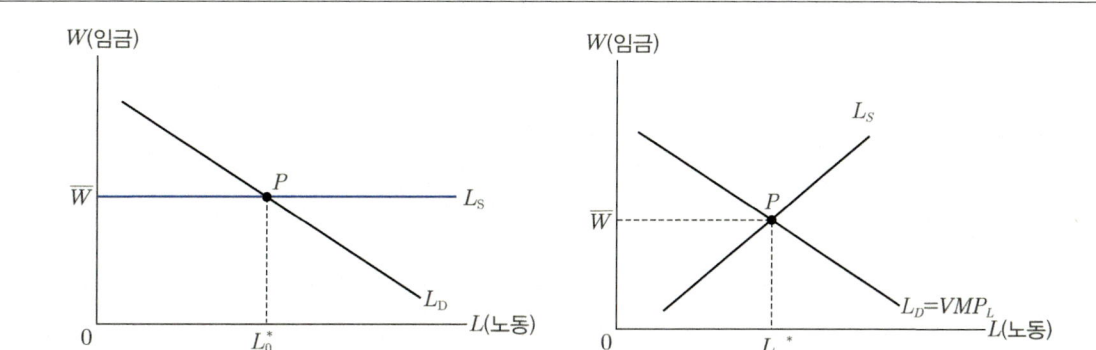

- 완전경쟁 노동시장이란, 기업이 원하는 만큼의 노동력을 고용할 수 있으며 그 근로자 전부에게 일정한 임금 $\overline{w}$를 지급하는 노동시장이다. 통상적인 완전경쟁기업과 완전경쟁 노동시장을 그래프로 도해하면 다음과 같다.
- 이때 노동공급곡선과 노동수요곡선이 만나는 점 P에서 균형임금과 균형고용량이 각각 $\overline{w}, L_0^*$로 결정됨을 알 수 있다.

수요독점 노동시장

- 모든 근로자들에게, 각 개인의 유보임금과 무관하게 동일한 임금을 지급하는 차별 없는 수요독점시장을 가정하자. 기업이 더 많은 근로자를 고용할 때 더 많은 한계비용을 지불하여야 하기에, 임금이 상승하고 이로 인해 노동의 한계비용곡선(MFC_L)은 우상향하는 형태를 갖는다. 이때 근로자 한 단위를 추가로 고용하는 경우 모든 근로자의 임금을 인상해주어야 하기에 고용의 한계비용은 더 이상 노동공급곡선으로 기능하지 않을 것이다.
- 수요독점 하에서의 임금과 고용량의 결정을 그래프로 도해하면 다음과 같다.
- 생산물시장이 완전경쟁적인 경우, 수요독점 노동시장에서의 고용량은 $VMP_L = MFC_L$인 지점, 즉 Q점에 대응하는 L_M이고, 임금은 노동공급곡선 상 L_M에 대응하는 w_M이다.

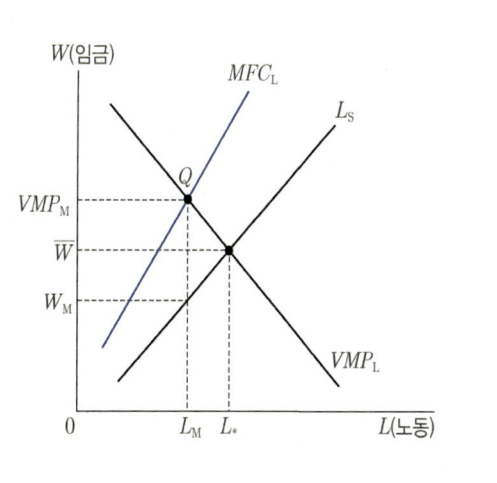

결론

- 이때 수요독점 노동시장의 임금과 고용량이 완전경쟁 노동시장의 임금과 고용량보다 적음을 알 수 있다. ($w_M < \overline{w}, L_M < L^*$) 이는 수요독점 노동시장이 완전경쟁 노동시장에 비해 적은 수의 근로자를 고용함으로써 (불완전 고용) 비효율적인 자원배분을 초래함을 의미한다. 또한, 균형임금에 비해 적은 임금을 지급하고 있기에 근로자에 대한 착취로 해석할 수 있다.

[물음 2]

쌍방독점의 의의

- 생산요소의 수요와 공급이 모두 독점인 상태를 쌍방독점이라 한다. 생산요소시장이 쌍방독점인 경우, 임금과 고용량이 수요독점자와 공급독점자 상호 간 협상력에 의해 결정되는데, 이 때문에 유일한 균형점이 존재하지 않는 것이 특징이다.
- 공급독점자는 $MR_L = MC_L$에 따라 w_S에서 L_S만큼 공급하려 하고, 수요독점자는 $VMP_L = MFC_L$에 따라 w_D에서 L_D만큼 고용하려 할 것이다.

쌍방독점하 임금상승이 가능한 구간

- 쌍방독점하 고용량의 변화 없이 임금상승이 가능한 구간을 그래프 상에 표시하면 다음과 같다.
- 이때 임금의 범위는 $w_D < w^* < w_S$이며, 고용량의 변화 없이도 생산요소 공급자와 생산요소 수요자의 협상력에 의해 임금의 범위 내에서 임금이 결정된다. 만약 생산요소 공급자의 협상력이 크다면 임금은 w_S에 가깝게, 수요자의 협상력이 크다면 임금은 w_D에 가깝게 될 것이다.

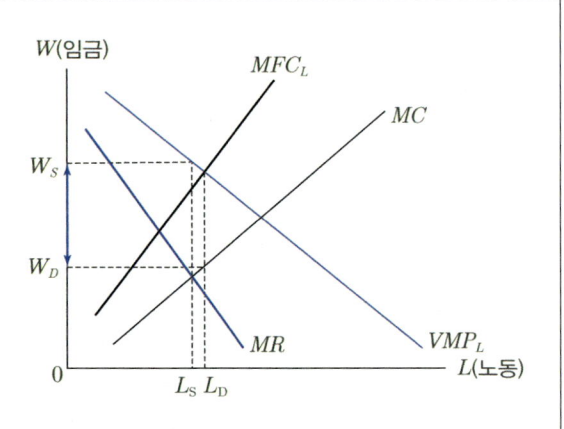

문제 3

[물음 1]

효율성임금의 의의

- 효율임금은 근로자들의 근로 의욕을 최대로 만들어 기업의 이윤을 극대화하는 임금으로, 통상적으로 경쟁임금보다 높기에 비자발적 실업을 초래한다.

기업이 효율성임금제를 실시하는 요인

- 기업이 효율성임금제를 실시하는 요인으로 크게 3가지를 들 수 있다: ① 이직 이론, ② 도덕적 해이 이론, ③ 역선택 이론
- 이직 이론에 따르면, 기업이 근로자에게 효율성임금을 지불하는 경우, 근로자들은 높은 임금을 계속 수령하기 위해 이직하지 않기에 이직률이 낮아지고, 이에 따라 기업은 채용 비용이나 신입 교육 비용을 절감할 수 있다.
- 도덕적 해이 이론은 시장 임금보다 높은 임금(효율성임금)을 지불함으로써 근로자들의 근무 태만을 방지할 수 있음을 주장한다. 태업으로 해고당한다면 현재 직장이 제공하는 높은 임금을 보장받을 수 없기에 해고당하지 않기 위해 근로자들이 열심히 일할 유인을 제공한다는 것이다.
- 역선택 이론에 따르면 효율성임금의 제공을 통해 더 우수한 인재를 기업으로 유인할 수 있다. 이는 더욱 질 좋은 근로자를 유입시킴으로써 기업의 생산성 증진으로 이어진다.
- 결국, 효율성임금의 지급은 궁극적으로 기업의 이윤극대화로 이어져 기업이 효율성임금제를 실시하도록 만들 유인을 제공함을 알 수 있다.

[물음 2]

효율성임금제 하 비자발적 실업

- 효율성임금제가 시행되고 있는 시장으로 추가적인 노동 인력이 유입될 경우, 노동공급곡선이 L_S^0에서 L_S^1으로 이동한다. 이때 NS는 비태만공급곡선으로, 주어진 임금수준에서 기업들이 고용할 수 있는, 태만하지 않은 근로자의 수를 나타낸 궤적이다.
- 기존 시장임금 w^*보다 높은 w_{NS}수준에서 효율성임금이 형성되어 있었기 때문에 추가적인 노동인구가 유입되기 전 실업은 $L^*_0 - L_{NS}$만큼 발생했다.
- 그러나 추가적인 노동인구가 유입되어 노동공급곡선이 L_S^1로 이동한 결과, 실업은 $L^*_1 - L^*_0$만큼 증가해 총 $L^*_1 - L_{NS}$만큼의 실업이 발생할 것이다.

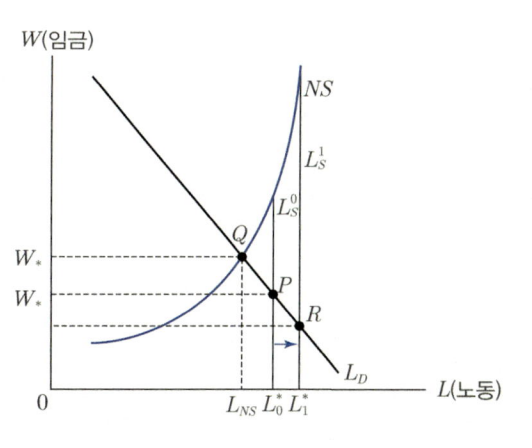

2012년 노무사 기출

01 기출 문제

문제 1
소득-여가 선택이론에서 개별근로자의 노동공급에 관한 다음 물음에 답하시오. (50점)

[물음 1] 임금상승에 따른 근로시간의 변화를 소득효과와 대체효과로 구분하고 이를 근거로 노동공급곡선을 도출하시오. (단, 여가는 열등재임.) (10점)

[물음 2] 정부는 초과근로에 대한 임금을 통상임금의 1.5배로 하고, 주당 근로시간을 44시간에서 40시간으로 법제화하였다. 여가를 우등재와 열등재로 구분하여 각각에 대해 근로자의 노동시간 변화를 소득-여가 평면에서 설명하고 노동공급곡선을 도출하시오. (단, 이 근로자는 현재 44시간 이상 근로하고 있음.) (20점)

[물음 3] 부의 소득세(negative income tax)가 공적부조(public assistance)를 받는 빈곤층의 노동공급에 미치는 영향을 무차별곡선과 예산선을 이용하여 설명하시오. (20점)

문제 2
노동의 준고정적 비용(quasi-fixed cost)에 관한 다음 물음에 답하시오. (25점)

[물음 1] 준고정적 비용의 개념과 유형에 대해 설명하시오. (10점)

[물음 2] 준고정적 비용이 존재할 경우 기업의 신규채용과 기존 근로자의 연장근로에 대한 균형조건을 제시하고, 준고정적 비용이 상승할 경우 이 기업의 신규채용에 미치는 효과를 설명하시오. (15점)

문제 3
임금의 하방경직성에 관한 다음 물음에 답하시오. (25점)

[물음 1] 임금이 하방경직적인 이유를 5가지 설명하시오. (15점)

[물음 2] 임금이 하방경직적일 때 비자발적 실업이 발생하게 됨을 그림으로 설명하시오. (10점)

02 채점기준 작성훈련

문제 1

소득-여가 선택이론에서 개별근로자의 노동공급에 관한 다음 물음에 답하시오. (50점)

[물음 1] 임금상승에 따른 근로시간의 변화를 소득효과와 대체효과로 구분하고 이를 근거로 노동공급곡선을 도출하시오. (단, 여가는 열등재임.) (10점)

열등재의 의의	서술
대체효과와 소득효과	서술
	그래프
노동공급곡선	서술
	그래프

[물음 2] 정부는 초과근로에 대한 임금을 통상임금의 1.5배로 하고, 주당 근로시간을 44시간에서 40시간으로 법제화하였다. 여가를 우등재와 열등재로 구분하여 각각에 대해 근로자의 노동시간 변화를 소득-여가 평면에서 설명하고 노동공급곡선을 도출하시오. (단, 이 근로자는 현재 44시간 이상 근로하고 있음.) (20점)

추가 가정	서술
열등재의 경우	서술
	그래프
정상재의 경우	서술
	그래프

[물음 3] 부의 소득세(negative income tax)가 공적부조(public assistance)를 받는 빈곤층의 노동공급에 미치는 영향을 무차별곡선과 예산선을 이용하여 설명하시오. (20점)

부의 소득세	서술
부의 소득세제가 공적부조를 받는 빈곤층의 노동공급에 미치는 영향	서술
	그래프

문제 2

노동의 준고정적 비용(quasi-fixed cost)에 관한 다음 물음에 답하시오. (25점)

[물음 1] 준고정적 비용의 개념과 유형에 대해 설명하시오. (10점)

준고정적 비용의 개념	서술
준고정적 비용의 유형	서술

[물음 2] 준고정적 비용이 존재할 경우 기업의 신규채용과 기존 근로자의 연장근로에 대한 균형조건을 제시하고, 준고정적 비용이 상승할 경우 이 기업의 신규채용에 미치는 효과를 설명하시오. (15점)

준고정적 비용이 존재할 경우 균형조건	서술
준고정적 비용 상승의 영향	서술
	그래프

문제 3

임금의 하방경직성에 관한 다음 물음에 답하시오. (25점)

[물음 1] 임금이 하방경직적인 이유를 5가지 설명하시오. (15점)

임금의 하방경직성	서술
하방경직적인 요인	서술

[물음 2] 임금이 하방경직적일 때 비자발적 실업이 발생하게 됨을 그림으로 설명하시오. (10점)

임금의 하방경직성으로 인한 비자발적 실업	서술
	그래프

03 모범 답안

문제 1

[물음 1]

열등재의 의의

열등재란 개인의 소득이 증가(감소)할 때 소비가 감소(증가)하는 특성을 가진 재화를 뜻한다. 설문에 주어진 바와 같이 여가가 열등재이기에 근로자의 소득이 증가(감소)할 경우 근로자는 여가 소비를 감소(증가)시킬 것이다.

소득-여가 모형

① 대체효과: 노동공급 증가
- 임금률이 상승하는 경우, 여가의 기회비용(상대가격)이 커진다. 따라서 동일한 효용수준 하 여가의 상대가격이 상승함에 따라 발생하는 대체효과에 따르면 여가수요는 A_0에서 A_1으로 감소하고, 노동공급은 TA_0에서 TA_1으로 증가할 것이다.

② 소득효과: 노동공급 증가
- 임금률이 상승하는 경우, 근로자의 소득이 증가한다. 따라서 동일한 여가의 상대가격 하 실질소득이 증가함에 따라 발생하는 소득효과에 따르면, 여가가 열등재이기에 여가수요는 A_1에서 A_2로 감소하고, 이에 노동공급은 TA_1에서 TA_2로 증가할 것이다.

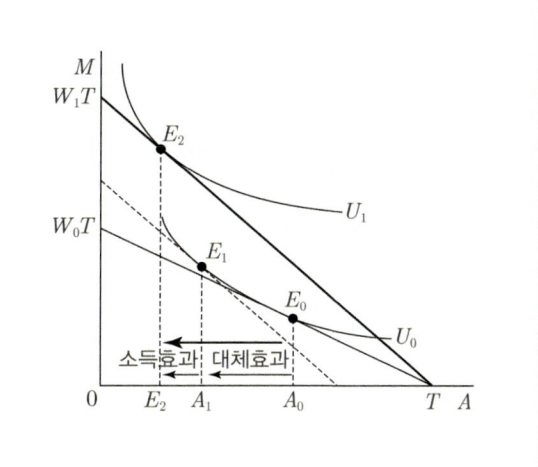

노동공급곡선

- 여가가 열등재인 경우 대체효과와 소득효과 모두 노동공급을 증가시키는 방향으로 작용한다. 이에 다음 도해한 그림과 같이 우상향하는 노동공급곡선이 도출된다.

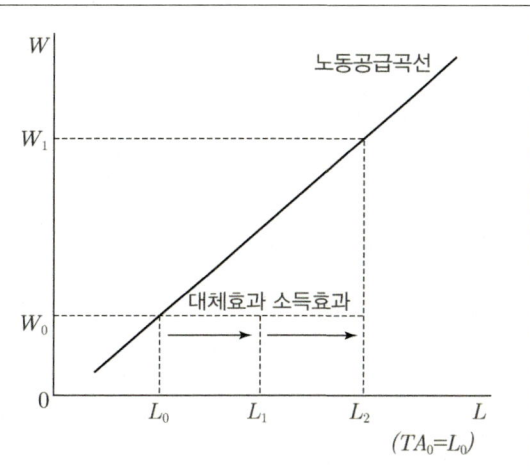

[물음 2]

추가된 가정

① 초과근로에 대한 임금을 통상임금의 1.5배로 하고 주당 근로시간을 44시간에서 40시간으로 법제화하기에, 40시간을 초과하면 예산선의 기울기는 1.5배로 커진다. 또한 발문에서 44시간 이상 근로한다고 가정한바 해당 근로자는 기울기가 커진 예산선에서 효용을 극대화한다.
② 소득효과가 대체효과보다 크다고 가정한다.

여가가 우등재일 경우 노동공급 변화

① 예산선의 변화 • 1주 44시간의 법정근로시간이 1주 40시간으로 감소함에 따라 예산선은 Tad에서 Tbe로 변화한다. ② 노동공급 변화 • 1주 44시간을 초과하는 노동공급(TA_0)을 하는 근로자의 경우, 여가의 상대가격이 $1.5W_0$에서 $1.5W_1$으로 상승하는 경우, 추가가정처럼 소득효과가 대체효과보다 크기에 노동공급은 TA_1으로 감소한다.	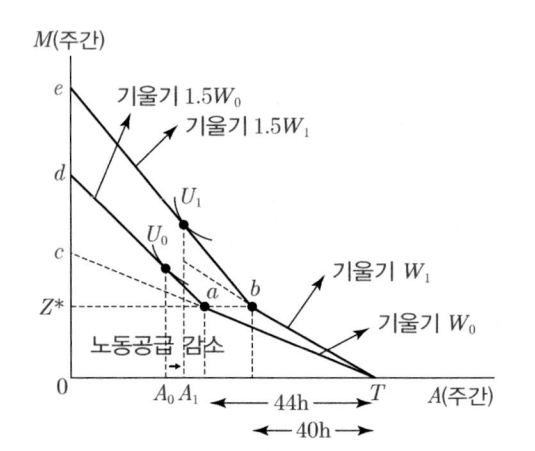
③ 노동공급곡선 • 임금이 W_0에서 W_1으로 상승할 때, 노동공급은 감소하기에 우하향의 노동공급곡선이 도출된다.	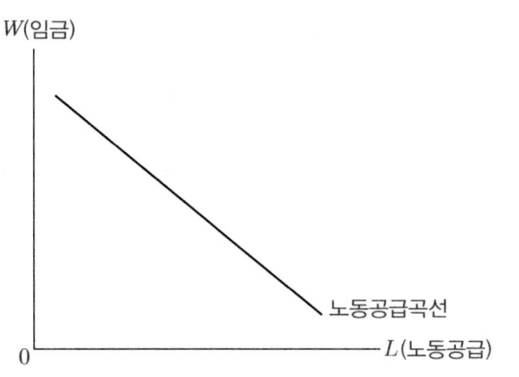

여가가 열등재일 경우 노동공급 변화

① 예산선의 변화 • 1주 44시간의 법정근로시간이 1주 40시간으로 감소함에 따라 예산선은 Tad에서 Tbe로 변화한다. ② 노동공급 변화 • 1주 44시간을 초과하는 노동공급(TA_0)을 하는 근로자의 경우, 여가의 상대가격이 $1.5W_0$에서 $1.5W_1$으로 상승하는 경우, 여가가 열등재로 소득효과도 대체효과처럼 노동공급을 증가시키기에 노동공급은 TA_2로 증가한다.	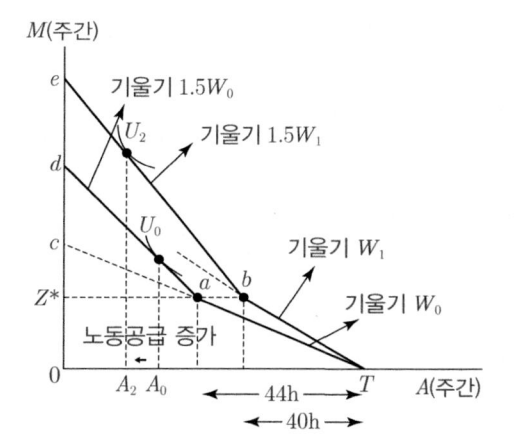
③ 노동공급곡선: 우상향 • 임금이 W_0에서 W_1으로 상승할 때, 노동공급은 증가하기에 우상향의 노동공급곡선이 도출된다.	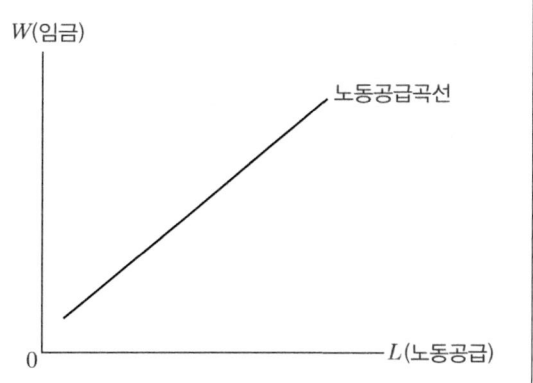

[물음 3]

부의 소득세의 의의

- 부의 소득세제는 저소득층의 생계 지원 방안 중 하나로, 소득이 일정 이하인 계층에 보조금을 지급하는 제도이다. 부의 소득세 제도는 ① S만큼의 공적부조를 제공하되 ② 근로소득이 발생할 경우 한계세율 t를 부과하여 상대가격을 $(1-t)W$로 조정한다.
- 공적 부조란, 정부가 사회적으로 보호해야 할 대상 집단, 즉, 저소득층에게 경제적 보호를 제공하는 것을 의미한다.

부의 소득세제가 공적부조를 받는 빈곤층의 노동공급에 미치는 영향

① 공적부조의 문제점
- 먼저, 공적부조를 받지 않는 상태에서 예산선 AB와 무차별곡선 I_0가 접하는 E점에서 효용극대화를 추구하고 있다고 가정한다.
- 공적 부조, 즉 비근로소득을 지급받으면 E점에서 D점으로 이동하여 일을 하지 않아도 더 높은 효용을 누릴 수 있기에 노동시장에서 이탈할 수 있다.

② 부의 소득세의 도입
- 부의 소득세, 즉 비근로소득을 지급받고 근로소득이 증가할수록 보조금 액수가 감소하면 근로자는 이를 임금 감소와 비슷하게 간주하기에 E점에서, 예산선 CDB와 무차별곡선 I_1이 접하는 F점으로 이동하여, 결국 대체효과 및 소득효과(여가 정상재) 모두에 따라 여가시간이 증가하고 노동시간이 감소한다.

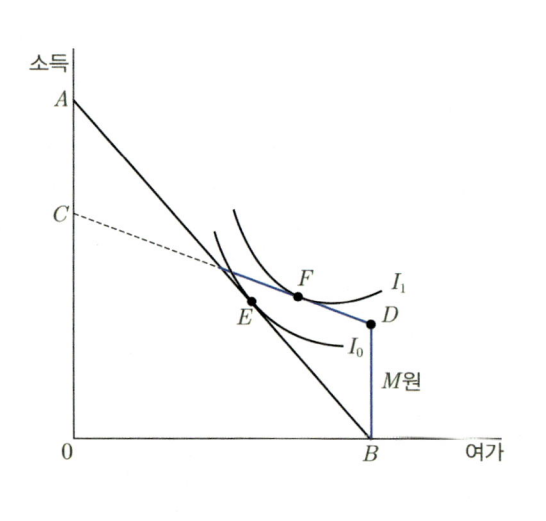

③ 부의 소득세가 공적부조를 받는 빈곤층의 노동공급에 미치는 영향
- 공적부조를 받지 않는 상태에서는 E점에서 효용극대화를 추구한다.
- 공적 부조를 지급받으면 E점에서 D점으로 이동하여 노동시장에서 이탈한다.
- 부의 소득세를 통해 D점에서 F점으로 이동하여, 노동시간이 증가한다.
- 부의 소득세가 공적부조를 받는 빈곤층에게 제공되면 노동시간을 증가시켜 노동공급에 긍정적 영향을 미친다.

문제 2

[물음 1]

준고정적 비용의 의의

- 일반적으로 모든 노동비용은 근로자의 근로시간에 비례하여 증가하는 것으로, 즉 가변적인 것으로 간주되나, ① 근로시간에 대하여 고정적이고, ② 근로자 1인을 기초로 발생하며, ③ 근로시간당 한계적으로 변하지 않는 노동비용의 경우 이를 준고정적 노동비용이라고 한다.

준고정적 비용의 유형

- 준고정적 비용의 경우 크게 다음 세 가지로 분류할 수 있다: 채용-해고 비용, 훈련비용, 부가급여

① 채용-해고 비용
  ㉠ 채용비용
    - 사업주는 근로자를 채용함에 있어 부담하는 비용이다. ⓐ 채용광고비용, ⓑ 면접을 통한 선별비용. ⓒ 일자리배치 비용 등이 있다.
  ㉡ 해고비용
    - 사업주가 근로자를 해고함에 있어 부담하는 비용이다. 여기에는 ⓐ 해고분쟁으로 인한 소송비용 (노동위원회, 법원 등), ⓑ 해고자 결원으로 인한 기회비용, ⓒ 해고에 대한 사업주의 정신적 고통 등이 있는데 노동법의 규제가 강력할수록 사업주가 체감하는 해고비용은 더 커질 수 있다.

② 훈련비용
- 사업주가 근로자를 채용하게 되면 직무에 배치하기 전에 훈련을 제공하는데 공식적인 훈련 비공식적인 훈련과 관계없이 다음 3가지 비용이 발생할 수 있다.
  ㉠ 훈련에 대한 명시적 화폐비용(재료비, 의복비 등)
  ㉡ 훈련에 투입되는 기존근로자의 생산감소(기회비용)
  ㉢ 훈련에 투입되는 신규근로자의 생산감소(기회비용)

③ 부가급여
- 부가급여라 함은 임금이외의 총보수로, 대표적인 것으로 ㉠ 4대보험 ㉡ 퇴직금 ㉢ 육아휴직(급여) ㉣ 출산전후휴가(급여) 등을 들 수 있다.

[물음 2]

한계지출(ME)

- 생산요소를 추가적으로 1단위 투입할 때 발생하는 추가적 지출을 한계지출(Marginal Expenditure)이라 한다.

① 신규채용에 대한 한계지출
- 신규채용되는 근로자수를 L, 임금을 W, 준고정적 비용을 FC_L이라 하자. 이때 신규채용되는 근로자에 대한 한계지출을 정의하면 다음과 같다. $ME_L = W + FC_L$

② 연장근로에 대한 한계지출
- 기존근로자의 연장근로시간을 H, 임금을 W라고 하자. 할증임금(50%할증)을 고려한 연장근로에 대한 한계지출을 정의하면 다음과 같다. $ME_H = W + 0.5W = 1.5W$

준고정적 비용이 존재할 경우의 균형조건

- 근로자 수와 자본 양이 일정하다고 가정할 때, 신규채용과 연장근로 간의 관계는 이윤극대화 조건으로부터 도출할 수 있다.
- 이윤극대화를 추구하는 기업은 다음 조건에 따라 신규채용자와 연장근로자 수를 결정한다.

$$\frac{ME_L}{ME_H} = \frac{MP_L}{MP_H} \text{ 또는 } \frac{MP_H}{ME_H} = \frac{MP_L}{ME_L}$$

준고정적 비용 상승의 영향

- 준고정적 비용(FC_L)이 상승할 경우, 신규채용에 대한 한계지출(ME_L) 역시 증가하므로 $\frac{MP_H}{ME_H} > \frac{MP_L}{ME_L}$ 이 성립한다. 한계지출 1원당 연장근로의 생산성($\frac{MP_H}{ME_H}$)이 더 크기 때문에 기업은 신규채용 대신 연장근로를 더 증가시키는 선택을 할 것이다. 이를 그래프로 도해하면 다음과 같다.

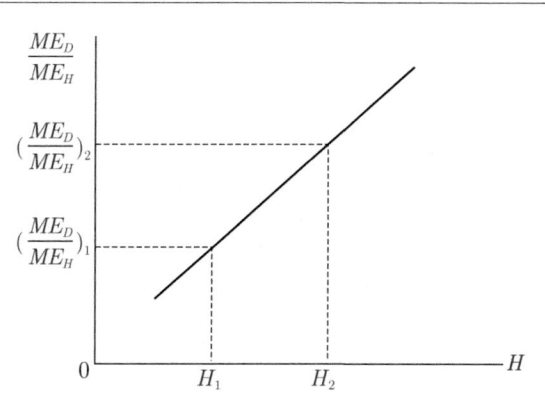

문제 3

[물음 1]

임금의 하방경직성 의의
- 한 번 상승한 임금은 경제 여건 등 외부 환경 변화에도 불구하고 하락하지 않고 원래 수준을 유지하려는 경향이 있는데, 이러한 특성을 임금의 하방경직성이라 한다.
- 이러한 임금의 하방경직성은 신규채용되고자 하는 진입자의 노동시장에의 진입을 어렵게 하고, 기업의 생산성 저하를 초래하는 등 비효율성을 야기할 수 있다.

임금의 하방경직성 요인
- 임금이 하방경직적인 요인으로 다음 5가지를 들 수 있다: 강력한 노동조합의 존재, 물가 상승, 장기근로계약, 화폐환상, 최저임금제

① 강력한 노동조합의 존재
- 노동조합은 근로자의 의견을 대변하는 집단으로, 근로자가 대부분 임금 인하에 저항하기에 이에 따라 기업이 임금수준을 유지하도록 압박하기에 임금의 하방경직성을 발생시키는 요인 중 하나로 작용할 수 있다.

② 물가상승
- 물가가 상승하는 경우 실질소득($\frac{w}{P}$)이 감소하기에 근로자가 임금의 하락에 저항하면서 임금의 하방경직성이 초래된다.

③ 장기근로계약
- 사용자와 근로자 간 장기근로계약은 임금의 하락을 어렵게 만들어 임금의 하방경직성을 초래할 수 있다.

④ 화폐환상
- 케인즈에 따르면 근로자들은 물가가 반영된 실질임금이 아닌 명목임금 자체를 중시하기에 근로자는 물가지수와 무관하게 명목임금의 하락에 저항하면서 임금의 하방경직성을 발생시킬 수 있다.

⑤ 최저임금제
- 최저임금 등 임금액에 관한 정부의 하한 규제는 전반적인 임금률 하락에 저항하며 임금의 하방경직성을 발생시키는 요인이 된다.

[물음 2]

임금의 하방경직성과 비자발적 실업

- 임금이 하방경직성을 가질 경우 임금은 한계생산물의 가치에 따라 유연하게 변화하지 못하고 한 번 인상되면 다시 하락하기 어렵다. 즉, 시장이 청산되는 균형임금이 현재 임금 수준보다 낮아지더라도 임금 수준은 계속해서 그대로 유지되려는 경향을 보인다.
- 시장 균형임금이 w_0이고, 그 수준에서 L_0만큼이 고용된다고 하자. 그러나 임금의 하방경직성으로 인해 실제 임금은 w_e에 형성되어 있다. 이때 노동공급은 L_1, 노동수요는 L_e에서 이루어지면서 이 둘의 격차인 $L_1 - L_e$만큼 비자발적 실업이 발생한다.

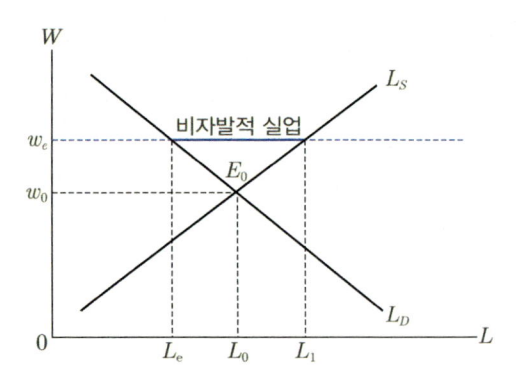

局 정리

2011년 노무사 기출

01 기출 문제

문제 1
인적자본이론에 대한 다음의 질문에 답하시오. (50점)

[물음 1] 인적자본의 투자대상 중에서 대표적인 3가지 투자형태를 선택하여 설명하시오. (15점)

[물음 2] 대학진학을 선택한 학생의 선택기준을 비용–편익분석으로 설명하고, 이때 편익과 비용(직접비용과 간접비용)을 자세히 구분하여 그림으로 나타내시오. (25점)

[물음 3] 최근 사회적으로 이슈화되고 있는 '고학력–고실업'에 대하여 다음의 관점에서 경제적 손실을 설명하시오.

  (1) 대졸자 개인의 관점: 3가지만 선택하여 설명하시오. (5점)

  (2) 사회적 관점: 3가지만 선택하여 설명하시오. (5점)

문제 2
경제활동참가결정이론에 대한 다음의 질문에 답하시오. (25점)

[물음 1] 시간제 근로의 기회가 늘어날수록 청년층과 기혼여성의 경제활동참가율이 증가하는 이유를 무차별곡선과 예산선을 이용하여 설명하시오. (10점)

[물음 2] 부가노동자효과와 실망노동자효과를 정의하고, 만약 실망노동자효과가 부가노동자효과보다 크다고 가정할 때 경기침체가 경제활동참가율과 실업률에 미치는 영향을 설명하시오. (15점)

문제 3
산업간 임금격차와 노동이동에 대한 다음의 질문에 답하시오. (25점)

[물음 1] 두 산업의 노동자가 동질적이고 산업간 임금격차가 존재할 경우, 자유로운 노동이동을 통해 '동일노동에 대한 동일임금 원칙'이 적용됨을 그래프를 이용하여 설명하시오. (10점)

[물음 2] 산업간 노동이동을 통해 사회적 총생산이 증가하고 인적자원배분의 효율성이 달성될 수 있음을 그래프를 이용하여 설명하시오. (15점)

02 채점기준 작성훈련

문제 1

인적자본이론에 대한 다음의 질문에 답하시오. (50점)

[물음 1] 인적자본의 투자대상 중에서 대표적인 3가지 투자형태를 선택하여 설명하시오. (15점)

인적자본의 대표적 투자형태 3가지	서술

[물음 2] 대학진학을 선택한 학생의 선택기준을 비용-편익분석으로 설명하고, 이때 편익과 비용(직접비용과 간접비용)을 자세히 구분하여 그림으로 나타내시오. (25점)

소득-연령곡선	서술
	그래프
편익과 비용의 현재가치	서술
대학진학 결정	서술

[물음 3] 최근 사회적으로 이슈화되고 있는 '고학력-고실업'에 대하여 다음의 관점에서 경제적 손실을 설명하시오.

(1) 대졸자 개인의 관점: 3가지만 선택하여 설명하시오. (5점)

(2) 사회적 관점: 3가지만 선택하여 설명하시오. (5점)

대졸자 개인의 관점	서술
사회적 관점	서술

문제 2

경제활동참가결정이론에 대한 다음의 질문에 답하시오. (25점)

[물음 1] 시간제 근로의 기회가 늘어날수록 청년층과 기혼여성의 경제활동참가율이 증가하는 이유를 무차별곡선과 예산선을 이용하여 설명하시오. (10점)

소득-여가 모형	서술
	그래프
풀타임근로제만 존재하는 경제	서술
	그래프
시간제 근로의 기회가 존재하는 경제	서술
	그래프

[물음 2] 부가노동자효과와 실망노동자효과를 정의하고, 만약 실망노동자효과가 부가노동자효과보다 크다고 가정할 때 경기침체가 경제활동참가율과 실업률에 미치는 영향을 설명하시오. (15점)

부가노동자효과	서술
실망노동자효과	서술
결론	서술

문제 3

산업간 임금격차와 노동이동에 대한 다음의 질문에 답하시오. (25점)

[물음 1] 두 산업의 노동자가 동질적이고 산업간 임금격차가 존재할 경우, 자유로운 노동이동을 통해 '동일노동에 대한 동일임금 원칙'이 적용됨을 그래프를 이용하여 설명하시오. (10점)

기본 가정	서술
동일노동 동일임금	서술
	그래프

[물음 2] 산업간 노동이동을 통해 사회적 총생산이 증가하고 인적자원배분의 효율성이 달성될 수 있음을 그래프를 이용하여 설명하시오. (15점)

기본 가정	서술
임금격차와 자유로운 노동이동	서술
	그래프
양 부문 노동시장 모형	서술
	그래프

03 모범 답안

문제 1

[물음 1]

인적자본투자의 유형

- 인적자본(HK)을 증대시키기 위해 일정기간 동안 학교교육, 건강유지를 위한 지출, 정보수집, 직업훈련 등을 받는 행위 등을 인적자본투자라 한다. 인적자본투자 중 대표적인 유형 3가지는 다음과 같다: 교육, 훈련, 이주

① 교육
- 정규교육은 가장 대표적인 인적자본투자의 한 형태로, 대학교와 같은 상급학교에 대한 진학여부는 개인의 비용–편익 분석에 따라 결정된다.

② 훈련
- 훈련은 기업에 입사한 후 실시되는 인적자본투자이다. 훈련은 일반적 훈련과 특수적 훈련으로 나누어 생각할 수 있는데, 전자의 경우 근로자가 훈련비를 전액 부담하고 수익 전액을 회수할 수 있는 구조이며, 후자의 경우 비용을 노사가 공동부담하고 수익 역시 공동 회수할 수 있다.

③ 이주
- 이주는 일정 인적자본을 갖춘 근로자가 생산능력을 극대화할 수 있는 곳으로 이동하는 인적자본투자이다. 개인의 이주 여부 역시 상급학교 진학과 같이 비용–편익분석에 의해 결정된다.

[물음 2]

소득–연령곡선

- 대학 졸업자와 고등학교 졸업자의 생애기간에 걸친 소득–연령곡선은 다음과 같이 도해할 수 있다.

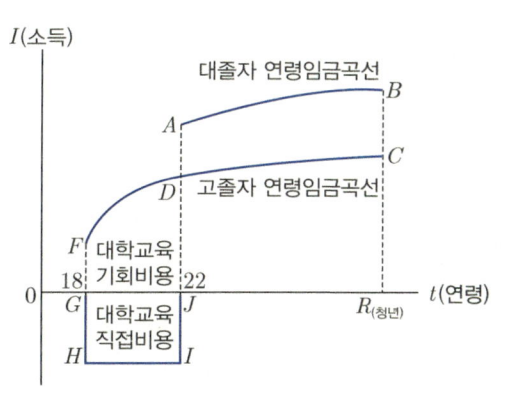

대학진학으로 인한 예상편익·비용의 현재가치

- 대학에 진학하여 달성할 수 있는 예상편익은 그림의 면적 ABCD로, 대학 졸업자로서의 소득(U_1)과 고등학교 졸업자로서의 소득(H_1) 차이다. 이를 수식으로 나타내면 다음과 같다.

- $PV_B = \dfrac{(U_5 - H_5)}{(1+r)^5} + \dfrac{(U_6 - H_6)}{(1+r)^6} + \cdots + \dfrac{(U_{R-18} - H_{R-18})}{(1+r)^{R-18}} = \sum_{t=5}^{R-18} \dfrac{(U_t - H_t)}{(1+r)^t}$

- 대학 진학으로 인해 발생하는 비용은 크게 직접비용과 간접비용 2가지로 나누어 생각할 수 있다. 대학교육의 직접비용(D_t)은 등록금이나 교과서에 지출되는 비용 등이고, 대학교육의 간접비용(H_t)은 고등학교를 졸업하고 바로 취업하여 벌 수 있었던, 고졸자로서 포기하는 소득으로 대학에 진학하는 기회비용이다. 이를 수식으로 나타내면 다음과 같다.

- $PV_C = \dfrac{(D_1+H_1)}{(1+r)} + \dfrac{(D_2+H_2)}{(1+r)^2} + \dfrac{(D_3+H_3)}{(1+r)^3} + \dfrac{(D_4+H_4)}{(1+r)^4} = \sum_{t=1}^{4} \dfrac{(D_t+H_t)}{(1+r)^t}$

대학진학 결정

- 개인은 상술한 비용편익분석에 있어 $PV_B > PV_C$일 때 대학에 진학하고, 반대로 $PV_B < PV_C$일 때 대학에 진학하지 않는 선택을 할 것이다.
- 이로써 대학진학에 영향을 주는 요인들을 정리하면 다음과 같다.

① 학력 간 소득격차
  - 학력 간 소득 격차가 클수록 대학교육의 순편익이 커지기에 대학교육에 대한 투자가 이뤄질 가능성이 높아진다.

② 수익 회수기간
  - 예상수익 회수기간 ($R-18$)이 커질수록 대학교육에 대한 투자가 커지고, 이러한 사유로 청년이 고령자보다 대학교육에 더 많이 투자할 수 있다.

③ 할인율의 크기(개인의 현재지향성과 미래지향성)
  - 주관적 할인율 r의 크기가 작을수록 개인은 미래지향적이게 되고 대학교육에 투자할 확률이 높아진다. 반대로 주관적 할인율 r의 크기가 클수록 개인은 현재지향적이게 되고 대학교육에 투자할 확률이 낮아진다.

④ 비용
  - 비용이 낮을수록, 즉, 등록금이 저렴하고 고등학교 졸업자의 소득이 적을수록 대학교육에 대한 투자는 증가할 것이다. 또한 총교육비 중 민간부담 교육비의 크기가 작을수록 개인이 대학에 더 많이 진학할 것이다.

[물음 3]

대학졸업자 관점에서의 경제적 손실

① 수익회수기간 감소
  - 상급 학교에 진학한다는 것은 인적자본 투자기간의 증가를 의미하기에, 정년이 고정되어 있을 경우 수익회수기간이 감소하여 대학졸업자는 경제적 손실을 겪게 될 것이다.

② 소득 감소
  - 고실업으로 인해 장기간 무직상태로 인해 소득 감소라는 경제적 손실을 초래할 수 있다.

③ 불완전고용
  - 고실업 상태는 구직자의 유보임금을 감소시키기에 불완전고용이라는 경제적 손실이 발생한다.

사회적 관점에서의 경제적 손실

① 인적자원배분의 비효율성
  - 고실업은 노동시장의 초과노동공급을 발생시켜 노동수급불균형을 초래하기에 인적자원배분의 비효율성을 야기한다.

② 후생손실
  - 고실업은 고학력자 노동시장에서의 과소고용을 발생시킴으로서 사회적 잉여 손실, 즉, 후생손실을 초래할 수 있다.

③ 자연실업률 증가
  - 고실업이 장기화되고, 품위유지관행으로 인해 대기실업이 고착화되는 경우 자연실업률이 증가하게 된다.

문제 2

[물음 1]

소득-여가 모형

- 근로자가 노동을 공급하여 발생하는 소득을 M, 여가를 A라 하면 개인의 효용함수는 다음과 같이 쓸 수 있다. $U = f(M, A)$
- 근로시간의 총 가용시간을 T라 하고, 근로자는 이 가용시간을 근로시간과 여가시간으로만 사용한다고 가정하면 $T = L + A (L$은 노동시간, A는 여가시간)이다. 이때 시간당 임금이 W라면 $M = -WA + WT$이다.

• 이때 효용을 극대화하고자 하는 근로자 개인은 무차별곡선의 기울기인 한계대체율(MRS_{AM})과 예산선의 기울기인 여가의 상대가격(W)이 일치하는 지점에서 노동 공급량을 결정한다. 이를 그래프로 도해하면 다음과 같다. • E점에서 $MRS_{AM} = \dfrac{MU_A}{MU_M} = W$가 성립하여 근로자는 $\overline{A_2 T}$ 시간만큼 노동할 것이다.	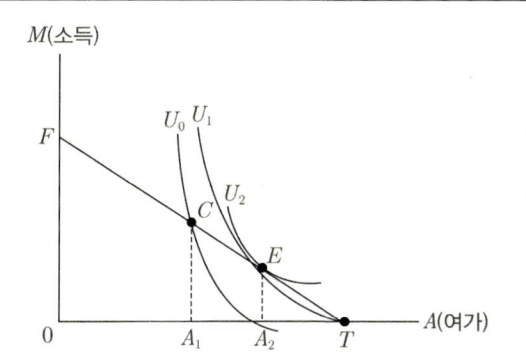

풀타임근로제만 존재하는 경직적 노동시장에서의 노동공급 결정

• 풀타임근로제만 존재하는 경직적 노동시장을 가정하자. 여기서 풀타임근로를 제공하지 못하는 근로자는 아예 일을 할 수 없을 것이다. • 이때의 예산선은 FPA_0T로, 근로자는 U_0보다 높은 U_1의 효용을 얻기 위해 T점을 선택할 것이다. 결국 이는 개인에게 더 큰 효용을 가져다주기 때문에($U_0 < U_1$), 개인이 가용시간을 전부 여가에 소비하여 비경제활동인구로 전환됨을 의미한다.	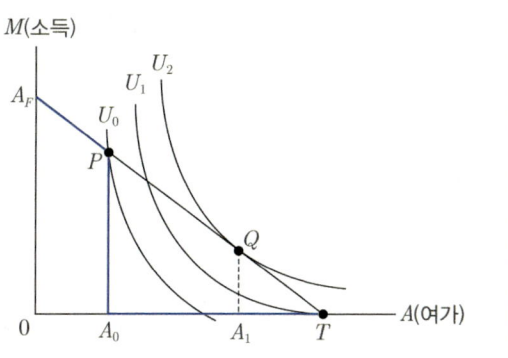

시간제근로제가 허용되는 신축적 노동시장에서의 노동공급 결정

• 시간제 근로가 허용되는 경우의 예산선은 FT로, 근로자는 Q점을 선택하여 $\overline{A_1 T}$만큼의 노동을 공급하여 U_2의 효용을 누릴 수 있다.	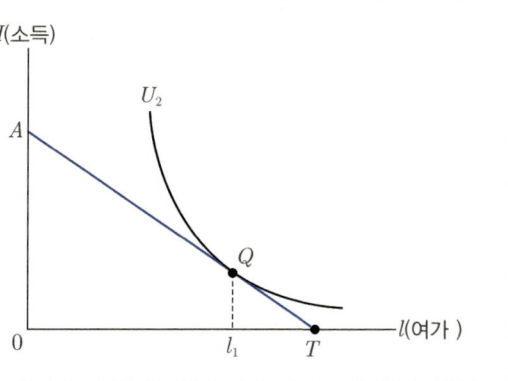

결론
- 즉, 시간제 근로가 허용된 신축적인 노동시장에서는 풀타임근로제만 허용된 경직적인 노동시장에 비해 경제활동참가율이 높아짐을 알 수 있다. 특히 시간제 근로가 허용될 경우, 가사활동을 병행하는 주부, 학업활동을 병행하는 학생 등의 노동 공급이 가능해진다. 따라서 시간제 근로의 기회가 증가한다면 학생이나 기혼 여성의 경제활동참가율이 증가할 수 있다.

[물음 2]
부가노동자효과
- 경기침체 시 가장, 즉, 가구주의 실직으로 인해 나머지 가구원이 경제활동에 불가피하게 참가하는 현상을 부가노동자효과라 한다.
- 경제활동인구를 L, 비경제활동인구를 N이라고 하자. 이때 경제활동참가율을 수식으로 나타내면 다음과 같다.

    경제활동참가율 $= \dfrac{L}{L+N} \times 100(\%)$

- 부가노동자효과는 비경제활동인구였던 가구원들을 경제활동인구로 전환시킴으로써 일반적으로 경제활동참가율을 증가시킨다.
- 또한 실업자 수를 U, 취업자 수를 E라고 하자. 실업률은 다음과 같이 정의할 수 있다. 실업률 $= \dfrac{U}{U+E} \times 100(\%)$

    경기가 침체된 상황에서 경기활동참가인원은 실업자로 분류될 가능성이 크기에 실업률은 상승할 것이다.

실망노동자효과
- 경제침체 시 개인이 취업가능성을 저평가하여 구직행위 자체를 포기한 실망실업자가 비경제활동인구로 전환되는 현상을 실망노동자효과라 한다.
- 이때 경제활동인구가 감소하기에 실망노동자효과는 통상적으로 경제활동참가율을 감소시킨다. 또한 경제활동인구 중 하나인 실업자가 감소하기에, 실망노동자효과에 의해 실업률은 감소할 것이다.

결론
- 상술한 바와 같이 부가노동자효과와 실망노동자효과는 경제활동참가율과 실업률에 미치는 영향이 상이하게 나타난다. 설문에 따르면 실망노동자효과가 부가노동자효과를 압도하기에, 부가노동자효과가 일정 부분 상쇄하는 한이 있더라도, 경제활동참가율과 실업률은 모두 하락할 것이다.

문제 3

[물음 1]

기본 가정

- 노동자가 동질적이라는 조건은 노동자 간 노동의 한계생산성 MP_L이 동일함을 뜻한다. 또한 노동수요곡선이 모든 산업에서 같게 나타남을 의미하기도 한다. 현재 경제에 2가지 산업이 존재한다고 가정하자.

동일노동 동일임금

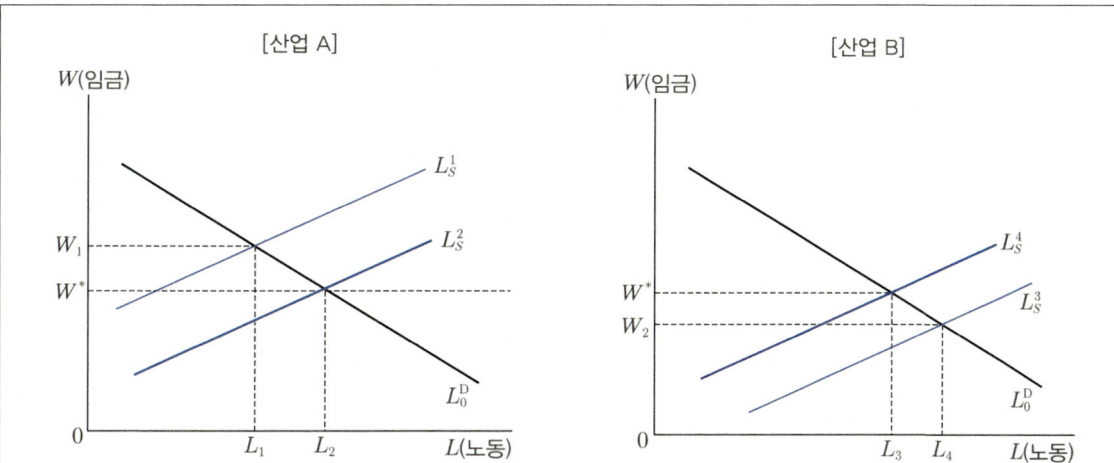

- 산업 A의 노동공급이 일시적으로 과소상태에 있어 균형임금이 W_1이고, 산업 B의 노동공급은 일시적으로 과다상태에 있어 균형임금이 W_2이다. 이때 $W_1 - W_2$만큼의 임금격차가 발생한다.
- 여기서 자유로운 노동이동이 가능하다면, $W_1 - W_2$의 임금격차로 인해 산업 B에서 산업 A로 이동하려는 인원이 발생해, 노동이동이 야기될 것이다. 노동이동은 양 산업의 임금이 최종적으로 W^*로 일치할 때까지 계속되고, 이러한 과정을 통해 산업 노동시장에서 동일 노동(MP_L)은 동일 임금(W^*)으로 수렴함을 알 수 있다.

[물음 2]
기본 가정
- 경제의 노동공급이 일정하다고 가정하자. 이를 통해 노동공급곡선은 수직 형태로 나타나 노동공급이 완전비탄력적이게 된다. 이때 균형고용량 지점에서 노동수요곡선의 하방 면적은 사회 총생산을 의미한다.

인적자원배분의 효율성과 사회적 총생산 극대

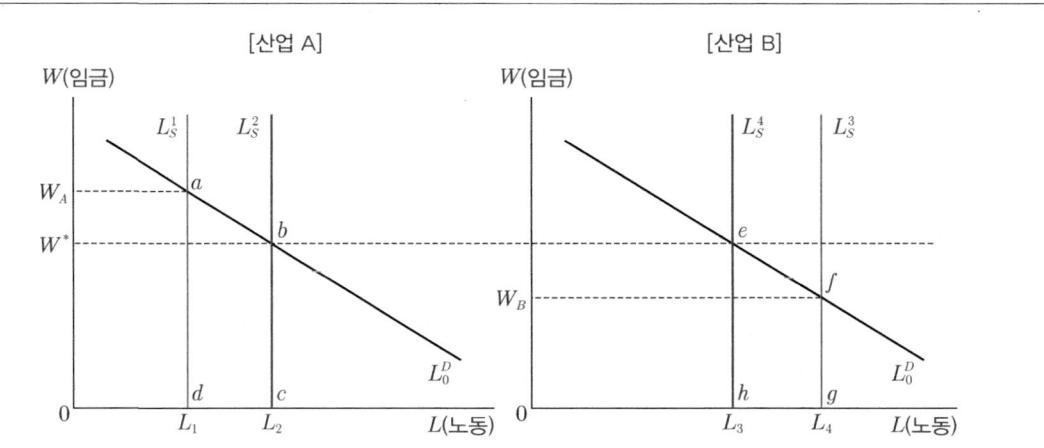

① 산업 간 임금격차와 노동이동
- 그림과 같이 $W_A - W_B$ 수준의 산업 간 임금격차가 발생할 경우, 산업 B에서 산업 A로 노동 이동이 발생할 것이다. 이때 산업 B의 노동공급곡선이 좌측 이동하고($L_S^3 \to L_S^4$), 산업 A의 노동공급곡선이 우측 이동한다.($L_S^1 \to L_S^2$)

② 동일노동 동일임금과 사회적 총생산 증가
- 노동이동을 통해 두 산업의 임금은 동일하게 W^*로 결정될 것이다. 이때 산업 A의 총생산은 면적 $abcd$만큼 증가하고, B 산업의 총생산은 면적 $efgh$만큼 감소한다. 따라서 총생산의 순증가분은 $(abcd - efgh)$임을 알 수 있다.

양 부문 노동시장 모형

- 경제가 제 1산업과 제 2산업으로 구성되어 있고, 각각의 노동수요곡선이 L_D^1, L_D^2라 하자. 이때 그림과 같이 양 부문 노동시장 모형을 표현할 수 있다.

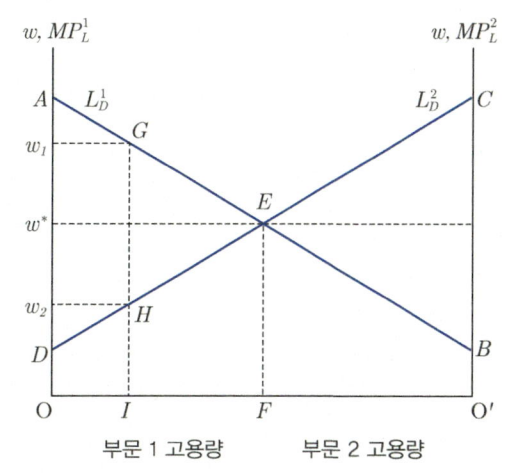

① 동일노동 동일임금
- 제 1산업과 제 2산업 간 노동이동이 자유롭게 이뤄질 경우, E점에서 w^*의 실질임금이 결정되고 제 1산업의 고용량은 OF, 제 2산업의 고용량은 $O'F$로 결정된다.
- 이때 E점에서의 w^* 높이와 MP_L^1, MP_L^2의 높이가 동일한데, 이는 동일노동 동일임금이라는 명제가 성립함을 뜻한다.

② 양 부문의 임금격차
- 일시적으로 제 1산업 부문에서 노동이 과소하게 공급되고, 제 2산업 부문에서 노동이 과다하게 공급되는 경우, 각 노동시장의 임금은 w_1, w_2로 결정된다.
- 이는 각 양 부문 간 임금 격차($w_1 - w_2$)가 발생함을 의미한다.

③ 노동이동과 사회적 총생산의 극대화
- 사회적 총잉여가 손실된 상황에서 자유로운 노동이동이 발생한다면 양 부문의 균형임금은 도로 w^* 수준으로 복귀할 것이다. 위 과정을 통해 $\triangle GEH$만큼의 후생손실이 사회적 총생산으로 전환되며 회복된다. 결국 사회적 총생산이 $AECO'O$로 극대화됨을 알 수 있다.

해커스 법아카데미
law.Hackers.com

해커스노무사 局노동경제학 한권완성

부록 1

변수총정리

01 노동공급과 노동수요(w, E)

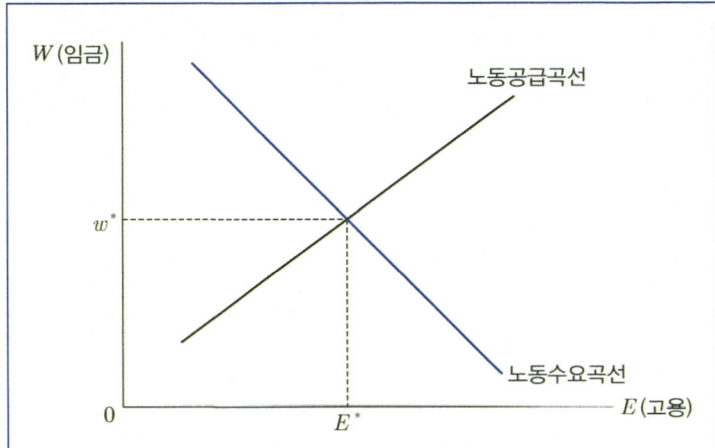

(1) 노동공급곡선 우상향
(2) 노동수요곡선 우하향
(3) 노동공급곡선과 노동수요곡선이 만나는 점을 균형이라 하고, 균형점에서 균형임금과 균형고용량 결정

관련 기출

[2013년 제22회]
1. 노동수요와 공급에 관련된 다음의 질문에 답하시오. (50점)
(1) 노동수요탄력성에 영향을 미치는 요인 중 3가지를 설명하시오. (12점)
(2) 대체생산요소가격의 상승, 최종생산물에 대한 수요상승, 기술진보가 노동수요에 미치는 영향을 각각 설명하시오. (18점)

[2016년 제25회]
2. 노동시장균형에 대한 다음 물음에 답하시오. (25점)
(1) 제품시장과 노동시장이 완전경쟁이고 노동 이외의 생산비용은 존재하지 않으며, 노동만이 유일한 생산요소라고 가정하자. 어떤 기업의 단기 노동수요곡선이 $L_D = -\frac{1}{3}W + 3$일 때, 임금(W)이 3일 경우 균형 고용량과 이윤을 구하고, 그래프를 그리고 설명하시오. (10점)

02 무차별곡선과 예산선(C, L)

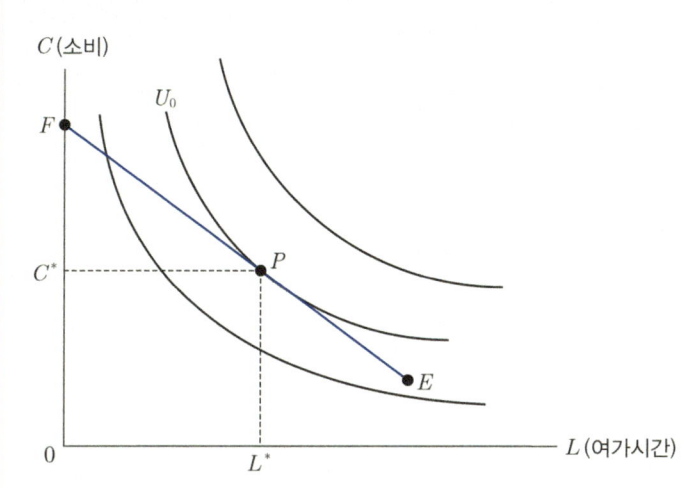

(1) 무차별곡선은 우하향하고 원점에서 멀수록 더 높은 효용 의미
(2) 예산선은 우하향
(3) 무차별곡선과 예산선이 접하는 점에서 $\left(\dfrac{MU_L}{MU_C}=w\right)$ 근로자의 효용을 극대화하는 소비-여가 조합 결정

관련 기출

[2011년 제20회]
2. 경제활동참가결정이론에 대한 다음의 질문에 답하시오.
(1) 시간제 근로의 기회가 늘어날수록 청년층과 기혼여성의 경제활동참가율이 증가하는 이유를 무차별곡선과 예산선을 이용하여 설명하시오. (10점)

[2012년 제21회]
1. 소득-여가 선택이론에서 개별근로자의 노동공급에 관한 다음 물음에 답하시오. (50점)
(2) 정부는 초과근로에 대한 임금을 통상임금의 1.5배로 하고, 주당 근로시간을 44시간에서 40시간으로 법제화하였다. 여가를 우등재와 열등재로 구분하여 각각에 대해 근로자의 노동시간 변화를 소득-여가 평면에서 설명하고 노동공급곡선을 도출하시오 (단, 이 근로자는 현재 44시간 이상 근로하고 있음). (20점)
(3) 부의 소득세(negative income tax)가 공적부조(public assistance)를 받는 빈곤층의 노동공급에 미치는 영향을 무차별곡선과 예산선을 이용하여 설명하시오. (20점)

[2013년 제22회]
(3) 풀타임근로제만 존재하는 경직적인 노동시장과 파트타임근로제가 허용되는 신축적인 노동시장에서의 노동공급에 대한 선택을 소득-여가모형을 이용하여 비교·설명하시오. (20점)

[2015년 제24회]
2. 개인 (A, B)의 노동공급을 결정하기 위해 소득-여가 모형을 상정하고 다음 물음에 답하시오. (25점)
(1) A의 소득(I)과 여가(H)의 한계효용(MU)은 각각 $MU_I^A = H, MU_H^A = I$이고, B의 소득(I)과 여가(H)의 한계효용(MU)은 각각 $MU_I^B = 2HI, MU_H^B = I^2$이다. 두 사람의 한계대체율($MRS_{HI}$)을 각각 구하시오. (10점)
(2) 동일한 예산선 하에서 A와 B 중 누구의 노동공급량이 큰지를 그래프로 설명하시오. (15점)

[2016년 제25회]
1. 소득-여가 선택이론에서 개별근로자의 노동공급에 관한 다음 물음에 답하시오.
(1) 산업재해를 입은 근로자에게 산재직전의 임금의 100%가 휴업급여로 지급되고, 직장에 복귀하여 근로할 경우에는 휴업급여 지급이 중지된다고 가정할 때, 근로자의 노동공급 결정을 그래프를 그리고 설명하시오. (단, 여가는 정상재임) (20점)
(2) (1)번 문제와 관련하여 산재 근로자에 대한 적정 휴업급여 수준을 그래프를 그리고 설명하시오. (10점)
(3) 초과근로에 대하여 할증임금을 지급하도록 하는 제도가 새로 도입되었다고 가정할 경우 근로자의 노동공급 결정을 그래프를 그리고 설명하시오. (20점)

[2018년 제27회]
【문제 1】소득-여가 선택모형을 이용하여 근로자의 노동공급 결정에 관한 다음 물음에 답하시오. (50점)
[물음 1] 금융소득 등 비근로소득(non-labor income)의 증가가 노동공급에 미칠 수 있는 영향을 그래프를 활용하여 설명하시오. (15점)
[물음 2] 시간당 임금이 올라갈 경우, 노동공급이 감소할 수 있는 경우를 그래프를 활용하여 설명하시오. (15점)
[물음 3] 유보임금(reservation wage)과 노동공급과의 관계를 설명하시오. 아울러, 비근로소득이 늘어날 경우(단, 여가는 정상재) 유보임금이 어떻게 변화될 것인가를 설명하시오. (10점)
[물음 4] 근로자의 효용은 소비(C)와 여가(L)를 통해 얻고 효용함수는 $U(C, L) = 2CL$이라고 가정하자. 이 근로자에게 주어진 기간 동안의 최대 여가시간은 100시간이고, 근로시간과 관계없이 정부로부터 현금보조금 60만원을 받을 경우 이 근로자의 유보임금을 구하시오. (10점)

[2019년 제28회]
【문제 2】정부가 출산장려를 위해 기혼여성에게 보조금을 지급한다. 소득-여가 선택모형 그래프를 이용하여 다음 물음에 답하시오. (25점)
[물음 1] 기혼여성에게 근로시간과 상관없이 일정금액의 육아보조금이 지급될 경우, 취업 기혼여성과 전업주부의 노동시간과 경제활동참가율에 미치는 효과를 설명하시오. (단, 여가는 정상재) (10점)
[물음 2] 육아비용에 대한 보조금이 근로시간당 지급될 경우, 취업 기혼여성과 전업주부의 노동시간과 경제활동참가율에 미치는 효과를 설명하시오. (15점)

[2021년 제30회]
【문제 1】소득-여가 선택모형을 이용하여 개별근로자와의 노동공급 결정에 관한 다음의 물음에 답하시오.(계산이 필요한 경우 풀이과정을 쓰고 답을 구하시오.) (50점)
[물음 1] 비근로소득(non-labor income)이 증가할 경우 근로시간에 어떤 영향을 미칠 수 있는지 그래프를 그리고 설명하시오. (30점)
[물음 2] 소비(C)와 여가(L)에 의해 결정되는 개별 근로자의 효용함수가 $U(C, L) = 2CL$이라면 소비의 한계대체율은 $\frac{C}{L}$이다. 이때 시간당 임금(W)이 10,000원이고, 사용할 수 있는 총 시간(T) 20시간은 일을 하거나 여가로만 사용되며, 비근로소득이 10만원인 경우, 이 사람의 근로시간을 계산하고 그래프로 나타내시오. (단, 소비의 가격은 1이다.) (10점)
[물음 3] 위의 [물음 2] 상황에서 비근로소득이 14만원으로 증가하는 경우, 근로시간의 변화를 계산하여 설명하고 그래프로 나타내시오. (10점)

[2022년 제31회]

【문제 1】 근로자의 노동공급 행위에 관한 소득-여가 선택모형을 응용하여 소비(C)-노동시간(E) 평면에서 다음의 물음에 답하시오. 사용할 수 있는 총시간(T)은 15시간이고 시간당 임금률(W)은 1만원이다. (50점)

[물음 1] 개별 근로자의 효용은 소비와 노동시간에 의해 결정된다. 예산선을 수식으로 도출하고 소비의 한계대체율이 체증하는 경우와 체감하는 경우로 나누어 개인의 노동공급 선택을 그래프로 나타내고 설명하시오. (30점)

[물음 2] 정부에서 최대 근로시간을 12시간으로 제한하는 규제를 도입할 경우, 예상되는 효과를 그래프로 나타내고 설명하시오. (단, 소비의 한계대체율은 체감한다고 가정한다.) (10점)

[물음 3] 최대 근로시간 규제는 없고 정부가 8시간 초과근로에 대해 1.5만원의 시간당 임금률을 새로 적용하도록 하였다. 현재 8시간 일하는 근로자의 소비, 노동시간 및 효용에 미치는 영향을 그래프로 나타내고 설명하시오. (단, 소비의 한계대체율은 체증한다고 가정한다.) (10점)

03 소득효과와 대체효과(C, L)

대체효과가 우세한 경우

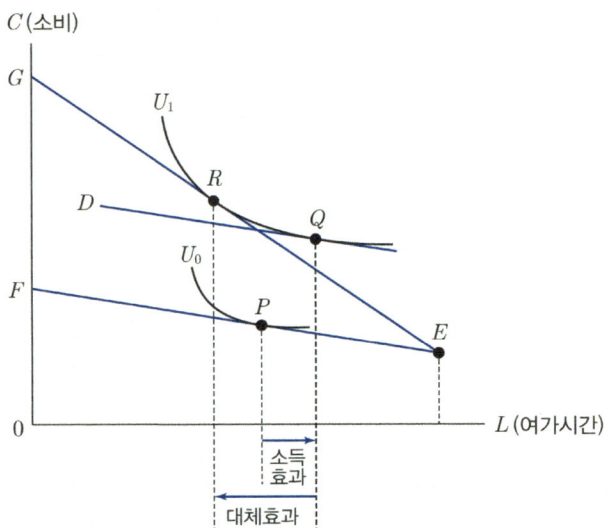

소득효과가 우세한 경우

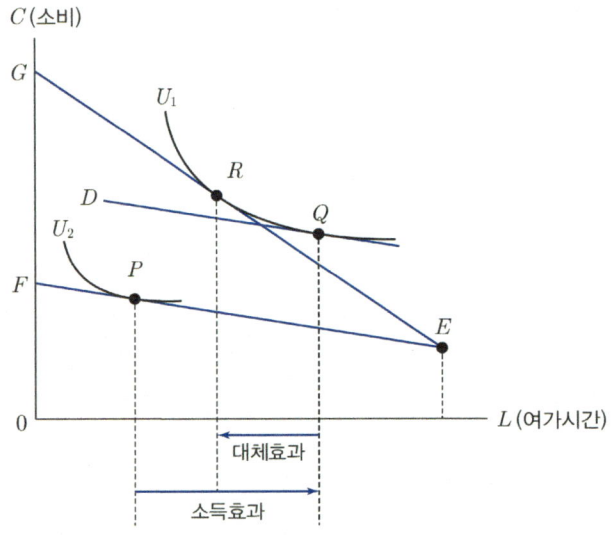

(1) 대체효과는 상대가격 변화로 인한 효과 측정
(2) 소득효과는 실질소득 변화로 인한 효과 측정
(3) 임금 인상 시 대체효과가 우세한 경우 여가시간 감소, 소득효과가 우세한 경우 여가시간 증가

관련 기출

[2012년 제21회]
1. 소득-여가 선택이론에서 개별근로자의 노동공급에 관한 다음 물음에 답하시오. (50점)
(1) 임금상승에 따른 근로시간의 변화를 소득효과와 대체효과로 구분하고 이를 근거로 노동공급곡선을 도출하시오. (단, 여가는 열등재임). (10점)

[2014년 제23회]
1. 일(소득)-여가 선택모형을 이용하여 다음 물음에 그림을 그려 설명하시오. (50점)
(1) 임금률이 상승할 경우 노동공급의 변화를 대체효과(substitution effect)와 소득효과(income effect)로 나누어 설명하시오. (단, 대체효과가 소득효과보다 크며, 여가는 정상재이다.) (20점)
(2) 노동공급곡선의 후방굴절(backward-bending) 가능성을 설명하시오. (15점)

04 가구생산함수(시장재화, 가구생산)

A와 B로 구성된 부부 가구의 기회집합

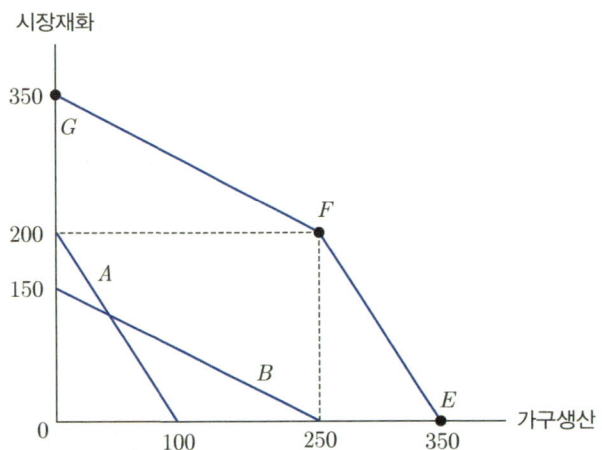

부부 가구의 노동 분담

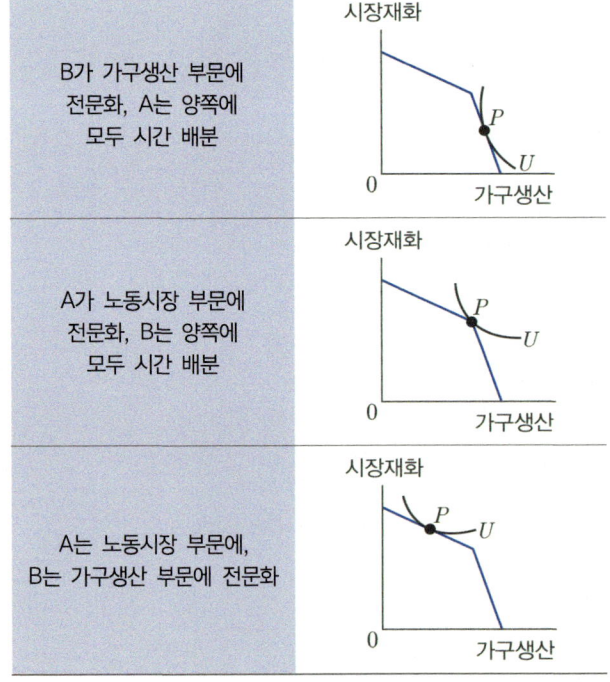

B가 가구생산 부문에 전문화, A는 양쪽에 모두 시간 배분	
A가 노동시장 부문에 전문화, B는 양쪽에 모두 시간 배분	
A는 노동시장 부문에, B는 가구생산 부문에 전문화	

(1) 가구의 기회집합은 면적 GFE
(2) 임금 상승 시 노동시장 전문화 정도가 커지고, 가구생산성 향상 시 가구생산 전문화 정도가 커짐
(3) 가구는 가장 높은 무차별곡선이 지나는 노동시장-가구생산 조합 선택하여 효용극대화

05 복지급여 영향(C, L)

근로자에게 현금보조금 지급

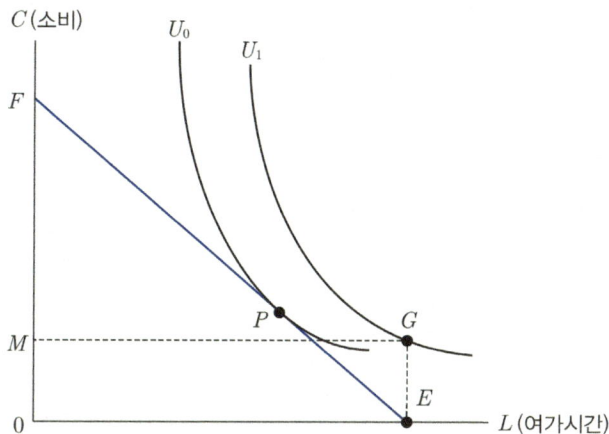

근로자에게 현금보조금 지급+근로소득세

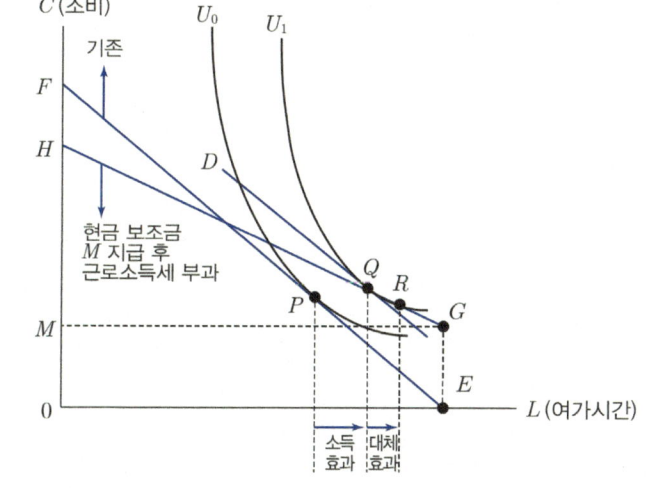

(1) 복지급여는 노동자 근로유인을 악화시킴
(2) 복지급여의 대체효과와 소득효과는 모두 근로시간을 감소시키는 방향으로 작용
(3) 복지급여 프로그램으로 인해 노동자는 근로시간을 줄이거나 노동시장에서 이탈

06 근로장려세제 – $EITC(C, L)$

예산선에 미치는 $EITC$ 영향

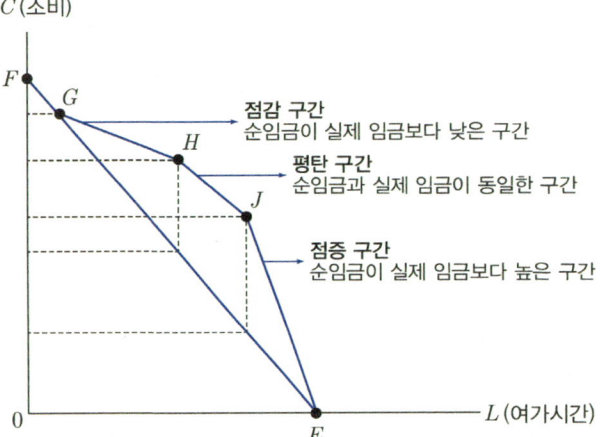

- 점감 구간: 순임금이 실제 임금보다 낮은 구간
- 평탄 구간: 순임금과 실제 임금이 동일한 구간
- 점증 구간: 순임금이 실제 임금보다 높은 구간

노동공급에 미치는 $EITC$ 영향

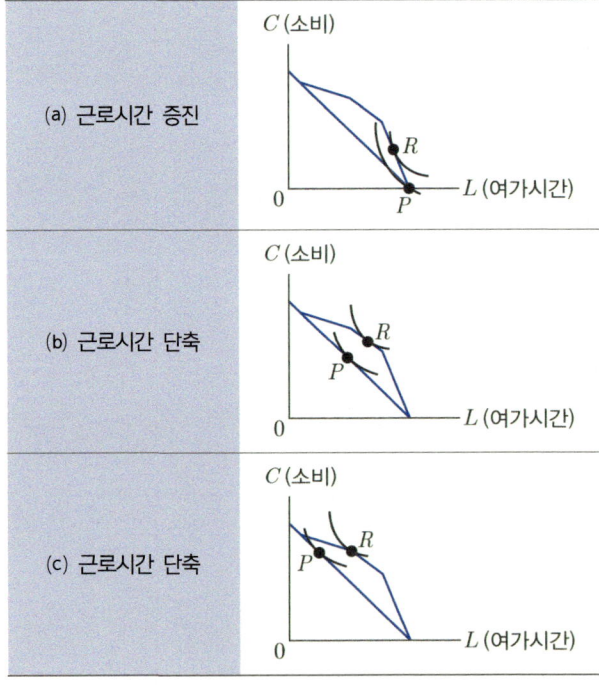

(a) 근로시간 증진
(b) 근로시간 단축
(c) 근로시간 단축

(1) $EITC$는 일정 소득 이하를 벌어들이는 근로자를 대상으로 세금 감면을 통해 실질소득을 지원하고 근로를 장려하는 제도
(2) $EITC$는 경제활동에 참가하는 근로자의 수를 증가시킴
(3) $EITC$는 프로그램 실행 이전부터 노동시장에서 일하던 근로자들의 노동시간을 변화시킬 수 있으나 그 증감 여부는 소득효과와 대체효과의 크기에 의존

관련 기출

[2020년 제29회]
【문제 1】 소득-여가 선택이론에서 개인의 노동공급 의사결정에 관한 다음 물음에 답하시오. (50점)
[물음 1] 우리나라 국세청에서 현재 시행하고 있는 근로소득장려세제(Earned Income Tax Credit: $EITC$)를 소득-여가 평면에 그래프로 그리고 설명하시오. (10점)
[물음 2] 근로소득장려세제가 노동공급에 미치는 영향을 소득-여가 평면에서 경우의 수에 따라 그래프로 그리고 설명하시오. (단, 비근로소득은 없으며, 여가는 정상재이고, 임금률 변화시 대체효과의 절대적 크기가 소득효과의 절대적 크기보다 항상 큼) (30점)
[물음 3] 근로소득장려세제로 인해 예상되는 정책효과를 설명하시오. (10점)

07 연령-소득곡선(w, 연령)

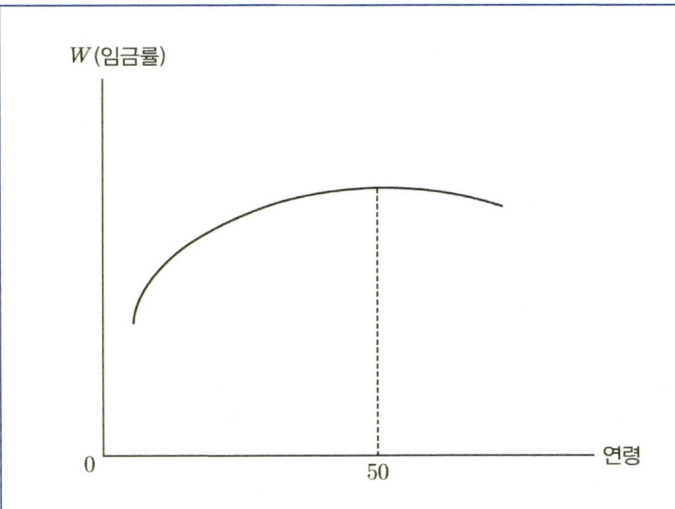

(1) 연령-소득곡선은 대략 50세를 기점으로 증가하다가 이후 감소하는 형태
(2) 생애주기에 따라 여가가격이 변화하는데, 근로자는 이에 따라 임금이 높을 때 더 많이 노동하고 임금이 낮을 때 더 적게 노동함
(3) 생애주기 동안 근로시간곡선이 연령-소득곡선과 정확히 같은 형태를 갖게 됨

08 총생산곡선, 한계생산곡선, 평균생산곡선(Q, E)

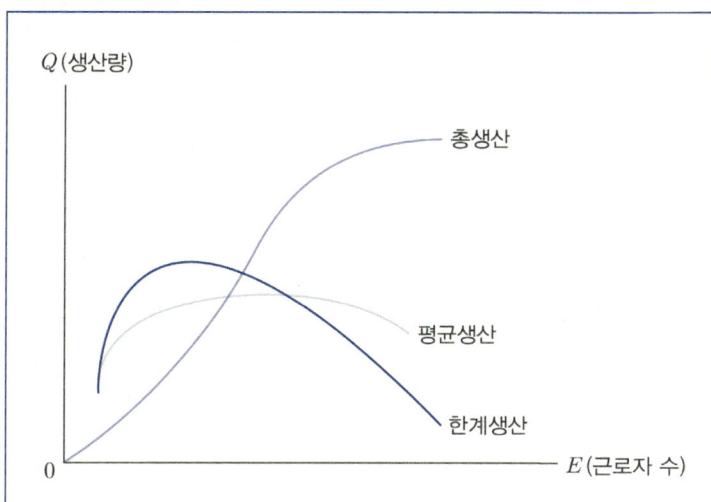

(1) 총생산은 한계생산이 체증하다가 이후 체감하는 우상향 형태
(2) 평균생산과 한계생산은 역U자형
(3) 한계생산이 평균생산을 지나는 점에서 평균생산은 극값을 가짐

09 기업의 이윤극대화(P, Q)

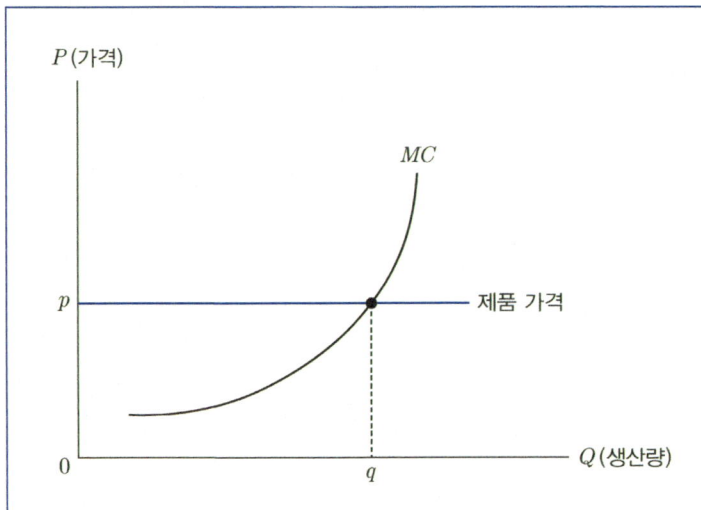

(1) 완전경쟁기업은 가격수용자이기에 제품 가격이 수평선으로 주어짐
(2) MC는 우상향하는 형태
(3) 완전경쟁시장의 P와 MC가 만나는 점에서 경쟁가격과 균형생산량 결정

10. 등량곡선과 등비용곡선(K, E)

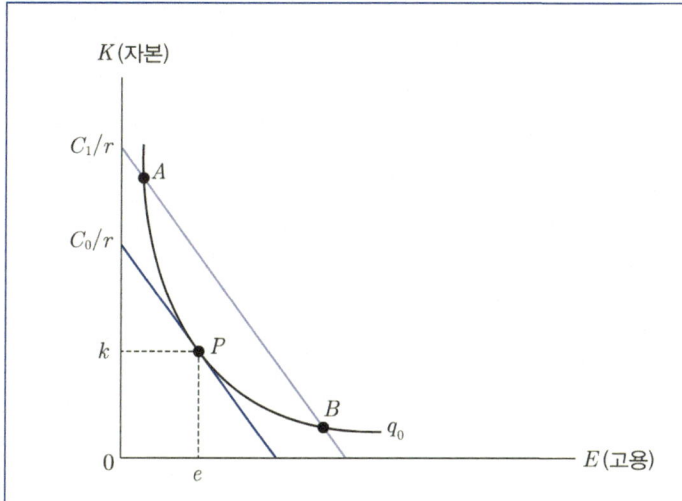

(1) 등량곡선은 우하향하는 곡선이고, 원점에서 멀수록 더 많은 생산량을 의미
(2) 등비용곡선은 우하향하는 형태
(3) 등량곡선과 등비용곡선이 접하는 점의 $\left(\dfrac{MP_E}{MP_K} = \dfrac{w}{r}\right)$ 자본-노동조합을 통해 이윤극대화 달성

11. 임금하락이 이윤극대화기업 생산량에 미치는 영향(P, Q)

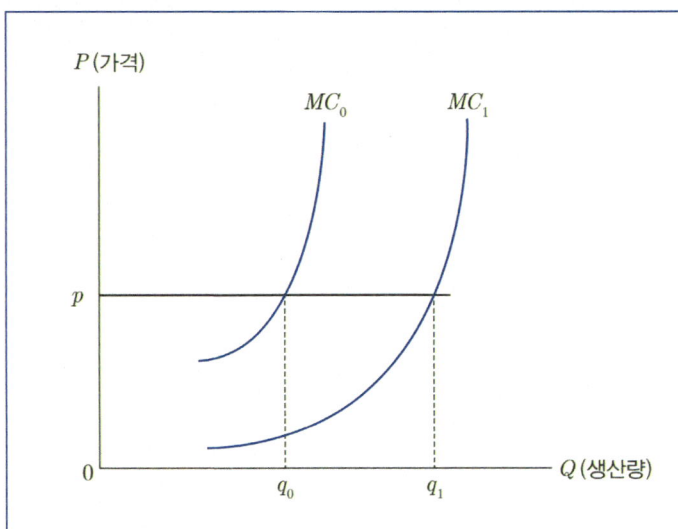

(1) 한계비용은 우상향 형태, 가격은 수평선 형태
(2) 임금이 하락하면 한계비용 감소 ($MC_0 \rightarrow MC_1$)
(3) 임금 하락 시 생산량 증가

12. 임금하락이 이윤극대화기업 고용수준에 미치는 영향(K, E)

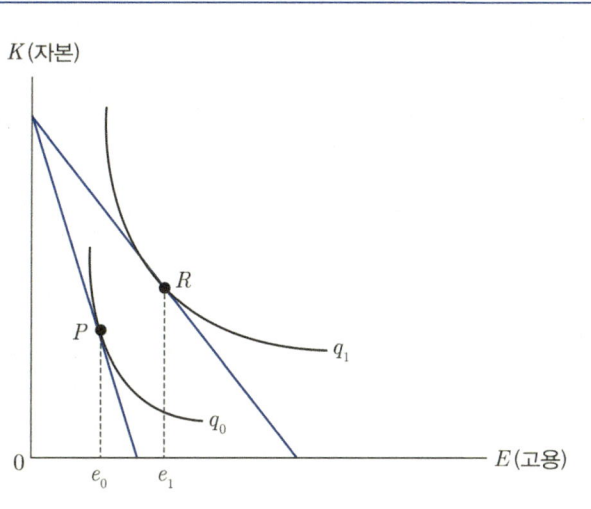

(1) 등량곡선은 우하향하는 곡선, 등비용선은 우하향하는 형태
(2) 임금 하락 시 생산량이 증가하기에 ($q_0 \rightarrow q_1$) 기업의 등량곡선 우상방 이동
(3) 임금 하락 시 고용량 증가, 자본 수요량 증감은 불분명

관련 기출

[2012년 제21회]
2. 노동의 준고정적 비용(quasi-fixed cost)에 관한 다음 물음에 답하시오. (25점)
(1) 준고정적 비용의 개념과 유형에 대해 설명하시오. (10점)
(2) 준고정적 비용이 존재할 경우 기업의 신규채용과 기존 근로자의 연장근로에 대한 균형조건을 제시하고, 준고정적 비용이 상승할 경우 이 기업의 신규채용에 미치는 효과를 설명하시오. (15점)

[2017년 제26회]
1. 노동수요와 관련된 다음 물음에 답하시오. (50점)
(1) 어느 개별 기업의 생산함수가 $Q = 20L - 2.5L^2$이고 임금은 10이며 생산물 가격이 1로 주어졌을 때, 이 기업의 이윤을 극대화시키는 적정 고용량을 계산하시오. 그리고 다른 조건들이 불변인 상태에서 임금이 5로 하락했을 때 적정 고용량을 계산하여 이 기업의 단기 노동수요곡선을 그래프로 나타내시오.(단, Q=생산량, L=고용량) (10점)
(4) 준고정적 노동비용(quasi-fixed labor cost)이 감소할 때, 노동자 일인당 노동시간의 수요 변화에 대하여 설명하시오. (15점)

13 대체효과와 규모효과(K, E)

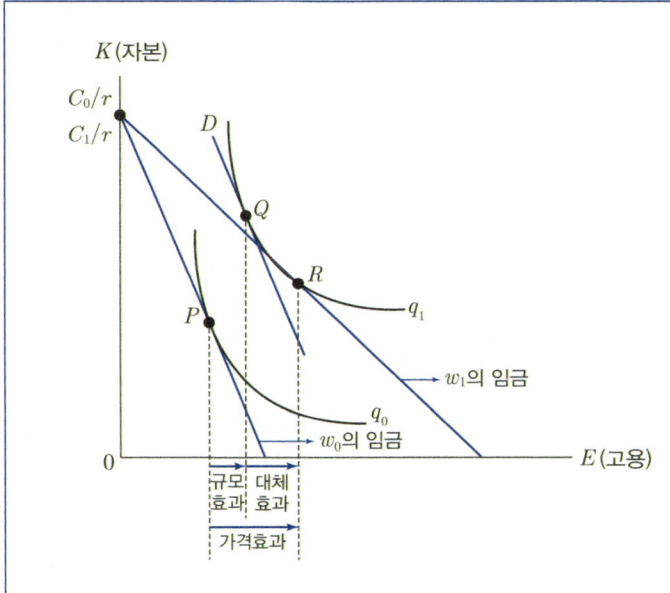

(1) 규모효과는 기업이 생산량을 확대할 때 생산요소에 대한 수요 변화 측정
(2) 대체효과는 임금 하락 시 기업 고용량의 변화 측정
(3) 자본과 노동이 정상투입요소일 때 규모효과는 고용과 자본을 모두 증가시키고, 대체효과는 기업의 자본에 대한 수요를 반드시 감소시킴

14 최저임금 영향(w, E)

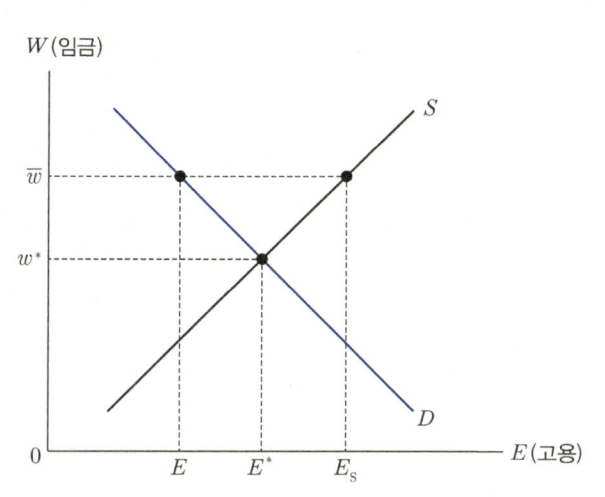

(1) 최저임금 도입 시 노동수요가 감소하여 고용수준이 감소
(2) 최저임금 도입 시 새로운 근로자 ($E_S - E^*$)가 노동시장에 유입
(3) $E_S - E$만큼의 비자발적 실업이 양산됨

관련 기출

[2012년 제21회]
(2) 임금이 하방경직적일 때 비자발적 실업이 발생하게 됨을 그림으로 설명하시오. (10점)

[2014년 제23회]
2. 최저임금과 관련한 다음 물음에 답하시오. (25점)
(1) 최저임금을 결정하는데 고려되어야 할 사항들이 무엇인지 설명하시오. (8점)
(2) 최저임금제가 실업을 증가시킬 수 있음을 그림을 그려 설명하시오. (7점)

[2017년 제26회]
3. 최저임금제와 관련된 다음 물음에 답하시오. (25점)
(1) 빈곤퇴치에 대한 최저임금제의 정책적 효과가 제한적일 수 있는 이유를 설명하시오. (10점)
(2) 최저임금제로 인한 고용감소의 효과가 크지 않거나, 오히려 고용이 증가될 수도 있는 경우 세 가지를 구체적으로 설명하시오. (15점)

15   2개 노동시장의 경쟁균형(w, E)

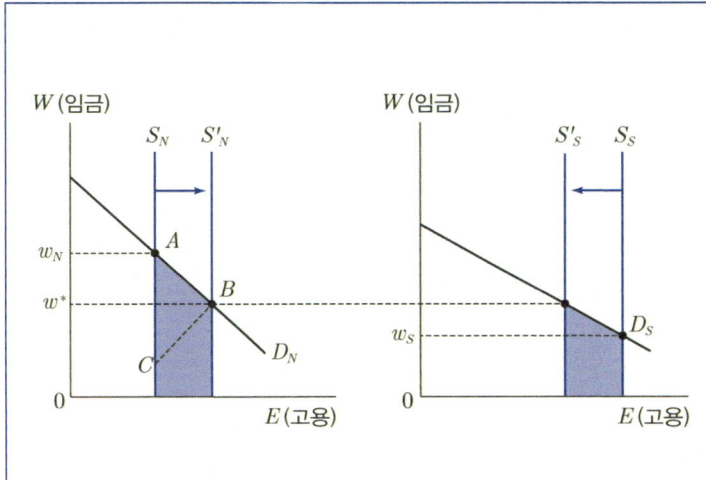

(1) 지역 간 임금 격차가 있을 경우 고임금 지역의 노동공급 증가, 저임금 지역의 노동공급 감소
(2) 최종적으로 두 지역의 임금은 동일하게 수렴(w^*)
(3) 근로자의 이주는 고임금 지역의 교역으로부터의 이득을 색칠한 면적만큼 증가시키고, 저임금 지역의 교역으로부터의 이득을 색칠한 면적만큼 감소시켜 전체 국가경제에 귀속되는 총이득을 ABC 면적만큼 증가시킴

관련 기출

[2011년 제20회]
3. 산업간 임금격차와 노동이동에 대한 다음의 질문에 답하시오.
(1) 두 산업의 노동자가 동질적이고 산업간 임금격차가 존재할 경우, 자유로운 노동이동을 통해 '동일노동에 대한 동일임금 원칙'이 적용됨을 그래프를 이용하여 설명하시오. (10점)
(2) 산업간 노동이동을 통해 사회적 총생산이 증가하고 인적자원 배분의 효율성이 달성될 수 있음을 그래프를 이용하여 설명하시오. (15점)

[2016년 제25회]
2. 노동시장균형에 대한 다음 물음에 답하시오. (25점)
(2) 내국인 근로자로만 구성되어 있던 국내 노동시장에 외국인 근로자 도입이 가능해졌다고 가정하자. 생산에 있어서 내국인 근로자와 외국인 근로자간의 관계가 대체관계일 경우와 보완관계일 경우로 나누어 외국인 근로자 도입이 단기적 측면에서 내국인 근로자의 임금과 고용에 미치는 영향을 그래프를 그리고, 비교·분석 하시오. (15점)

16 기업(근로자)에게의 급여세(w, E)

기업에게 부과된 급여세

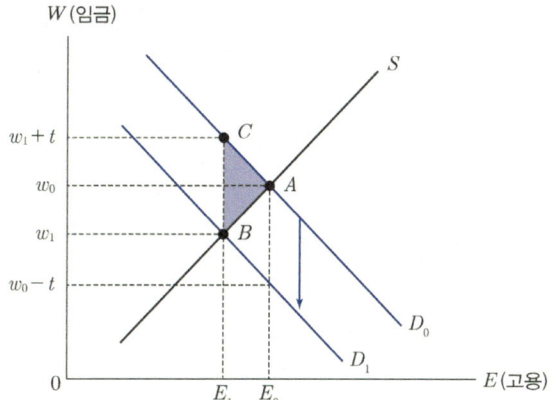

근로자에게 부과된 급여세

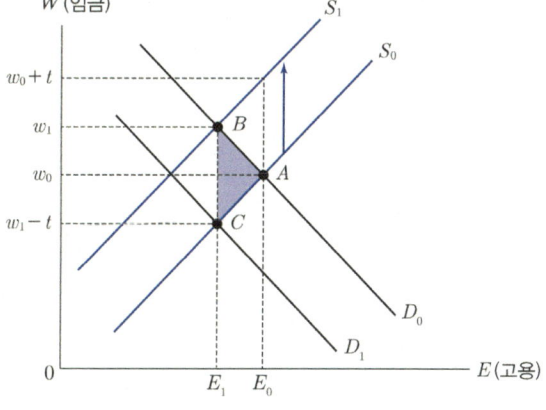

(1) 급여세 부과 시 기업의 경우 노동수요곡선이 하방으로, 근로자의 경우 노동공급곡선이 상방으로 급여세 t만큼 평행이동
(2) 급여세 부과 시 ABC 면적만큼 후생손실 발생
(3) 부과 객체가 누구든 급여세의 최종적인 효과는 무차별함

관련 기출

[2018년 제27회]
【문제 2】 임금과 고용의 결정에 관한 다음 물음에 답하시오. (단, 노동공급곡선은 우상향한다.) (25점)
[물음 1] 임금과 고용에 미치는 급여세 부과 효과를 고용주에게 부과하는 경우와 근로자에게 부과하는 경우로 나누어 그래프를 활용하여 설명하시오. (15점)

17 기업에게의 고용보조금(w, E)

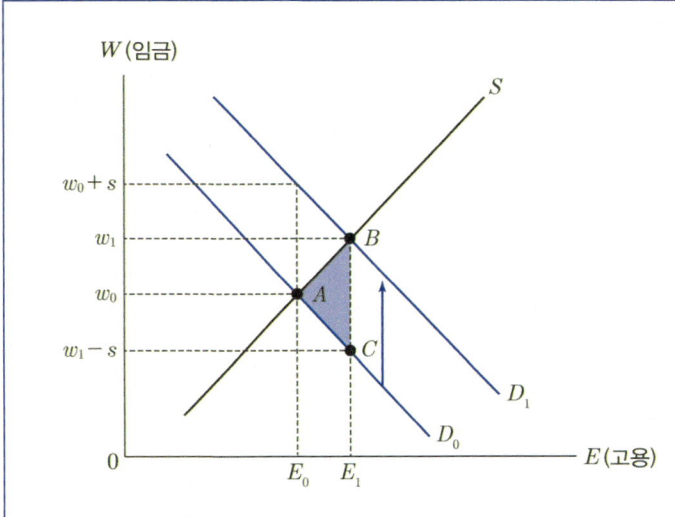

(1) 기업에게 고용보조금 지급 시 노동수요곡선이 고용보조금 s만큼 상방으로 평행이동
(2) 기업에게 고용보조금 지급 시 기업의 비용이 감소하고 근로자의 실질임금이 증가
(3) 고용보조금은 사회 전체에 ABC 면적만큼의 후생손실 초래

관련 기출

[2018년 제27회]
[물음 2] 정부의 기업에 대한 고용보조금이 임금과 고용에 미치는 효과를 그래프를 활용하여 설명하시오. (10점)

18 법정부가혜택의 영향(w, E)

법정부가혜택 제공비용>근로자의 가치

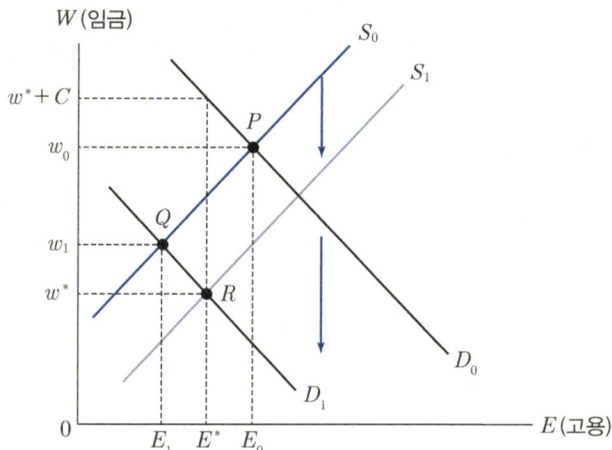

법정부가혜택 제공비용=근로자의 가치

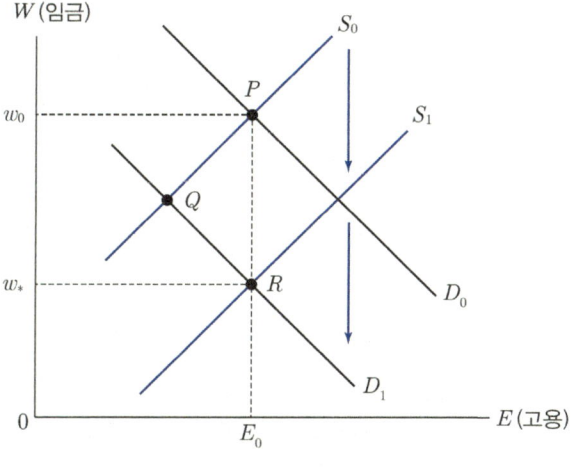

(1) 법정부가혜택 제공비용이 근로자의 가치보다 클 경우, 급여세 부과 시 고용수준<법정 부가혜택 부과 시 고용수준<기존 고용수준

(2) 법정부가혜택 제공비용이 근로자의 가치와 같은 경우, 부과혜택 부가 시 고용수준=기존 고용수준

(3) 법정부가혜택 제공비용이 근로자의 가치와 같은 경우, 고용수준 뿐 아니라 고용비용, 실질임금도 기존과 동일

19 이민의 단기 영향(w, E)

완전대체요소

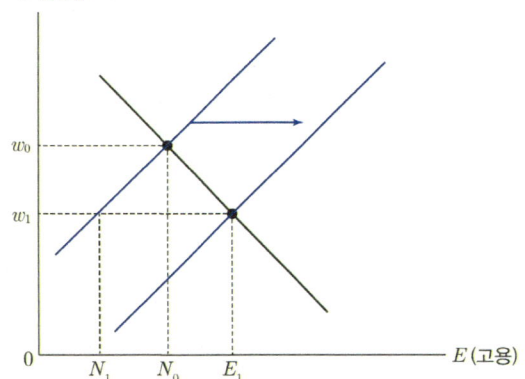

(1) 이민자가 원주민과 완전대체관계일 경우 노동공급이 증가
(2) 이민자가 원주민과 보완관계일 경우 노동수요가 증가
(3) 이민자가 원주민과 보완관계일 경우 임금이 상승하면서 원주민의 경제활동참가율이 증가함

보완요소

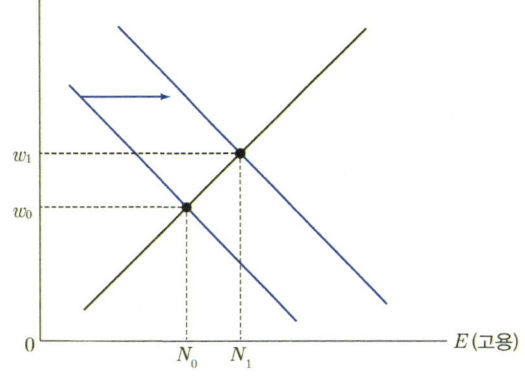

관련 기출

[2015년 제24회]
1. 노동시장의 유연성과 정년연장형 임금피크제에 대하여 다음 물음에 답하시오. (50점)
(4) 기존 노동력의 정년연장이 청년층 노동력의 고용을 창출하려면 생산과정에서 두 노동력 간의 관계(대체·보완관계)가 어떠해야 하는지 설명하시오.(단, 다른 조건은 일정하다고 가정) (6점)

[2016년 제25회]
2. 노동시장균형에 대한 다음 물음에 답하시오. (25점)
(2) 내국인 근로자로만 구성되어 있던 국내 노동시장에 외국인 근로자 도입이 가능해졌다고 가정하자. 생산에 있어서 내국인 근로자와 외국인 근로자간의 관계가 대체관계일 경우와 보완관계일 경우로 나누어 외국인 근로자 도입이 단기석 측면에서 내국인 근로자의 임금과 고용에 미치는 영향을 그래프를 그리고, 비교·분석 하시오. (15점)

20. 이민의 장기 영향(w, E)

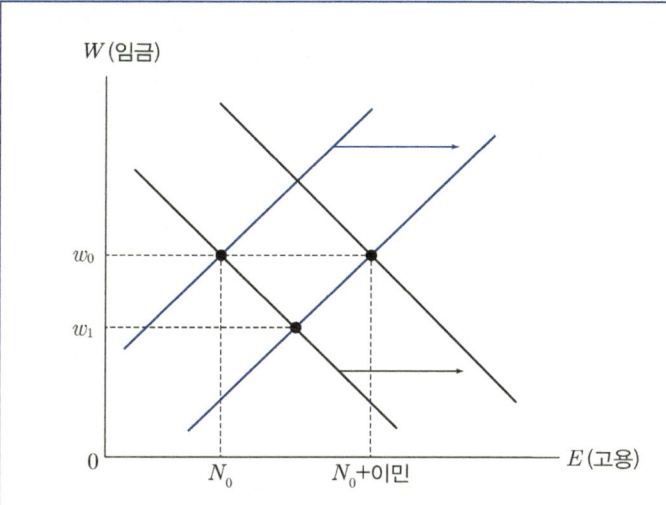

(1) 이민자와 원주민이 완전대체관계인 경우 임금이 하락하기에 비용이 낮아진 기업이 자본을 확장하면서 노동수요곡선이 우측 이동
(2) 총생산함수가 규모수익불변이면 장기적으로 자본의 조정이 이루어져 임금률이 원래 수준으로 복귀
(3) 장기적으로 고용수준도 원래 수준으로 복귀

21 이민 잉여(w, E)

단순 이민 잉여

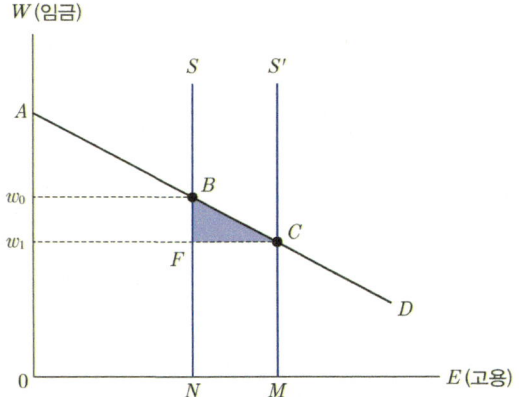

양의 외부효과 시 이민 잉여

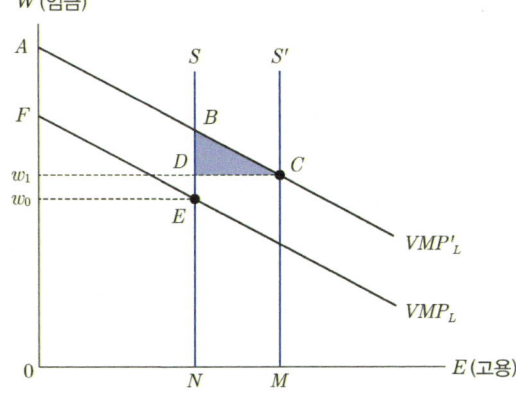

(1) 양의 외부효과가 없는 경우 국민소득의 가치 $ACM0$로 증가, 이민자 임금이 $FCMN$만큼 지불, 이민잉여는 BCF 면적
(2) 양의 외부효과가 있는 경우 노동수요곡선 우측 이동
(3) 양의 외부효과가 있는 경우 이민자 임금이 $DCMN$만큼 지불, 원주민의 소득은 $ABEF+BCD$만큼 증가

22 수요독점기업(w, E)

완전차별적 수요독점기업

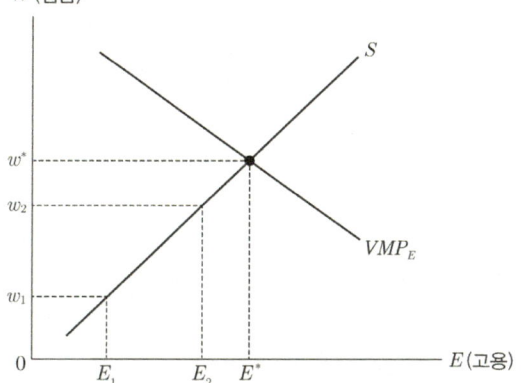

차별하지 않는 수요독점기업

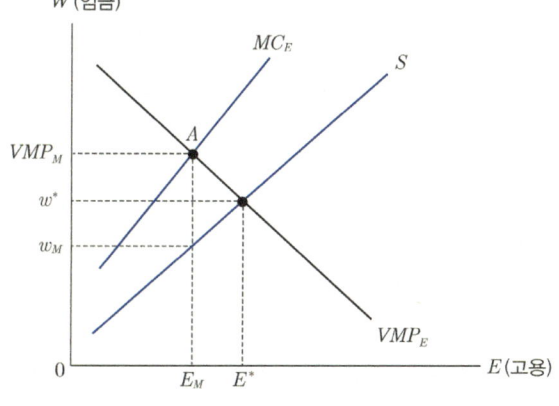

(1) 완전 차별적인 수요독점기업의 근로자 수는 경쟁기업과 동일, 각 근로자는 유보임금만큼 수령
(2) 차별하지 않는 수요독점기업은 $VMP_E = MC_E$ 에서 고용량이 결정되고 노동공급곡선에서 임금을 설정
(3) 차별하지 않는 수요독점기업은 경쟁기업보다 낮은 기업으로 적은 수의 근로자 고용

관련 기출

[2013년 제22회]
2. 노동시장에서는 생산물시장의 구조에 따라 각각 다른 임금과 고용량이 결정된다. 생산물시장이 완전경쟁적이고 전제하고 다음의 질문에 답하시오. (25점)
(1) 노동시장이 완전경쟁적인 경우와 수요독점인 경우로 나누어 균형임금과 고용량의 차이를 그래프를 이용하여 비교·설명하시오. (10점)
(2) 노동시장이 수요독점뿐만 아니라 공급독점이 이루어져 쌍방독점이 발생할 때, 고용의 변화 없이 임금상승이 가능한 구간을 그래프를 이용하여 설명하시오. (15점)

23 임금과 부상 확률 간 무차별곡선(임금, 부상확률)

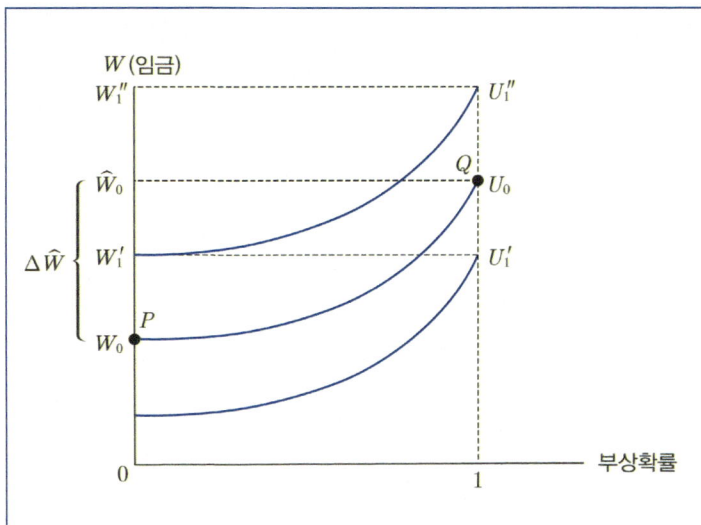

(1) 임금이 재화, 부상확률은 비재화이기에 무차별곡선은 우상향하는 곡선 형태
(2) 무차별곡선 U_1''를 가진 근로자는 임금 w_1'을 받는 경우 안전한 일을, 임금 w_1''를 받는 경우 위험한 일을 선호
(3) 근로자의 유보가격은 $\Delta \hat{w}$

24. 보상적 격차의 결정(임금격차, 위험한 일을 하는 근로자 수)

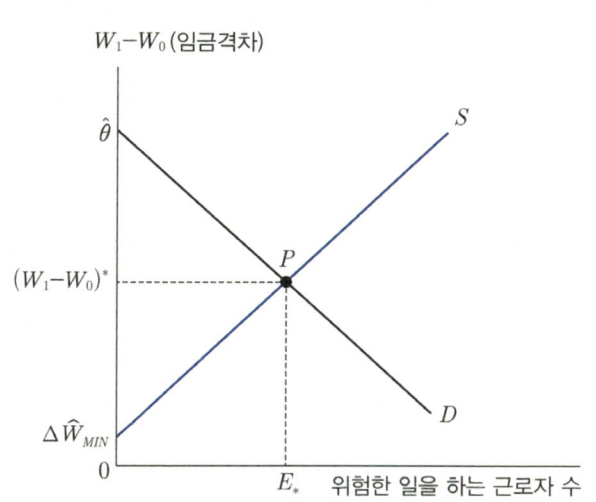

θ : 위험한 환경으로 변경 기업 수입의 증가
$W_1 - W_0 < \theta$: 위험 제공

(1) 위험한 일의 수요곡선은 우하향, 공급곡선은 우상향 형태
(2) 위험한 일의 수요곡선과 위험한 일의 공급곡선을 일치시키면 보상적 격차가 결정됨
(3) 추가되는 노동비용이 기업의 근로자당 수입 증가분을 초과하면 기업은 안전한 환경을, 추가 노동비용이 기업의 근로자당 수입 증가분보다 작으면 기업은 위험한 환경을 제공

25. 위험한 일을 선호하는 근로자가 일부 존재하는 경우 시장 균형 (임금격차, 위험한 일을 하는 근로자 수)

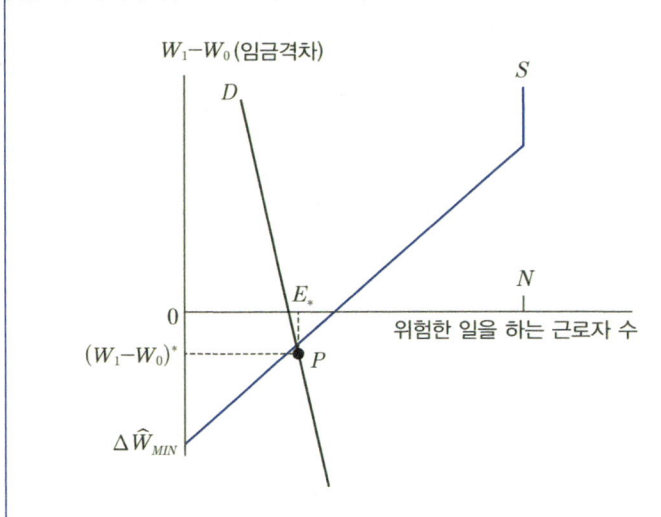

(1) 위험한 일을 선호하는 근로자가 충분히 존재하고 그런 근로자에 대한 수요가 작을 때 시장의 보상적 격차는 음수가 됨

(2) P점에서의 근로자는 안전한 환경의 근로자보다 적은 임금을 수령

(3) 이때의 노동공급곡선은 특정 N명을 기준으로 우상향하다가 수직 형태가 됨

26 헤도닉 임금함수(임금, 부상확률)

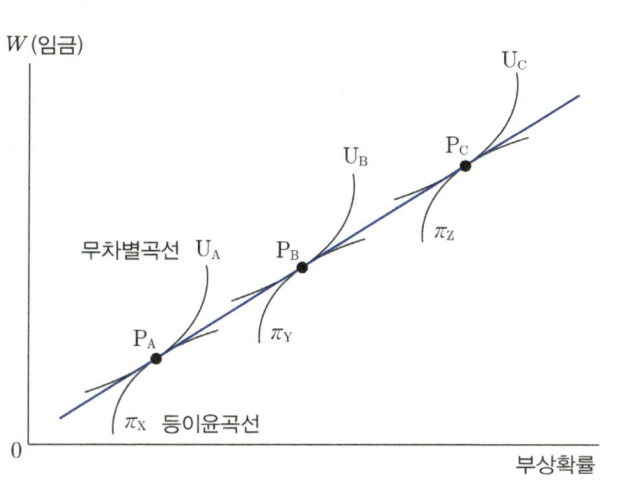

(1) 무차별곡선은 X축에 볼록하게 우상향하는 형태
(2) 등이윤곡선은 X축에 오목하게 우상향하는 형태
(3) 둘이 접하는 점을 이은 궤적에서 근로자와 기업이 매치됨

관련 기출

[2015년 제24회]
3. 현재 어떤 작업장의 재해위험 수준이 실제위험 수준보다 낮다고 잘못 알려져 있다. 정부는 올바른 정보를 제공하기 위해 재해위험 수준에 적정한 규제 수준을 설정하고자 한다. 헤도닉(hedonic) 임금이론을 사용하여 다음 물음에 답하시오. (25점)
(1) 임금과 재해위험 수준 사이의 근로자 효용곡선과 기업 등이윤곡선을 그래프를 이용해 설명하시오. (10점)
(2) 적정규제의 범위를 그래프에 표시하고 그 범위 내에서 파레토 개선이 달성될 수 있음을 설명하시오. (15점)

[2020년 제29회]
【문제 2】 헤도닉 임금이론에 관한 다음 물음에 답하시오. (가로축은 산업재해율, 세로축은 임금) (25점)
[물음 1] 임금-산업재해율 평면에서 근로자 A와 B의 무차별곡선이 교차한다. 산업재해위험에 대한 두 근로자의 차이를 그래프로 그리고 설명하시오. (5점)
[물음 2] 임금-산업재해율 평면에서 기업의 등이윤곡선(isoprofit curve) 특성 3가지를 그래프로 그리고 설명하시오. (10점)
[물음 3] 현재 근로자와 기업은 최적화상태에 있다. 정부가 산업재해 기준을 강화할 경우 근로자의 효용과 기업의 이윤에 미치는 영향을 헤도닉 임금함수를 이용하여 그래프로 그리고 설명하시오. (10점)

27 계절적 직장의 보상적 격차(소득, 여가시간)

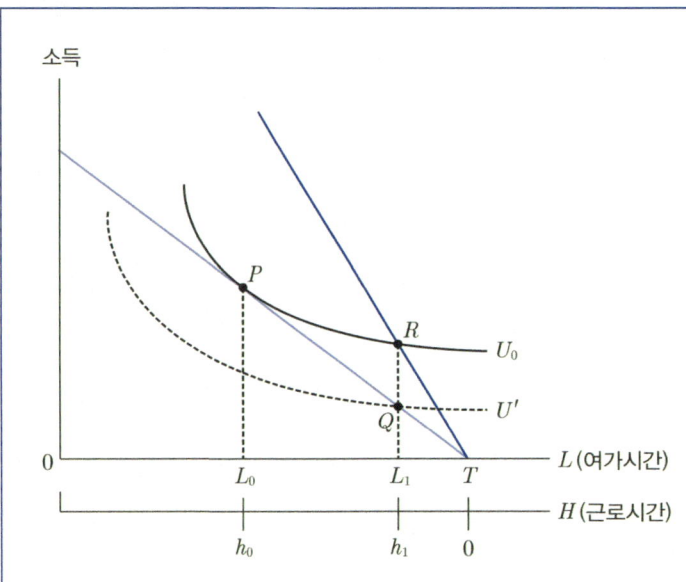

(1) 계절적 직장은 근로자의 효용수준 감소시킴
(2) 계절적 직장의 비효용을 보상하기 위한 보상적 격차 필요
(3) 통상적 직장과 계절적 직장의 효용수준이 같아질 때까지 임금 인상

28 건강보험 혜택과 의료적 격차(임금, 의료보험 혜택)

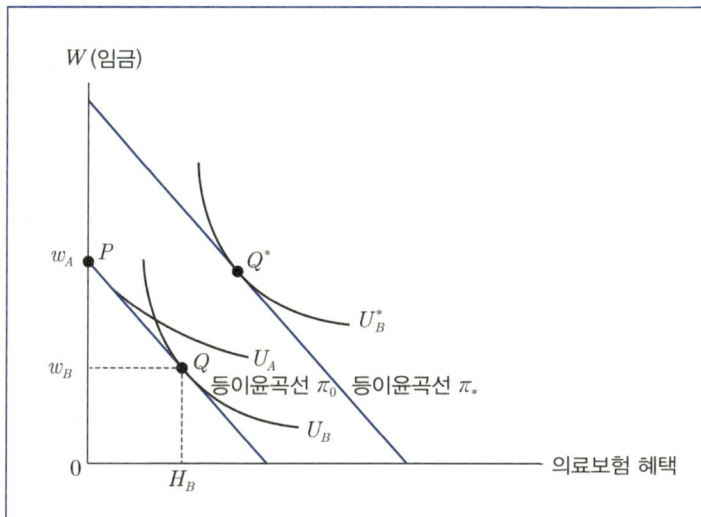

(1) 소득 잠재력이 다른 근로자(B, B^*)의 보상 패키지는 서로 다른 등이윤곡선상에 놓임
(2) 평평한 무차별곡선(U_A)을 가진 근로자는 건강보험 혜택을 쉽게 포기할 수 있고, 가파른 무차별곡선(U_B)을 가진 근로자는 건강보험 혜택을 가치 있게 여김
(3) 임금과 의료보험 혜택 간 양의 상관관계가 관찰되고, 교환관계는 알 수 없음

29 임금-학력곡선(임금, 교육연수)

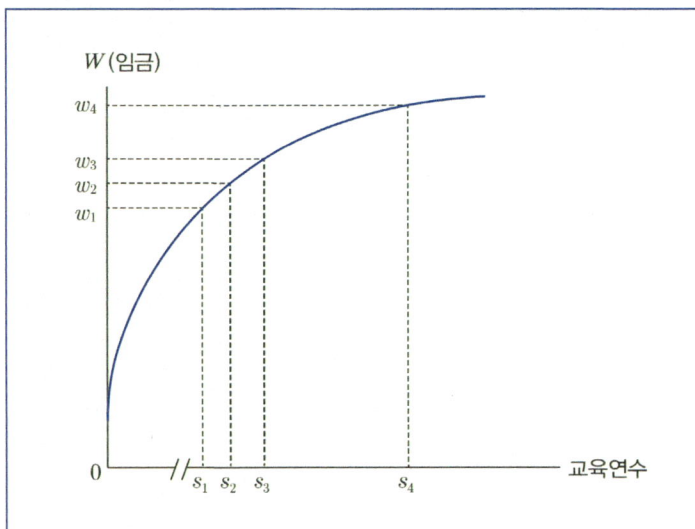

(1) 임금-학력곡선은 우상향하는 형태
(2) 임금-학력곡선의 기울기는 교육에 대한 수익률을 의미
(3) 임금-학력곡선은 오목함

30 학력의 결정(할인율/이자율, 교육연수)

근로자의 할인율이 다를 때

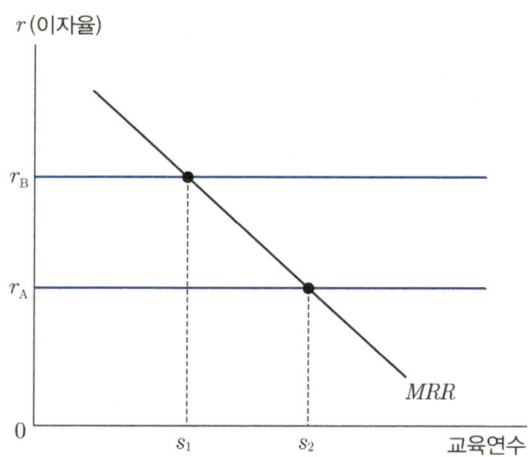

근로자의 능력이 다를 때

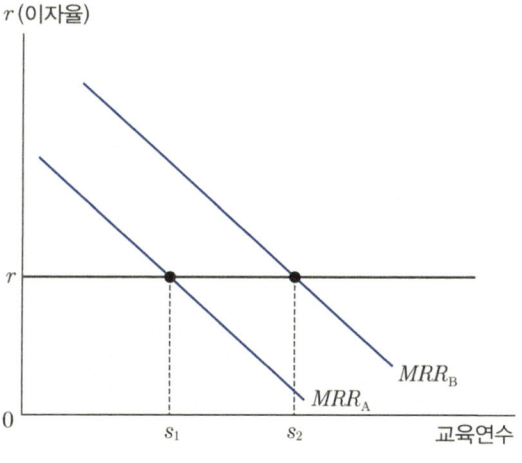

(1) 한계적인 교육의 수익률은 학교를 1년 더 다니는 데 따른 소득의 변화율을 의미
(2) 교육의 수익률 곡선(MRR)은 우하향하는 형태
(3) 학생은 한계수익률이 할인율과 같은 점에서 평생 소득의 현재가치를 극대화함

31 분리균형(임금, 학교교육 연수)

저생산성 근로자

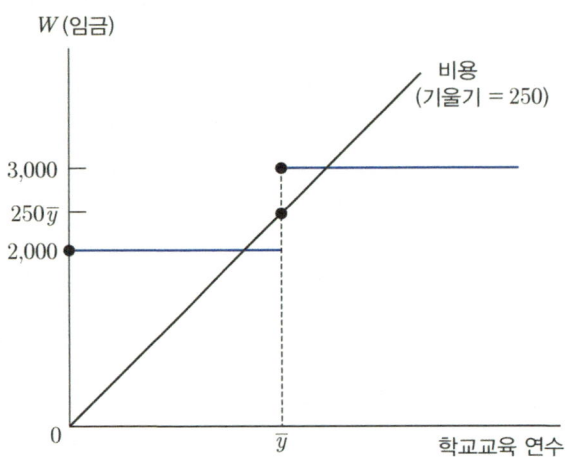

고생산성 근로자

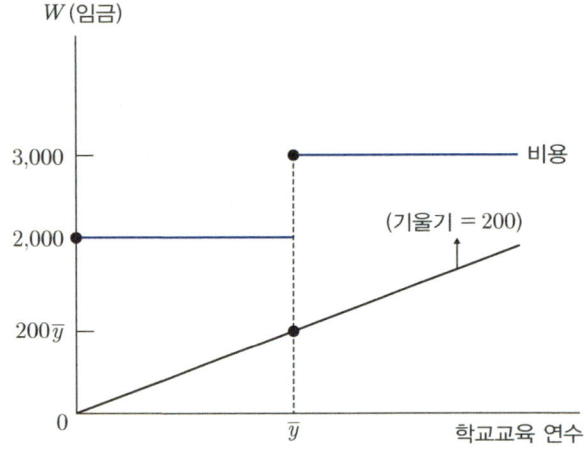

(1) 신호모형에서 근로자의 학력 수준은 저생산성, 고생산성 지표에 대한 신호로 작용
(2) 저생산성 근로자는 대학 비용이 크기에 대학 진학을 포기하고, 고생산성 근로자는 대학 비용이 비교적 적기에 대학에 진학함
(3) 기업에서 고생산성, 저생산성 근로자를 구분하기 위해 요구하는 학교교육 연수의 기준은 $\bar{y}$

관련 기출

[2011년 제20회]
1. 인적자본이론에 대한 다음의 질문에 답하시오.
(2) 대학진학을 선택한 학생의 선택기준을 비용-편익분석으로 설명하고, 이때 편익과 비용(직접비용과 간접비용)을 자세히 구분하여 그림으로 나타내시오. (25점)

32 생애주기에 따른 인적자본 취득(가격, 능률단위)

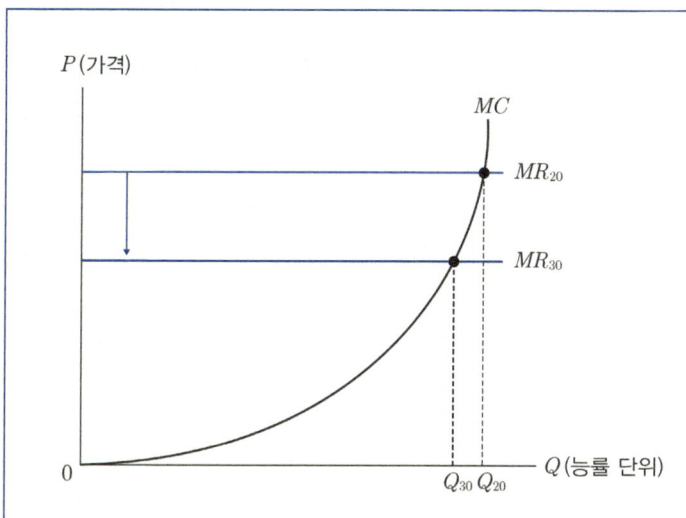

(1) 더 젊을 때 취득한 인적자본의 한계수익은 그 이후 취득한 인적자본의 한계수익보다 상방에 위치
(2) 인적자본의 능률 단위별 한계수익은 근로자가 나이 들어감에 따라 하락
(3) 각 연령에서 근로자는 한계수익과 한계비용이 같은 지점의 능률 단위 만큼 취득

33 능력의 차이에 따른 왜도가 양수인 임금분포(이자율, 인적자본)

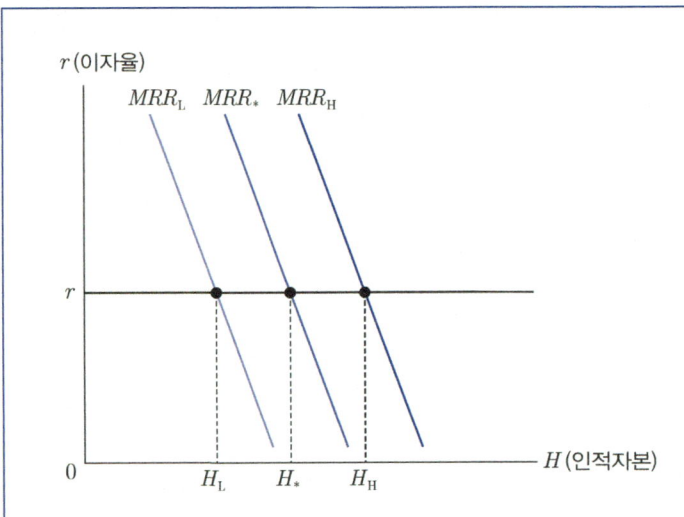

(1) 고생산성 근로자는 저생산성 근로자보다 능력도 더 좋고 인적자본도 더 많이 취득하기에 고소득임
(2) 근로자의 능력과 취득한 인적자본 간에는 정의 상관관계가 성립
(3) 이 정의 상관관계가 임금 분포의 윗부분을 밀어올려서 왜도가 양수인 분포를 초래

34 로렌츠곡선과 지니계수(소득누적비율, 인구누적비율)

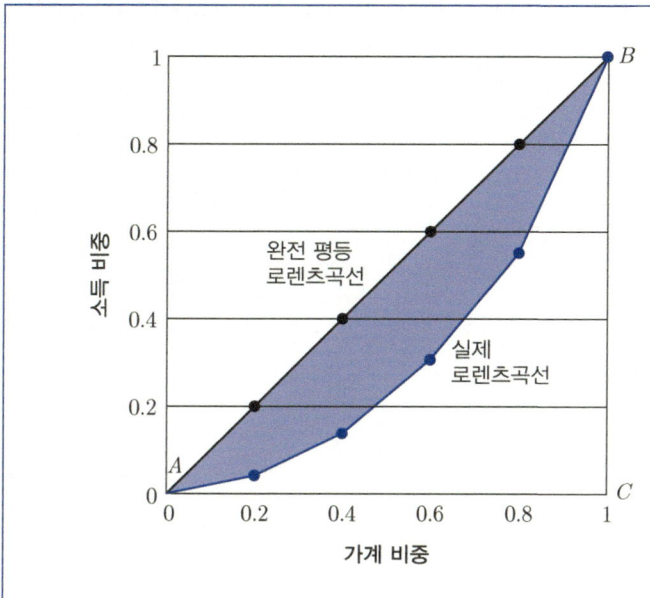

(1) 완전 평등한 로렌츠곡선은 45도 각도의 우상향하는 직선 형태
(2) 완전 불평등한 로렌츠곡선은 좌우로 반전된 L자 형태
(3) $\dfrac{\text{색깔이 칠해진 면적}}{\triangle ABC}$ 이 지니계수가 됨

관련 기출

[2022년 제31회]
【문제 2】 소득 불평등에 관한 다음 물음에 답하시오. (25점)
[물음 1] 2명이 존재하는 경제에서 1명이 전체 소득의 20%를, 나머지 한명이 80%를 차지한다고 가정할 경우, 로렌츠곡선을 그래프로 나타내고 지니계수를 구하시오. (15점)
[물음 2] 소득 불평등도를 측정하는 지니계수의 한계점 2가지를 설명하시오. (10점)

35 상대적 수요곡선
(숙련 근로자의 상대적 임금, 숙련 근로자의 상대적 고용)

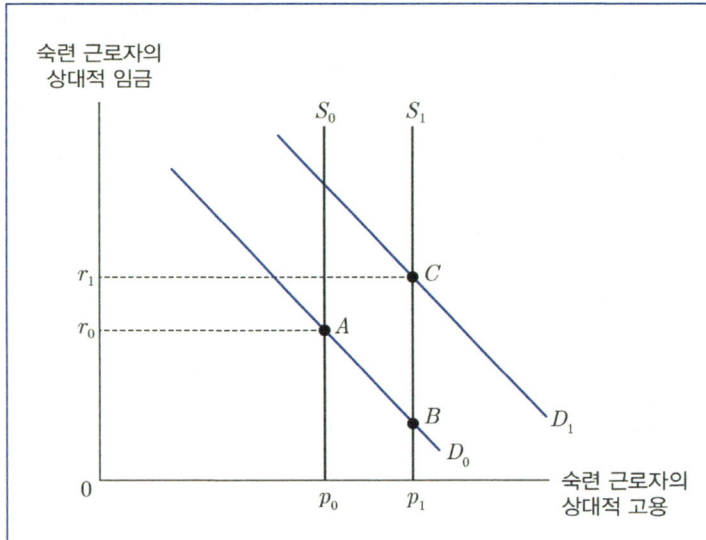

(1) 숙련 근로자의 상대적 수요곡선은 우하향 형태
(2) 숙련 근로자의 상대적 숫자는 고정되어 있기에 공급곡선은 수직선 형태
(3) 상대적 수요곡선과 공급곡선이 만나는 점에서 숙련 근로자의 상대적 고용과 상대적 임금이 결정됨

36 가족 이주 결정(남편의 사적 이득, 아내의 사적 이득)

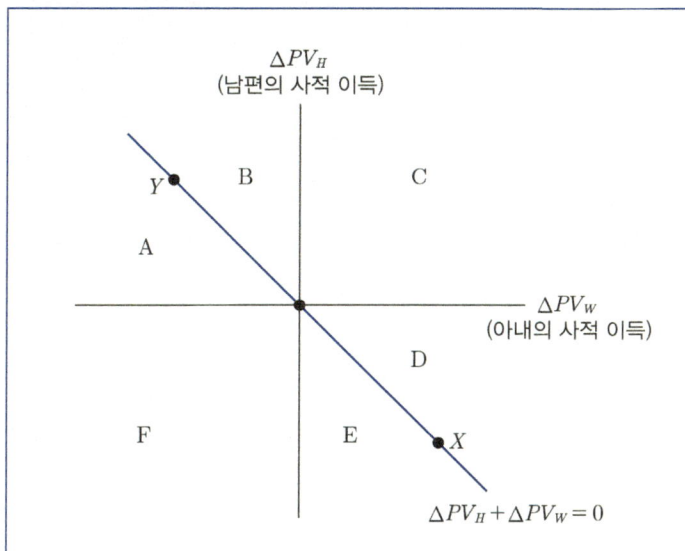

(1) 현 지역과 이주 지역의 이득이 무차별한 $\Delta PV_H + \Delta PV_W = 0$의 상방 영역에서 이주를 결정
(2) 개인 차원의 이주가 바람직한데도 가족 차원의 이주가 바람직하지 않은 경우 개인은 부속된 체류자
(3) 개인 차원의 이주가 바람직하지 않은데도 가족 차원의 이주가 바람직한 경우 개인은 부속된 이주자

37 모국의 숙련분포(도수, 숙련)

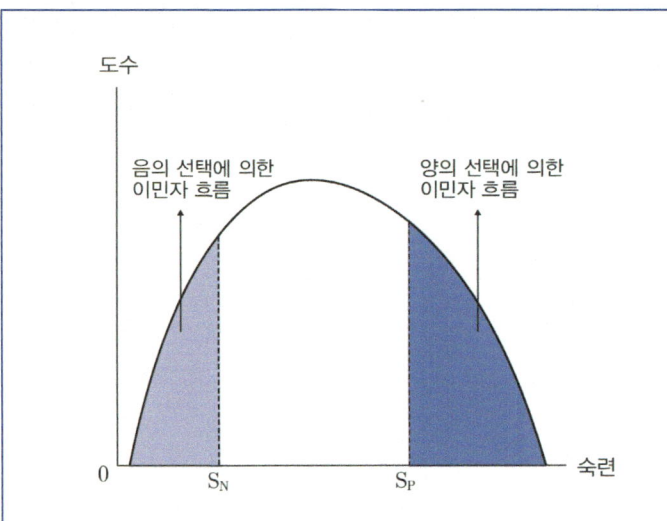

(1) 모국의 숙련 분포는 각 숙련 수준별 근로자의 도수
(2) 모국의 숙련 분포는 역 U자 형태
(3) 이민자가 평균 이상의 숙련자인 경우 이민자 흐름은 양의 선택으로, 평균 이하의 숙련자인 경우 이민자 흐름은 음의 선택으로 인한 것임

38 로이모형에 따른 이민자의 자기선택(임금, 숙련)

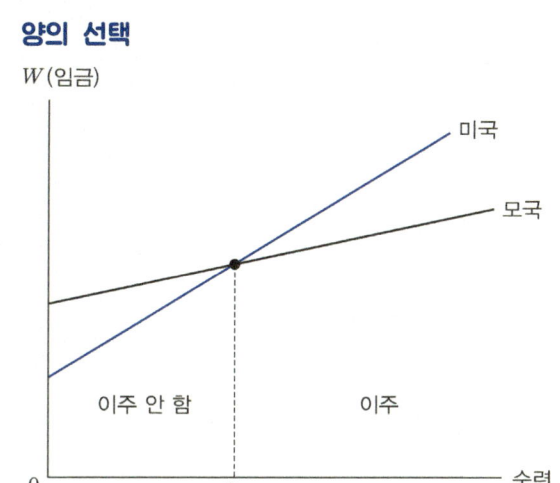

양의 선택

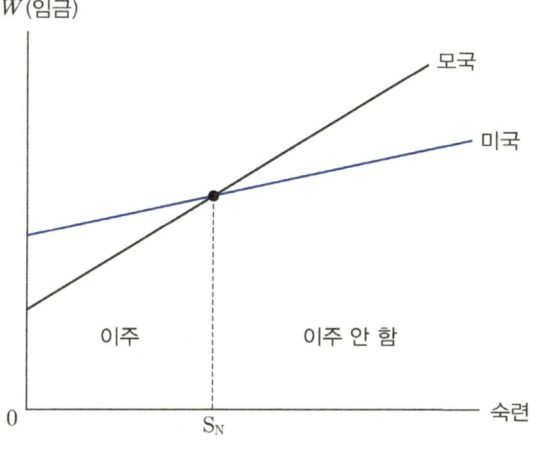

음의 선택

(1) 해외 숙련의 수익률이 모국보다 더 높다는 것은 임금-숙련선이 해외에서 더 가파름을 의미
(2) 해외 숙련의 수익률이 모국보다 더 높다면 이민자의 흐름은 양의 선택에 의함
(3) 숙련의 수익률이 미국에서 더 낮으면 이민자의 흐름은 음의 선택에 의함

39 차별을 하지 않는 기업의 임금과 고용량 결정(w, E)

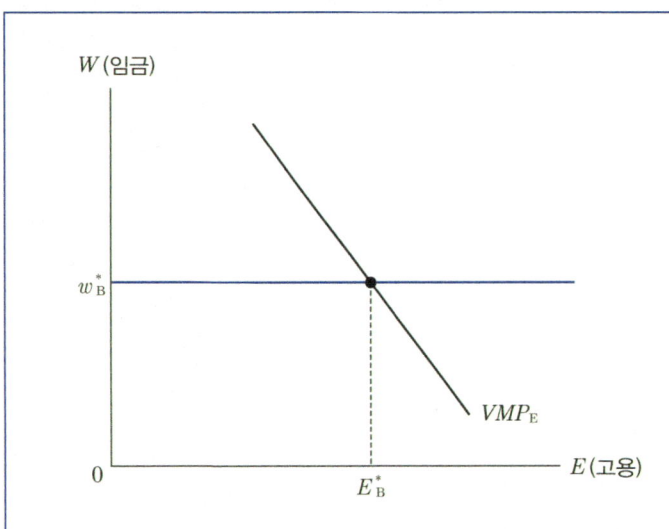

(1) 흑인 근로자가 백인 근로자보다 임금이 낮을 경우 차별 없는 기업은 흑인만을 고용
(2) 차별하지 않는 기업은 흑인 임금과 노동의 한계생산물 가치가 같은 지점($w = VMP$)까지 흑인 고용
(3) 이 경우 후생손실이 존재하지 않음

40. 차별하는 기업의 임금과 고용량 결정(w, E)

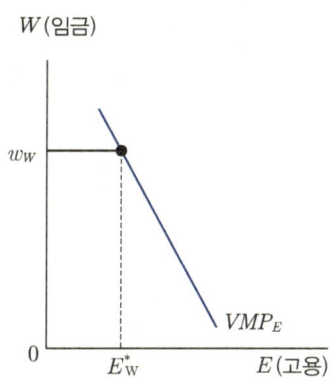

(백인 기업)

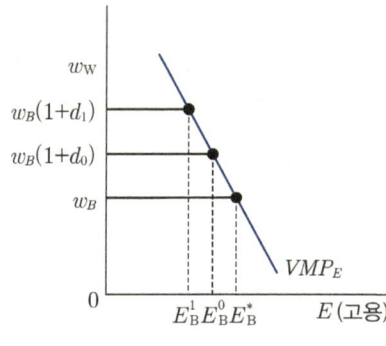

(흑인 기업)

$w_B(1+d) < w_W$ 이면 흑인만을 고용
$w_B(1+d) > w_W$ 이면 백인만을 고용

(1) 차별하는 기업에서 효용을 반영한 흑인 임금은 $w_B(1+d)$
(2) 차별하는 기업은 차별계수의 크기에 따라 백인 기업이 되거나 흑인 기업이 됨
(3) 차별하는 기업은 차별 없는 기업보다 비용이 크기에 적은 수의 근로자들을 고용

41 이윤과 차별계수(이윤, 차별계수)

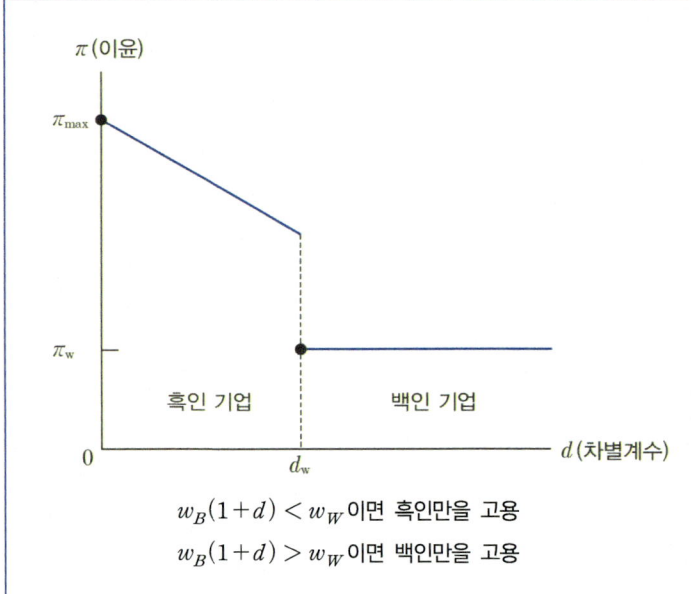

(1) 차별하는 기업이 흑인 기업일 경우, 효용을 반영한 임금이 더 크기에 더 적은 수의 근로자만을 고용
(2) 차별하는 기업이 백인 기업일 경우, 흑인 기업에 비해 더 높은 임금을 지불하기에 더 적은 수의 근로자만을 고용
(3) 고용주에 의한 차별은 이윤 손실을 야기하기에 종국적으로 사라지게 되어 있음

42 통계적 차별(임금, 시험점수)

백인의 평균 점수 > 흑인의 평균 점수

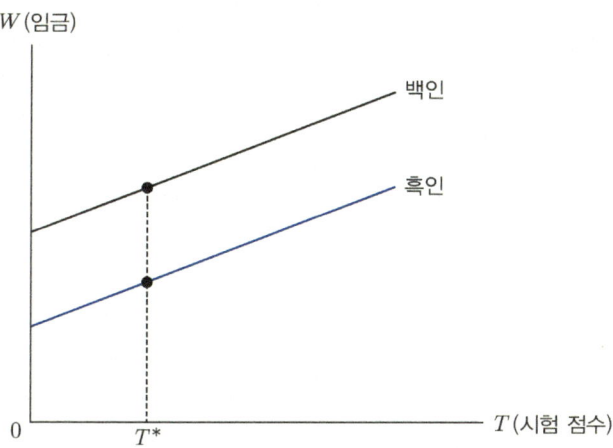

백인 근로자의 생산성 예측 정확도 > 흑인 근로자의 생산성 예측 정확도

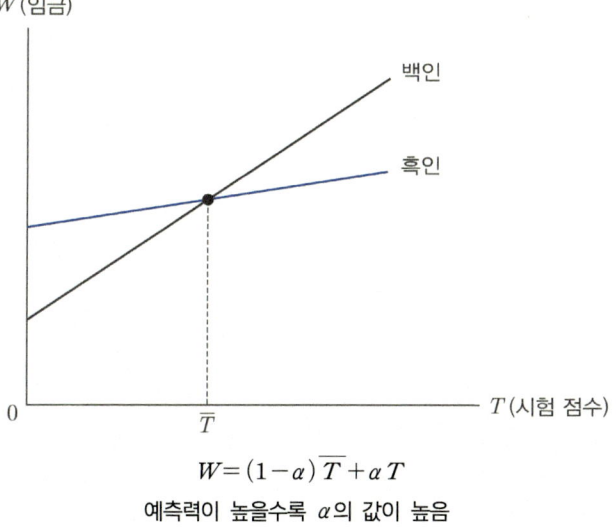

$$W = (1-\alpha)\overline{T} + \alpha T$$

예측력이 높을수록 α의 값이 높음

(1) 평균 점수가 높은 집단의 근로자가 더 높은 임금을 수령
(2) 선발시험이 백인 집단의 생산성을 더 잘 예측할 경우 높은 점수를 받은 백인 근로자는 높은 점수를 받은 흑인 근로자보다 더 높은 임금을 수령
(3) 시험 점수가 높아질수록 임금이 높아지는 우상향 형태

43 오하카-블라인더 분해법(임금, 교육연수)

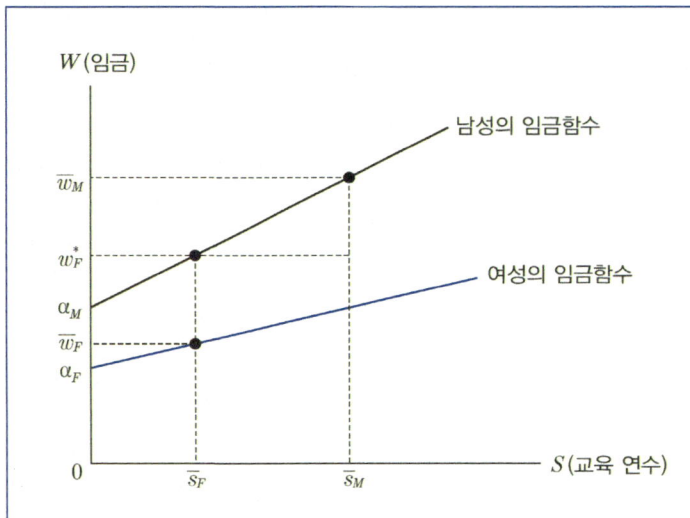

(1) 임금함수는 우상향 형태
(2) 남녀 임금격차 중 $\overline{w}_M - w^*_F$는 남성과 여성 간 숙련격차에 기인
(3) 남녀 임금격차 중 $w^*_F - \overline{w}_F$는 차별에 기인

관련 기출

[2020년 제29회]

【문제 3】 노동시장에서 발견되는 남녀간 임금의 차별에 관한 다음 물음에 답하시오. (25점)

[물음 1] 성별에 따른 통계적 차별(statistical discrimination)에 대해 설명하시오. (5점)

[물음 2] 차별을 파악하기 위해 남녀간 평균임금의 격차를 사용하고, 교육연수(S)만이 임금에 영향을 미친다고 가정하자. 남성(M)의 임금함수는 $W_M = \alpha_M + \beta_M \cdot S_M$, 여성($F$)의 임금함수는 $W_F = \alpha_F + \beta_F \cdot S_F$로 주어진다.
여기서 α와 β는 각각 절편과 임금계수를 나타낸다. 일명 Oaxaca분해에 의하면, 성별평균임금격차(WD)는 다음 세 가지 항목으로 구성된다.
$$WD = A + B + C = (\alpha_M - \alpha_F) + (\beta_M - \beta_F)\overline{S_F} + \beta_M(\overline{S_M} - \overline{S_F})$$
여기서, $\overline{S_M}$과 $\overline{S_F}$는 각각 남성과 여성의 평균교육연수를 나타낸다. 만약 WD의 괄호 안이 모두 양(+)이라고 하면, 세 항목(A, B, C) 중 차별에 해당하는 것을 선택하고 그 이유를 설명하시오. (14점)

[물음 3] 임금(세로축)-교육연수(가로축) 평면에 [물음 2]에서 제시된 남녀 임금함수를 그린 후, 수준에서 성별 평균 임금격차 중 차별부분을 표시하시오. (6점)

44 노조 가입 결정(소득, 여가시간)

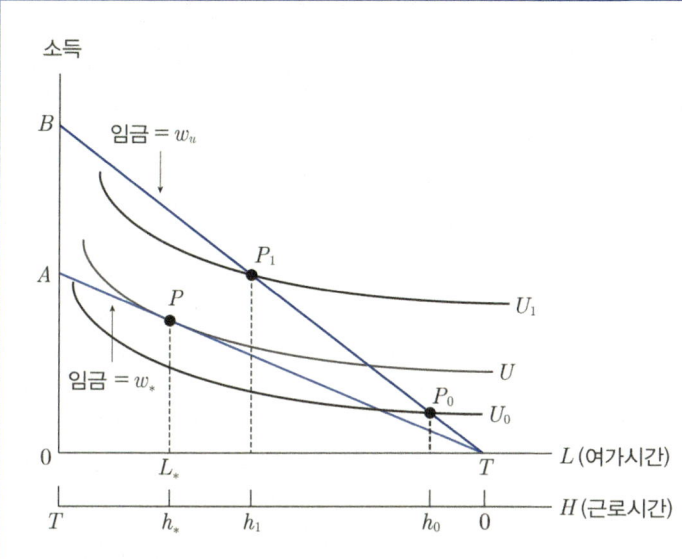

(1) 노조의 임금인상으로 인해 예산제약선이 상방 이동
(2) 이때 기업이 근로시간을 일정 이상으로 감소시킬 경우 근로자는 효용이 감소하기에 노조에 반대
(3) 이때 기업이 근로시간을 일정 미만으로 감소시킬 경우 근로자는 효용이 증가하기에 노조를 지지

45 독점적 노조(임금, 고용)

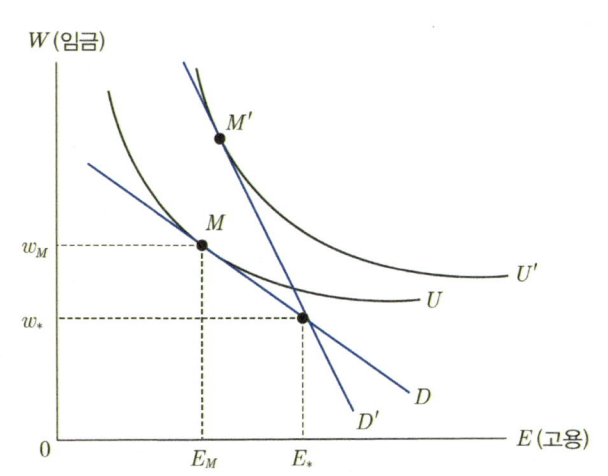

(1) 독점적 노조는 수요곡선 상 점들 중 노조의 무차별곡선과 접하는 점을 선택하여 효용 극대화
(2) 노조가 인상될 임금을 결정하면 기업이 이후 근로시간을 줄여 대응
(3) 수요곡선이 비탄력적일 수록 노조의 효용이 커짐

관련 기출

[2014년 제23회]
3. 노동조합이 임금, 고용에 미치는 영향과 관련된 다음 물음에 답하시오. (25점)
(2) 독점적 노동조합(Monopoly Union)의 임금인상 요구가 고용에 미치는 영향을 노동조합의 효용함수를 이용하여 그림을 그려 설명하시오. 아울러 노동수요의 임금탄력성 정도에 따라 어떤 차이가 있는지 비교하시오. (15점)

[2017년 제26회]
2. 노동조합과 관련된 다음 물음에 그래프를 이용하여 답하시오. (25점)
(1) 노동시장에서 임금수준과 고용수준이 결정되는 경우에 비하여 노동조합이 임금수준을 일방적으로 선택하고 기업은 그 임금수준에서 고용수준을 선택하는 독점적 노동조합 모형의 결과가 노동조합의 효용을 높일 수 있음을 설명하시오. (10점)

[2019년 제28회]
【문제 3】노동조합의 효과에 관하여 다음 물음에 답하시오. (25점)
[물음 1] 독점적 노동조합(monopoly unionism) 모형에서 노조의 효용이 극대화되는 균형을 그래프를 이용하여 설명하시오. 시장 개방에 따라 노동수요가 탄력적으로 변한다면 독점적 노동조합의 새로운 균형점을 표시하고 노동조합의 효용이 어떻게 변하는지 설명하시오. (15점)

[2021년 제30회]
【문제 3】어떤 기업에 속한 노동조합의 효용함수가 $U(W, E) = WE$라고 하자. 여기서 W는 임금, E는 고용 수준이다. 이 기업의 노동조합은 독점적 노조이다. 다음 물음에 답하시오. (25점)
[물음 1] 이 노동조합의 무차별 곡선을 그리시오. (5점)
[물음 2] 독점적 노조하에서 임금과 고용이 어떻게 결정되는지 그래프로 그리고 설명하시오. (5점)

46 노동조합 비효율성(임금, 고용)

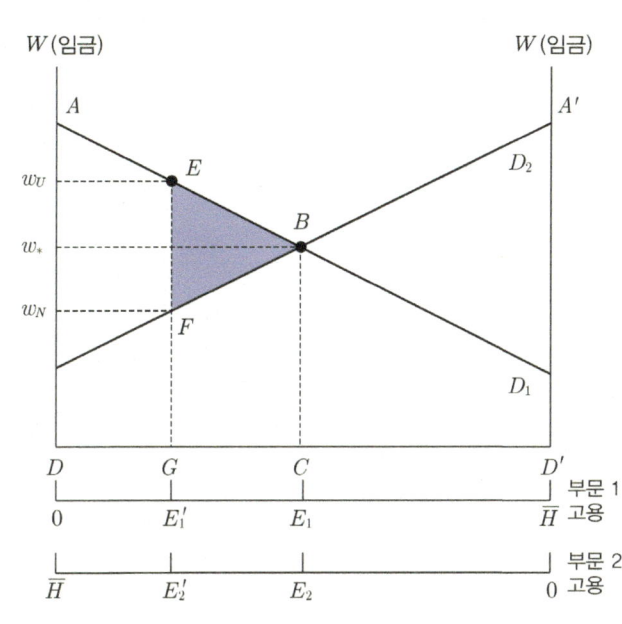

(1) 노조의 존재는 임금을 증가시킴 ($w^* \to w_U$)
(2) 유노조 부문에서의 임금 증가로 퇴출된 근로자들이 무노조 부문으로 이동하면서 무노조 부문의 임금이 감소
(3) 위와 같이 노동이 잘못 배분된 결과 EBF 면적만큼 후생손실 초래

관련 기출

[2014년 제23회]
3. 노동조합이 임금, 고용에 미치는 영향과 관련된 다음 물음에 답하시오. (25점)
(1) 노동조합이 비노동조합 부문의 임금에 미치는 영향을 설명하시오. (10점)

[2021년 제30회]
【문제 3】 어떤 기업에 속한 노동조합의 효용함수가 $U(W, E) = W, E$라고 하자. 여기서 W는 임금, E는 고용 수준이다. 이 기업의 노동조합은 독점적 노조이다. 다음 물음에 답하시오. (25점)
[물음 3] 독점적 노조하에서의 균형 임금과 고용은 파레토 효율적(Pareto Efficient)이지 않다는 것을 그래프로 그리고 설명하시오. (15점)

[2022년 제31회]
【문제 3】 동일 산업 내 일부 기업에 노조가 조직되었고(노조 조직 부문) 나머지 기업들은 무노조 상태로 남아있다고 (노조 비조직 부문) 할 때, 노동조합의 임금효과에 대한 다음 물음에 답하시오. (단, 노조 설립 이전에는 모든 기업의 임금 수준이 동일하다고 가정한다.) (25점)
[물음 1] 노조 조직 부문과 비조직 부문간 임금격차를 확대시키는 2가지 효과에 대해 설명하시오. (10점)
[물음 2] 노조 조직 부문과 비조직 부문간 임금격차에 관한 위협효과(threat effects)와 대기실업효과(wait unemployment effects)를 각각 설명하시오. (10점)
[물음 3] 노조 조직 부문과 비조직 부문간 임금격차를 노동조합의 진정한 임금효과로 보기 어려운 이유를 설명하시오. (5점)

47 효율적 계약곡선(임금, 고용)

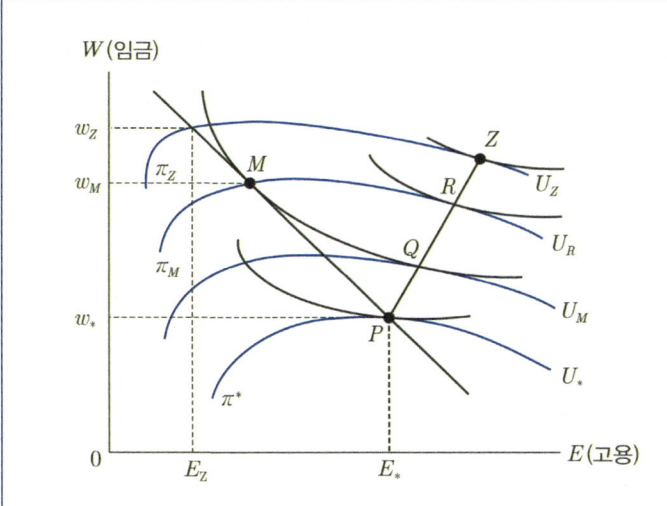

(1) 노조의 무차별곡선은 X축에 대해 볼록한 형태, 기업의 등이윤곡선은 X축에 대해 오목한 형태
(2) 기업과 노조는 결과적으로 계약곡선 PZ상에 있는 하나의 임금-고용 조합에 동의함
(3) 강하게 효율적인 계약의 경우, 계약곡선이 수직선 형태

관련 기출

[2017년 제26회]
2. 노동조합과 관련된 다음 물음에 그래프를 이용하여 답하시오. (25점)
(2) 노동조합과 기업의 협상을 통한 효율적 계약 모형이 독점적 노동조합 모형보다 노동조합과 기업 모두에게 더 나은 결과를 가져다 줄 수 있음을 설명하시오. (15점)

48 파업의 최적 지속기간(임금, 고용)

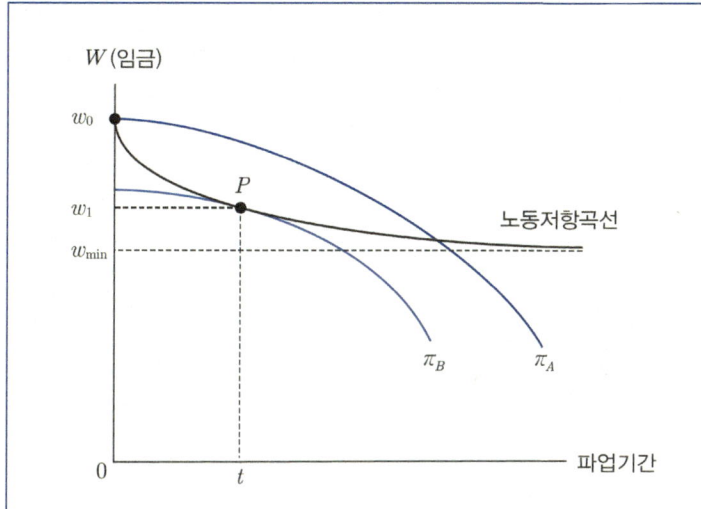

(1) 노조저항곡선은 우하향하는 형태
(2) 파업 기간이 길어질수록 노동자는 요구 임금을 인하시킴
(3) 고용주는 등이윤곡선과 노조저항곡선이 가장 낮게 접하는 점에서 파업기간을 결정함으로서 이윤을 극대화함

49. 개수급 근로자들의 생산량 결정(가격, 생산물)

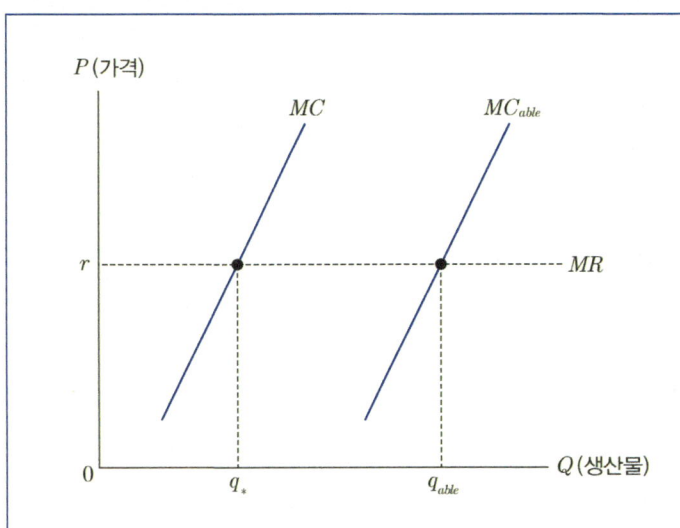

(1) 개수급과 추가적인 생산물 한 단위의 한계수익은 r로 일정하기에 MR은 수평선 형태
(2) 근로자가 생산할 때 비효용이 발생하기에 MC는 우상향 형태
(3) 근로자 개인의 최적의 생산량은 한계수익과 한계비용이 같아지는 지점에서 결정됨

50 토너먼트에서의 노력 배분(가격, 노력)

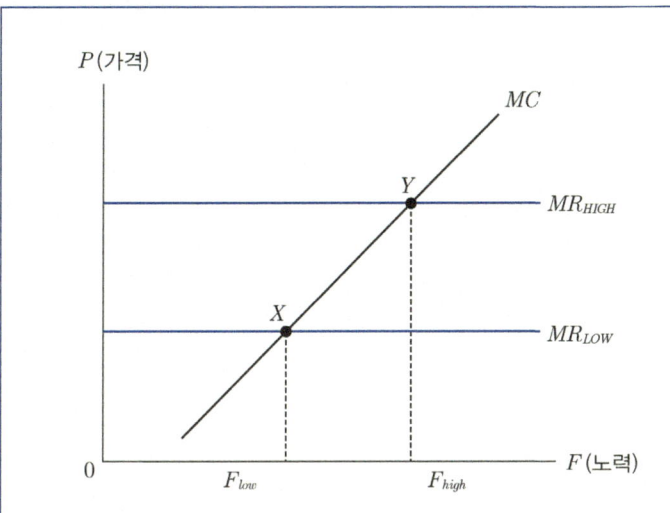

(1) 토너먼트에서 경쟁하는 근로자들의 능력은 무차별하기에 MC는 일치함
(2) 토너먼트에서 승자와 패자에게 주어지는 보상의 격차가 크기에, 승자의 MR은 패자의 MR보다 상방에 위치
(3) 근로자는 보상격차에 따라 토너먼트에 분배할 노력을 결정

51 효율임금의 결정(생산량, 임금)

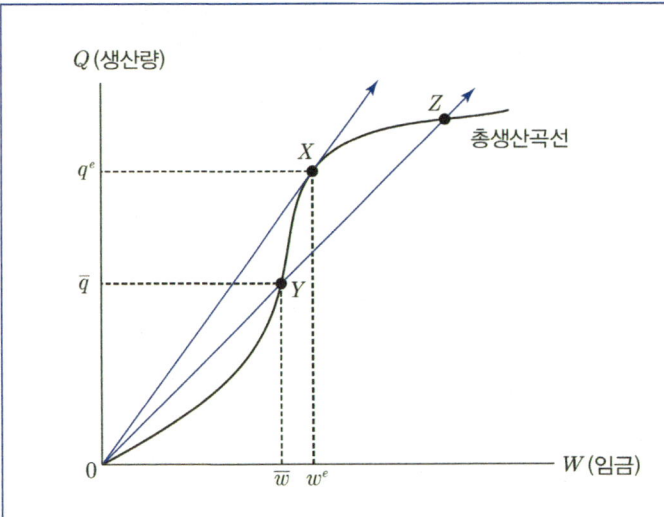

(1) 총생산곡선은 초기에 우상향하다가, 효율임금 구간에서 가파르게 우상향하고, 이후 완만하게 우상향하는 형태
(2) 효율임금은 임금의 한계생산이 임금의 평균생산과 같은 지점에서 결정됨
(3) 효율임금은 기업의 이윤을 극대화

관련 기출

[2013년 제22회]
3. 노동시장의 효율성임금제(efficiency wage)에 대한 다음의 질문에 답하시오. (25점)
(1) 기업이 효율성임금제를 실시하는 요인 중 3가지를 설명하시오. (15점)
(2) 효율성임금제가 실시되고 있는 시장으로 추가적인 노동의 유입이 있을 때 발생하는 비자발적 실업에 대하여 그래프를 이용하여 설명하시오. (10점)

52 요구임금의 결정(가격, 현재 보유한 임금 제안)

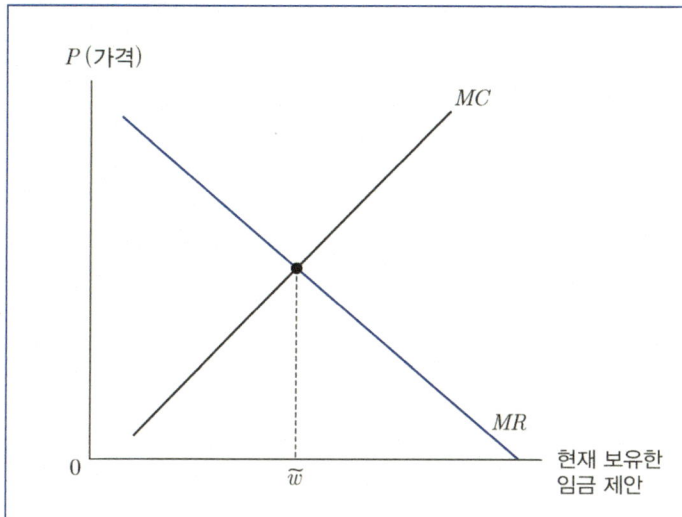

(1) 한계수익곡선은 추가적인 탐색으로부터 얻는 이익으로 우하향한다.
(2) 한계비용곡선은 추가적인 탐색비용으로 우상향한다.
(3) 한계수익곡선과 한계비용곡선이 일치할 때 요구임금수준이 결정된다.

53 비태만 경계곡선(임금, 고용)

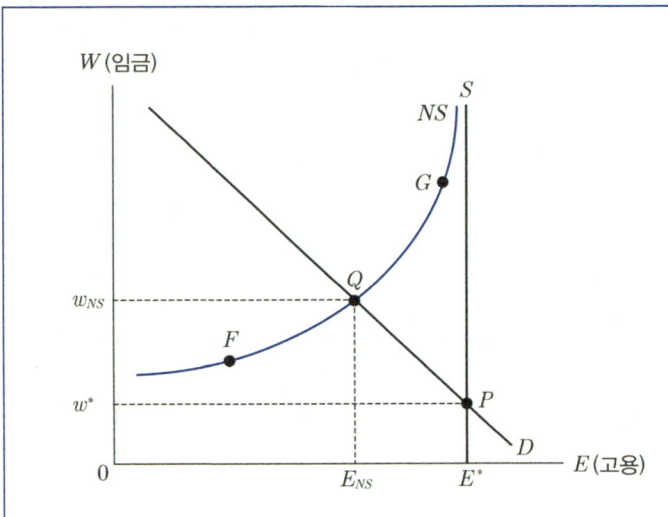

(1) 비태만 경계곡선은 X축에 대해 볼록하게 우상향하는 형태
(2) 실업률이 낮은 경우 근로자들의 태만을 해소하기 위해 높은 임금을 지불할 필요가 있음
(3) 효율임금은 비태만 경계곡선과 수요곡선이 교차하는 지점에서 결정됨

54 필립스 곡선(인플레이션율, 실업률)

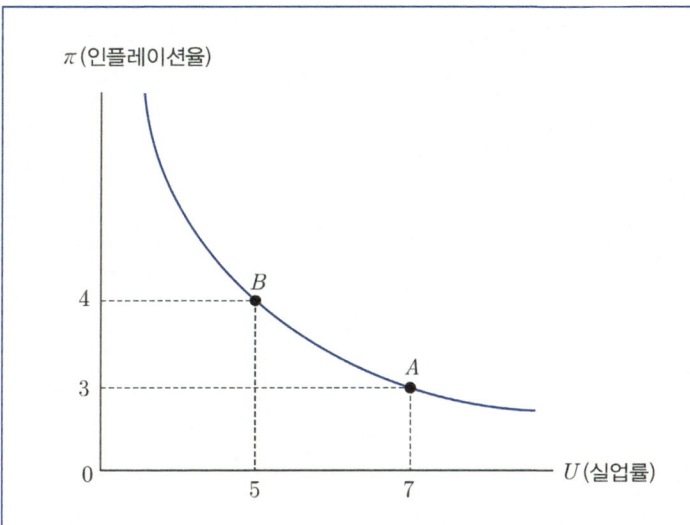

(1) 단기 필립스 곡선은 우하향하는 형태
(2) 단기 필립스 곡선은 인플레이션율과 실업률 간 음의 상관관계(상충관계)를 표현
(3) 장기 필립스 곡선은 수직 형태

해커스 법아카데미
law.Hackers.com

해커스노무사 局노동경제학 한권완성

부록 2

핵심총정리

Chapter 01 노동시장

序 노동시장의 작동

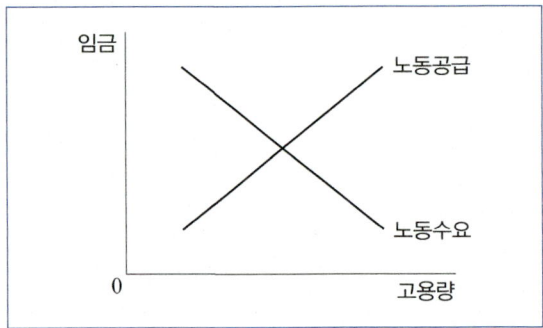

- 기업의 노동수요는 고객의 재화수요로부터 파생되는 파생수요이다.

本

1. 노동시장의 고용지표

- 고용률×100 ＝ 취업률×경제활동참가율이고, 경제활동참가율 － 고용률 ＝ $\dfrac{취업자수}{15↑} \times 1 \times 100$이다.

2. 소비여가모형(무차별곡선)

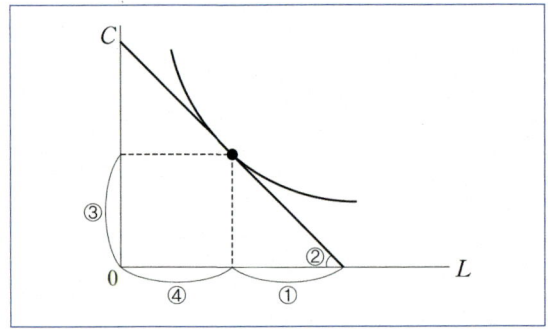

(*①: 노동, ②: 시간당임금, ③: 소득 → 소비, ④: 여가)

3. 소비여가모형(변동)

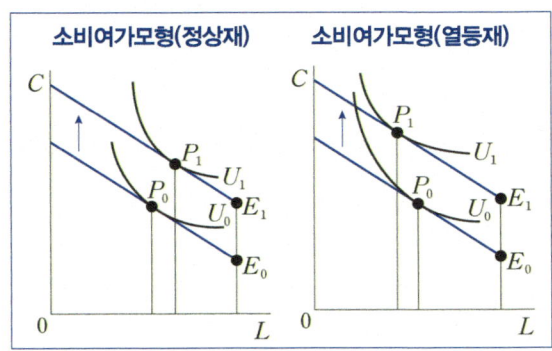

- 정상재는 소득과 소비가 같은 방향으로, 열등재는 소득과 소비가 반대 방향으로 움직인다.

結 개인은 무차별곡선이 가파른 기울기를 갖는 쪽인 X축 재화를 더 선호한다.

Chapter 02 노동공급1

序 대체효과와 소득효과
- 가격효과는 가격이 변화했을 때 소비량이 변화하는 효과로, 대체효과와 소득효과로 구분할 수 있다.

本

1. 소비-여가 모형

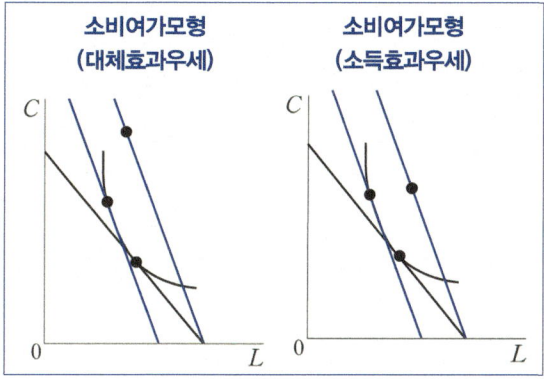

- 여가가 정상재이고 임금이 상승할 때, 대체효과가 소득효과보다 크면 근로시간을 증가시키고, 소득효과가 대체효과보다 크면 근로시간을 감소시킨다.
- 유보임금은 근로자가 노동을 공급하기 위한 최소한의 임금 수준으로, 근로자의 무차별곡선의 접선의 기울기인 MRS이다.

2. 노동공급곡선

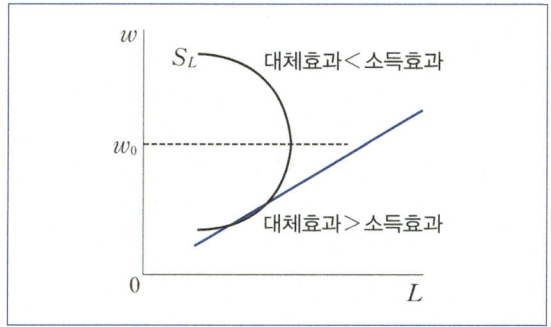

- 여가가 정상재일 때 노동공급곡선은 소득효과가 대체효과를 압도하는 구간부터 후방굴절하여 좌상향한다.

3. 가구생산
- 가구생산함수 하, 두 구성원이 시간을 투입하여 가사 또는 시장재화 상품을 생산한다.

結
임금이 상승하는 경우, 대체효과에 의해 여가시간은 감소하고 근로시간은 증가하며, 소득효과에 의해 여가시간(정상재)이 증가하고 로시간이 감소한다.

Chapter 03 노동공급2

序 현금보조
- 일반적인 현금보조제도는 근로유인을 악화시킨다.

本
1. 부의 소득세

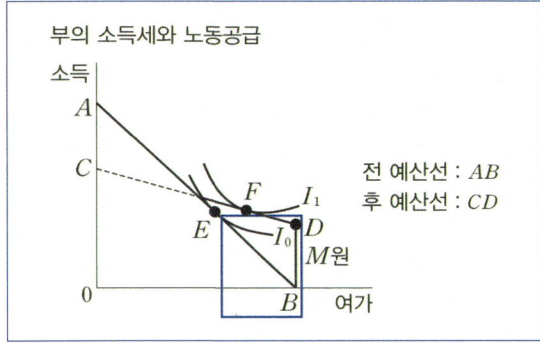

부의 소득세와 노동공급
전 예산선 : AB
후 예산선 : CD

- 부의 소득세는 일자리 유무와 관계없이 소득구간에 따라 조세를 환급한다.

2. 근로장려세제(EITC)

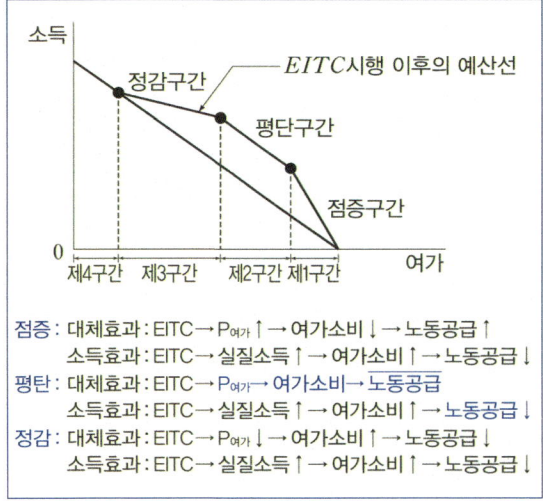

점증 : 대체효과 : EITC→$P_{여가}$↑→여가소비↓→노동공급↑
　　　소득효과 : EITC→실질소득↑→여가소비↑→노동공급↓
평탄 : 대체효과 : EITC→$P_{여가}$→여가소비→노동공급
　　　소득효과 : EITC→실질소득↑→여가소비↑→노동공급↓
정감 : 대체효과 : EITC→$P_{여가}$↓→여가소비↑→노동공급↓
　　　소득효과 : EITC→실질소득↑→여가소비↑→노동공급↓

- 근로장려세제는 예산선을 이동시켜 정책대상 그룹의 경제활동 참가율을 증가시키는 생산적 복지이다.

3. 생애주기가설과 노동공급
- 사람들이 생애주기에 따라 시간을 배분한다는 예측을 기간 간 대체가설이라 한다.

結
근로장려세제는 부의 소득세제와는 달리 근로소득에만 보조금을 지급하기에 저소득층 근로유인효과가 더 크게 나타난다.

Chapter 04 노동수요1

序 생산함수

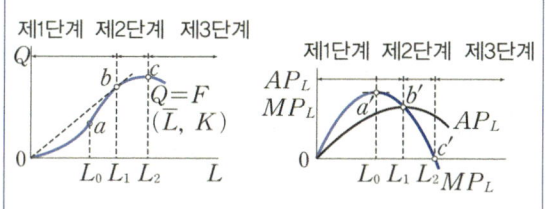

- 수확체감의 법칙으로 한계생산물이 점감하면서 총생산함수는 전체적으로 초반에 가파르게 우상향하다가 극점 이후로 완만하게 하향하는 형태를 갖는다.

本

1. 단기 노동수요

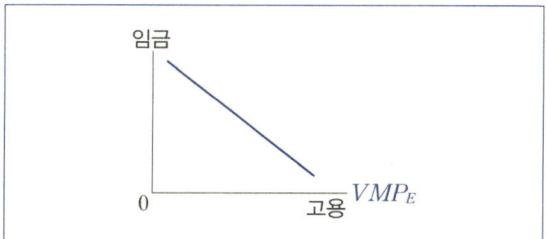

- 기업의 단기 노동수요는 한계생산가치($VMP_E = P \cdot MP_E$)이다.

2. 산업 노동수요

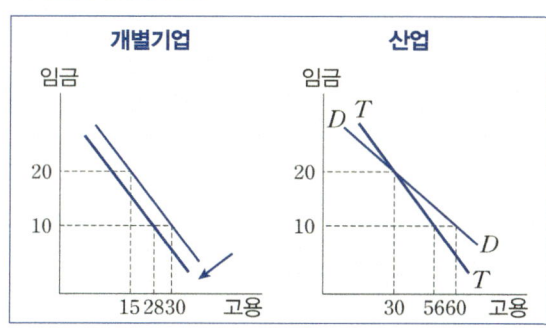

- 산업의 단기 노동수요는 수평합한 결과보다 더 급경사로 나타난다.

3. 장기 노동수요

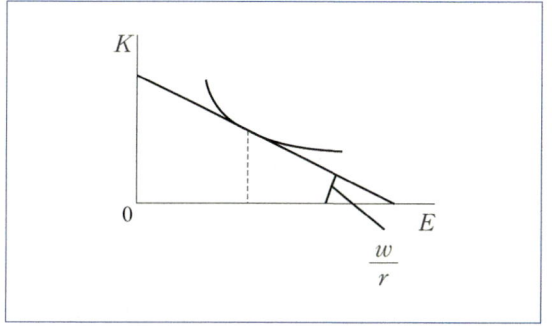

- 등량곡선의 접선의 기울기는 $MRTS_{EK}$이고, 등비용선의 기울기의 절댓값은 $\dfrac{w}{r}$이다.

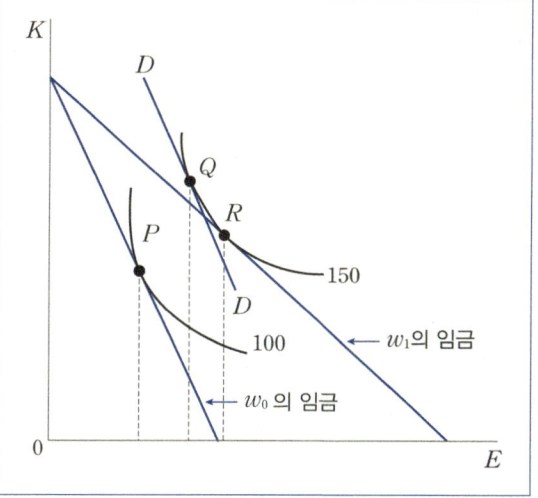

- 장기 노동수요곡선은 대체효과 및 규모효과로 단기에 비해 완만하게 나타난다.

結 기업은 단기에 $VMP_E = w$, 장기에 $\dfrac{MP_E}{MP_K} = \dfrac{w}{r}$ 을 통해 이윤극대화를 달성한다.

Chapter 05 노동수요2

序 노동공급곡선과 노동수요곡선
1. 노동공급곡선

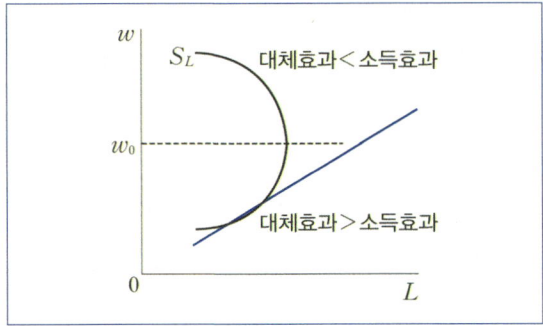

- 여가가 정상재일 때 노동공급곡선은 우상향하다가 소득효과가 대체효과를 압도하는 구간부터 후방굴절하여 좌상향한다.

2. 노동수요곡선

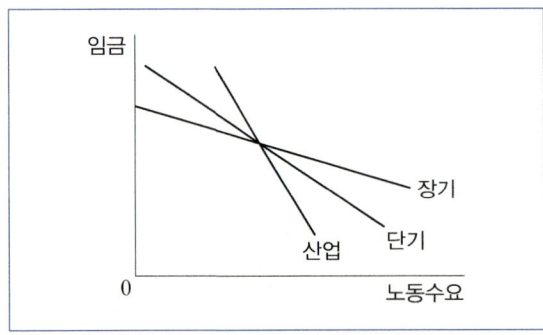

- 자본이 대체가능한 장기 노동수요곡선은 대체효과 및 규모효과로 완만한 형태를 갖기에 단기에 비해 탄력적이다.

本
1. 가격탄력성
- 노동조합은 노동수요가 비탄력적으로 만들고자 한다.

2. 대체탄력성
- 등량곡선이 직각의 형태를 가질 경우 대체탄력성은 0, 직선의 형태를 가지면 대체탄력성은 무한대이다.

3. 교차탄력성
- 자본-숙련 보완가설에 따르면, 자본 가격이 하락하면 미숙련 근로자에 대한 수요는 감소하고 숙련 근로자에 대한 수요는 증가한다.

結
우상향의 노동공급곡선과 우하향의 노동수요곡선이 만날 때 노동시장은 균형을 달성한다.

Chapter 06 노동시장 균형1

序 노동시장 균형
- 경쟁노동시장은 교역으로부터의 이득, 즉, 기업의 잉여와 근로자의 잉여의 합을 극대화한다.

本
1. 최저임금

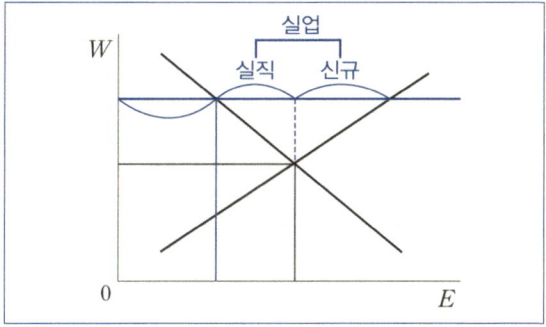

- 최저임금액은 균형시장가격보다 높게 형성되기에 비자발적 실업을 발생시킨다.

2. 조세와 보조금 (*판세보구)

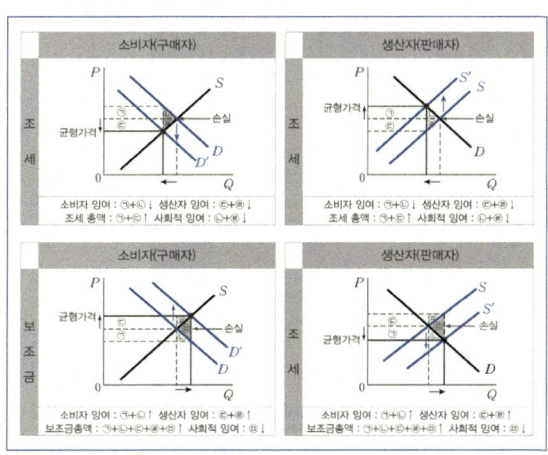

- 급여세나 고용 보조금으로 인한 사중손실은 거래량 변화분에 비례한다.

3. 법정부가혜택

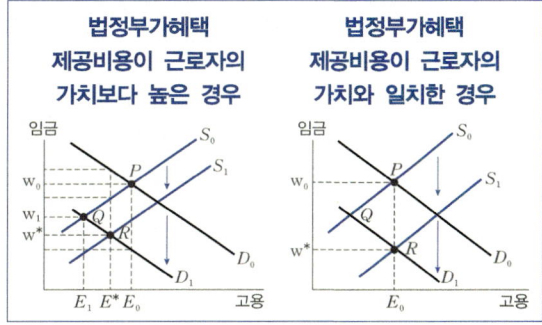

- 법정부가혜택의 제공비용이 근로자가 느끼는 가치보다 큰 경우, 고용수준은 급여세<법정부가혜택<급여세가 없는 경우 순서가 된다.
- 법정부가혜택의 제공비용이 근로자가 느끼는 가치와 같은 경우, 고용수준은 급여세<법정부가혜택=급여세가 없는 경우가 된다.

結
급여세나 고용 보조금은 일방에게 부과, 지급되더라도 양자에게 귀착되기에 부과 대상이 누구인지에 상관없이 균형임금과 균형고용량에 동일한 영향을 미친다.

Chapter 07 노동시장 균형2

序 단기·장기 이민과 규모수익

- 장기에 총생산함수가 규모수익불변의 특성을 갖는다면 이민자와 원주민이 완전대체관계이더라도 임금과 원주민 고용 수준은 이민자 유입 이전과 동일하게 복귀한다.

本

1. 이민 잉여

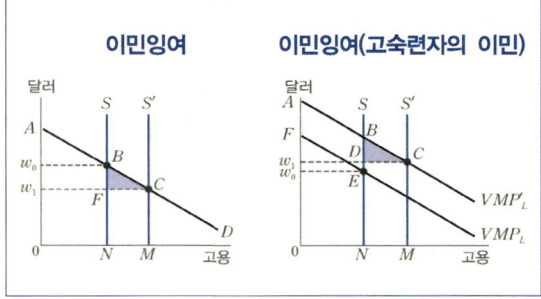

- 이민잉여는 다음과 같이 구할 수 있다.

$$\frac{1}{2} \times (\text{임금 하락분}) \times (\text{노동자 증가분})$$

2. 거미집 모형

- 거미집 모형은 인재양성에 시간이 소요되기에 증가된 노동수요를 조정하는 과정에서 거미집이 발생한다.

3. 수요독점

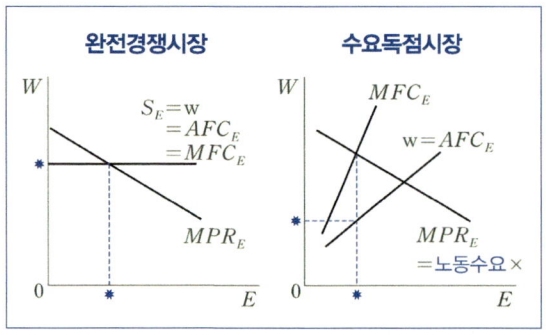

- 수요독점 생산요소시장에서는 $MRP_E = MFC_E$인 지점에서 고용량이 결정되고 그 고용량을 임금 산식 ($w = AFC_E$)에 대입하여 지급 임금을 구할 수 있다.

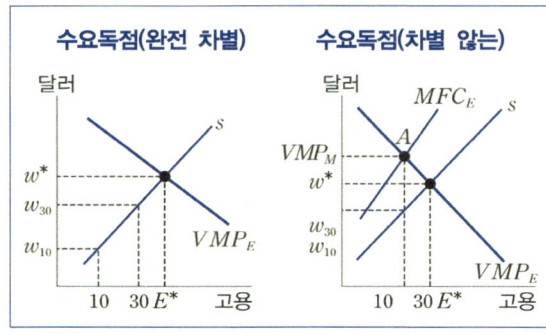

- 완전차별하는 수요독점기업은 근로자 별로 각각의 유보임금에 해당하는 상이한 임금을 지급하나, 총 고용량은 노동시장이 경쟁시장일 때와 동일하다.
- 차별하지 않는 수요독점기업은 근로자 모두에게 동일한 임금을 지급하지만 경쟁적 노동시장의 경우보다 적은 근로자만을 고용하기에 불완전고용 현상이 발생한다.

結 생산물시장, 생산요소시장이 모두 독점인 경우
$VMP_E > MRP_E = MFC_E > w$가 성립한다.

Chapter 08 보상적 임금격차

序 재화와 비재화

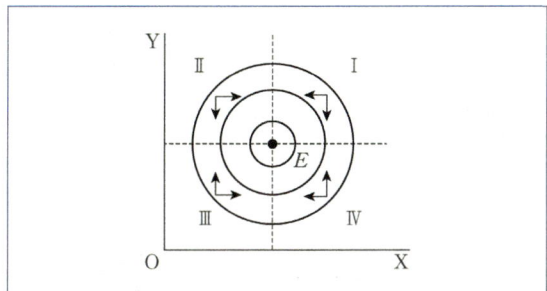

- 영역 Ⅱ는 X재가 재화이고 Y재가 비재화인 경우를, 영역 Ⅳ는 X재가 비재화이고 Y재가 재화인 경우를 나타낸다.

本

1. 보상적 임금격차

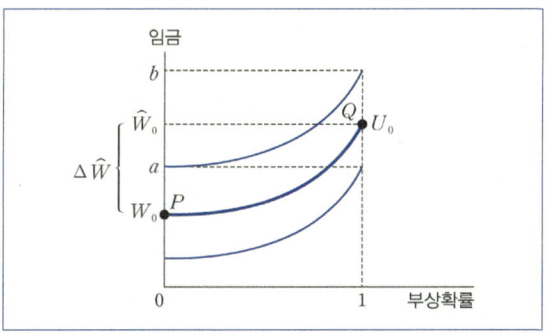

- 임금은 재화이고 위험은 비재화이기에 근로자의 무차별곡선은 우상향한다.

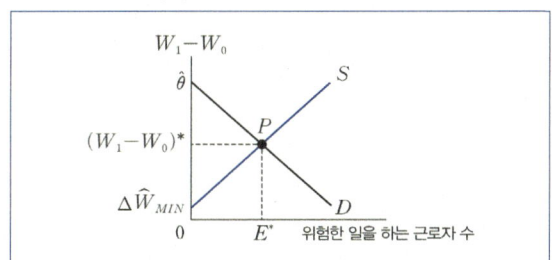

- 위험한 일자리에 대한 노동공급곡선은 우상향하고, 위험한 일자리의 노동수요곡선은 우하향한다.

2. 헤도닉 임금함수

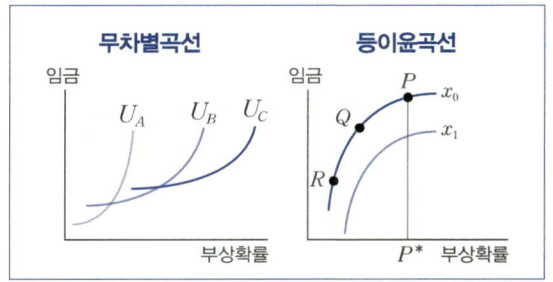

- 무차별곡선이 가파를수록 위험을 민감하게 받아들여 위험에 대한 유보가격이 높아진다.
- 등이윤곡선은 임금(w)과 위험(부상확률 $0 \leq p \leq 1$)의 평면 상 동일한 이윤을 연결한 궤적이다.

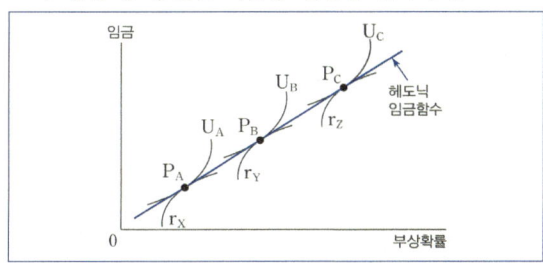

- 보상적 격차 모형에서는 이해가 일치하는 근로자와 기업끼리 매칭된다.
- 근로자의 무차별곡선과 기업의 등이윤곡선이 접하는 점들의 궤적을 헤도닉 임금함수라 한다.

3. 실업보험과 건강보험

- 노동시장은 보상적 임금격차를 통해 고용의 불안정성에 보상하거나, 실업급여를 통해 고용의 안정성에 따른 보상적 임금격차를 제거할 수 있다.
- 건강보험은 근로자에게 재화이기에 임금-의료보험 혜택 평면 상 무차별곡선은 볼록하고 우하향하는 형태이다.

結

가파른 무차별곡선과 완만한 등이윤곡선이 만나 낮은 위험-임금 패키지를 거래하고, 완만한 무차별곡선과 가파른 등이윤곡선이 만나 높은 위험-임금 패키지를 거래하면서 헤도닉 임금곡선을 형성한다.

Chapter 09 교육

序 현재가치와 기회비용

- t년 후 y의 현재가치는 다음과 같이 계산할 수 있다.
  $PV = \dfrac{y}{(1+r)}$ (단, r은 할인율)

本

1. 학력선택모형

- 개인이 대학에 진학할 조건은 $PV_{UNI} > PV_{HS}$이다.
  (UNI: 대학졸업, HS: 고등학교 졸업)

2. 임금-학력곡선

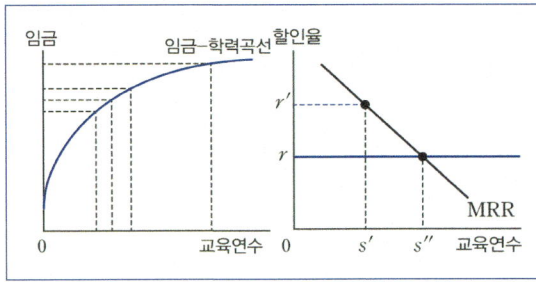

- 임금-학력곡선의 기울기는 교육의 한계수익률과 같다.
- 한계수익률 곡선(MRR 곡선)은 학력의 감소함수이다.

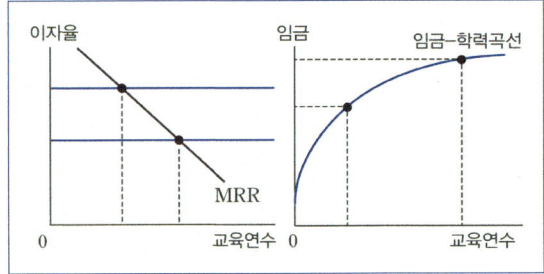

- 개인은 한계수익률이 이자율과 같도록 한다.
- 의무교육은 근로자를 관찰된 임금-학력곡선을 따라 이동시킨다.

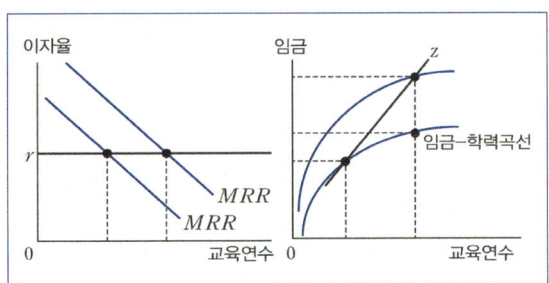

- 뛰어난 능력은 임금-학력곡선을 상방 이동시키며, 더 가파른 기울기를 갖게 한다.
- 근로자들이 할인율에서만 차이가 있을 경우와 달리, 근로자 간 능력의 차이가 존재하는 경우 의무교육으로 인해 근로자의 소득이 얼마나 증가할 지는 측정할 수 없다.

3. 신호모형

- 학력선택모형은 인적자본 투자를 통해 근로자의 생산성을 향상시킬 수 있다고 주장하며 의무교육 제도의 근거로 작용하지만, 신호모형은 학력이 단순 신호의 역할을 할 뿐이며 타고난 생산성에 영향을 미칠 수 없다고 주장한다.
- 신호모형은 근로자를 각 생산성에 따라 적재적소에 배치하기에 교육이 근로자의 인적자본을 향상시키지 않더라도 교육의 사회적 수익률은 0보다 클 수 있다.

4. 훈련

- 일반훈련은 비용은 모두 근로자에게 전가된다.
  ($w_{초기} = VMP -$ 훈련비용)
- 특수훈련은 비용은 근로자의 이직가능성과 해고가능성을 고려하여 기업과 근로자 양측이 분담한다.
  (대안임금 $< w_{특수훈련} < VMP$)

結 할인율은 다음과 같이 개인의 시간 선호도에 의존한다. ⓐ 할인율↑-미래가치↓-학교조금-현재지향-저소득층, ⓑ 할인율↓-미래가치↑-학교길게-미래지향-고소득층

Chapter 10 임금분포와 노동이동

序 소득 불평등 측정

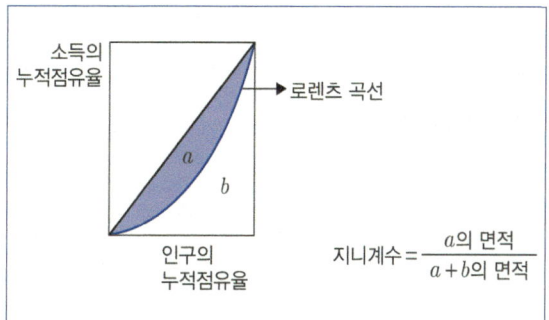

- 로렌츠 곡선은 대각선에 가까울수록 소득분배가 균등함을 의미한다.
- 지니계수는 그 값이 작을수록 소득분배가 균등함을 뜻한다.

本

1. 임금불평등의 요인
- 무역 효과, 숙련편향적 기술변화, 노동조합의 교섭능력 약화는 숙련 근로자에 대한 상대적 노동수요곡선의 바깥쪽 이동이라고 해석할 수 있다.

2. 세대 간 임금불평등
- 자녀 소득−부모 소득 평면에서 회귀선의 기울기가 1인 경우 평균회귀는 존재하지 않으며, 기울기가 0인 경우 평균회귀한다.

3. 노동이동
- 이주를 통해 개인적으로는 이득을 얻으나 가족 단위로는 손해라 노동 이동하지 않는 근로자를 부속된 체류자라 하고, 반대로 가족 단위로는 이득을 얻으나 개인적으로는 손해를 보는 근로자를 부속된 이주자라 한다.

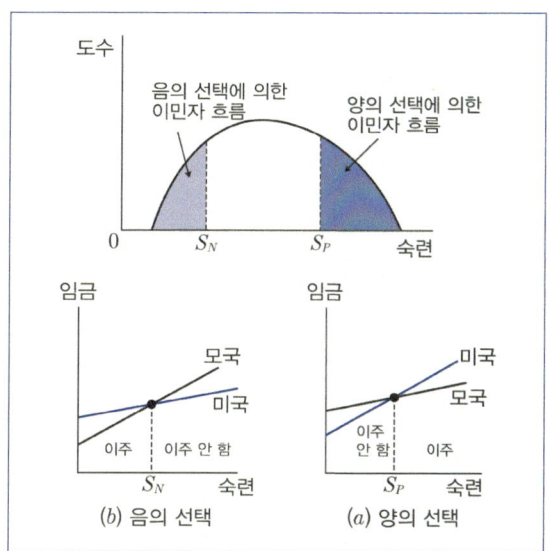

- 로이 모형은 나라 간 숙련에 대한 상대적 보상이 이민자 흐름의 숙련 조합을 결정함을 시사한다.

4. 차별
- 기호적 차별은 고용주에 의한, 동료에 의한, 고객에 의한 차별로 나눌 수 있다.

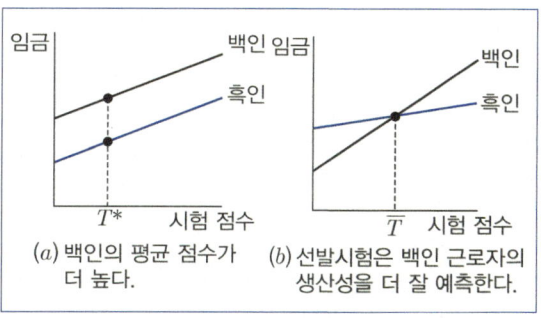

- 통계적 차별은 편견이 존재하지 않는 상황에서도 특정 집단에 속하는 것이 해당 근로자의 숙련수준 또는 생산성에 대한 정보를 담고 있는 경우의 차이를 의미한다.

結
무역 효과, 숙련편향적 기술변화, 노동조합의 교섭능력 약화는 숙련 근로자에 대한 상대적 노동수요곡선의 바깥쪽 이동이라고 해석할 수 있다.

Chapter 11 차별과 노동조합

序 남녀 임금격차의 원인
- 여성 노동공급의 불연속성과 직종별 군집으로 임금격차가 발생할 수 있다

本

1. 차별의 측정(오하카-블라인더 분해법)

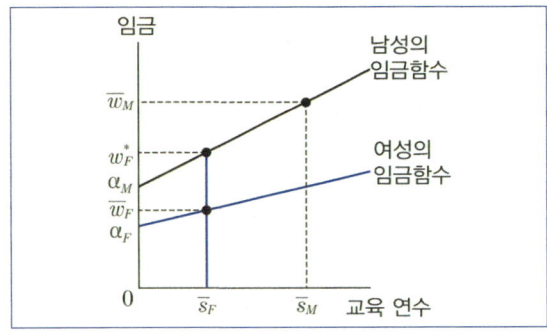

- 숙련 외 차이로 인한 임금 격차는 차별로 해석할 수 있지만, 숙련 차로 생기는 임금 격차는 차별이 아니다.
- $\Delta \overline{w} = [(\alpha_M - \alpha_F) + (\beta_M - \beta_F)\overline{s}_F] + \beta_M(\overline{s}_M - \overline{s}_F)$, 이때 $[(\alpha_M - \alpha_F) + (\beta_M - \beta_F)\overline{s}_F]$는 차별에 기인한 부분, $\beta_M(\overline{s}_M - \overline{s}_F)$는 숙련에 기인한 부분이다.

2. 노조 가입

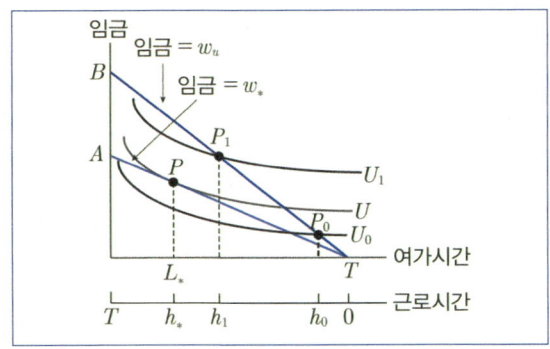

- 노조가 무노조 고용주가 제공하는 임금-고용 패키지보다 더 나은 패키지를 제안할 때 근로자는 노조에 가입한다.

3. 독점적 노조
- 노조가 임금 인상을 선제적으로 요구하면 기업은 고용을 감소시켜 대응한다. 이때 노동수요가 비탄력적일수록 노조는 더 높은 임금을 요구하면서 더 높은 효용을 유지한다.

結
노동수요가 비탄력적일수록 노조는 더 높은 임금을 요구하면서도 더 적은 고용량 손실만을 감수하기에 더 높은 효용을 누릴 수 있다. 따라서 노조는 노동수요를 비탄력적으로 유지하려 한다.

Chapter 12 차별과 노동조합2

序 독점적 노조의 비효율성

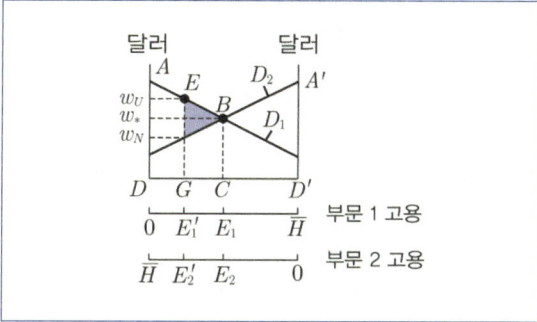

- 효율성 손실의 크기는
  $\Delta EBF = \frac{1}{2} \times (w_U - w_N) \times (E_1 - E'_1)$ 이다.
- 즉, 독점적 노조가 제공하는 임금-고용 패키지는 비효율을 초래한다.

本

1. 효율적 계약과 계약곡선

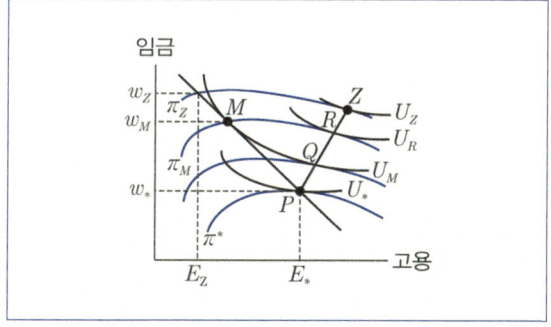

- 노조와 기업이 계약곡선 상 임금-고용 조합에 동의하여 도출되는 효율적 계약은 과잉고용을 수반하기에 사회적으로 비효율을 야기한다.
- 계약곡선 PZ가 수직인 경우, 강하게 효율적인 계약은 노사 간 협상 가능한 모든 협상 기회들을 포괄하며, 기업이 경쟁시장 수준의 근로자들을 고용하기에 국가 경제에 사중손실을 야기하지 않아 효율적이다.

2. 파업

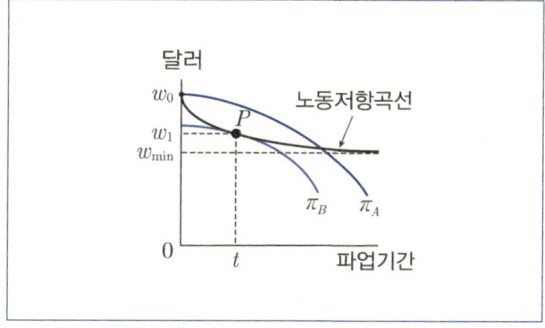

- 파업은 노사 양측 모두에 비용을 유발한다. 힉스 패러독스는 파업이 가진 비합리성을 뜻한다.
- 기업은 노조저항곡선의 점 중 가장 아래쪽에 위치한 등이윤곡선에 해당하는 지점(점 P)에서 파업기간을 선택한다.

3. 노조의 임금효과

- 위협효과는 노조에 위협을 느끼는 고용주들이 근로자들이 노조에 가입하지 못하도록 초과 지대의 일부를 기꺼이 나누는 현상을 일컫는다.
- 파급효과는 유노조 부문에서 일자리를 잃은 근로자들이 무노조 부문으로 대거 옮겨오면서 무노조 부문의 노동공급을 증가시켜 무노조 부문의 경쟁임금을 하락시키는 현상이다.

結
위협효과는 고용주들이 근로자들이 노조에 가입하지 못하도록 초과 지대의 일부를 기꺼이 나누는 현상을 일컫는다. 파급효과는 무노조 부문의 노동공급을 증가시켜 무노조 부문의 경쟁임금을 하락시키는 현상이다.

Chapter 13 유인급여와 실업

序 개수급과 시간급

- 통상적으로 생산량이 쉽게 관측되는 경우 개수급을, 생산량을 관측하기 어려운 경우 시간급을 선택한다.
- 일정 이상의 능력을 가진 근로자는 개수급 임금체계를 갖춘 일자리를, 그보다 적은 능력을 가진 근로자는 시간급 임금체계를 갖춘 일자리를 선택하는데, 이를 기업 간 군집현상이라 한다.

本

1. 토너먼트

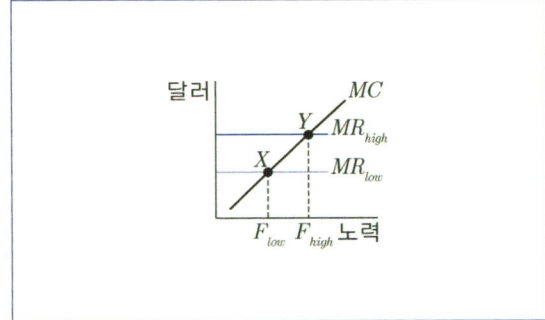

- 일반적인 경우 근로자들은 직무 성과의 절대적 척도에 따라 보상받지만 CEO 승진 경쟁과 같은 경우 상대적 척도에 따라 보상받는다. 이때 기업들은 토너먼트를 통해 생산성에 따라 근로자들의 순위를 매긴다.

2. 이연보상

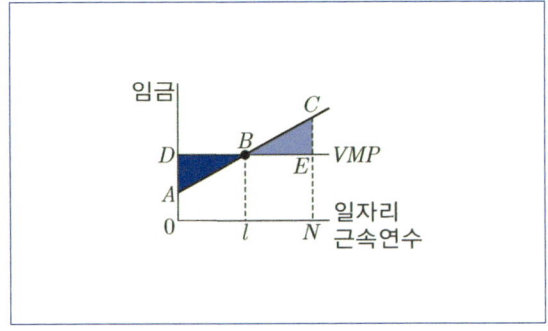

- 기업은 한계생산물가치보다 더 높은 보상을 받는 근로자들이 나가길 원하고, 근로자들은 현재 보상을 지급하는 일자리를 유지하려고 하면서 둘의 이익이 상충된다. 따라서 이연보상계약은 정년제도의 유래를 설명한다.

3. 효율임금

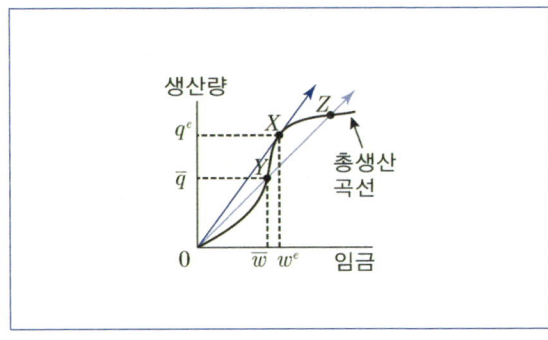

- 효율임금은 임금의 한계생산성과 임금의 평균생산성이 일치할 때($MP_w = AP_w$) 도출된다. 이때 기업의 이윤이 극대화된다.

4. 실업

- 실직할 확률을 l, 구직할 확률을 h라 하면 정상상태의 실업률, 즉 자연실업률은 다음과 같이 구할 수 있다.

$$\text{자연실업률} = \frac{l}{l+h}$$

5. 일자리 탐색과 요구임금

- 요구임금은 실업상태의 근로자가 제안받은 일자리를 수락하기 위한 최소한의 임금이다. 요구임금이 낮은 근로자들은 실업기간이 짧고 요구임금이 높은 근로자들은 실업기간이 길다.

結
효율임금은 임금의 한계생산성과 임금의 평균생산성이 일치할 때($MP_w = AP_w$), 즉, 생산의 임금탄력성이 1일 때 도출된다.

Chapter 14 노동시장 기본

序 일시해고와 불완전 경험요율
- 실업보험 제도는 재원조달방식으로 인해 고용주들로 하여금 일시해고를 과다 사용하도록 유도한다.

本

1. 실업 이론
- 시점 간 대체 가설은에 따르면, 불경기에도 자발적으로 실업할 수 있다.
- 부문 간 이동 가설에 따르면, 구조적 실업을 설명한다.

2. 효율임금과 실업

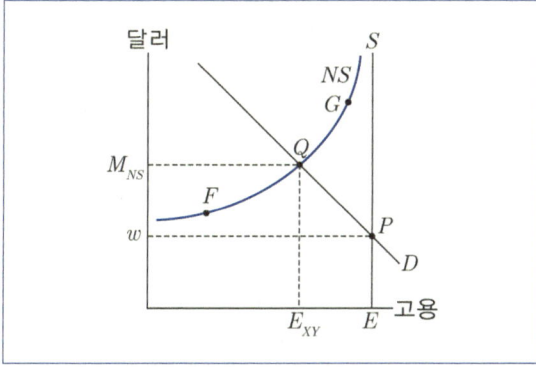

- 효율임금은 비태만 경계곡선과 수요곡선이 교차하는 지점에서 지점에서 결정된다.

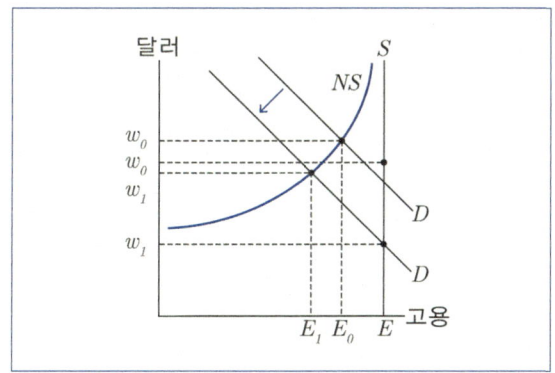

- 경기가 수축하여 총수요가 감소하는 경우, 기업들이 효율임금을 지급한다면 효율임금의 크기가 감소하지만 그 감소폭은 경쟁임금 하락분보다 작다.

3. 필립스곡선과 자연실업률

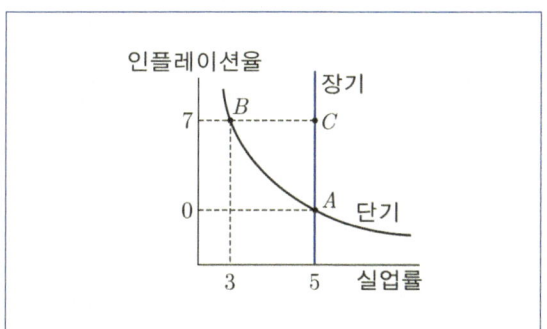

- 필립스곡선은 인플레이션율과 실업률 사이 음의 상관관계가 있음을 시사하는, 우하향하는 곡선이다.
- 장기 필립스 곡선은 수직선 형태이기에 장기적으로 인플레이션과 실업 간 상충 관계는 존재하지 않는다.
- 점 (인플레이션 없음, 실업률 5%)에서 확장통화정책이 시행될 경우 점 (인플레이션율 7%, 실업률 3%)로 옮겨가지만, 곧 인플레이션율이 더 높다는 것을 깨닫고 유보임금을 상방으로 조정하면서 점 (인플레이션율 7%, 실업률 5%)로 옮겨간다.

結 효율임금은 비태만 경계곡선과 수요곡선이 교차하는 지점에서 결정된다.

Memo

Memo

Memo

김종국

약력
연세대학교 경제학과 졸업

- 현 | 해커스노무사 경제학원론, 노동경제학 강의
- 현 | 해커스 경영아카데미 경제학 및 재정학 교수
- 현 | 해커스공무원 7급 경제학 강의
- 전 | 해커스공무원 사회(경제) 강의
- 전 | EBS 강사

저서
해커스노무사 局노동경제학 한권완성
해커스 局경제학 기본서
해커스 공감보노 기출로 보는 局경제학 하프모의고사 Season 1
해커스 공감보노 기출로 보는 局경제학 하프모의고사 Season 2
해커스공무원 局경제학 15개년 기출문제집
해커스공무원 局경제학 핵심 기출 OX 1592
해커스공무원 局경제학 실전동형모의고사
해커스공무원 局경제학 FINAL 합격 봉투모의고사
거꾸로 경제학, EBS
경제 만점의 정석과 비법, EBS
경제 수능기출 특강, EBS

2026 대비 최신판

해커스노무사 局노동경제학 한권완성

초판 1쇄 발행 2025년 9월 25일

지은이	김종국 편저
펴낸곳	해커스패스
펴낸이	해커스 공인노무사 출판팀
주소	서울특별시 강남구 강남대로 428 해커스 공인노무사
고객센터	1588-4055
교재 관련 문의	publishing@hackers.com
	해커스 법아카데미 사이트(law.Hackers.com) 1:1 고객센터
학원 강의 및 동영상강의	law.Hackers.com
ISBN	979-11-7404-548-5 (13320)
Serial Number	01-01-01

저작권자 ⓒ 2025, 김종국
이 책의 모든 내용, 이미지, 디자인, 편집 형태는 저작권법에 의해 보호받고 있습니다. 서면에 의한 저자와 출판사의 허락 없이 내용의 일부 혹은 전부를 인용, 발췌하거나 복제, 배포할 수 없습니다.

노무사 교육 1위,
해커스 법아카데미 law.Hackers.com

해커스 공인노무사

- 김종국 교수님의 **본 교재 인강** (교재 내 할인쿠폰 수록)
- 해커스 스타강사의 **노무사 무료 특강**